国学经典精读

论语

毛晓 主编

《国学经典编译小组》译注

双鱼座工作室 设计

金盾出版社

内 容 提 要

《论语》是语录体文集。主要记载的是孔子从生活实践中总结出来的为人处事的经验和他对弟子的教导，其中包括个人修养、人际交往、政治理想、哲理思维、教育主张等方面的内容，是儒家经典之一。

《论语》中的许多思想精华如“己所不欲，勿施于人”等，对今天的我们构建和谐社会、建立良好的人际关系都有积极的意义。

本书作者对原文进行了详细的注释，对一些难懂的内容做了深入浅出的翻译。

图书在版编目(CIP)数据

论语/毛晓主编．—北京：金盾出版社，2013.1(2015.3重印)
(国学经典精读)
ISBN 978-7-5082-7502-4

Ⅰ.①论…　Ⅱ.①毛…　Ⅲ.①儒家　Ⅳ.①B222.21

中国版本图书馆CIP数据核字(2012)第051052号

金盾出版社出版、总发行
北京太平路5号(地铁万寿路站往南)
邮政编码：100036　电话：68214039　83219215
传真：68276683　网址：www.jdcbs.cn
封面印刷：北京精美彩色印刷有限公司
正文印刷：北京万博诚印刷有限责任公司
装订：北京万博诚印刷有限责任公司
各地新华书店经销
开本：787×1092 1/16　印张：24.25　字数：270千字
2015年3月第1版第2次印刷
印数：6 001～9 000册　定价：49.00元

孔子和《论语》

在联合国总部，悬挂着他的“其恕乎。己所不欲，勿施于人”和“以和为贵”的具有普世价值的语录，目前，以文化交流为目的，以他的尊称命名的“孔子学院”遍布全世界，他被誉为世界十大文化名人。他，就是中国春秋末期伟大的思想家、教育家、儒家学派的创始人——孔子。

孔子，名丘，字仲尼，公元前551年9月8日（鲁襄公二十二年）出生于鲁国陬邑（今中国山东曲阜）。孔子的先祖是宋国人，父亲当过鲁国的小官。他幼年丧父，家境衰落、贫寒的孔子从事过多种世人所看不起的工作，他曾经说过：“吾少也贱，故多能鄙事。”孔子步入青年时代后，曾担任过“委吏”，替贵族管理仓廪，做过“乘田”，管放牧牛羊。贫困磨炼了孔子的意志，也让他学到了许多谋生的本领。

生养孔子的鲁国，是周公旦的儿子伯禽的封地，历来被誉为礼仪之邦。周鲁襄公二十九年，吴国的公子季扎在鲁国观赏音乐，叹为观止。晋国大夫韩宣子访问鲁国时，阅读了鲁国的典籍后赞叹：“周礼尽在鲁矣！”这样的文化氛围对孔子的成长产生了重要的影响。

孔子15岁那一年即“志于学”，他想成为一个懂礼仪、有学问的人，成为受人尊敬的“君子”。在这以前，享受教育是王公贵族子弟的专利，出身寒门的子弟，想成为学识渊博、通达的人，这谈何容易？年轻的孔子善于取法他人，他坚信：“三人行，必有我师焉！择其善者而从之，其不善者而改之。”孔子好学不厌，学无常师，渐渐地积累了渊博的学识，了解孔子的故旧邻里都称赞孔子“博学”。

孔子的才学渐渐得到公认，但他谦虚好学的态度没有改变，他走到哪里，学习到哪里。《论语》里记录了这样一段有趣的事情：“子入太庙，每事问。”有人说：“谁说鄹地大夫（叔梁纥）的儿子懂礼呀？进入太庙，什么事情都要问别人。”孔子听了这话，很坦然地说：“是礼也（这就是礼呀）！”孔子虚心好学的态度一直保持到晚年，据说，他曾经向伟大的思想家、哲学家老聃（老子）请教周礼，向精于音乐的苌弘学习音乐，向擅长抚琴的师襄学习弹琴。

孔子信奉远古时代尧、舜、禹和三代（夏、商、周）圣人倡导的道义，向往周文王和周武王时代的仁德之风，他用这些前朝和本朝圣贤倡导的品行来修炼和陶冶自己，他在学习先贤的同时，渐渐形成了自己的思想。孔子大力宣传和推行“仁”的学说，他认为，“仁”即“爱人”，提出“己所不欲，勿施于人”、“己欲立而立人，己欲达而达人”的观点。他提倡“忠恕”之道，主张“仁”的执行需要用“礼”来规范。

在世界观方面，孔子对于商周以来的鬼神、迷信持存疑态度，他说“未知生，焉知死”，“未能事人，焉能事鬼”。当然，他的认识是有局限性的，如，他提出“不知命，无以为君子也”。在认识论方面和教育思想方面，主张“学”和“思”相结合，提出“学而不思则罔，思而不学则殆”。在学习方法上，他提出了“温故而知新”的学习方式。

在政治上，孔子提出“正名”的主张，提出“君君、臣臣、父父、子子”都应该“实副其名”，提倡德治和教化。他反对苛政和任意刑罚杀戮，并提出“不患寡而患不均，不患贫而患不安”的论点。

春秋末年，周王朝的统治分崩离析，周礼受到邦国公侯们极大的蔑视，践踏僭越周礼的行为时有发生。这些，都被孔子视为大逆不道。他提出“克己复礼为仁”，希望统治者用周礼来规范自己的行为。他从年轻的时候就立下了这样的志向，希望统治者能任用他，他想用自己的学说，服务于倡导周礼的周王朝。他曾经说：“如有用我者，吾其为东周乎！”礼乐是周礼的重要内容，孔子在求学过程中，努力学习礼仪和音乐，使自己终成礼乐知识的集大成者。孔子除了学习礼乐知识，还非常重视射、御、书、数的本领，使自己成为一个全面发展的人。这几项本领与礼乐知识合在一起并称“六艺”。精通“六艺”是成为一个士人和君子的必备条件。

时至而立之年，孔子已成为闻名遐迩的大学问家。他本想用自己的学说和才能报效王室或者邦国的诸侯。认识孔子的人都知道他才识出众，就连鲁国的大夫孟僖子及其儿子孟懿子和南宫敬叔都向他请教周礼。然而，却没有哪一个统治者召唤、任用他，让他实现自己的政治主张。孔子没有灰心，他为了让自己的才能和学问得到施展，开始收徒讲学，开创了私人讲学的先河。

孔子要讲学，可他也要生活，怎么解决生活费？孔子向学生们收取一点儿学费以作为生活的用度，孔子曾经说过：“自行束脩以上，吾未尝无诲焉。”意思是说，只要自愿拿着十条（一束）以上的干肉作为礼物来见我的人，我从来没有不给以教诲的。孔子向学生收取的学费是十条干肉。孔子不仅是中国最早私人办学的人，也是最早办有偿教育的人。孔子提出的学费标准，对于求学无门的年轻人来说，是可以承受的。因此，到孔子门下来求学的人络绎不绝。

孔子最早提出来“有教无类”的思想，收弟子不分族类，不问门第，凡是有志于学的人都可以投靠到他的门下。于是有“贤人七十，弟子三千”之说。这些学生中既有一贫如洗的颜路、颜回父子，也有靠做生意发大财、“亿则屡中”的端木赐（子贡）。

孔子不仅向学生们传授道义、仁德的政治主张，还把自己所精通的“六艺”传授给学生们。孔子在教学实践中，创造了根据学生的不同条件因材施教的教学方法。一次，子路和冉有先后向孔子问同样的问题："闻斯行诸（听到了就立即行动起来吗）？"孔子对子路的回答是："有父兄在，如之何其闻斯行之？"而对冉有的回答却是"闻斯行之"。学生公西华不解，向老师请教："赤也惑，敢问。"孔子回答说："求也退，故进之；由也兼人，故退之（冉求遇事总是退缩，所以我鼓励他勇于进取；仲由勇猛过人，所以我约束他，教导他要退避忍让）。"正是由于孔子有了先进的教学内容和恰当的教学方式，孔门的三千弟子中，不仅涌现出来"七十二贤人"，还涌现出来孔子最得意的十位优秀的传人。他们是：颜回（颜渊）、闵损（子骞）、冉耕（伯牛）、冉雍（仲弓）、冉求（子有）、端木赐（子贡）、仲由（子路）、宰予（子我）、言偃（子游）、卜商（子夏），号称"孔门十哲"。这十位才俊各有所长，孔子是这样评价他这十位弟子的："德行：颜渊、闵子骞、冉伯牛、仲弓。言语：宰我、子贡。政事：冉有、子路，文学：子游、子夏。"

授徒讲学使孔子的名声越来越大，周王朝应该起用孔子了吧？可事实并非这样。这时的东周王室衰微，各个诸侯封疆自立，根本不把周王朝放在眼里。眼看着天下一天天"礼崩乐坏"、苟延残喘的周王朝根本不可能起用孔子。各个诸侯国只注重自己的势力能不能扩大，能不能称霸于诸侯，谁还把孔子极力宣扬的仁义道德放在心上？就连生养孔子的鲁国也出现了孔子不愿意看到的局面。

孔子年轻的时候，鲁国号称"礼仪之邦"。自从鲁宣公当国君后，政权操纵在三个卿大夫季孙、仲孙、叔孙手里。到了鲁昭公的时候，三家卿大夫瓜分了鲁昭公的军权，出现了卿大夫"执国命"的不正常局面。孔子对季氏"八佾舞于庭"的僭越行为表示了极大的愤慨。后来，鲁国发生了内乱，孔子从鲁国跑到了齐国。齐景公对孔子的话非常欣赏，但却没有采用他的主张。孔子只好又从齐国回到鲁国。

这时，孔子居家"退而修诗书礼乐，弟子弥众"。来求学的几乎遍布所有的诸侯国。这时，鲁国国内形势又发生了巨大的变化。鲁国大权虽操纵在卿大夫季氏手里，而季氏又被家臣阳货控制，出现“陪臣执国命”的局面。阳货曾经召孔子出仕。孔子不愿意为季氏和阳货所用，孔子凛然地说：“不义而富且贵，于我如浮云。”

鲁定公九年，阳货被驱逐，孔子才被任命为中都宰，在出仕当官的时候，孔子表现出不俗的政治才能，由于成绩卓著，不久，孔子被任命为司空，后又升为大司寇。鲁定公十年，齐国和鲁国的国君相约在夹谷会盟，鲁国派孔子负责这件事。齐国比鲁国强大，孔子认为，“有文事者必有武备，有武事者必有文备”，在孔子的部署下，鲁国做了周密的防范，在两国国君相会时，使齐国企图用武力劫持鲁国国君的阴谋没有得逞。孔子通过外交手段，迫使齐国归还了早期占领的鲁国土地，使鲁国取得了外交上的胜利。

孔子看出卿大夫掌握鲁国大权的弊病，为了加强国君的地位，削弱卿大夫的势力，孔子建议实施“堕三都”的计划。这个计划最后受到卿大夫和大夫家臣们的反对而失败，这让孔子感到极度失望。

齐国对于孔子担任鲁国的官员非常恐惧。齐国派使者向鲁定公和权臣季桓子赠送歌女和乐队。季桓子不但收下了，而且三天不上朝，在家里听音乐。这让孔子感到，自己的政治抱负在鲁国难以实现，他失望到了极点。于是，孔子带着颜回、仲由、端木赐、冉有等十余名弟子离开了鲁国，开始了14年周游列国、颠沛流离的生涯，这一年，孔子55岁。

孔子一行先到卫国。开始，孔子和他的学生受到卫国国君的礼遇，后来，受到卫国国君的猜疑和监视。孔子带着学生们来到匡地。匡人曾经受到过阳货的杀戮，孔子长得有些像阳货，匡人误把他当成阳货，将他和他的弟子们围困了五天。

解围后的孔子一行来到晋国，因为晋国处于内乱，孔子和他的学生只好返回卫国。后来卫国也发生了内乱，孔子带着学生们由卫国到宋国去，“逝者如斯夫！不舍昼夜”。不知不觉，四五年已经过去了，孔子不顾自己已经是60岁的老人，还信誓旦旦地发誓说：“苟有用我者，期月而已，三年有成。”孔子不但没有受到宋国的任用，还险些被宋国司马桓魁所杀。

到处碰壁，不容于诸侯的孔子和他的学生多次往返于陈国与蔡国之间，曾经受困于陈蔡之间，绝粮七日。学生们都饿倒了，不能启程。在这样艰难困苦的情况下，孔子也没有失去坚定的信念。

学生仲由曾经不解地问老师：“君子亦有穷乎？”子曰：“君子固穷，小人穷斯滥矣。”意思是说，君子虽然很穷，但还是坚守着道义，安守穷困；小人一遇到穷困就会放纵、无所不为了。

孔子在陈、蔡之间解困后，被楚昭王接到了楚国，谁知，楚昭王不久死去了。这时，卫出公本想用孔子，孔子一行再次来到卫国，然而，卫国国君并没有用孔子的打算。

这之前，孔子的学生冉有回到鲁国，率军打败了强大的齐国。权臣季康子这才又想起冉有的老师，立即派人迎接孔子回鲁国。在外奔波了14年的孔子终于回到鲁国。孔子在鲁国被尊为“国老”，受到隆重的礼遇，这一年，孔子已经68岁了，他不可能再受到国君的任用了。有时候，国君和季康子会向他咨询、请教国政。除此之外，他只能做些整理典籍的工作，并继续教书授徒。孔子对他晚年的工作做过这样的概括：“吾自卫反鲁，然后乐正，《雅》、《颂》各得其所。”

公元前479年（鲁哀公十六年），孔子终于闭上了眼睛，结束了他伟大的、奔波劳碌的一生。

孔子的学说和政治主张收录在《论语》这部书里。这部书是孔子和他弟子们语录的结集，由孔子的门人和他的再传弟子整理完成。孔子和他的主张在他生活的那个时代，没有受到统治者的重视，孔子可谓“生不逢时”。自从汉代以后，孔子的学说、主张和《论语》，才受到统治阶级的高度重视，他创立的儒家学说被奉为两千多年来封建文化的正统。随着岁月的流逝，孔子本人的地位也逐年上升，他被统治者称为“圣人”，是文圣、至圣先师、万世师表。

直到20世纪初，随着新文化、新思想的兴起，爆发了伟大的

“五四”运动，社会上又掀起全面否定孔子的浪潮，提出了“打倒孔家店”。其实，把孔子拔高到“至圣”的地位，和全面否定孔子的思想、学说，都是错误的。这位睿智、执著的老人的思想毕竟影响了我国两千多年，全面否定他和他的学说，就等于否定我们的历史。

随着近年来国学热的兴起，思想界开始全面、公正地评价这位伟大的思想家、教育家，科学地汲取他思想中的积极成分，这对于我们改革开放、建立和谐社会，将起到非常重要的作用。

2004年11月21日，宣传孔子和孔子思想的第一家‘孔子学院”在韩国诞生。数年过去了，“孔子学院”像雨后春笋般在各个大洲成立起来。孔子的思想、孔子的事迹通过“孔子学院”宣传到了全世界。

我们将永远记住：孔子和记述他学说的不朽典籍《论语》是中华民族的文化瑰宝。

孔子和他的《论语》是属于中华民族的。

孔子和他的《论语》也是世界的。

孔子光辉思想的影响无处不在。

目录

学而篇第一

1-1　子曰[①]：“学而时习之[②]，不亦说乎[③]？有朋自远方来[④]，不亦乐乎[⑤]？人不知[⑥]而不愠[⑦]，不亦君子乎[⑧]？”

【译文】

孔子说：“学了知识，并能时常温习和练习它，不也是很快乐吗？有志同道合的朋友从远方来，不也是很快乐吗？别人不了解我，我也不怨恨、生气，不也是一个有德的君子吗？”

【注解】

①子曰：孔子所讲的话。子，中国古代对有学问的男子的尊称，有时也泛指男子。《论语》中“子曰”的子，都是指孔子。

②学而时习之：学，孔子在这里所讲的“学”，主要是指学习西周的礼、乐、诗、书等传统文化典籍。学而时习之，学了知识，经常复习它。时，时常。习，温习、实习、练习的意思。

③不亦说（yuè）乎：不也是很快乐的吗？说，同悦。愉快、高兴。

④有朋自远方来：有朋友从远方来。有朋，有的版本写作“友朋”，同在一位老师门下学习的同学叫“朋”，可以理解为志同道合的朋友。

⑤不亦乐乎：不也是很快乐吗？乐，与“说”有些区别。过去的版本注解说，“说”在内心，“乐”则表现在外。

⑥人不知：别人不了解自己。

⑦而不愠（yùn）：我也不生气。愠，恼怒、怨恨。

⑧不亦君子乎：不也是一个有德的君子吗？君子，《论语》中的君子，有时指有德者，有时指有地位者。这里指具有高尚道德和人格的人。

1-2　有子[1]曰："其为人也孝弟[2]，而好犯上者[3]，鲜矣[4]；不好犯上，而好作乱者，未之有也[5]。君子务本[6]，本立而道生[7]。孝弟也者，其为仁之本与[8]！"

【译文】

有子说："做人孝顺父母，尊敬兄长，但却喜欢冒犯上级和长辈，这种人是很少有的；不喜欢冒犯上级，却喜欢作乱的人是没有的。君子专注于根本，根本确立了，大道就产生了。大概这就是实行'仁'的根本吧！"

【注解】

①有子：孔子的学生，姓有，名若。

②其为人也孝弟（tì）：做人要孝顺父母，尊敬兄长。孝，子女对待父母孝顺。弟，同悌。弟弟尊敬兄长。

③犯上者：冒犯居于上位的人。犯，冒犯。上，指居于上位的人。

④鲜（xiǎn）矣：少有。鲜，少的意思。

⑤未之有也：是没有的。

⑥君子务本：君子专注于根本。务，专心致力于。本，根本。

⑦本立而道生：根本确立了，大道就产生了。道，在中国古代，"道"有多种含义，这里的"道"，指孔子提倡的仁道，即治国做人的基本原则。

⑧其为仁之本与：它大概就是施行"仁"的基础吧。还有一种解释，认为古代的"仁"即是"人"字，为仁之本即做人的根本。

1-3　子曰：巧言令色①，鲜仁②矣。”

【译文】

孔子说：“花言巧语，面目伪善，这样的人是很少有仁德的啊。”

【注解】

①巧言令色：花言巧语，面目伪善。“巧”和“令”都是美好的意思。这里应解为装出和颜悦色的样子。②鲜仁：很少有“仁”。

1-4　曾子①曰：“吾日三省吾身②。为人谋而不忠乎③？与朋友交而不信④乎？传不习乎⑤？”

【译文】

曾子说：“我每天多次反省自己，为别人办事是不是尽心尽力呢？和朋友交往是不是忠实守信呢？老师传授的学业是不是复习了呢？”

【注解】

①曾子：曾参（shēn），字子舆，鲁国人，是孔子的得意门生，以孝顺出名。据说《孝经》是他写的。②吾日三省（xǐng）吾身：我每天多次反省自己。省，检查、察看。三省有几种解释：一是三次检查，二

是从三个方面检查，三是多次检查。本书采用多次检查的意思。

③为（wèi）人谋而不忠乎：为他人办事是不是尽心尽力？为人谋，指为他人办事。④信：诚实、守信。

⑤传不习乎：传授给学生的知识，学生是不是复习了？传，传授。习，与“学而时习之”的“习”字一个意思，指温习、实习、练习等。

1–5 子曰：“道千乘之国①，敬事而信②，节用而爱人③，使民以时④。”

【译文】

孔子说：“治理一个拥有千辆兵车的国家，要谨慎认真地办事，并遵守信用，节约用度并且爱护臣子和部下，管理百姓要遵守农时。”

【注解】

①道（dǎo）千乘（shèng）之国：治理有兵车千乘的国家。道，有版本写作“导”，作动词用。这里是治理的意思。乘，辆。这里指古代军队的基层单位。每乘有四匹马拉的战车一辆。千乘之国，指拥有1000辆战车的诸侯国。

②敬事而信：谨慎认真地办事，并恪守信用。敬事，对待所从事的事务要谨慎认真、兢兢业业。

③节用而爱人：节约用度，并爱护臣子。人，在这里不是指一般的“人”，而特指臣子和部下。

④使民以时：管理百姓按照农时耕作与收获。

1-6　子曰：“弟子入则孝①，出则弟②，谨而信③，泛爱众④，而亲仁⑤。行有余力⑥，则以学文⑦。”

【译文】

孔子说：“年轻人在家里要孝顺父母，出门拜师要敬重兄长，做事要严谨并且说话守信用，广泛地亲近爱护百姓，并且亲近有仁德的人。这样做了之后还有余力和闲暇时间的话，就可以学习文献知识。”

【注解】

①弟子入则孝：年轻人在家里要孝顺父母。弟子，有两种解释：一是指年轻人和作为子女的人，二是指学生。本书采用第一种解释。入，指在父亲住处，或说在家。

②出则弟：出门拜师求学，要尊敬兄长。

③谨而信：做事严谨，并且说话诚实，守信用。谨，寡言少语。

④泛爱众：广泛地亲近爱护百姓。

⑤亲仁：亲近仁德的人。仁，仁人，有仁德之人。

⑥行有余力：这些都做了，还有余力和闲暇时间的话。

⑦则以学文：就去学习文化。这里指诗、书、礼、乐等文献知识。

1-7 子夏[①]曰："贤贤易色[②]；事父母，能竭其力；事君，能致其身[③]；与朋友交，言而有信。虽曰未学，吾必谓之学矣。"

【译文】

子夏说："尊重有才德的贤人而不重女色，孝敬父母，能竭尽全力；服务于君主能全身心地投入，有献身精神；和朋友交往，说话诚实恪守信用。虽然他谦逊地说自己没有学习过，我也必定说这样的人学习过了。"

【注解】

①子夏：姓卜，名商，字子夏，是孔子的学生，比孔子小44岁。孔子死后，他在魏国宣传孔子的思想主张。

②贤贤易色：尊重贤德的人，而不重女色。贤贤，第一个"贤"字做动词用，尊重的意思。贤贤即尊重贤者。易，有两种解释：一是改变的意思，按这种解释，此句就是尊重贤者而改变好色之心；二是轻视的意思，按这种解释，此句就是看重贤德而轻视女色。本书采用第二种解释。

③事君，能致其身：服务于君主，能全身心地投入，有献身精神。致其身，致，意为"献纳"、"尽力"。意思是把生命奉献给君主。

1-8　子曰："君子不重则不威[1]；学则不固[2]。主忠信[3]。无友不如己者[4]。过则勿惮改[5]。"

【译文】

孔子说："君子如果不庄重就没有威严，善于学习就不会固执己见。做人要以忠诚守信为主。不要和道德上不如自己的人交朋友。有错误就不要怕改错。"

【注解】

①君子不重则不威：君子不庄重则没有威严。君子，有地位、具有高尚道德和人格的人。重，庄重、自持。

②学则不固：善于学习就不会固执己见。

③主忠信：做人以忠诚守信为主。

④无友不如己者：不要和道德上不如自己的人交朋友。无，同"毋"。是"不要"的意思。不如己，不如自己。

⑤过则勿惮（dàn）改：有错误就不要怕改错。过，过错、过失。惮，害怕、畏惧。

1-9　曾子曰："慎终[1]，追远[2]，民德归厚矣。"

【译文】

曾子说："谨慎地办理父母的丧事，祭祀追思很早以前的祖先，民

众的德行就会归于淳厚朴实了。”

【注解】

①慎终：慎重地处理父母的后事。终，人死为终。这里指父母的去世。②追远：祭祀祖先。远，祖先。

1-10　子禽[1]问于子贡[2]曰：夫子[3]至于是邦[4]也，必闻其政，求之与，抑[5]与之与？”子贡曰：“夫子温、良、恭、俭、让[6]以得之。夫子之求之也，其诸[7]异乎人之求之与？”

【译文】

子禽问子贡说：“老师到了一个国家，必定要了解这个国家的政事，是他自己求教得来的呢，还是别人主动告诉他的呢？”子贡说：“老师有温和、善良、恭敬、俭朴、谦让的美德，所以能得知政事。老师即使是自己求得的，他求得的方法也不同于别人吧？”

【注解】

①子禽：陈亢，字子禽。《史记·仲尼弟子列传》没有记载陈亢，因此，他不是孔子的学生。

②子贡：端木赐，字子贡，卫国人，比孔子小31岁，是孔子的学

生。子贡善于辩论，家有财产千金，是有名的商业家。

③夫子：古代的一种敬称，做过大夫的人都能这样称呼他，所以孔子的学生称他为“夫子”。后来，人们这样称呼老师。《论语》中所说的“夫子”，都是孔子的学生对老师的称呼。

④邦：指诸侯国家。⑤抑：还是。

⑥温、良、恭、俭、让：温和、善良、恭敬、俭朴、谦让。这是孔子的弟子对老师的赞誉。

⑦其诸：表示不肯定的语气词。含有“大概”、“或者”的意思。

1–11　子曰：“父在，观其①志；父没，观其行②；三年③无改于父之道④，可谓孝矣。”

【译文】

孔子说：“父亲在世的时候，看他儿子的志向。父亲去世后，看他儿子的行为举止。如果在比较长的时间里不改父亲传下来的正道的话，就可以说是孝顺了。”

【注解】

①其：他的，指儿子，不是指父亲。

②父没（mò），观其行：父亲去世了，观察他儿子的行为。没，死去。行，指行为举止。

③三年：这里说的“三年”是指比较长的时间，不能理解为机械的“三年”。④道：这里指正确的原则。

1–12 有子曰：“礼之用[1]，和为贵[2]。先王之道[3]，斯为美[4]。小大由之。有所不行，知和而和，不以礼节之[5]，亦不可行也。”

【译文】

有子说：“礼仪的应用，和谐是很重要的。古代君王的治国之道，最可宝贵的地方就在这里。无论大事小事都要遵循，有的地方行不通，是因为只知道和谐，为和谐而和谐，不用礼来节制和谐，也是不可行的。”

【注解】

①礼之用：礼的应用。礼，春秋时代指社会的典章制度和道德规范。此处的“礼”，既指“周礼”、礼节、仪式，也指道德规范。

②和为贵：以和谐为重，以和谐为美。和，调和、和谐、协调。

③先王之道：尧、舜、禹、商汤、周文、周武等古代帝王治世之道。

④斯为美：最可贵的地方就在这里。斯，这、此，指礼，也指和。

⑤有所不行，知和而和，不以礼节之：如果有行不通的时候，只知道以和谐为贵的道理，为和谐而和谐，不懂得用礼来节制。

1–13 有子曰："信近于义①，言可复也②；恭近于礼，远耻辱也③；因不失其亲④，亦可宗也⑤。"

【译文】

有子说："所守的信用要符合义，这样的言语才能经得起实践的考验；对人恭敬要符合礼，这样就能避免受到侮辱；依靠的人中不缺乏可靠的人，所以，也是可以效法的。"

【注解】

①信近于义：所守的信用要符合义。近，接近、符合。义，是儒家的伦理，指思想和行为符合一定的标准，这个标准就是"礼"。

②言可复也：这样的言语才经得起实践。复，不是重复，是实践。

③远（yuàn）耻辱也：这样就避免耻辱了。远，疏远、避免。

④因不失其亲：依靠的人中不缺乏可靠的人。因，依靠、凭借。

⑤亦可宗也：所以，也是可以效法的。宗，尊重、推崇和效法。

1–14 子曰："君子食无求饱，居无求安，敏于事而慎于言①，就有道而正焉②，可谓好学也已。"

【译文】

孔子说："君子吃饭不求吃饱，居住不用求安逸、舒适，做事情勤快敏捷，说话言语谨慎小心，追随有道德的人，并请有道德的人来端正自己的行为，这样，就可以说是好学了。”

【注解】

①敏于事而慎于言：做事勤快，说话谨慎。

②就有道而正焉：求教于有道德的人来端正自己。就，靠近。有道，指有道德的人。正，匡正、端正。

1-15　子贡曰：“贫而无谄，富而无骄，何如①？”子曰：“可也。未若贫而乐，富而好礼者②也。”

子贡曰：“《诗》云，‘如切如磋，如琢如磨③’，其斯之谓与？”子曰：“赐④也！始可与言《诗》已矣，告诸往而知来者⑤。”

【译文】

子贡说：“贫穷却不谄媚，富贵却不骄傲，怎么样？”孔子说：“可以。但不如贫穷却快乐，富贵却讲究礼节的人。”

子贡说：“《诗经》上说，‘要像对待骨、角、象牙、玉石的材料一样，要反复切磋它，要反复琢磨它’大概说的就是反复修治、精益求精这回事吧？”孔子说：“赐啊！可以和你谈《诗经》了，你做到举一反三了，告诉你一点，你就可以推断、知道其余的我没有讲到的了。”

【注解】

①贫而无谄（chǎn），富而无骄，何如：贫贱却不谄媚，富贵却不骄傲，怎么样？谄，巴结、奉承。何如，怎么样？

②可也。未若贫而乐，富而好礼者：可以。但不如贫穷却快乐，富裕却讲究礼节的人。

③《诗》云，“如切如磋，如琢如磨”：《诗经·卫风·淇奥》一书中说，制作骨、象牙、玉、石等器具时要对这四种材料进行切、磋、琢、磨，不然不能成器。还有一种说法，指加工象牙和骨，切了还要磋，加工玉石，琢了还要磨，有精益求精的意思。

④赐：是子贡的名字，子贡叫端木赐。

⑤告诸往而知来者：告诉你一件事，你就可以推知另一件事了。诸，同“之”。往，过去的事情。来，未来的事情。

1-16　子曰：“不患人之不己知①，患不知人也。”

【译文】

孔子说：“不怕别人不了解自己，只怕自己不了解别人。”

【注解】

①不患人之不己知：不担心别人不了解自己。患，忧虑、担心、怕。人，这里指的是有道德、有知识的人。不己知，就是不知己。

为政篇第二

2-1　子曰："为政以德①，譬如北辰②，居其所③而众星共之④。"

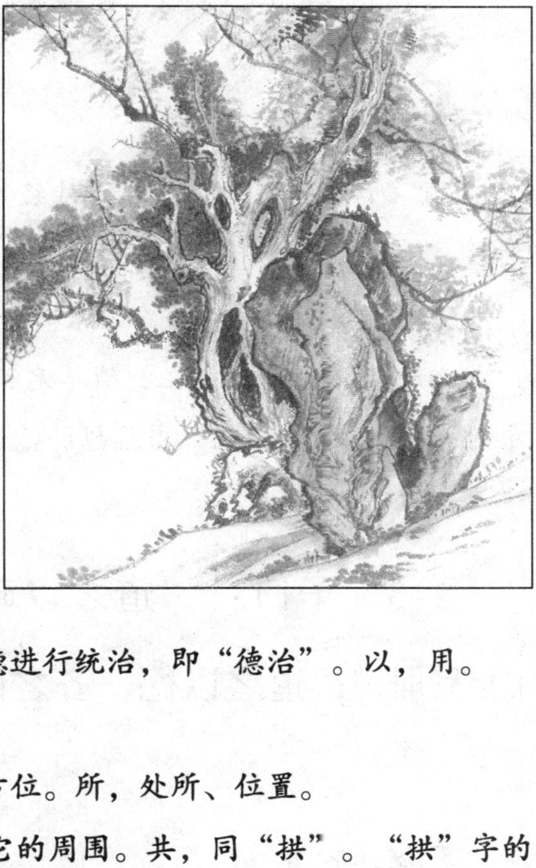

【译文】

孔子说："国君用德行来处理政事，就像北极星一样，处在自己的方位上，有众多的星辰四面环绕在它的周围。"

【注释】

①为政以德：君王应该以道德进行统治，即"德治"。以，用。

②北辰：指北极星。

③居其所：自己居于一定的方位。所，处所、位置。

④众星共之：群星都围绕在它的周围。共，同"拱"。"拱"字的本字，环绕的意思。

2-2　子曰："《诗》三百①，一言以蔽之②，曰：'思无邪③'。"

【译文】

孔子说："《诗经》三百篇，用一句话来概括，就是'思想纯正，简单无邪念'。"

【注释】

①《诗》三百：诗：指《诗经》一书，这本书有305篇，三百是个约数。

②一言以蔽之：用一句话来概括。蔽，概括。

③思无邪：思想纯正，简单无邪念。"思无邪"是《诗经·鲁颂》中的一句，此处的"思"当思想讲。无邪，纯正的意思。

2-3　子曰："道之以政①，齐之以刑②，民免而无耻③；道之以德，齐之以礼，有耻且格④。"

【译文】

孔子说："用法制、政令来引导百姓，用刑罚来规范、约束他们，百姓能免于犯罪，却没有羞耻心；用德行来引导，用礼仪来规范，百姓不但有羞耻心，而且能恪守规范。"

【注释】

①道（dǎo）之以政：道，两种解释，一种解释为“引导”。第二种解释为“治理”。在此前一种解释更为合适。

②齐之以刑：用刑罚来约束、规范。齐，约束，这里是规范的意思。

③民免而无耻：百姓只是为了免于犯罪，而没有羞耻心。免，避免、躲避。耻，羞耻之心。

④有耻且格：百姓有羞耻心并能恪守规范。格，指标准、规范。

2-4 子曰：“吾十有五而志于学①，三十而立②，四十而不惑③，五十而知天命④，六十而耳顺⑤，七十而从心所欲，不逾矩⑥。”

【译文】

孔子说：“我十五岁立志于学习，三十岁能立稳于社会，四十岁不被外界各种事物所迷惑，五十岁时懂得了天命，六十岁听到什么不同意见，也能正确对待，不觉得不顺耳，七十岁能随心所欲，而不逾越规矩。”

【注释】

①吾十有五而志于学：我十五岁立志于学习。有，同“又”。②三十而立：三十岁立稳于社会。立，站得住。③四十而不惑：四十岁没有疑惑。不惑，不受外界所迷惑。④天命：指不能为人力所支配的事情。⑤六十而耳顺：六十岁听到什么话都能理解其根本。耳顺，听

到不同的意见，也能正确对待，不觉得不顺耳。⑥七十而从心所欲，不逾矩：七十岁处理事情能随心所欲，而不逾越规矩。从，遵从的意思。逾，越过。矩，规矩。

2–5 孟懿子问孝[①]，子曰："无违[②]。"

樊迟御[③]，子告之曰："孟孙问孝于我[④]，我对曰，'无违'。"樊迟曰："何谓也？"子曰："生，事之以礼；死，葬之以礼，祭之以礼。"

【译文】

孟懿子向孔子问什么是孝道，孔子说："孝就是不违背礼。"

樊迟为孔子驾车，孔子告诉他说："孟孙问我什么是孝道，我回答说不要违背礼。"樊迟说："这话是什么意思呢？"孔子说："父母活着的时候，要按礼的要求侍奉他们；父母去世以后，要按照礼的要求安葬他们，按照礼的要求祭祀他们。"

【注释】

①孟懿子问孝：孟懿子向孔子请教什么是孝道。孟懿子，鲁国大夫，姓仲孙，名何忌，"懿"是他的谥号。他父亲临终前让他向孔子学礼。 ②无违：孝就是不要违背礼仪。③樊迟御：樊迟为孔子驾车。樊迟，姓樊名须，字子迟。孔子的学生，比孔子小46岁。御，驾驭马车。④孟孙问孝于我：孟孙向我询问孝道的问题。孟孙，指孟懿子。

2-6　孟武伯问孝[①]。子曰："父母唯其疾之忧[②]。"

【译文】

孟武伯向孔子请教什么是孝道。孔子说："子女要特别为父母的疾病担忧。这样做就算是尽孝道了。"

【注释】

①孟武伯问孝：孟武伯向孔子请教什么是孝道。孟武伯，孟懿子的儿子，名彘，武是他的谥号。

②父母唯其疾之忧：历来有三种解释，第一种，父母爱自己的子女，总是担心其有病，子女理解父母这种心情，生活中格外小心，这就是孝。第二种，做子女的，只需在自己有病的时候，让父母担忧，在其他方面就不必让父母担忧了。第三种，子女只要为父母的疾病担心，这样做就算是尽孝了。本书采用第三种解释。

2-7　子游问孝[①]。子曰："今之孝者，是谓能养。至于犬马，皆能有养[②]；不敬，何以别乎？"

【译文】

子游向孔子请教什么是孝道。孔子说："如今所谓的孝道，是指能够赡养父母就行了。然而，就是犬、马都能够得到饲养。如果没有孝敬父母的诚心，那么供养父母与饲养犬马又有什么区别呢？”

【注释】

①子游问孝：子游向孔子请教什么是孝道。子游，姓言名偃，字子游，比孔子小45岁。

②皆能有养：都能得到饲养。养，饲养。

2-8　子夏问孝。子曰："色难[1]。有事，弟子服其劳[2]；有酒食，先生馔[3]。曾是以为孝乎？"

【译文】

子夏向孔子问什么是孝，孔子说："子女和父母经常保持和颜悦色是最不容易的了。仅仅是有事情，由儿女替父母去做，有了酒饭，让长辈来享用。这难道就是尽孝道了吗？"

【注释】

①色难：色，脸色，这里指脸上要和颜悦色。难，最不容易。

②弟子服其劳：年轻人替长辈们效劳。弟子，指晚辈、儿女等。服劳，服指从事、担负。服劳就是服侍。

③先生馔（zhuàn）：让长辈们吃，享用。先生，指长者或父母。馔，食用。

2-9　子曰：“吾与回言①，终日不违②，如愚。退而省其私③，亦足以发④，回也不愚。”

【译文】

孔子说：“我整天和颜回谈论学问，他从来都没有提出反对意见，好像有些愚笨。等他回去后，我观察他独处时的言行，发现他也很能发挥我的见解，看来颜回并不愚笨。”

【注释】

①吾与回言：我给颜回谈论学问。回，姓颜名回，字子渊。

②终日不违：他整天不表示不同意见。不违，不提相反意见。

③退而省其私：我考察颜回私下里与其他弟子讨论学问的言行。

④亦足以发：又能发挥所学习的内容。亦，又能。发，发挥。

2-10　子曰：“视其所以①，观其所由②，察其所安③，人焉廋哉④？人焉廋哉？”

【译文】

孔子说：“要想了解一个人，应该看他的所作所为，观察他的所作所为，做事的缘由和经过，了解他安心做什么，这个人还有什么能隐瞒的呢？这个人还有什么能隐瞒的呢？”

【注释】

①视其所以：看一个人的所作所为。所以，所做的事情。

②观其所由：观察他的一贯经历，走过的路。所由，所走过的路。

③察其所安：考察他安心干什么。

④人焉廋（sōu）哉：这个人还有什么能隐瞒呢？廋，隐藏。

2-11　子曰："温故而知新①，可以为师矣。"

【译文】

孔子说："温习旧的知识时，能了解新的知识，有新的见解、新体会、新发现，这样的人就可以成为老师了。"

【注释】

①温故而知新：温习旧的知识，能知道新的知识。故，已经过去的。新，刚学到的知识。

2-12　子曰："君子不器。"

【译文】

孔子说："君子不要像器皿那样，用途有限。"

2–13　子贡问君子。子曰：“先行其言，而后从之。”

【译文】

子贡问怎样做一个有道德、有知识的君子。孔子说：“对于你要说的话，要先有行动，实行后再说出来。”

2–14　子曰：“君子周而不比①，小人②比而不周。”

【译文】

孔子说：“君子团结人而不和人勾结，小人与人勾结而不合群。”

【注释】

①君子周而不比（古音读bì）：君子合群而不与人勾结。周，亲和。比，勾结。　②小人：这里指没有道德修养的人。

2–15　子曰：“学而不思则罔①，思而不学则殆②。”

【译文】

孔子说：“只读书学习，而不思索，就会罔然无知；只思考，却不学习，就会迷惑不解。”

【注释】

①罔（wǎng）：迷惑、糊涂。

②殆：疑惑。

2–16　子曰：“攻乎异端，斯害也已。”

【译文】

孔子说：“批判不正确的言论，祸害就可以结束了。”

2–17　子曰：“由①，诲女②知之乎？知之为知之，不知为不知，是知③也。”

【译文】

孔子说：“仲由，我教导你的话都明白了吧？知道的就是知道，不知道的就是不知道，这就是聪明和智慧啊！”

【注释】

①由：姓仲名由，字子路。孔子的学生，长期追随孔子。

②女：同“汝”。你的意思。

③知：同智。

2-18　子张学干禄①。子曰："多闻阙疑，慎言其余②，则寡尤③；多见阙殆，慎行其余，则寡悔。言寡尤，行寡悔，禄在其中矣。"

【译文】

子张要学习怎样做官的办法。孔子说："要多听，对于有疑问的地方保留意见不乱讲话，其余有把握的也要出言谨慎，就会少犯错误。多观察，对于有疑问的地方保留不乱说话，其余有把握的事情，也要谨慎地采取行动，就会很少后悔。言语减少错误，行动减少后悔，当官的诀窍还有俸禄就在这里了。

【注释】

①子张学干禄：子张向孔子请教求官的办法。子张，颛（zhuān）孙师，字子张，孔子的学生。干，求。禄，官员的俸禄。

②多闻阙疑，慎言其余：多聆听，对有疑问的事情保留不乱讲话，其余有把握的也要慎重地发表意见。阙，缺。这里意思为放在一旁（保留意见）。疑，怀疑。

③则寡尤：这样就可以少犯错误，没有忧愁。寡尤，寡，少的意思。尤，过错。

2-19 哀公[1]问曰："何为则民服？"孔子对曰："举直错诸枉[2]，则民服；举枉错诸直，则民不服。"

【译文】

鲁哀公问道："怎样做才能使百姓服从呢？"孔子回答说："把正直无私的人提拔起来，彰显正直，摒弃错误，把邪恶不正的人放在一旁，老百姓就会服从了；彰显错误，把邪恶的人提拔起来，把正直的人放置于一边，老百姓就不会服从了。"

【注释】

①哀公：鲁国的国君。姓姬，名蒋，哀是其谥号。

②举直错诸枉：选择正直的人，彰显正直，而摒弃错误。举，选拔。直，正直公平。错，同"措"。放置。枉，不正直。

2-20　季康子[1]问："使民敬、忠以劝[2]，如之何？"子曰："临之以庄则敬[3]，孝慈则忠[4]，举善而教不能，则劝。"

【译文】

季康子问道："要使百姓敬仰，忠诚并且努力，该怎么做呢？"孔子说："面对百姓的时候你要庄重，这样百姓就会恭敬你；当政者对父母孝顺、对人民慈爱，这样百姓就会忠诚；选用善良的人，教育能力差的人，这样百姓就会勤勉，加倍努力了。"

【注释】

①季康子：就是季孙肥，康是他的谥号，鲁哀公时担任正卿，是鲁国当时最有权势的人。

②忠以劝：忠诚又勤勉。以，跟"而"相同。劝，勉励。

③临之以庄则敬：当政的人对百姓要庄重，百姓就会尊敬他。临，对待。

④孝慈则忠：你对父母孝顺，对百姓慈爱，百姓就会忠于你。另外一种解释说当政者引导老百姓孝慈。本书采取前一种解释。

2–21 或[1]谓孔子曰："子奚不为政[2]？"子曰："《书》[3]云：'孝乎惟孝，友于兄弟，施于有政[4]。'是亦为政，奚其为为政？"

【译文】

有人对孔子说："你为什么不从事国家政事呢？"孔子说："《尚书》这部书中写道，'孝就是孝顺父母，兄弟友善，在政治上履行这些孝悌的道理。'也就是从事国家政事了，除此之外怎样才算是为政呢？"

【注释】

①或：表示有人。

②子奚不为政：你为什么不从事国家政事呢？奚，疑问词，相当于"为什么"。

③《书》：指《尚书》这部书。

④施于有政：把这些施行到国家政事里。施，施行。

2–22　子曰："人而无信，不知其可也。大车无輗[1]，小车无軏[2]，其何以行之哉？"

【译文】

孔子说："一个人没有信用，不知道那怎么可以呢？就好像大车没有輗，小车没有軏一样，那怎么可以行驶呢？"

【注释】

①大车无輗（ní）：就像大车没有横木。大车，指牛车。輗，古代大车车辕前面横木上的木销子。

②小车无軏（yuè）：古代车辕前端与车横木衔接处的关键。没有輗和軏，车就不能走。

2–23　子张问："十世可知也[1]？"子曰："殷因于夏礼[2]，所损益[3]，可知也；周因于殷礼，所损益，可知也；其或继周者，虽百世，可知也。"

【译文】

子张问孔子："十世以后的事情可以知道吗？"孔子说："商朝（殷商）继承了夏朝的礼仪制度，所废除和所增加的礼仪制度的内容是

可以知道的；周朝又继承商朝的礼仪制度，所废除的和所增加的礼仪制度的内容也是可以知道的。将来有继承周朝的，就是一百世以后，也能知道将要发生什么。”

【注释】

①十世可知也：十世以后的事情可以知道吗？世，古时称三十年为一世。也有的把“世”解释为朝代。

②殷因于夏礼：商朝是延袭夏朝的礼制。因，因袭、沿用、继承。

③损益：减少和增加。这里可以理解为废除和增加。

2-24　子曰：“非其鬼而祭之[1]，谄[2]也。见义不为[3]，无勇也。”

【译文】

孔子说：“不是该祭祀的鬼神，你却去祭祀它，这是谄媚。见到该挺身而出的事情，却不作为，袖手旁观，就是不勇敢。”

【注释】

①非其鬼而祭之：不是鬼而祭祀它。鬼，两种解释。一是鬼神，二是指祖先。这里指鬼神。

②谄：谄媚。

③见义不为：见到该挺身而出的事情，却不作为。

八佾篇第三

3-1　孔子谓季氏[①]，“八佾舞于庭[②]，是可忍[③]也，孰不可忍也？”

【译文】

孔子谈到季孙氏时说：“他用六十四人在自己的庭院中奏乐舞蹈，如果这样的事情能容忍，还有什么不能容忍的呢？”

【注释】

①季氏：指鲁国正卿季孙氏，也就是季平子。

②八佾（yì）舞于庭：在庭院中用周天子的规格跳八佾队列的舞蹈。八佾，行列的意思。古代一佾八人，八佾就是六十四人。按《周礼》规定，只有周天子才能使用八佾，诸侯用六佾，卿大夫用四佾，士用二佾。季氏是正卿，只能用四佾。

③可忍：能容忍。

3–2 三家者以《雍》彻[①]。子曰："'相维辟公，天子穆穆'[②]，奚取于三家之堂[③]？"

【译文】

孟孙、叔孙、季孙三家祭祖完毕，撤去祭品时，也命令乐工唱《雍》这首诗谱成的音乐。孔子说："《雍》这首诗里有两句是这样写的，'助祭的是诸侯，天子严肃静穆地在那里主祭。'这样的礼仪，怎么能用在这三家的庙堂里呢？"

【注释】

①三家者以《雍》彻：孟孙、叔孙、季孙，在撤除祭品的时候，用天子的礼仪演唱《雍》乐。三家，执掌鲁国大权的三家：孟孙氏、叔孙氏、季孙氏，他们都是权臣。《雍》，是《诗经·周颂》中的一篇。周代天子祭祀宗庙完毕，撤去祭品时，乐工演唱这首诗。

②相维辟公，天子穆穆：这是《雍》这首诗中的两句诗，意思是诸侯在那里助祭，周天子严肃静穆地主祭。这两句诗是写天子祭祀时的场面和气氛的。相，助。辟公，指诸侯。穆穆，庄严肃穆。

③奚取于三家之堂：这样的礼仪怎么用在这三家的庙堂上呢？

3-3　子曰："人而不仁，如礼何？人而不仁，如乐何？①"

【译文】

孔子说："一个人没有仁德，他怎么能实行礼呢？一个人没有仁德，他怎么能运用乐呢？"

【注释】

①子曰："人而不仁，如礼何？人而不仁，如乐何？"：有两种解释，一种是孔子说："一个人没有仁德，他怎么能实行礼呢？一个人没有仁德，他怎么能运用乐呢？"还有一种是孔子说："一个人没有仁德，礼仪对他又有什么用呢？一个人没有仁德，音乐对他又有什么用呢？"这两种解释都有道理。本书取第一种解释。

3-4　林放①问礼之本。子曰："大哉问②！礼，与其奢也，宁俭；丧，与其易③也，宁戚④。"

【译文】

林放问礼的根本。孔子说："你的问题问得很重要啊！礼节仪式，与其奢侈，不如俭朴；丧葬事宜，与其仪式办得面面俱到，不如从心里真正的哀伤。"

【注释】

①林放：人名，一个鲁国人。

②大哉问：问题意义重大呀！

③易：治理。指丧葬的礼节仪式办得很周到。也有一种解释说是谦和、平易的意思。本书取第一种解释。

④戚：心中悲哀的意思。

3-5　子曰："夷狄之有君①，不如诸夏之亡也②。"

【译文】

孔子说："中原地区周边的部落有君主，不像中原地区各国的君主已经名存实亡了。"

【注释】

①夷狄之有君：诸夏地区周边地区的部落有君主。夷狄，古代中原的人对周边地区的贬称。

②不如诸夏之亡也：不像中原地区的君主名存实亡了。不如，不像。诸夏，古代中原地区华夏族的自称。亡，无。古代的"无"字多写做"亡"。这句话还有另外一种解释：（诸夏周边地区虽然也有君主）还不如中原地区没有君主。本书取第一种解释。

3-6　季氏旅[①]于泰山，子谓冉有[②]曰：“女弗能救与[③]？”对曰：“不能。”子曰：“呜呼！曾谓泰山不如林放[④]乎？”

【译文】

季孙氏到泰山祭祀，孔子对冉有说：“你难道不能阻止他吗？”冉有说：“不能。”孔子说：“唉！难道泰山山神还不如林放懂得礼吗？”

【注释】

①旅：祭祀山川叫旅。当时，只有周朝天子和诸侯才有祭祀名山大川的资格。季孙氏只是大夫，没有资格祭山，季孙氏这种做法是一种不合礼仪的行为。

②冉有：姓冉名求，字子有，是孔子的学生，比孔子小29岁。冉有当时当季孙氏的家臣，所以孔子责备冉有。

③女弗能救与：你不能劝阻这种僭越行为的发生吗？女，同汝。你。救，劝阻、谏止。

④曾谓泰山不如林放乎：难道泰山山神还不如林放懂得礼吗？

3-7 子曰："君子无所争，必也射乎[1]！揖[2]让而升，下而饮，其争也君子。"

【译文】

孔子说："君子没有什么可争的，如果有所争的话，那就是射箭了。比赛时，先相互作揖谦让，然后上场比赛。下场后一起喝酒，他们之间是君子之争。"

【注释】

①必也射乎：如果有所争的话，那就是射箭了！射，射箭。这里指古代的射礼。射礼，起源于田野射猎的军事训练活动，后来发展到以习射求贤选拔贤能人才的礼仪形式。②揖：拱手行礼。

3-8 子夏问曰："'巧笑倩兮，美目盼兮，素以为绚兮[1]'。何谓也？"子曰："绘事后素[2]。"

曰："礼后乎？"子曰："起予者商也[3]，始可与言《诗》已矣。"

【译文】

子夏问孔子："'微笑的面容美丽动人啊，美丽的眼睛好妩媚啊，洁白的底子上画有文采啊。’这是什么意思呢？”孔子说 “在素雅的底子上绘上纹饰。”

子夏又问：“那么礼是不是也产生于美丽的底子之后呢？”孔子说：“启发我的是你商（子夏）啊！可以和你谈论《诗经》了。”

【注释】

①巧笑倩（qiàn）兮，美目盼兮，素以为绚兮：倩，笑得好看。兮，语助词，相当于“啊”。盼，眼睛黑白分明。绚，有文采。

②绘事后素：绘画在素地儿上进行。绘，画画儿。素，白底。

③起予者商也：起，启发。予，我，孔子指自己。商，指子夏，他名商。

3-9　子曰：“夏礼，吾能言之，杞不足征也①；殷礼，吾能言之，宋②不足征也。文献③不足故也。足，则吾能征之矣。”

【译文】

孔子说：“夏朝的礼仪，我能说出来，但是，夏朝君主禹的后代建立的杞国不足以证明我的话；殷朝的礼仪，我能说出来，但商朝君主商汤的后代建立的宋国不足以证明我的话。这都是由于文字资料和熟悉夏礼和殷礼的贤良人才不足的缘故。如果足够的话，我就能够得到证明了。”

【注释】

①杞不足征也：杞国是不足以证明的。杞，春秋时的一个国家，在今河南杞县一带。征，证明。

②宋：春秋时一个国家，在今河南商丘。夏禹的后代在此建国。

③文献：文，历史典籍。献，指熟悉夏礼和殷商礼仪的贤人。

3–10　子曰："禘自既灌而往者[①]，吾不欲观之矣[②]。"

【译文】

孔子说："天子祭祀祖先禘礼的仪式，从第一次献酒以后我就不愿意看了。"

【注释】

①禘（dì）自既灌而往者：祭祀禘礼中的第一次献酒过后。禘，古代只有天子才能举行的祭祀祖先的隆重典礼。灌，禘礼中第一次献酒。

② 吾不欲观之矣：我不愿意看了。

3–11　或问禘之说[1]，子曰："不知也。知其说者之于天下也，其如示诸斯[2]乎！"指其掌。

【译文】

有人问关于禘礼的规定，孔子说："我不知道，知道这种规定涵义的人治理天下，知道它的涵义就像把它们摆在这里展示一样清楚吧！"孔子一边说，一边指自己的手掌。"

【注释】

①禘之说：关于祭祀禘礼的规定。说，理论、道理、规定。

②示诸斯："斯"指后面的"掌"字。

3–12　祭如在，祭神如神在。子曰："吾不与祭，如不祭。"

【译文】

祭祀祖先的时候，就好像祖先真的在面前，祭祀神的时候，就像神真的就在面前。孔子说："我不亲自参与祭祀，就如同不祭祀。"

3-13　王孙贾[①]问曰："'与其媚于奥[②]，宁媚于灶[③]'，何谓也？"子曰："不然。获罪于天，无所祷也。"

【译文】

王孙贾问道："人们说'与其奉承奥神，不如奉承灶神'，这话是什么意思？"孔子说："不是这样的。如果得罪了上天，那就没有地方可以祷告了。"

【注释】

①王孙贾：卫国国君卫灵公的大臣，担任大夫。

②与其媚于奥：与其巴结奉承奥神。媚，谄媚、巴结、奉承。奥，指屋里位居西南角的神。

③宁媚于灶：不如奉承灶神。灶，指灶旁主管烹饪做饭的神。

3-14　子曰："周监于二代[①]，郁郁乎文哉！吾从周。"

【译文】

孔子说："周朝的礼仪借鉴了夏朝和商朝二代的礼仪制度，周朝的礼仪制度是多么丰富多彩呀！我遵从周朝的制度。

【注释】

①周监（jiàn）于二代：周朝的礼仪制度借鉴了夏朝和商朝两代的礼仪制度。监，同鉴，是借鉴的意思。二代，指夏代和商代。另有一种解释，二代指夏代和周代。本书取第一种解释。

3-15　子入太庙①，每事问。或曰：“孰谓鄹人之子知礼乎②？入太庙，每事问。”子闻之，曰：“是礼也。”

【译文】

孔子进入太庙，每件事都要询问。有人说：“谁说鄹地大夫叔梁纥的儿子懂得礼仪呀？他进了太庙里，什么事都要问别人。”孔子听到了这话，说：“这就是礼呀！”

【注释】

①子入太庙：孔子进入太庙。太庙，君主的祖庙。鲁国太庙供奉的是周公旦。

②孰谓鄹（zōu）人之子知礼乎：谁说鄹地大夫叔梁纥的儿子懂礼呀？鄹，春秋时鲁国地名，又写作“陬”，在今山东曲阜附近。鄹人，指孔子的父亲。孔子的父亲叔梁纥在鄹地当过大夫。所以，“鄹人之子”指的是孔子。

3-16　子曰："射不主皮①，为力不同科②，古之道也。"

【译文】

孔子说："射箭比赛，不在于射透箭靶子，因为每个人射箭的力度大小是不同的，自古就是这样的道理。"

【注释】

①射不主皮：射箭比赛，不在于射透箭靶子。皮，用皮做成的箭靶。

②为力不同科：因为每个人的力气不是一个等级。科，等级。

3-17　子贡欲去告朔之饩羊①。子曰："赐也！尔爱其羊②，我爱其礼。"

【译文】

子贡打算去掉每月初一告祭祖先用的活羊。孔子说："端木赐啊！你怜惜那只羊，我却爱惜这礼仪。"

【注释】

①子贡欲去告朔之饩（xì）羊：子贡想免去每月初一祭祀祖庙，用作牺牲的一只活羊。告朔，古代天子每年秋冬交接之际，把第二年的历

书颁发给诸侯，告知每个月的初一是哪一天。朔，农历每月初一为朔。饩羊，祭祀用的活羊。

②尔爱其羊：你可怜那只羊。尔，你。爱，爱惜、怜爱。

3–18 子曰："事君尽礼，人以为谄也。"

【译文】

孔子说："我完完全全按照周礼的规定侍奉君主，有人却以为这是谄媚。"

3–19 定公①问："君使臣，臣事君，如之何？"孔子对曰："君使臣以礼，臣事君以忠。"

【译文】

鲁定公问："君主任用臣子，臣子侍奉君主，各自应该怎样做？"孔子回答说："君主应该按照礼的要求去对待臣子，臣子用忠诚来侍奉君主。"

【注释】

①定公：鲁国国君，姓姬名宋，定是他的谥号。

3-20 子曰："《关雎》，乐而不淫，哀而不伤。"

【译文】

孔子说："《关雎》这篇诗的乐章，欢乐而不放荡，悲哀而不伤情。"

3-21 哀公问社于宰我[①]。宰我对曰："夏后氏以松，殷人以柏，周人以栗，曰：使民战栗[②]。"子闻之，曰："成事不说，遂事不谏，既往不咎。"

【译文】

鲁哀公向宰我询问土地神的神主牌位应该用什么木质的问题。宰我回答说："夏朝用松木，商朝用柏木，周朝用栗子树的木材。用栗子树木材的意思是说，使老百姓战栗。"孔子听到后说："已经做过的事不用说了，已经完成的事不用再去劝说阻拦了，已经过去的事也不必再追究了。"

【注释】

①哀公问社于宰我：鲁哀公向宰我询问社主制作牌位所用的木质问题。社，土地神，祭祀土神的庙也称社。古代祭祀土地神的时候，立一个木质的牌位，称为"主"。宰我，名予，字子我，是孔子的学生。

②使民战栗：使人民战栗、害怕。战栗，恐惧、发抖。

3–22 子曰：“管仲之器小哉[1]！”

或曰：“管仲俭乎？”曰：“管氏有三归[2]，官事不摄[3]，焉得俭？”

“然则管仲知礼乎？”曰：“邦君树塞门[4]，管氏亦树塞门；邦君为两君之好，有反坫[5]，管氏亦有反坫。管氏而知礼，孰不知礼？”

【译文】

孔子说：“管仲这个人的器量很小呀！”

有人说：“管仲节俭吗？”孔子说：“他家设置三处豪华的藏金府库，他家管事是一人一职而不兼任，怎么能谈得上节俭呢？”

那人又问：“那么，管仲是否知礼呢？”孔子回答：“国君大门口设立照壁，管仲家在大门口也设照壁。国君为了交好别国的国君，为了同别国国君会见，在堂上有放空酒杯的坫台，管仲家也有这样的反坫。如果说管仲知道礼仪，那么还有谁不知道礼仪呢？”

【注释】

①管仲之器小哉：管仲的器量很小啊！管仲，姓管名夷吾，春秋时期的齐国人，当齐国的宰相，辅助齐桓公成为诸侯的霸主。

②管氏有三归：管仲家有三处藏金的金库。三归，三处藏钱币的府库。

③官事不摄：他家管事的人都是一人一职，而不兼职。摄，兼任。

④树塞门：在大门口筑一道短墙，区别内外，相当于屏风、照壁。树，树立、建立。

⑤反坫（diàn）：古代君主招待别国国君时，搁献过酒的空杯的土台。

3–23　子语鲁大师乐①，曰："乐其可知也：始作，翕②如也；从③之，纯④如也，皦⑤如也，绎⑥如也，以成。"

【译文】

孔子告诉鲁国乐官说："音乐是可以通晓的。音乐开始演奏时，各种乐器合奏齐鸣。继续展开下去，和谐明快，清亮悦耳，余音连续不绝，最终成曲。"

【注释】

①子语（yù）鲁大（tài）师乐：语，告诉。大师，乐官名。

②翕（xī）：合聚、协调。

③从（zòng）：同"纵"。放纵、展开。

④纯：美好和谐。

⑤皦（jiǎo）：音节分明的意思。

⑥绎：连续不断。

3-24　仪封人[1]请见，曰："君子之至于斯也，吾未尝不得见也。"从者见之[2]。出，曰："二三子何患于丧[3]乎？天下之无道也久矣，天将以夫子为木铎[4]。"

【译文】

仪这个地方守卫边界的长官请求见孔子，他说："凡是君子到这里来，我从来就没有见不到的。"孔子随行的学生让他拜见了孔子。他出来后说："你们诸位何必为失去官位而发愁呢？天下无道已经很久了，上天将起用孔夫子，以他为圣人，澄清政治，让他成为木铎，用来警醒世人。"

【注释】

①仪封人：仪这个地方镇守边界的官。仪是地名，在今河南兰考县内。封人，镇守边界的官。

②从者见之：孔子随行的学生让他拜见了孔子。也有一种解释说，孔子的学生见了他。本书采用第一种解释。

③丧：失去官职。

④木铎：木舌的铜铃。古时天子发布政令或者有战争发生时摇它以召集听众。

3-25 子谓《韶》①："尽美矣，又尽善也；"谓《武》②："尽美矣，未尽善也。"

【译文】

孔子说到《韶》乐舞时说："美极了，内容好极了。"谈到《武》这一乐舞时说："艺术形式很美，但内容还不十分好。"

【注释】

①《韶》：古代歌颂虞舜的乐舞。

②《武》：相传是歌颂周武王的一种乐舞。

3-26 子曰："居上不宽①，为礼不敬，临丧不哀，吾何以观之哉？"

【译文】

孔子说："居于高位的人，不能宽厚待人，行礼时不恭敬，参加丧礼却不哀伤，这种行为我怎么看得下去呢？"

【注释】

①不宽：不宽厚。

里仁篇第四

4-1　子曰："里仁为美[①]，择不处仁[②]，焉得知[③]？"

【译文】

孔子说："居住的地方有仁德的人才好，选择住处，不居住在有仁德之风的地方，怎么能算明智呢？"

【注释】

①里仁为美：居住的地方有仁德的人才好。里，住处。这里是住在。

②择不处仁：选择住处，不居住在有仁德之风的地方。处，居住。

③焉得知（zhì）：怎么能算是明智呢？知，同智。

4-2　子曰："不仁者不可以久处约[①]，不可以长处乐。仁者安仁[②]，知者利仁[③]。"

【译文】

孔子说："不仁的人不能长久地陷于穷困、困窘之中，也不能长时间地处在安乐之中。仁德的人是安于仁义的，而聪明的人是知道仁对自己有利才去实行仁义的。"

【注释】

①不仁者不可以久处约：约，穷困、困窘。

②安仁：安于仁义。

③利仁：知道仁对自己有利才去行仁。还有一种解释是，聪明的人从仁中获得利益。本书采用第一种解释。

4-3　子曰："唯仁者能好人①，能恶人②。"

【译文】

孔子说："只有仁义的人，才能正确地爱人或者厌恶人。"

【注释】

①唯仁者能好（hào）人：好，喜爱。

②恶（wù）人：憎恶、讨厌人。恶，憎恶、讨厌。

4–4　子曰：“苟志于仁矣①，无恶②也。”

【译文】

孔子说：“如果立志修行仁德，就不会有邪恶了。”

【注释】

①苟志于仁矣：假如立志修行仁德。苟，假如。

②无恶：没有邪恶。

4-5　子曰："富与贵，是人之所欲也，不以其道得之，不处也①；贫与贱，是人之所恶也，不以其道得之，不去也②。君子去仁，恶乎成名③？君子无终食之间违仁，造次必于是④，颠沛必于是。"

【译文】

孔子说："富贵和尊贵是人人所想要的，不按照道义来得到它，就不会去享受；贫穷和卑贱是人们所厌恶的，不按照道义来改变或摆脱它，就无法摆脱。君子远离仁，怎么能称得上是君子呢？君子在一餐一饭之间都不违背仁，在紧迫的时候也要按仁德办事，即使是在颠沛流离的时候，也会按照仁德办事。"

【注释】

①不处也：不会去享受。

②不去也：是不会摆脱的。

③恶（wū）乎成名：怎么能成就自己的名声呢？恶乎，一种解释是于何处；第二种解释是怎么能。本书采用第二种解释。

④造次必于是：在紧急的时候，也必须按照仁德办事。另一种解释是，在鲁莽的时候，也按仁德办事。这里采用第一种解释。

4–6　子曰：“我未见好仁者，恶不仁者。好仁者，无以尚之①；恶不仁者，其为仁矣，不使不仁者加乎其身②。有能一日用其力于仁矣乎③？我未见力不足者。盖有之矣④，我未之见也。”

【译文】

孔子说：“我没见过喜爱仁德的人，并且厌恶不仁的人。喜好仁德的人，是再好不过的了；厌恶不仁的人，在修行仁德的时候，不让不仁德的品质出现在自己身上。有能整天把自己的力量用在实行仁德上的吗？我还没看见力量不够的。这种人可能是有的，但是我没见过。”

【注释】

①无以尚之：是不能再好的人。

②不使不仁者加乎其身：不让不仁德的品质出现在自己身上。加乎，出现在。其身，他的身体，这里指仁德的人自己。

③有能一日用其力于仁矣乎：能有一天都把自己的力量用在施行仁德上吗？

④盖有之矣：这种人可能是有的。盖，大概，可能。

4-7　子曰："人之过也，各于其党[①]。观过，斯知仁矣[②]。"

【译文】

孔子说："人们的错误，总是和他那个集团的人所犯的错误是一样的。观察一个人所犯的错误，就可以知道他属于哪一类人了。"

【注释】

①人之过也，各于其党：人的错误，各自属于自己的同类。还有一种解释：人的错误，总是和他所属的那个集团的人所犯的错误是一样的。本书采用第二种解释。党，集团，团体。

②观过，斯知仁矣：考察一个人犯的错误，就知道他属于哪一类人了。还有一种解释：考察一个人犯的错误，就能知道他没有仁德了。本书采用第一种解释。

4-8　子曰："朝闻道，夕死可矣。"

【译文】

孔子说："早晨领悟了道的真谛，当天晚上死去也心甘情愿。"

4-9　子曰："士志于道，而耻恶衣恶食者，未足与议也[1]。”

【译文】

孔子说：“士人有志于追求圣人的大道，但又以自己穿破衣服，食粗茶淡饭为耻辱，这样的人，是不能和他共同商量、谋划大事的。”

【注释】

①与议：和他谋划。

4-10 子曰：“君子之于天下也，无适[1]也，无莫[2]也，义之与比[3]。”

【译文】

孔子说：“君子对于天下的事，没有必须怎样，必须不能怎样的想法，只是按照义的规定去做。”

【注释】

①适：可以。

②莫：不可以。

③比：依靠。

4-11　子曰："君子怀德①，小人怀土②；君子怀刑③，小人怀惠④。"

【译文】

孔子说："君子思念道德，小人思念乡土；君子关注的是法度是否恰当，小人想的是恩惠和私利够不够。"

【注释】

①怀德：思念道理。怀，思念。②土：土地。

③刑：法制惩罚。④惠：恩惠，实惠。

4-12　子曰："放①于利而行，多怨②。"

【译文】

孔子说："遵循利益的原则来行事，会招致很多怨恨。"

【注释】

①放（fǎng）：依照、遵循、效法。②怨：怨恨。

4-13　子曰："能以礼让为国乎？何有①？不能以礼让为国，如礼何②？"

【译文】

孔子说：“能够用礼让原则来治理国家吗？那有什么难的呢？不能用礼让的原则治理国家，那又怎么对待礼仪呢？”

【注释】

①能以礼让为国乎？何有：能用礼让的原则来治理国家，那有什么难的呢？何有，那有什么难的呢？

4–14　子曰：“不患无位，患所以立；不患莫己知，求为可知也。”

【译文】

孔子说：“不担心没位置，就担心没有站得住脚的东西（立身之地）。不怕没有人了解自己，只求成为有真知灼见、值得为人们所了解的人。”

4–15　子曰：“参乎，吾道一以贯之①。”曾子曰：“唯②。”

子出，门人③问曰：“何谓也？”曾子曰：“夫子之道，忠恕而已矣④。”

【译文】

孔子说："曾参啊，我讲的道是由一个思想贯彻如一的。"曾子说："是的。"

孔子出去后，同学们便问曾子："这是什么意思？"曾子说："老师的主张，就是忠恕啊。"

【注释】

①一以贯之：贯穿如一。②唯：是的。

③门人：门徒，学生。④忠恕而已矣：就是忠恕啊。

4–16　子曰："君子喻于义，小人喻于利。"

【译文】

孔子说："君子明白道义，小人只知晓小利。"

4–17　子曰："见贤思齐焉，见不贤而内自省也。"

【译文】

孔子说："见到贤人希望向他看齐，见到不贤良的人，就应该从内心自我反省。"

4-18　子曰："事父母几[1]谏，见志不从，又敬不违，劳而不怨[2]。"

【译文】

孔子说："侍奉父母，如果他们有不对的地方要婉转地劝说他们，父母心里不愿意听从，还要对他们恭恭敬敬，并且不违抗他们，替他们操劳而不埋怨。"

【注释】

①几（jī）：轻微、婉转。

②劳而不怨：替他们操劳而不怨恨。劳，忧愁、烦劳的意思。

4-19　子曰："父母在，不远游[1]，游必有方[2]。"

【译文】

孔子说："父母在世时，不远离自己的家乡；如果不得不出远门，也必须向父母讲清楚要去的地方。"

【注释】

①游：指求学、求官、经商等外出活动。②方：指有一定的去向。

4-20 子曰："三年无改于父之道[①]，可谓孝矣。"[②]

【译文】

孔子说："如果在比较长的时间里不改父亲传下来的正道的话，就可以说是孝顺了。"

【注释】

①道：这里表示"正道"、"合理成分"的意思。

②此章在1-11出现过，为保持《论语》的原貌，所以保留下来了。

4-21 子曰："父母之年[①]，不可不知也。一则以喜，一则以惧[②]。"

【译文】

孔子说："父母的年纪，不可不知道，并且要常常记在心里。一方面为他们的长寿而高兴，一方面又为他们的衰老而恐惧。"

【注释】

①父母之年：指父母的年纪。

②一则以喜，一则以惧：一方面为他们的长寿而高兴，一方面又为

他们逐渐衰老而恐惧。

4-22 子曰："古者言之不出①，耻躬之不逮也②。"

【译文】

孔子说："古代人不轻易把话说出口，是害怕自己说了做不到而感到羞耻啊。"

【注释】

①言之不出：不轻易把话说出口。

②耻躬之不逮也：躬，自身。不逮，不及，达不到。

4-23 子曰："以约①失之者鲜②矣。"

【译文】

孔子说："用礼来约束自己的言行，谨言慎行，这样犯错误的人就少了。"

【注释】

①约：指约束。这里指用礼来约束。②鲜：少。

4–24　子曰："君子欲讷①于言而敏②于行。"

【译文】

孔子说："君子出言要谨慎，而行动要敏捷、迅速。"

【注释】

①讷（nè）：语言迟钝，不善言谈。此处指说话要谨慎。

②敏：敏捷、快速的意思。

4–25　子曰："德不孤①，必有邻。"

【译文】

孔子说："有道德的人并不会孤单，一定会有志同道合的人与他相处。"

【注释】

①德不孤：有道德的人不会感到孤单。

4-26 子游曰："事君数①，斯辱②矣；朋友数，斯疏矣。"

【译文】

子游说："侍奉君主太过频繁无度，就会受到侮辱；与朋友交往太频繁，那么，就会被疏远了。"

【注解】

①数（shuò）：屡次，多次，这里引申为烦琐的意思。

②斯辱：就会受到侮辱。

公冶长篇第五

5-1　子谓公冶长①：“可妻也。虽在缧绁②之中，非其罪也。”以其子妻之③。”

【译文】

孔子谈到公冶长时说：“可以把女儿嫁给他。虽然他被关在牢狱中，但这不是他的罪过呀。”于是，孔子把自己的女儿嫁给了公冶长。

【注释】

①公冶长：姓公冶名长，齐国人，公冶长是孔子的学生。

②缧（léi）绁（xiè）：捆绑犯人用的绳索，这里借指关犯人的牢狱。

③以其子妻之：于是，孔子把自己的女儿嫁给了他。子，女儿。春秋时期，无论儿、女都可以称子。

5-2　子谓南容①，“邦有道，不废②；邦无道，免于刑戮③。”以其兄之子妻之。

【译文】

孔子在谈论南容时说：“国家有王道时，他有官做，不被罢免；国家无王道时，他也可以免去刑罚。”于是，孔子把自己的侄女嫁给了他。

【注释】

①南容：姓南宫名适（kuò），字子容。孔子的学生。

②废：废置，不任用。③刑戮：国家法律的惩罚。

5–3　子谓子贱[①]，君子哉若人[②]！鲁无君子者，斯焉取斯[③]。”

【译文】

孔子在谈到子贱时说：“这个人是个君子啊！如果鲁国没有君子的话，他是从哪里学到这样好的君子品德的呢？”

【注释】

①子贱：姓宓（mì），名不齐，字子贱，孔子的学生。

②若人：这个，此人。

③斯焉取斯：他是从哪里学到这种品德的呢？斯焉，指子贱，第二个“斯”指子贱的品德。

5-4　子贡问曰："赐也何如[①]？"子曰："女，器也。"曰："何器也？"曰："瑚琏[②]也。"

【译文】

子贡问孔子："我这个人怎么样？"孔子说："你呀，是有用之材，是一个器具。"子贡又问："我是什么器具？"孔子说："是瑚琏。"

【注释】

①赐也何如：我这个人怎么样？子贡叫端木赐，所以他自称"赐"。

②瑚琏：古代祭器，祭祀时盛粮食用的器具。

5-5　或曰："雍[①]也仁而不佞[②]。"子曰："焉用佞？御人以口给[③]，屡憎于人，不知其仁[④]。焉用佞？"

【译文】

有人说："冉雍这个人仁德，但不能言善辩、巧舌如簧。"孔子说："干吗要能言善辩呢？靠伶牙俐齿和人辩论，屡屡被人讨厌、憎恨，这种人我不知道他是不是有仁德，但干吗要能言善辩、巧舌如簧呢？"

【注释】

①雍：姓冉名雍，字仲弓，孔子的学生。

②佞（nìng）：能言善辩，巧舌如簧，有口才。

③口给（jǐ）：言语便捷、嘴快话多。给，丰足。

④不知其仁：不知道有口才的人有没有仁。

5-6 子使漆雕开[①]仕。对曰："吾斯之未能信[②]。"子说[③]。

【译文】

孔子让漆雕开去做官。漆雕开回答说："我还没有学好呢，对做官这事还没信心。"孔子听了对漆雕开的态度很满意，非常高兴。

【注释】

①漆雕开：姓漆雕名开，字子开，孔子的学生。

②吾斯之未能信：我对做官这个事儿还没信心，言外之意，还没达到孔子提倡的"学而优则仕"的标准，表示继续留下来跟孔子学礼。

③说（yuè）：同"悦"。高兴。

5-7 子曰："道不行，乘桴浮于海[1]。从我者，其由与[2]！"子路闻之喜。子曰："由也，好勇过我，无所取材。"

【译文】

孔子说："如果我的主张行不通，我就乘上木筏子到海外去。能跟从我的大概只有仲由吧！"子路听到这话很高兴。孔子说："子路的勇敢大大地超过了我，其他没有什么可取的才能。"

【注释】

①乘桴（fú）浮于海：我就乘着木筏子到海外去。桴，用来过河的木筏子。

②从我者，其由与：能够跟从我的，大概也只有仲由吧！从，跟随、随从。仲由，就是子路，是孔子很喜欢的一个学生。

5-8　孟武伯问子路仁乎？子曰：“不知也。”又问。子曰：“由也，千乘之国，可使治其赋[1]也。不知其仁也。”

“求也何如？”子曰：“求也，千室之邑[2]，百乘之家[3]，可使为之宰[4]也。不知其仁也。”

“赤[5]也何如？”子曰：“赤也，束带立于朝[6]，可使与宾客[7]言也。不知其仁也。”

【译文】

孟武伯问孔子，子路做到仁了吗？孔子说：“不知道。”孟武伯又问。孔子说：“仲由嘛，在拥有兵车千辆的国家里，可以让他管理军事，负责向百姓征收军费。不知道他是不是仁义。”

孟武伯又问：“冉求怎么样？”孔子说：“冉求啊，可以让他在一个有千户人家的城邑中，或者在有百辆兵车的采邑里当总管这样的家臣。但不知道他是不是做到了仁。”

孟武伯又问：“公西赤又怎么样呢？”孔子说：“公西赤嘛，可以让他穿着官服站立在朝堂上，让他和来宾交谈。我也不知道他是不是做到了仁。”

【注释】

①可使治其赋：可让他向居民征收军费。赋，兵赋，向居民征收的

军事费用。

②千室之邑：邑是古代居民聚居点，相当于城镇。

③百乘之家：指诸侯下面的卿大夫的封地采邑，大夫的采邑有车百辆。

④宰：卿大夫家里的家臣、总管。

⑤赤：姓公西名赤，字子华，孔子的学生。

⑥束带立于朝：穿着礼服站立在朝堂上。

⑦宾客：客人和来宾。

5-9　子谓子贡曰："女与回也孰愈①？"对曰："赐也何敢望回？回也闻一以知十②，赐也闻一以知二③。"子曰："弗如也。吾与女弗如也。④"

【译文】

孔子对子贡说："你和颜回相比，谁更强一些呢？"子贡回答说："我怎么敢和颜回相比呢？颜回听到一件事就能知道十件事；我呢，知道一件事，只能推知两件事。"孔子说："是不如他呀，我同意你说的，你是不如他。"

【注释】

①女与回也孰愈：你和颜回谁更强一些呢？愈，胜过、超过。

②回也闻一以知十：颜回听到一件事能知道十件事。

③赐也闻一以知二：我（端木赐）听到一件事只能知道两件事。

④弗如也。吾与女弗如也：这两句还有一种译法：是不如他呀，我和你都不如他。本书采用译文中的解释。吾与，我也同意。

5-10　宰予昼寝。子曰："朽木不可雕也，粪土之墙不可杇[①]也，于予与何诛[②]？"子曰："始吾于人也，听其言而信其行；今吾于人也，听其言而观其行。于予与改是[③]。"

【译文】

孔子的学生宰予白天睡觉。孔子说："像腐朽的木头无法雕刻，像粪土垒的污秽墙壁无法粉刷。对于宰予责备还有什么用呢？"孔子说："起初我对于判断人，是听他说的话便相信了他的行为；现在我对别人，是听了他的语言还要观察他的行为。由于宰予，我改变了观察人的方法。"

【注释】

①粪土之墙不可杇（wū）：粪土垒的墙壁无法用抹子粉刷。杇，抹墙用的抹子，用抹子粉刷。粪土，腐土、脏土。

②于予与何诛：诛，责备、批评。

③于予与改是：在宰予这里，我改变了观察人的方法。

5-11　子曰："吾未见刚者。"或对曰："申枨[1]。"子曰："枨也欲，焉得刚？"

【译文】

孔子说："我没有见过太刚强的人。"有人回答说："申枨是个刚强的人。"孔子说："申枨这个人私欲太多，他怎么能算刚强呢？"

【注释】

①申枨（chéng）：姓申名枨，字周，孔子的学生。

5-12　子贡曰："我不欲人之加诸[1]我也，吾亦欲无加诸人。"子曰："赐也，非尔所及[2]也。"

【译文】

子贡说："我不希望别人强加于我的事情，我也不愿意强加于别人。"孔子说："端木赐呀，这就不是你容易做到的了。"

【注释】

①加诸：强加于。诸，相当于"之于"。

②所及：所能做到。

5-13　子贡曰："夫子之文章①，可得而闻也；夫子之言性与天道②，不可得而闻也。"

【译文】

子贡说："老师讲授的礼、乐、《诗》、《书》知识，依靠耳闻是能学到的；老师讲的人性和天道的理论，依靠耳闻是不能学到的。"

【注释】

①夫子之文章：老师的文章。文章，这里指孔子传授的《诗》、《书》、礼、乐著作。

②夫子之言性与天道：老师关于本性和天道的话。性，人性。天道，天命。

5-14　子路有闻，未之能行，唯恐有闻①。

【译文】

子路在听到一条道理，但没能亲自实践的时候，担心又听到新的道理。

【注释】

①有闻：第一个“有闻”是说听到一条道理。第二个“有闻”是又听到新的道理。

5-15　子贡问曰：“孔文子①何以谓之‘文’也？”子曰：“敏而好学，不耻下问，是以谓之‘文’也。”

【译文】

子贡问道：“孔文子为什么被称为‘文’这样的谥号呢？”孔子说：“孔文子聪敏勤勉而好学，不以向比他地位低下的人请教感到羞耻，所以称他为‘文’。”

【注释】

①孔文子：孔圉（yǔ），卫国大夫，“文”是他的谥号，“子”是对他的尊称。

5-16　子谓子产①："有君子之道四焉：其行己也恭，其事上也敬，其养民也惠，其使民也义。"

【译文】

孔子在评论子产时说："子产有君子的四种品德，他自己的行为庄重、恭敬，他侍奉国君恭敬，他教养老百姓多用恩惠，他让老百姓服劳役的时候也适当有度。"

【注释】

①子产：姓公孙名侨，字子产，郑国大夫，做过正卿，是郑穆公的孙子。郑国处在楚、晋两大强国之间，子产掌握郑国大权时，他对楚、晋两大强国既不低声下气，也不妄自尊大，为小国郑国赢得了生存空间，子产是春秋时期有名的贤明宰相，孔子对他评价很高。

5-17　子曰："晏平仲①善与人交，久而敬之②。"

【译文】

孔子说："晏平仲善于和人交往，交往越久，别人越尊敬他。"

【注释】

①晏平仲：齐国有名的贤明大夫，名婴。平，是他的谥号。

②久而敬之：相识久了，别人更尊敬他。之，在这里指晏平仲。

5–18 子曰："臧文仲[①]居蔡[②]，山节藻棁[③]，何如其知也！"

【译文】

孔子说："臧文仲在一间大屋子里藏了一只大龟，藏龟屋子的斗拱雕成山的形状，短柱上画上水草的花纹（这是违背周礼的），臧文仲这个人怎能算有智慧呢？"

【注释】

①臧文仲：姓臧孙名辰，文，是他的谥号。他因违背周礼，被孔子指责为"不仁"、"不智"。

②蔡：国君用来占卜的大龟。蔡地产龟，所以当时人把大龟叫做蔡。

③山节藻棁（zhuō）：把斗拱雕成山形，在棁上绘上水草花纹。这是古时装饰天子宗庙的做法。节，柱上的斗拱。棁，房梁上的短柱。

5–19 子张问曰："令尹子文三仕为令尹[①]，无喜色；三已[②]之，无愠色。旧令尹之政，必以告新令尹。何如？"子曰："忠矣。"曰："仁矣乎？"曰："未知。焉得仁？"

"崔子弑齐君[③]，陈文子[④]有马十乘，弃而违之。至于他邦，则曰：'犹吾大夫崔子也。'违之。之一邦，则又曰：‘犹吾大夫崔子也。’违之，何如？子曰：“清矣。”曰：“仁矣乎？”曰：“未知，焉得仁？”

【译文】

子张问孔子说：“令尹子文多次做楚国令尹，没有显露出喜悦的神色，三次被免职，也没有显出怨恨的样子。他每次被罢免后一定把自己在原来令尹位置上所干的工作告诉来接任的新令尹。您看子文怎么样？”孔子说：“可算得上是忠诚了。”子张问：“算得上是仁了吗？”孔子说：“不知道，这怎么能算是仁呢？”

子张又问孔子：“崔杼杀了齐国君主齐庄公，陈文子家有十乘马车，他毅然舍弃不要了，到了另一个国家。他在这个国家看了看，便说，‘这里的执政官也和我们齐国大夫崔杼差不多啊。’陈文子就离开了所到的国家，又到了另一个国家，他又说，‘这里的执政官也和我们的大夫崔杼差不多。’于是，又离开了所到的国家。这个人您看怎么样？”孔子说：“可算是清高了。”子张问道：“这可以说是仁了吗？”孔子说：“不知道，这怎么能算得是仁呢？”

【注释】

①令尹子文三仕为令尹：姓斗，名穀於菟，楚国的著名宰相子文。令尹，楚国的官名，职务相当于宰相。②三已：三次被罢免。三，指多次。已，罢免。③崔子弑齐君：齐国大夫崔杼（zhù）曾杀死齐庄公。被孔子视为大逆不道。崔子，崔杼。弑，地位在下的人杀了地位在上的人。齐君，齐国国君，指被崔杼所杀的齐庄公。④陈文子：陈国的大夫，名须无。

5-20　季文子[①]三思而后行。子闻之，曰："再，斯可矣[②]。"

【译文】

季文子每做一件事都要反复考虑多次，然后才开始行动。孔子听到后，说："考虑两次也就可以了。"

【注释】

①季文子：就是季孙行父，担任鲁国的正卿。文是他的谥号。

②斯可矣：就可以了。

5-21　子曰："宁武子[①]，邦有道，则知；邦无道，则愚[②]。其知可及也，其愚不可及也。"

【译文】

孔子说："宁武子这个人，国家有道义时，他就显示出聪明；当国家无道义时，他就装傻。他的聪明才智别人是可以做到的，他的装傻别人就做不到了。"

【注释】

①宁武子：姓宁名俞，担任卫国大夫。武，是他的谥号。

②愚：此处是装傻的意思。

5-22 子在陈①，曰："归与！归与！吾党之小子②狂简③，斐④然成章，不知所以裁⑤之。"

【译文】

孔子在陈国时说："回去吧！回去吧！我的弟子们志向远大，但行为鲁莽简单；文采都具备了，可是还不知道怎样来约束、节制自己。"

【注释】

①陈：春秋时一个国家的名字，在今河南东部和安徽北部一带。

②吾党之小子：我家乡的这些学生。吾党，是指我的故乡。小子，指孔子的学生。

③狂简：志向远大，但行为粗率简单。

④斐：有文采的样子。

⑤裁：剪裁，节制。

5-23 子曰："伯夷、叔齐[①]不念旧恶，怨是用希[②]。"

【译文】

孔子说："伯夷、叔齐这两个人不记怀别人过去的缺点和仇恨，所以，别人对他们俩的怨恨也就少。"

【注释】

①伯夷、叔齐：商朝末年孤竹君的两个儿子。父亲死后，两人互相让位，为了不当国君都逃到周文王那里。周武王起兵讨伐商纣王，他们认为这是以臣弑君，是不忠不孝，曾加以劝阻。周灭商后，他们以吃周朝的粮食为耻，逃进深山，饿死在首阳山中。

②希：同"稀"。

5-24 子曰："孰谓微生高[①]直？或乞醯[②]焉，乞诸其邻而与之。"

【译文】

孔子说："谁说微生高这个人直率？有人向他要点儿醋，他不直接说没有却从邻居家里讨了点醋给人家。"

【注释】

①微生高：姓微生名高，鲁国人。当时人认为他为人直率。

②醯（xī）：食用的醋。

5-25　子曰："巧言、令色、足恭[1]，左丘明[2]耻之，丘亦耻之。匿怨而友其人，左丘明耻之，丘亦耻之。"

【译文】

孔子说："花言巧语，表现出好看的脸色，做出逢迎姿势，过分地恭敬，左丘明认为这种人可耻，我（孔丘）也认为这种人可耻。把怨恨藏在心里，表面假装友好，左丘明认为这种人可耻，我也认为这种人可耻。"

【注释】

①足恭：两种解释，一种解释是说，两只脚做出恭敬逢迎的姿势讨好别人，另一种解释是过分恭敬。这里采用第二种解释。

②左丘明：姓左丘名明，是鲁国人，相传是《左传》的作者。

5-26 颜渊、季路侍[①]。子曰："盍[②]各言尔志？"

子路曰："愿车马衣轻裘，与朋友共，敝之而无憾。"

颜渊曰："愿无伐善，无施劳[③]。"

子路曰："愿闻子之志。"

子曰："老者安之，朋友信之，少者怀之[④]。"

【译文】

颜渊、子路两人侍立在老师孔子身边。孔子说："你们为什么不各自说说自己的志向？"

子路说："我愿意把自己的车马、衣服、裘皮袍拿出来，与朋友共同享用，即使用坏了也不遗憾。"

颜渊说："我不愿意炫耀自己的才能，不表白自己的功劳。"

子路向孔子说："愿意听听您的志向。"

孔子说："我的志向是让老年人安乐，让朋友们信任我，让年轻子弟得到关怀。"

【注释】

①颜渊、季路侍：颜渊、子路侍立在老师孔子身边。侍，服侍，站在尊贵者旁边陪着叫"侍"。

②盍：何不、为什么不。

③愿无伐善，无施劳：伐，夸耀。施，表白。劳，功劳。

④少者怀之：让年少者得到关怀。

5-27　子曰："已矣乎①！吾未见能见其过②而内自讼者也。"

【译文】

孔子说："唉，算了吧！我还没有看见过能看见自己的错误而心里自责的人。"

【注释】

①已矣乎：唉，算了吧！②过：过失。

5-28　子曰："十室之邑①，必有忠信如丘者②焉，不如丘之好学也。"

【译文】

孔子说："即使只有十户的小村里，也必有像我这样忠诚守信的人，只是不如我这样好学罢了。"

【注释】

①十室之邑：只有十家的小村落。邑，这个"邑"指村落。

②忠信如丘者：像孔丘这样忠诚守信的人。

雍也篇第六

6-1　子曰："雍[①]也可使南面[②]。"

【译文】

孔子说："冉雍这个人，可以让他去做官。"

【注释】

①雍：指孔子的学生冉雍。

②可使南面：可以让他去做官。南面，在朝堂上，南面是官员的位置。古代，天子的位置是坐北朝南的，北面是尊贵的位置，南面是官员的位置。

6–2 仲弓问子桑伯子[①]。子曰："可也，简[②]。"

仲弓曰："居敬而行简[③]，以临[④]其民，不亦可乎？居简而行简，无乃大简乎[⑤]？"子曰："雍之言然。"

【译文】

仲弓（冉雍）问孔子，桑伯子这个人怎么样。孔子说："可以，办事简要而不繁琐。"

仲弓说："内心严肃认真而行事简要，像这样来管理百姓，不是可以的吗？但是自己居心简单，推行政事又过于简单，这岂不是太简单了吗？"孔子说："冉雍，你的话说得很对。"

【注释】

①桑伯子：人名，生平已无法考证。

②简：简要，不繁琐。

③居敬而行简：内心严肃认真，而推行政事简单不繁琐。居敬，为人严肃认真，按照礼的要求严格要求自己。行简，指推行政事简而不繁。

④临：面临、面对。这里有"治理"的意思。

⑤无乃大简乎：这岂不是太简单了吗？无乃，岂不是。大，太。

6-3　哀公问："弟子孰为好学？"孔子对曰："有颜回者好学，不迁怒[①]，不贰过[②]，不幸短命死矣[③]。今也则亡[④]，未闻好学者也。"

【译文】

鲁哀公问孔子："你的弟子中谁是最好学的呢？"孔子回答说："有个叫颜回的学生好学，他从不把自己心中的愤怒转嫁到别人头上，不重犯同样的错误。不幸短命死了。现在没有这样好学的人了，没有听说谁是好学的。"

【注释】

①不迁怒：不把自己心中的愤怒转嫁到别人头上。

②不贰过：不犯同样的错误。贰，重复，一再。

③不幸短命死矣：不幸短命死了。颜回死时才31岁。

④今也则亡：现在没有这样好学的人了。亡，同"无"。

6-4　子华[①]使于齐，冉子[②]为其母请粟[③]。子曰："与之釜[④]。"

请益。曰："与之庾[⑤]。"

冉子与之粟五秉。

子曰："赤之适齐也，乘肥马，衣轻裘。吾闻之也：君子周⑥急不济富。”

【译文】

子华出使到齐国，冉有替他的母亲向孔子请求补助一些谷米。孔子说：“给她六斗四升。”

冉有请求再增加一些。孔子说：“再给她二斗四升。”

冉有却给她八十斛（五秉）。

孔子说：“公西赤到齐国，乘坐着肥壮的骏马驾的车子，穿既暖和又轻便的裘皮袍子。我听说过，君子只是接济急需救济的人，而不是周济富有的人。”

【注释】

①子华：姓公西名赤，字子华，孔子的学生，比孔子小42岁。

②冉子：就是冉求，字子有。鲁国人，是孔丘的弟子。曾为鲁国贵族季孙氏家臣。在《论语》书中，被称为“子”的只有四五个人，冉有就是其中之一。

③粟：指米。粟是带壳的谷粒，去壳后叫做米；古文中粟字单用时，指的是米。

④釜（fǔ）：古代量器，一釜约等于六斗四升。

⑤庾（yǔ）：古代量器，一庾等于十六斗，一说等于二斗四升。

⑥周：周济、接济。

6-5 原思[1]为之宰[2]，与之粟九百[3]，辞。子曰："毋，以与尔邻里乡党[4]乎！"

【译文】

原思给孔子家当总管，孔子给他薪金九百，原思推辞不要。孔子说："不要推辞。如果有多的，给你的乡亲们吧！"

【注释】

①原思：姓原名宪，字子思，鲁国人，孔子的学生。

②为之宰：孔子在鲁国任司寇时，原思做他家的总管。宰，家臣、管家。

③九百：指的是薪金九百，但没有说明单位是什么，所以，不知具体是多少薪金。

④邻里乡党：指原思的同乡，或家乡周围的百姓。

6-6 子谓仲弓，曰："犁牛[1]之骍且角[2]，虽欲勿用[3]，山川[4]其舍诸[5]？"

【译文】

孔子在评论仲弓的时候，说："犁地的耕牛下的牛犊毛色发红，犄角长得整齐端正，人们虽不想用它当祭品，山川之神难道会舍弃它吗？"

【注释】

①犁牛：指耕牛。

②骍（xīng）且角：祭祀用的牛毛为红色，角长得端正。古代祭祀的牛不能用耕牛代替，是单独饲养的。骍，毛皮红色的牛和马。

③用：用于祭祀。

④山川：山川之神。

⑤其舍诸：怎么会舍弃它呢？其，有“怎么会”的意思。舍，舍弃。

6–7　子曰：“回也，其心三月不违仁①，其余则日月②至焉而已矣。”

【译文】

孔子说：“颜回这个人，他的内心可以在较长时间内不违背仁德，其余的学生却只能在某日某月短时间内达到仁德的要求。”

【注释】

①三月不违仁：较长的时间不违背仁德。三月，指较长的时间。

②日月：指较短的时间。

6-8 季康子[①]问："仲由可使从政也与？"子曰："由也果[②]，于从政乎何有？"

曰："赐也可使从政也与？"曰："赐也达[③]，于从政乎何有？"

曰："求也可使从政也与？"曰："求也艺[④]，于从政乎何有？"

【译文】

季康子问孔子："仲由这个人，能让他管理国家政事吗？"孔子说："仲由做事果断，对于管理国家政事有什么难的呢？"

季康子又问："端木赐这个人，能让他管理国家政事吗？"孔子说："端木赐通达事理，对于管理国家政事有什么难的呢？"

又问："冉求这个人，可以让他管理国家政事吗？"孔子说："冉求有才能，对于管理国家政事有什么难的呢？"

【注释】

①季康子：他继承父亲为鲁国正卿，此时，孔子正在各地游说。8年后，孔子返回鲁国，冉求正帮助季康子推行革新。孔子对这三人做出了评价。

②果：做事果断。

③达：通达事理。

④艺：有才能。

6-9　季氏使闵子骞为费宰①，闵子骞曰："善为我辞焉！如有复我者②，则吾必在汶上矣③。"

【译文】

季氏让闵子骞当费邑的长官，闵子骞对来请他的人说："请你好好替我辞掉吧！如果再来召我，那我一定离开鲁国到齐国，到汶水那边去了。"

【注释】

①使闵子骞为费（bì）宰：让闵子骞当费邑的官员。闵子骞，姓闵名损，字子骞，鲁国人，是孔子的学生。费，季氏的封邑，在山东费县。

②复我者：再来召我的人。

③在汶（wèn）上：离开鲁国到齐国，到汶水那边去了。汶，水名，就是今天的山东大汶河，当时流过齐、鲁两国之间。

6-10　伯牛①有疾，子问之，自牖②执其手，曰："亡之③，命矣夫④！斯人也而有斯疾也！斯人也而有斯疾也！"

【译文】

伯牛有病了，孔子去探望他，孔子从窗户外握着他的手说："我失

去了这个人，这是命中注定的吧！这样的人竟会得这样的病，这样的人竟会得这样的病！”

【注释】

①伯牛：姓冉名耕，字伯牛，鲁国人，是孔子的学生。孔子认为他的“德行”较好。②牖（yǒu）：窗户。

③亡之：死去。④夫：相当于“吧”。

6-11 子曰：“贤哉！回也。一箪[①]食，一瓢饮，在陋巷[②]。人不堪其忧，回也不改其乐[③]。贤哉！回也。”

【译文】

孔子说：“颜回的品德多么高尚啊！一箪饭，一瓢水，住在小巷简陋的小屋里。别人忍受不了这种穷愁与清苦，颜回却没有改变他学习的乐趣。颜回的品德多么高尚啊！”

【注释】

①箪（dān）：古代一种竹器，是盛饭用的。

②巷：小巷。这里指颜回的住处。

③乐：学习的乐趣。

6-12　冉求曰：“非不说[①]子之道，力不足也。”子曰：“力不足者，中道而废。今女画[②]。”

【译文】

冉求说：“我不是不喜欢老师所提倡的道，而是我的能力不够呀。”孔子说：“能力不够的人是到半路才停下来，现在，你是自己给自己划了界限，停止前进。”

【注释】

①说（yuè）：喜悦，同“悦”，这里的意思是“喜欢’。

②画：现在你是自己给自己划了界限，停止前进。

6-13　子谓子夏曰：“女为君子儒[①]，无为小人儒。”

【译文】

孔子对子夏说：“你要做君子儒，不要做小人儒。”

【注释】

①君子儒：是指有较高的社会地位、懂得礼法、具有理想人格的贤人。

6-14 子游为武城[1]宰。子曰："女得人焉尔乎[2]？"曰："有澹台灭明[3]者，行不由径[4]，非公事，未尝至于偃[5]之室也。"

【译文】

子游当上了武城的长官。孔子说："你在武城找到人才了吗？"子游回答说："有个叫澹台灭明的人，走路从来不走邪路，不是办公事，从来不到我的住所来。"

【注释】

①武城：鲁国的一个小城邑，在现在山东费县境内。

②焉尔乎：这三个字是语助词，没有特定的意思。

③澹台灭明：姓澹台名灭明，字子羽，是孔子的学生。

④行不由径：从来不抄小道。径，小路。

⑤偃：姓言名偃，字子游，他是孔子的学生。偃，是子游的名字，这是他称自己的名字。

6-15 子曰："孟之反[1]不伐[2]，奔而殿[3]，将入门，策其马，曰：'非敢后也，马不进也。'"

【译文】

孔子说：“孟之反从不夸奖、炫耀自己，打仗败退的时候，他留在部队最后掩护全军。将要进城门的时刻，他鞭打自己的战马，说，‘不是我敢殿后打掩护，是马不肯前进，跑得不快的缘故。’”

【注释】

①孟之反：姓孟之名侧，是鲁国大夫。　②伐：夸耀。

③奔而殿：打败仗时，败退时，走在全军最后打掩护。奔，败走。殿，殿后，在全军最后作掩护。

6-16　子曰：“不有祝鮀①之佞②，而有宋朝③之美，难乎免于今之世矣。”

【译文】

孔子说：“如果没有祝鮀那样能言善辩的口才，而只有宋朝那样的美貌，那很难在今天的社会上立足了。”

【注释】

①祝鮀（tuó）：姓祝名鮀，字子鱼，卫国大夫，因为能言善辩受到卫灵公重用。②佞：有才能。

③宋朝：公子朝，是宋国人，到卫国，担任大夫。《左传》中记载他因美丽而惹出乱子。

6-17　子曰："谁能出不由户①，何莫由斯道也？"

【译文】

孔子说："谁能进出不走门户的呢？为什么没人走我所指出的仁义道德这条道路呢？"

【注释】

①出不由户：不经过屋门走出去。

6-18　子曰："质胜文则野①，文胜质则史②。文质彬彬③，然后君子。"

【译文】

孔子说："质朴胜过文采，就会变得粗俗、狂野。文采胜过质朴，就流于虚伪、浮夸。只有质朴和文采搭配得当，这才能成为一个君子。"

【注释】

①质胜文则野：质，朴实、自然。文，文采，经过修饰的。野，此

处指粗鲁、缺乏文采。

②文胜质则史：史，言词华丽，虚伪、浮夸。

③彬彬：文采与质朴搭配得很恰当。

6–19 子曰："人之生也直，罔[1]之生也幸而免。"

【译文】

孔子说："一个人的生存要靠正直，虚伪、不直率的人也能生存，那只是因为他侥幸地避免了灾祸。"

【注释】

①罔：虚伪、不直率的人。

6-20 子曰："知之者①不如好之者②，好之者不如乐之者③。"

【译文】

孔子说："对于修养道德这件事懂得它的人，不如喜爱它的人；喜爱它的人，又不如以追求它为快乐的人。"

【注释】

①知之者：懂得它的人。②好之者：喜爱它的人。
③乐之者：以追求它为快乐的人。

6-21 子曰："中人①以上，可以语上②也；中人以下，不可以语上也。"

【译文】

孔子说："具有中等以上才智的人，可以给他讲授高深的学问，在中等才智以下的人，不能给他讲授高深的学问。"

【注释】

①中人：中等智力以上的人。②语上：讲授高深的学问。

6-22　樊迟问知[①]。子曰：“务[②]民之义[③]，敬鬼神而远之，可谓知矣。”

问仁。曰：“仁者先难而后获，可谓仁矣。”

【译文】

樊迟问孔子，什么才算是智。孔子说：“致力于做符合老百姓利益的事，敬奉鬼神但要离它们远一些，就可以算是聪明的了。”

樊迟又问孔子，怎样才是仁。孔子说：“仁人就是先承担难做的事，有结果，他获取在别人后面，这就是仁了。”

【注释】

①樊迟问知(zhì)：樊迟问孔子，什么才算是智。

②务：从事、致力于。③义：符合人道的事情。

6-23　子曰：“知者乐水，仁者乐山[①]；知者动，仁者静；知者乐，仁者寿。”

【译文】

孔子说：“聪明的人喜爱流动的水，有仁德的人喜爱稳重的山；聪明的人爱活动，有仁德的人喜好沉静。智慧的人快乐，有仁德的人长寿。”

【注释】

①知者乐水，仁者乐山：知，同“智”。乐，喜爱。

6-24　子曰：“齐一变，至于[1]鲁；鲁一变，至于道[2]。”

【译文】

孔子说：“齐国一改变，就可以达到鲁国的面貌，鲁国一改变，就能达到先王之道了。”

【注释】

①至于：达到。②道：大道，先王之道。

6-25　子曰：“觚不觚[1]，觚哉！觚哉！”

【译文】

孔子说：“觚不像个觚了，这也算是觚吗？这也算是觚吗？”

【注释】

①觚（gū）不觚：觚不像觚了。觚，古代盛酒的器具，上圆下方，

有棱。觚的样子是不可以改变的，后来，觚的样子被人改变了，所以，他哀叹，觚也不像觚了。

6-26　宰我问曰："仁者虽告之曰：'井有仁[①]焉'，其从之也？"子曰："何为其然也？君子可逝[②]也，不可陷也；可欺也，不可罔也。"

【译文】

宰我问道："有仁德的人，假如别人告诉他，'井里掉下去一位仁人'，他会追随仁人跟着下去吗？"孔子说："为什么要这样做呢？君子可以离开原来的地方，到井边去救人，却不可以陷入井中；君子可能被欺骗，但不可能被迷惑、愚弄。"

【注释】

①仁：指有仁德的人。

②逝：往。

6-27　子曰："君子博学于文，约之以礼①，亦可以弗畔矣夫②。"

【译文】

孔子说："君子广泛地学习古代的历史典籍，又用礼来约束自己，也就可以不离经叛道了。"

【注释】

①约之以礼：用礼来约束自己。约，一种解释为约束，另一种解释为简要，本书采用第一种解释。

②亦可以弗畔矣夫：也就可以不离经叛道了。畔，同"叛"。矣夫，语气词，表示强烈感叹。

6–28　子见南子[1]，子路不说。夫子矢[2]之曰："予所否[3]者，天厌之！天厌之！"

【译文】

孔子去见南子，子路很不高兴。孔子发誓说："如果我做了什么不正当的事，上天也会厌倦我！上天也会厌倦我！"

【注释】

①南子：卫灵公的夫人，是个美女，当时左右着卫国国政，有淫乱行为，名声不太好。

②矢：同"誓"。这里意思是发誓。

③否：做了不正当的事。否，不对、不是。

6–29　子曰："中庸之为德也，其至矣乎！民鲜久矣。"

【译文】

孔子说："中庸作为一种道德，该是达到极致了吧！人们缺少这种道德已经很久了。"

6–30 子贡曰："如有博施[1]于民而能济众[2]，何如？可谓仁乎？"子曰："何事于仁？必也圣乎！尧、舜[3]其犹病诸。夫仁者，己欲立而立人，己欲达而达人。能近取譬[4]，可谓仁之方也已。"

【译文】

子贡说："假若有一个人能广泛地给老百姓施恩惠，又能周济大众，怎么样？能算是仁人了吗？"孔子说："哪里只是仁人，简直是圣贤了！就连尧、舜尚且难以做到呢。至于仁人，就是要想自己站得住，也要帮助别人站得住；要想自己通达（成功），也要帮助别人通达。凡事就近以自己打比方，进而从自己推及别人，这可以说是实行仁的方法了。"

【注释】

①博施：广泛地施恩惠。

②济众：周济大众。

③尧、舜：上古时代的两位帝王，是孔子心中的榜样、圣人。

④能近取譬：能用自身打比方。

述而篇第七

7-1　子曰："述而不作[①]，信而好古，窃[②]比于我老彭[③]。"

【译文】

孔子说："只阐述而不创作，相信而且喜好古代的文化，我私下里把自己比做商代的大夫老彭。"

【注释】

①述而不作：只阐述，而不创作。述，阐述。作，创作。

②窃：私下里，私自。

③老彭：人名，但老彭究竟指谁，说法不一。有的说是商代一位好阐述古事的贤良大夫，也有的说是老子和彭祖两个人，还有的说是商代的彭祖。本书采用第一种说法。

7-2　子曰："默而识[①]之，学而不厌，诲[②]人不倦，何有于我哉[③]？"

【译文】

孔子说："默默记住所学的知识，学习不感到厌烦，教导人不知道疲倦，这对我有什么困难的呢？"

【注释】

①识（zhì）：记住的意思。

②诲：教诲。

③何有于我哉：这对我有什么困难的呢？

7-3　子曰："德之不修，学之不讲，闻义不能徙①，不善不能改，是吾忧也。"

【译文】

孔子说："许多人对品德不去修养，学了学问也不去讲习，听到义不能照着义去做，有了不好的地方也不能改正，这些是我所忧虑的。"

【注释】

①徙：迁移。这里指靠近。

7–4　子之燕居[①]，申申[②]如也；夭夭[③]如也。

【译文】

孔子闲居在家的时候，衣服和冠帽整洁，身体和精神温和、斯文、悠闲自在。

【注释】

①子之燕居：孔子在家闲居。燕居，安居、家居、闲居。

②申申：衣服和冠帽整洁。

③夭夭：身体和精神温和、斯文、悠闲自在的样子。

7–5　子曰："甚矣吾衰也！久矣吾不复梦见周公[①]。"

【译文】

孔子说："我衰老得是多么厉害啊！睡觉时我很久没有梦见周公了。"

【注释】

①周公：姓姬名旦，他是周文王的儿子，周武王的弟弟，成王的叔叔，鲁国封国的国君，传说他是周朝典章制度的制定者，是周礼的制定者，他是孔子所推崇的圣人之一。

7-6 子曰："志于道，据于德①，依于仁，游于艺②。"

【译文】

孔子说："立志于道，遵守德行，依靠仁义，活动于礼、乐等六艺之中。"

【注释】

①志于道，据于德：立志于道，遵守德行。还有一种解释是：以道为志向，以德为根据。本书采用第一种解释。

②艺：指六艺。艺指孔子教授学生的礼、乐、射、御、书、数等知识和技艺。

7-7　子曰："自行束脩以上①，吾未尝无诲焉。"

【译文】

孔子说："只要自愿拿着十条以上的干肉作为礼物来见我的人，我从来没有不加以教诲的。"

【注释】

① 自行束脩（xiū）以上：只要学生自愿拿着十条干肉为礼物来见我。脩，干肉，又叫脯。束脩，就是十条干肉。孔子要求学生，初次见面时，要拿十条以上的干肉作为学费。后来就把送给老师的学费叫做"束脩"。

7-8　子曰："不愤①不启，不悱②不发。举一隅③不以三隅反，则不复也。"

【译文】

孔子说："教导学生，不到他想弄明白而又领会不了的时候，不去开导他；不到他想说却说不出来的时候，不去启发他。不能做到告诉他一个方面的知识，他就能推知其他三个方面的知识（举一反三），那就不再教导他了。"

【注释】

①愤：苦思冥想而仍然领会不了的样子。还有一种解释，（学生）心中渴望通达，而自己又不能实现。本书采用第一种解释。

②悱（fěi）：想说又说不出来的样子。

③隅（yú）：角落。

7-9　子食于有丧者之侧，未尝饱也。

【译文】

孔子在死了亲人的人旁边吃饭，没有吃饱过。

7-10　子于是日哭①，则不歌。②

【译文】

孔子如果在这一天为吊丧而哭泣，就不再唱歌。

【注释】

①于是日哭：在这一天为吊丧而哭泣。

②子于是日哭，则不歌：这两句还有另一种解释，孔子如果在这一天哭泣过，就不再唱歌。本书采用译文中的说法。

7-11　子谓颜渊曰："用之则行，舍之则藏①，惟我与尔有是夫②！"

子路曰："子行三军③，则谁与④？"

子曰："暴虎冯河⑤，死而无悔者，吾不与也。必也临事而惧⑥。好谋而成者也。"

【译文】

孔子对颜渊说："被推举就行动，不用我，我就藏起来，只有我和你才能做到这样。"

子路问孔子说："老师您统帅三军，和谁一起去呢？"

孔子说："赤手空拳打老虎，没船徒步过河，有勇无谋，死都不后悔的人，我不和他在一起。我要找的一定是遇事小心谨慎，善于谋划，能够完成任务的人。"

【注释】

①舍之则藏：不用我，我就隐藏起来。舍，舍弃、不用。藏，隐藏。

②夫：语气词，相当于"吧"。

③三军：春秋时期，军队分上军、中军、下军，三军是当时大的诸侯国所有的军队，每军约一万二千五百人。

④与：在一起。

⑤暴虎冯河：徒手与老虎搏斗，徒步涉水过河。

⑥临事而惧：惧是谨慎、警惕的意思。遇到事情便格外小心谨慎。

7-12 子曰："富而可求也[①]；虽执鞭之士[②]，吾亦为之。如不可求，从吾所好。[③]"

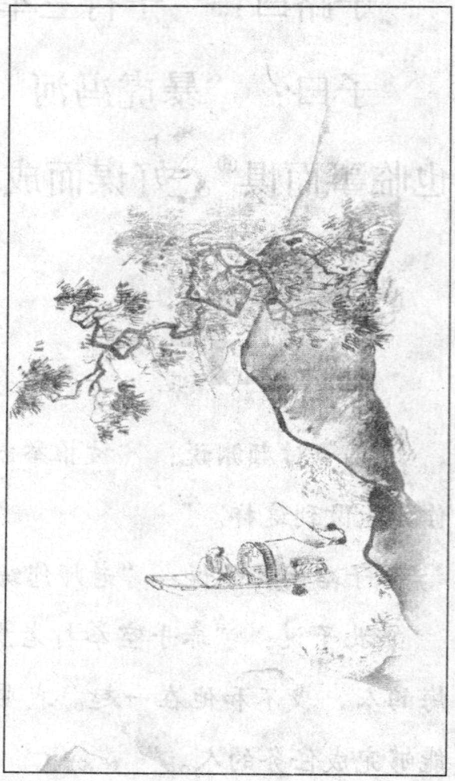

【译文】

孔子说："如果富贵合于道的要求，富贵是可以追求的；虽然是给人执鞭赶马的差事，我也愿意去做。如果富贵不合于道，不可求，就不要去追求，那就还是按照我的爱好去干事吧。"

【注释】

①富而可求也：富，指升官发财。求，合于道的可以去求。

② 执鞭之士：古代为君主和官员出入，手执皮鞭赶马的人，指地位低下的职位。

③孔子的这五句话还有另一种解释："富贵是可以追求的，虽然是给人执鞭的下等差事，我也愿意去做。如果富贵不可追求，那还是按照我的爱好去干事吧。"这种解释显然不符合孔子一贯主张的仁德，所以，本书采用译文中的解释。

7-13　子之所慎：齐①、战、疾。

【译文】

孔子所谨慎小心对待的三件事情就是：斋戒、战争和疾病。

【注释】

①齐：指斋戒。斋戒，古人祭祀前要沐浴、更衣、不吃荤、不饮酒、不与妻、妾同睡，表示虔诚，这叫做“斋戒”。

7-14　子在齐闻《韶》①，三月不知肉味，曰：“不图②为乐之至于斯也。”

【译文】

孔子在齐国时，听到了舜帝时候的《韶》乐，他陶醉得很长时间尝不出肉的滋味，孔子说，“想不到欣赏音乐竟能达到如此美妙迷人的境地。”

【注释】

①《韶》：舜时古乐曲名。

②不图：没想到，或者想不到。

7–15　冉有曰："夫子为卫君乎①？"子贡曰："诺②，吾将问之。"

入，曰："伯夷、叔齐③何人也？"曰："古之贤人也。"曰："怨乎？"曰："求仁而得仁，又何怨。"

出，曰："夫子不为也。"

【译文】

冉有问道："老师会帮助卫国的国君吗？"子贡说："噢，我正要进去问问老师。"

于是，子贡就进去问孔子："伯夷、叔齐是什么样的人呢？"孔子回答说："是古代的贤人。"子贡又问："他们互相让位有怨恨吗？"孔子说："他们追求仁而得到了仁，为什么怨恨呢？"

子贡出来对冉有说："老师是不会帮助卫君的。"

【注释】

①夫子为卫君乎：为，赞成，这里是帮助的意思。卫君，指卫出公

辄，是卫灵公的孙子，他父亲因谋杀南子被卫灵公驱逐出国，卫灵公死后，辄被立为国君，他父亲回国与辄争国君的位置。

②诺：古代答应时说“诺”。

③伯夷、叔齐：商代诸侯孤竹君有三个儿子，伯夷是老大，叔齐最小，孤竹君想立叔齐为继承人。孤竹君死后，叔齐要让位给伯夷，伯夷也不肯当国君，伯夷、叔齐先后逃到周文王那里。周武王攻打商纣王时，两人拦马劝阻。武王平定天下后，伯夷、叔齐不肯吃周朝的粟米，隐居在首阳山，靠采薇生活，最后饿死在首阳山。

7-16 子曰："饭疏食饮水①，曲肱②而枕之，乐亦在其中矣。不义而富且贵，于我如浮云。"

【译文】

孔子说："吃粗粮，喝冷水，弯着胳膊当做枕头，快乐也就在这其中了。用不正当手段得到的富贵，对我来说，就像天上的浮云。"

【注释】

①饭疏食饮水：吃简单的粗粮，饮一些冷水。饭，这里是"吃"的意思。疏食，指粗粮。水，指冷水。饮水，不一定真的喝冷水，是说自己的饮食简单。

②曲肱（gōng）：弯着胳膊。

7-17 子曰："加我数年①，五十以学《易》②，可以无大过矣。"

【译文】

孔子说："再给我几年时间，到五十岁时学习《易》这部经书，我就可以不犯大的过错了。"

【注释】

①加我数年：再给我几年的时间，指让我多活几年。加，这里同"假"字，是给予的意思。②易：指《周易》，古代占卜时用的一部书。

7-18 子所雅言①，《诗》、《书》、执礼②，皆雅言也。

【译文】

孔子有时讲雅言，读《诗经》、念《尚书》、赞礼时，用的都是普通话。

【注释】

①雅言：周朝的京都在现在陕西地区，当时以陕西语音为周王朝的

官话，被称做“雅言”，相当于当时的普通话。

②执礼：行礼。这里指进行礼仪仪式的时候。

7-19　叶公问孔子于子路①，子路不对。子曰：“女奚不曰，其为人也，发愤忘食，乐以忘忧，不知老之将至云尔②。”

【译文】

叶公向子路问孔子是个什么样的人，子路不回答。孔子对子路说：“你为什么不这样说，他这个人，发愤用功读书，连吃饭都忘记了，高兴起来把一切忧虑都忘了，连自己快要老了都不知道，如此而已。”

【注释】

①叶公问孔子于子路：叶公向子路询问孔子是个什么样的人。叶公，姓沈名诸梁，楚国的大夫，他的封地在叶城，现在的河南叶县以南，所以，被当时的人称为叶公。

②云尔：如此、而已、罢了。

7–20 子曰："我非生而知之①者，好古，敏以求之②者也。"

【译文】

孔子说："我不是生下来就有知识，而是爱好古代的文化、勤奋敏捷学习求得知识的人。"

【注释】

①我非生而知之：我不是生下来就有知识。或者解释为，我不是生下来就知道。本书采用第一种解释。

②敏以求之：勤奋聪敏地学习。

7–21 子不语怪①、力②、乱、神。

【译文】

孔子提倡仁德、礼治的观念，从来不谈论怪异事件、暴力冲突、突然事变和乱象、神祇和鬼怪。

【注释】

①怪：怪异的事。②力：暴力冲突。

7–22　子曰："三人行，必有我师焉。择其善者[①]而从之，其不善者而改之。"

【译文】

孔子说："三个人一起走路，其中必定有人能够当我的老师。我选择他好的品德向他学习，看到他不好的地方，作为借鉴，改掉自己的缺点。"

【注释】

①择其善者：选择他好的品德。

7–23　子曰："天生德于予，桓魋[①]其如予何？"

【译文】

孔子说："上天把德行赋予了我，桓魋又能把我怎么样呢？"

【注释】

①桓魋（tuí）：叫向魋，因为是宋桓公的后代，所以，也叫桓魋，他担任宋国主管军事行政的官——司马。孔子带着学生们从卫国去陈国，经过宋国。孔子正在大树下给弟子们演习周礼，桓魋带兵来把大树砍倒，还要杀害孔子。学生们保护孔子逃跑，在逃跑中，孔子讲了上面的话。

7-24 子曰："二三子[1]以我为隐乎[2]？吾无隐乎尔。吾无行而不与二三子者[3]，是丘也。"

【译文】

孔子说："你们这几个弟子啊，以为我对你们有什么隐瞒的吗？我没有什么可隐瞒的。我没有什么事情不告诉你们，我孔丘就是这样的人。"

【注释】

①二三子：这里指孔子的学生们。

②以我为隐乎：以为我对你们有什么隐瞒吗？

③吾无行而不与二三子者：这句话还有一种解释，我没有什么事情不是和你们一起干的。这种解释与下句"是丘也"的解释连起来不合适。所以，本书采用上面译文中的解释。

7-25 子以四教：文[1]、行[2]、忠[3]、信[4]。

【译文】

孔子用历史文献典籍、德行、忠诚、守信四项内容教诲学生。

【注释】

①文：历史文献、古籍。

②行：指德行，也指社会实践方面的内容。

③忠：忠诚。

④信：诚实、守信用。

7-26 子曰："圣人，吾不得而见之矣！得见君子者，斯可矣[1]。"

子曰："善人，吾不得而见之矣！得见有恒者[2]，斯可矣。亡而为有，虚而为盈，约而为泰[3]，难乎有恒矣。"

【译文】

孔子说："圣人我是不可能见到了，能看到君子，这就可以了。"

孔子又说：“善人我不能见到了，能见到有恒心保持好的品德的人，这也就可以了。本来没有，却装作有，空虚装作充实，穷困却装作富足，这样的人是很难有恒心保持好品德的。”

【注释】

①斯可矣：这就可以了。斯，就。

②得见有恒者：能见着有恒心保持好品德的人。恒，指恒心。

③约而为泰：穷困却装作富裕。约，穷困。泰，这里有奢侈的意思。

7–27　子钓而不纲[①]，弋不射宿[②]。

【译文】

孔子只用有一个鱼钩的钓竿钓鱼，而不用装有许多鱼钩的大绳钓鱼。他只射飞鸟，不射在窝中歇息的鸟。

【注释】

①纲：在水面上拉一根大绳，在大绳上拴许多鱼钩来钓鱼，叫纲。纲，大绳，这里作动词。

②弋（yì）不射宿：只射飞鸟，不射窝中歇息的鸟。弋，用带绳子的箭射鸟。宿，指回窝歇息的鸟儿。

7-28　子曰："盖有[①]不知而作之者，我无是也。多闻，择其善者而从之；多见而识[②]之，知之次[③]也。"

【译文】

孔子说："大概有这样一种什么都不懂却在那里凭空创造的人，我却没这样做过。多听，选择其中好的来遵从；多看，并记在心里，这是次一等的智慧。"

【注释】

①盖有：大概有。②识（zhì）：记住。③知之次：这是次一等的智慧。

7-29　互乡难与言[①]，童子见，门人惑。子曰："与其进也，不与其退也[②]，唯何甚？人洁己[③]以进，与其洁也，不保其往[④]也。"

【译文】

孔子认为很难与互乡的人说话，互乡一个小孩儿却受到了孔子的接见，学生们感到迷惑不理解。孔子说："我是肯定他的进步，不是肯定他的退步。何必做得那么过分呢？这孩子改正了错误以求进步，肯定他改正错误，不要死抓住他的过去不放。”

【注释】

①互乡难与言：很难与互乡那个地方的人说话。互乡，地名，已经无法考证在什么地方。

②与其进也，不与其退也：我是肯定他的进步，不是肯定他的退步。进，进步。退，退步。

③洁己：洁身自好，成为有德之人。

④不保其往：保，一说担保，一说保守。往，过去。

7-30　子曰：“仁远乎哉？我欲仁[①]，斯仁至矣。”

【译文】

孔子说：“仁离我们是不是很遥远呢？我渴望达到仁的境界，那么，仁就能到来。”

【注释】

①我欲仁：我渴望仁，我追求仁。

7-31　陈司败[1]问："昭公[2]知礼乎？"孔子曰："知礼。"

孔子退，揖[3]巫马期[4]而进之曰："吾闻君子不党[5]，君子亦党乎？君取[6]于吴，为同姓[7]，谓之吴孟子[8]。君而知礼，孰不知礼？"

巫马期以告。子曰："丘也幸，苟有过，人必知之。"

【译文】

陈司败问："鲁昭公懂礼吗？"孔子说："懂得礼。"

孔子出来后，陈司败向巫马期作了个揖，请他走近自己，对他说："我听说，君子是不偏袒的，难道君子也偏袒吗？鲁君在吴国娶了一个女子为妻，这个女子是国君的同姓，称她为吴孟子。如果鲁国的国君算是懂礼，那还有谁不懂礼呢？"

巫马期把这句话告诉了孔子。孔子说："我很幸运，如果有错误，别人一定会知道。"

【注释】

①陈司败：是陈国主管司法的官，姓名不详。还有一种解释，说他是齐国大夫，姓陈名叫司败。本书采用第一种解释。

②昭公：鲁国的君主，名惆（chóu），"昭"是他死后的谥号。

③揖：作揖，双手在胸前行拱手礼。

④巫马期：姓巫马名施，字子期，他是孔子的学生。

⑤党：偏袒、包庇的意思。⑥取：娶妻。

⑦为同姓：鲁国和吴国的国君是同姓，都姓姬。周礼规定，同姓不通婚，昭公娶同姓女子，是违背礼法的行为。⑧吴孟子：鲁昭公夫人。

7-32　子与人歌而善，必使反之[①]，而后和之[②]。

【译文】

孔子和别人一起唱歌，如果唱得好听，孔子一定要请对方再唱一遍，然后和他一起唱。

【注释】

①反之：再唱一遍。②和（hè）之：跟着他一起唱。

7-33　子曰："文，莫[①]吾犹人也。躬行君子[②]，则吾未之有得。"

【译文】

孔子说："单就书本知识来比较，大概我和别人差不多。但做一个身体力行的君子，那我还有没有做到的地方。"

【注释】

①莫：约摸、大概、差不多。

②躬行君子：作为一个身体力行的君子。

7-34　子曰："若圣与仁，则吾岂敢？抑[①]为之[②]不厌，诲人不倦，则可谓云尔[③]已矣。"公西华曰："正唯弟子不能学也。"

【译文】

孔子说："如果说到圣与仁，那我怎么敢当？不过是向圣与仁的方向努力而不厌烦，教诲学生也不感觉疲倦，只能说是这样罢了。"公西华说："这正是我们这些弟子学不到的。"

【注释】

①抑：只不过。

②为之：指圣与仁。

③云尔：这样说。

7–35　子疾病①，子路请祷②。子曰："有诸③？"子路对曰："有之。《诔》④曰：'祷尔于上下神祇⑤。'"子曰："丘之祷久矣。"

【译文】

孔子病得很严重，子路向鬼神祈祷。孔子问道："有这回事吗？"子路回答说："有的。《诔》文上说：'为您向天上地下的神祇祈祷。'"孔子说："我很久以前就在祈祷了。"

【注释】

①子疾病：孔子的病情严重。疾，指有病。病，指病情严重。

②请祷：向鬼神祷告。③有诸：有这样的事吗？

④诔（lěi）：古时用以表彰死者德行并表示哀悼的文辞。

⑤神祇（qí）：古代称天神为神，地神为祇。

7–36　子曰："奢则不孙①，俭则固②。与其不孙也，宁固。"

【译文】

孔子说："奢侈就会不谦逊、不恭敬，就会越礼。过于节俭了就会寒酸。与其不恭敬、越礼，宁可寒酸。

【注释】

①奢则不孙：奢侈就会不谦逊，就会越礼。孙，同逊，恭顺。不孙就是不逊，越礼的意思。②固：简陋、鄙陋。这里有寒酸的意思。

7-37　子曰："君子坦荡荡①，小人长戚戚②。"

【译文】

孔子说："君子心胸宽广、坦荡，小人经常忧愁不安。"

【注释】

①坦荡荡：心胸宽广、开阔。

②长戚戚：经常忧愁不安的样子。长，同"常"。经常。

7-38　子温而厉①，威而不猛，恭而安②。

【译文】

孔子温和严厉，威严但不凶猛，恭敬而又安详。

【注释】

①厉：严厉。②恭而安：恭敬而安详。

泰伯篇第八

8-1 子曰："泰伯[①]，其可谓至德也已矣。三[②]以天下让，民无得而称焉[③]。"

【译文】

孔子说："泰伯，可以说是品德最高尚的人了，多次把王位让给季历，老百姓都找不到合适的话来称赞泰伯了。"

【注释】

①泰伯：也称为太伯，周代始祖古公亶父的长子。传说亶父知道三儿子季历的儿子姬昌有德行，就想把自己的位置传给季历，泰伯是大儿子，君主的位置应该传给他。泰伯为了表示无心争继承权，就和二弟仲雍躲避到吴地。父亲亶父去世时他都没有回来奔丧。后来，他又剪断头发、文身，表示终身不回去。这样，季历顺利地继承了父亲的君位。泰伯也因此而受到后人的赞扬，称赞他是有德行的人。

②三：是多次的意思，而不一定只是三次。

③民无得而称焉：老百姓找不到合适的话来赞扬他。

8-2　子曰："恭而无礼则劳[①]，慎而无礼则葸[②]，勇而无礼则乱，直而无礼则绞[③]。君子笃[④]于亲，则民兴于仁，故旧[⑤]不遗，则民不偷[⑥]。"

【译文】

孔子说："恭敬而没有礼来指导，就会劳顿，谨慎而不用礼来规范行为，就会拘谨、畏缩，勇猛而没有礼就会违法作乱，直率而不受礼的规定来约束言行，说话就会尖酸刻薄，出口伤人。处在上位的君子如果敦厚、真诚，厚待自己的亲人，那么，百姓中就会兴起仁义之风，在上位的君子不遗弃老朋友，那么，老百姓也就不会对别人冷漠无情了。"

【注释】

①恭而无礼则劳：劳，辛劳、劳苦。

②慎而无礼则葸（xǐ）：只是小心谨慎，而不用礼来规范，就会拘谨、畏缩。葸，拘谨、畏惧的样子。

③绞：说话尖酸刻薄，出口伤人。

④笃：敦厚，待人真诚。

⑤故旧：老朋友。

⑥偷：冷漠无情、淡薄。

8-3 曾子有疾，召门弟子曰："启予足①！启予手！《诗》云②：'战战兢兢，如临深渊，如履薄冰。'而今而后，吾知免③夫，小子④！"

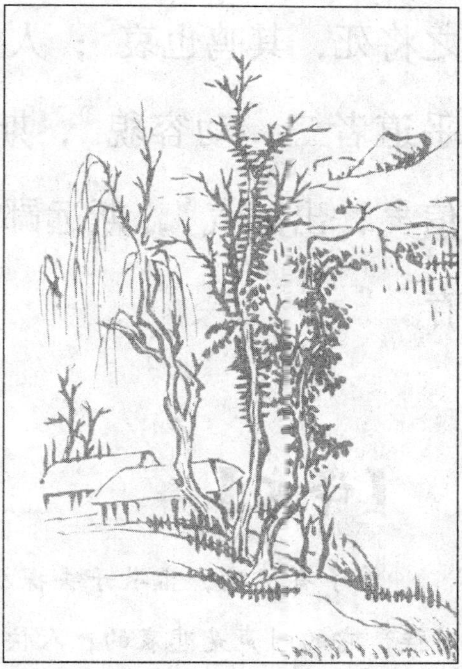

【译文】

曾子生了病，他召见门下弟子们，说："掀开被子，看看我的脚！看看我的手！《诗经》中说，'战战兢兢小心谨慎呀，好像面对着深渊，好像脚踩在薄冰上面。'弟子们！从今以后，我知道自己的身体怎样免于损伤了。"

【注释】

①启予足：掀开被子，看看我的脚。启，开启。

②《诗》云：下面三句是《诗经·小雅·小旻》篇里的诗句。

③免：身体免受损伤。

④小子：曾子对弟子的称呼，相当于现在说"孩子们"。

8–4　曾子有疾，孟敬子问之[①]。曾子言曰："鸟之将死，其鸣也哀[②]；人之将死，其言也善。君子所贵乎道者三：动容貌[③]，斯远暴慢[④]矣；正颜色[⑤]，斯近信矣；出辞气[⑥]，斯远鄙倍[⑦]矣。笾豆之事[⑧]，则有司[⑨]存。"

【译文】

曾子有了病，孟敬子去探视、慰问他。曾子对他说："鸟快死的时候，它的叫声是悲哀的；人快死的时候，他的言语也是和善的。君子所宝贵的德行有三种：要使自己的容貌庄重严肃，这样能避免粗暴、怠慢、放肆；使自己的仪态端庄，这样就会接近诚信；使自己说话的言词和语气格外谨慎，这样就能避免粗野和违背常理。至于祭祀礼仪的细节，自有主管祭祀事务的官吏来负责。"

【注释】

①孟敬子问之：孟敬子来探望慰问他。孟敬子，指鲁国大夫孟孙捷。问，探望、探视。

②鸟之将死，其鸣也哀：鸟快要死的时候，它的叫声也是哀伤的。

③动容貌：使内心感情表现于面容。

④暴慢：粗暴、傲慢、放肆。⑤正颜色：使脸色庄重严肃。

⑥出辞气：指注意说话的言辞和口气。出，说话。

⑦鄙倍：鄙，粗野。倍，违背道理。

⑧笾（biān））豆之事：笾和豆都是古代祭祀和典礼中的用具。这里是指祭祀的事宜。

⑨有司：主管某方面事务的官吏，此处指主管祭祀的官吏。

8-5 曾子曰：“以能问于不能，以多问于寡；有若无，实若虚；犯而不校[1]，昔者吾友[2]尝从事于斯矣。”

【译文】

曾子说：“有才能的却向没有才能的人发问、请教，知识多的却向知识少的人发问、请教；有知识却像没有知识一样，知识充实却像很空虚一样；被人冒犯了也不计较，过去，我的朋友也曾经努力做到这样。”

【注释】

①犯而不校：被人冒犯也不计较。校，计较。

①吾友：我的朋友。

8-6 曾子说：“可以托六尺之孤[1]，可以寄百里之命[2]，临大节而不可夺也。君子人与？君子人也。”

【译文】

曾子说：“可以把年幼的君主托付给他（有德行、有本事的大臣），可以把国家的政权托付给他，面临生死的紧要关头也不能动摇他的意志，也不能让他屈服。这样的人是君子吗？是真君子啊！”

【注释】

①托六尺之孤：可以把年幼的君王托付给他（有德行、有本事的大臣）。托孤，将要死的君王把自己将要继位的儿子托付给信任的大臣。孤，指死去父亲的孩子。

②寄百里之命：委托臣子掌握国家政权和命运。寄，寄托、委托。

8–7　曾子曰：“士不可以不弘毅①，任重而道远。仁以为己任，不亦重乎？死而后已，不亦远乎？”

【译文】

曾子说：“士人不可以不胸怀宽广，意志坚强，因为他实现仁的责任重大，道路遥远。他把实现仁作为自己的责任，不是也很重要吗？奋斗到死才会停止，这条道路难道还不遥远吗？”

【注释】

①弘毅：胸怀宽广，意志坚强。弘，广大。毅，强毅。

8-8 子曰：“兴[1]于《诗》，立于礼，成于乐。”

【译文】

孔子说：“人的修养开始于学习《诗经》，立身于学礼，完成于学习音乐。”

【注释】

①兴：开始、振兴。

8-9 子曰：“民可使由之[1]，不可使知之[2]。[3]”

【译文】

孔子说：“对于百姓，只能让他们按照圣德之君的意志去做，不能使他们懂得为什么这样做。”

【注释】

①由之：让百姓（按照圣人的意志）去做。

②知之：懂得为什么这样做。

③民可使由之，不可使知之：还有的人这样来解释，“民可，使由之，不可，使知之。”意思是说，百姓认可，就让他们照着去做，百姓不认可，就向他们说明道理。这种解释拔高了孔子，不符合孔子的思想实际水平，本书采取上面译文中的说法。

8-10 子曰："好勇疾贫①，乱也。人而不仁②，疾之已甚③，乱也。"

【译文】

孔子说："喜好勇敢、好勇斗狠而又憎恨自己太穷困，就会引起祸乱。对于不仁德的人或事痛恨得太过分，也会引起祸乱。"

【注释】

①好勇疾贫：喜好勇敢、好勇斗狠，而憎恨贫穷。疾，恨、憎恨。②不仁：不符合仁德的人和事。③已甚：太过分。已，太。

8-11 子曰："如有周公之才之美①，使骄且吝②，其余不足观也已。"

【译文】

孔子说："一个君主即使有周公的才能和美德，假如他骄傲自大而又小气，那他其他方面就没什么值得一看了。"

【注释】

①周公之才之美：周公那样的才能和美德。

②使骄且吝：假如他骄傲自大又小气。

8–12 子曰："三年学，不至于谷，不易得也[①]。"

【译文】

孔子说："学了三年，还没有当官享受俸禄的人，是很难得的。"

【注释】

①不至于谷，不易得也：做不了官，是很难得的。谷，古代用谷作为官吏的俸禄，此处用"谷"字代表做官。不至于谷，不易得也，这两句还有一种解释，还做不了官，是不易找到的。本书采用译文中的说法。

8-13　子曰："笃信好学，守死善道。危邦不入，乱邦不居。天下有道则见[①]，无道则隐。邦有道，贫且贱焉，耻也。邦无道，富且贵焉，耻也。"

【译文】

孔子说："坚定不疑地努力学习，誓死守卫并完善道义。不进入政局不稳、充满危险的国家，不居住在混乱的国家。天下有道义就出来做官，天下没有道义就隐居。国家有道义，而自己贫贱，就是耻辱；国家无道义，自己富裕而地位高贵，也是耻辱。"

【注释】

①见（xiàn）：同"现"。此处的意思是出来做官。

8-14　子曰："不在其位[①]，不谋其政。"

【译文】

孔子说："不在那个职位上做官，就不考虑那个职位上的政事。"

【注释】

①其位：那个职位上。

8-15　子曰："师挚之始①，《关雎》之乱②，洋洋乎盈耳哉！"

【译文】

孔子说："从太师挚演奏的序曲开始，到演奏《关雎》的结尾，丰富而优美的乐曲充满了我的耳朵。"

【注释】

①师挚之始：师挚是鲁国的太师。始，乐曲的开端、序曲。古代奏乐，开端由太师演奏，所以这里说是"师挚之始"。

②《关雎》之乱："始"是乐曲开端，"乱"是乐曲结束。"乱"是合奏乐曲。这时奏《关雎》的乐章，所以叫"《关雎》之乱"。

8–16 子曰："狂而不直[①]，侗而不愿[②]，悾悾而不信[③]，吾不知之矣。"

【译文】

孔子说："狂妄而不正直，幼稚无知而不谨慎，表面上诚恳却不守信用，我真不知道有的人为什么会这样。"

【注释】

①狂而不直：狂妄而不直率。"直"还有一种解释，正直。本书采用前面那种说法。狂，狂妄、急躁。

②侗而不愿：无知而不谨慎。侗，幼稚无知。愿，慎谨、朴实。

③悾（kōng）悾而不信：表面上诚恳而不守信用。悾悾，诚恳的样子。

8–17 子曰："学如不及[①]，犹恐失之。"

【译文】

孔子说："学习知识就像总怕赶不上那样，还担心丢掉应该学的知识。"

【注释】

①如不及：就像赶不上。

8-18 子曰："巍巍[1]乎！舜、禹[2]之有天下也，而不与焉！"

【译文】

孔子说："多么了不起啊！舜、禹得到天下，但是没有丝毫自己的企求。"

【注释】

①巍巍：崇高、高大的样子。这里的意思是，很了不起啊！很高大啊！很伟大啊！

②舜、禹：舜是传说中的圣明君主。禹是夏朝开国国君。传说远古时期，尧把君主禅让给舜，舜后来又禅让给禹。

8-19 子曰："大哉！尧[1]之为君也！巍巍乎！唯天为大，唯尧则之[2]。荡荡乎[3]！民无能名[4]焉。巍巍乎！其有成功也！焕乎！其有文章[5]！"

【译文】

孔子说："伟大啊！尧这样的君王。了不起啊！只有上天最伟大，只有尧才能效法天。他的恩德广阔浩大啊！百姓找不出什么语言来表达对他的称赞。多么崇高啊！他所取得的功绩。光彩啊！他所制定颁布的礼乐制度典籍。”

【注释】

①尧：中国远古时代传说中圣明的君主。

②唯尧则之：只有尧能效法天的伟大。则，效法、为准。

③荡荡乎：广大的样子。

④民无能名：百姓不知道用什么语言来表达对他的称赞。

⑤焕乎！其有文章：光彩啊！他制定的礼乐制度！

8-20　舜有臣五人①而天下治。武王曰：“予有乱臣十人②。”孔子曰：“才难，不其然乎？唐、虞之际③，于斯④为盛，有妇人焉⑤，九人而已。三分天下有其二⑥，以服事殷。周之德，其可谓至德也已矣。”

【译文】

舜的手下有五位贤臣，就能治理好天下。周武王也说过：“我有十个帮助我治理国家的能臣。”孔子说：“人才难得啊，不是这样吗？唐尧、虞舜在位的时候和周武王在位的这个时期，人才济济（最盛）。然而，十个能臣之中有一个是妇女，实际上只有九个人而已。周文王得了天下三分之二的时候，仍然侍奉商朝，向商朝称臣。周朝的德，可以说是最高的德行了。”

【注释】

①舜有臣五人：传说这五人是禹、稷、契（Xiè）、皋陶（yáo）、伯益。

②予有乱臣十人：我有善于治国的能臣十人。这里所说的“乱臣”，指“治国之臣”。

③唐、虞之际：传说尧在位当君王的时代叫“唐”，舜在位当君王的时代叫“虞”。后来把“唐、虞”作为盛世的代称。

④斯：指周武王时期。

⑤有妇人焉：指武王的治国能臣的十人中有武王的妻子邑姜。

⑥三分天下有其二：当时华夏地区分九州，周文王占领六州，占了三分之二。

8-21　子曰："禹，吾无间然矣①。菲②饮食，而致③孝乎鬼神；恶衣服，而致美乎黻冕④；卑宫室⑤，而尽力乎沟洫⑥。禹，吾无间然矣。"

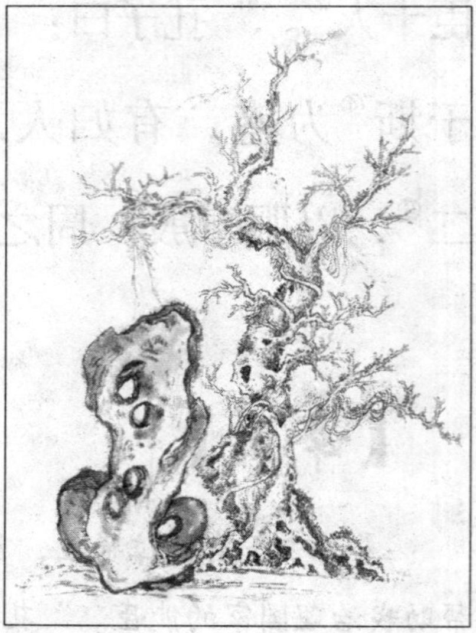

【译文】

孔子说："对于禹，我没什么可以非议的了。他的饮食很简单，祭祀又很虔诚；他平时穿的衣服也很朴素，而在祭祀时尽量穿得华美；他住的宫室很低矮，而致力于开掘沟渠，兴修水利。对于禹，我确实没什么可挑剔的了。"

【注释】

①吾无间然矣：我没什么可挑剔的了。间，空隙，引申为挑剔、非议。

②菲：菲薄、不丰厚。

③致：致力。引申为努力、尽力。

④黻（fú）冕：指祭服。黻，古代祭服的蔽膝，用皮革做成。冕，祭祀时戴的帽子。

⑤卑宫室：住低矮的宫室。卑，低矮。

⑥沟洫（xù）：指田间的水道。

子罕篇第九

9–1　子罕①言利，与②命，与仁。

【译文】

孔子极少谈到利益，却赞同天命，赞同仁德。

【注释】

①罕：稀少、很少、罕见。②与：赞许、赞同、肯定。

9–2　达巷党①人曰："大哉孔子！博学而无所成名②。"子闻之，谓门弟子曰："吾何执？执御乎？执射乎？吾执御矣。"

【译文】

居住在达巷的人说："孔子真伟大啊！他学问渊博，不能以某一方面的专长来称道他。"孔子听说了，对他的学生说："我该要掌握哪个方面的专长呢？我专长驾车吗？我专长射箭吗？我还是专门掌握驾车技术吧。"

【注释】

①达巷党：名叫达的巷子。

②博学而无所成名：学问渊博，不是以某一方面的专长而成名。“博学而无所成名”这句话还有另一种解释：学问渊博，却没有一方面的专长。第二种解释与上下句子矛盾，本书采用第一种解释。

9–3　子曰：“麻冕[①]，礼也；今也纯[②]，俭[③]，吾从众。拜下[④]，礼也；今拜乎上，泰[⑤]也。虽违众，吾从下。”

【译文】

孔子说：“用麻布制作成的礼帽，合乎礼的规定。现在大家都用黑丝绸制作礼帽，这样做省了，我赞成大家的做法。臣见国君首先要在堂下行礼，这是符合礼的。现在大家到堂上，这是骄纵、傲慢的表现。虽然跟大家的做法不一样，我还是主张先在堂下行礼。”

【注释】

①麻冕：用麻布制作成的礼帽。

②纯：黑色的丝绸。

③俭：俭省。用麻布制作冕费工，用丝绸制作礼帽俭省。

④拜下：大臣面见君主，先在堂下行礼，再到堂上。

⑤泰：这里指到堂上是骄纵、傲慢。

9-4　子绝四：毋意[1]，毋必[2]，毋固[3]，毋我[4]。

【译文】

孔子杜绝了四种弊病：不凭空猜疑，没有必定要实现的期望，不固执拘泥于己见，没有自私之心。

【注释】

①毋意：不凭空猜测。意，同“臆想”。猜测、猜疑。

②必：必定。

③固：固执己见。

④我：这里指自私之心。“我”还有一种解释，自以为是。本书采用第一种解释。

9-5　子畏于匡[1]。曰：“文王[2]既没，文不在兹[3]乎？天之将丧斯文也，后死者[4]不得与[5]于斯文也；天之未丧斯文也，匡人其如予何[6]？”

【译文】

孔子被匡地的人围困了。他说：“周文王去世以后，周朝的文化不都体现在我身上了吗？老天如果要消灭周朝文化，那我就不可能掌握周朝文化了；老天没有消灭周朝文化，那么，匡地的人又能把我怎么样呢？”

【注释】

①子畏于匡：孔子在匡地受到匡人的围困，受到威胁。匡，地名，今河南省长垣县西南。畏，受到威胁。孔子从卫国去陈国经过匡地，匡人曾受到过鲁国阳虎的掠杀，孔子长得与阳虎很像，匡地的人错把孔子认成阳虎，所以将他围困。

②文王：指周文王姬昌，西周开国国君周武王的父亲，孔子认为他是圣贤。

③兹：本意指“这里”，在这句里指孔子自己。

④后死者：孔子这里指自己，是孔子的自称。

⑤与：同“举”。引申为掌握。

⑥如予何：能把我怎么样。

9–6　太宰[1]问于子贡曰："夫子圣者与？何其多能也？"子贡曰："固天纵[2]之将圣，又多能也。"

子闻之，曰："太宰知我乎！吾少也贱，故多能鄙事[3]。君子多乎哉？不多也。"

【译文】

太宰问子贡说："孔夫子是位圣人吧？为什么他这样多才多艺呢？"子贡说："上天本来就要让他成为圣人，又使他多才多艺。"

孔子听到以后，说："太宰了解我吗？我少年时地位低贱，因此，才学会了许多卑贱的技艺。君子会掌握这么多的技艺吗？不会多的。"

【注释】

①太宰：春秋时期的官名，掌握国君宫廷事务。

②天纵：老天要使他成为圣人，让他没有限制地发展。纵，使、让，没有限制地发展。

③鄙事：卑贱、低下的技艺。

9-7 牢[①]曰："子云：'吾不试[②]，故艺'。"

【译文】

牢这个人说："孔子说过，'我年轻的时候没去做官，所以，为了生计我学会了许多技艺'。"

【注释】

①牢：牢是一个人，东汉末年的大学者郑玄说这人是孔子的学生，在《史记·仲尼弟子列传》中没有见着此人的姓名和事迹。

②试：用，被任用做官。

9-8　子曰：“吾有知乎哉？无知也。有鄙夫①问于我，空空如也②。我叩③其两端④而竭⑤焉。”

【译文】

孔子说：“我有知识吗？其实我没有什么知识。有个乡下人问我，我对他说的问题本来一点也不知道。我就问他询问事物的两极，了解事物的全貌，然后尽力替他解释清楚。”

【注释】

①鄙夫：孔子对乡下人、社会下层的人蔑视的称呼，生活在那个时代的孔子这样看待乡下人和社会下层的人，并不奇怪。从上下文看，孔子在这位乡下人面前并不傲慢，他承认自己对乡下人提的问题什么都不知道。

②空空如也：孔子指自己心中空空无知，对于乡下人所问的都不知道。

③叩：叩问、询问。④两端：事情的两头，指正反、始终、上下两个方面。⑤竭：尽力探究，穷尽。

9-9　子曰：“凤鸟①不至，河不出图②，吾已矣夫！”

【译文】

孔子说：“凤鸟不再来了，黄河中也不出现八卦图了。我这一生恐怕也就完了吧！”

【注释】

①凤鸟：凤鸟是古代传说中的神鸟。传说在舜和周文王时代出现过凤鸟，凤鸟出现象征着“圣王”要出世。

②河不出图：传说上古时代伏羲氏时，黄河中有龙马背着八卦图出来。八卦图出现象征着“圣王”要出世。后人把八卦图称为“河图”。

9-10　子见齐衰[①]者、冕衣裳者[②]与瞽者[③]，见之，虽少，必作[④]；过之，必趋[⑤]。

【译文】

孔子在路上遇见穿丧服的人、穿礼服当官的人和盲人，见到这样的人，虽然他们年轻，也必定要站起来，表示敬意；从他们面前经过时，必定低头弯腰，小步快走，表示敬意。

【注释】

①齐（zī）衰（cuī）：古代丧服，用麻布制成。

②冕衣裳者：指贵族。冕，官帽。衣，上衣。裳，下面的衣服。这里都指官服。

③瞽（gǔ）者：盲人。④必作：必定站起来，表示敬意。

⑤必趋：必定低头弯腰，小步快走，表示敬意。

9-11 颜渊喟然[①]叹曰："仰之弥高[②]，钻[③]之弥坚，瞻[④]之在前，忽焉在后。夫子循循然善诱人[⑤]，博我以文，约我以礼，欲罢不能。即竭吾才，如有所立卓尔[⑥]。虽欲从之，末由[⑦]也已。"

【译文】

颜渊感叹地说："对于老师孔子的学问与道德，我抬头仰望时，越望越觉得高大；我努力钻研，越钻研越觉得坚实，不可穷尽。眼看着它好像在前面，忽然又觉得它在后面。老师善于一步步地诱导我，用广博的文化典籍丰富我的知识，又用礼节来约束我，使我想停下来学习都不可能。我竭尽了我的全力，好像有一个高大的东西立在我面前。虽然我想要追随继续前行，却没有路径可以做到。"

【注释】

①喟（kuì）然：长叹的样子。

②仰之弥高：我抬头仰望，越望越觉得高大。弥，更加、越发。

③钻：钻研。

④瞻：视、看。

⑤循循然善诱人：善于一步一步地诱导我。循循然，一步一步地，有次序地。诱，劝导，引导。

⑥卓尔：高大超群。

⑦末由：没有办法，无路可走。末，没有。由，途径，路径。

9-12　子疾病，子路使门人为臣[1]。病间[2]，曰："久矣哉，由之行诈也！无臣而为有臣。吾谁欺？欺天乎？且予与其死于臣之手也，无宁[3]死于二三子之手乎！且予纵不得大葬[4]，予死于道路乎？"

【译文】

孔子得了重病，子路派孔子的门徒当负责料理孔子丧事的家臣。后来，孔子的病情有些减轻，孔子说："子路很久以来就干这种弄虚作假的事！我本来不该有治丧的家臣，却偏偏设立了治丧的家臣，我骗谁呢？我骗上天吗？况且，我与其在治丧的家臣侍候下死去，我宁可在你们这些学生的侍候下死去，这样不是更好吗？而且，我纵然不能以大夫的礼仪来安葬，难道会死在道路上没人埋吗？"

【注释】

①臣：指家臣。孔子不是大夫，没有家臣，子路叫门人充当孔子的家臣负责孔子的丧事，这是不合礼仪的。

②病间：病情有些减轻。

③无宁：宁可。

④大葬：指大夫的葬礼。

9-13　子贡曰："有美玉于斯，韫椟[1]而藏诸？求善贾[2]而沽[3]诸？"子曰："沽之哉，沽之哉！我待贾者也。"

【译文】

子贡说："在这里有一块美玉，是把它放在匣子里收藏呢，还是等待一个识货的商人卖掉它呢？"孔子说："卖掉它吧，卖掉它吧！我正在等待着识货的人呢。"

【注释】

①韫（yùn）椟（dú）：藏东西的柜子或者匣子。

②善贾：善于识别货物的商人。

③沽：卖出去。

9-14　子欲居九夷[1]。或曰："陋[2]，如之何？"子曰："君子居之，何陋之有？"

【译文】

孔子想要搬到九夷民族生活的地方去居住。有人说："那里的条件非常简陋，文化落后，闭塞，不开化，怎么能住呢？"孔子说："有君子去住，就不闭塞落后了。”

【注释】

①九夷：中国远古年代对于东方落后民族的轻蔑称呼。

②陋：简陋，文化落后，不开化。

9-15　子曰："吾自卫反鲁①，然后乐正②，《雅》、《颂》各得其所。"

【译文】

孔子说："我结束了14年的游历生活从卫国返回到鲁国后，音乐才得到整理，《雅》乐和《颂》乐才归于它们各自的位置。"

【注释】

①自卫反鲁：鲁哀公十一年冬，孔子从卫国返回鲁国，结束了14年游历的生活。

②乐正：整理音乐。

9–16　子曰："出则事公卿，入则事父兄①，丧事②不敢不勉，不为酒困，何有于我哉？"

【译文】

孔子说："出门在外侍奉公卿，为国尽忠，在家孝敬长辈，遇到丧事不敢不勤勉地去办，不被酒所困扰，这些事对我来说有什么难的呢？"

【注释】

①出则事公卿，入则事父兄：出门在外就侍奉公卿，为国尽忠，在家就侍奉长辈。出，在外。入，在家。

②丧事：遇到丧事。

9–17　子在川上曰："逝者如斯夫！不舍昼夜。"

【译文】

孔子站在河边说："流逝的时光就像这河水一样啊！不分白天黑夜地向前流去。"

9–18　子曰："吾未见好德如好色①者也。"

【译文】

孔子说："我没有看见过像喜欢美女漂亮的容貌那样好德的人。"

【注释】

①好色：喜欢女色。色，指美女漂亮的容貌。

9–19　子曰："譬如为山，未成一篑①，止，吾止也！譬如平地，虽覆一篑，进，吾往也！"

【译文】

孔子说："譬如用泥土堆山，就只差一筐泥土就堆成了，如果这时停下来，那是我自己停下来的！譬如在平地上用泥土堆山，虽然只倒下一筐土，这时，要继续前进，那是我自己要前进的！"

【注释】

①未成一篑（kuì）：只差一筐就完成了。篑，土筐。

9–20 子曰："语之①而不惰者②，其回也与！"

【译文】

孔子说："听我讲学时，而能始终毫不懈怠的人，大概只有颜回一个人吧！"

【注释】

①语之：听我说话，听我讲学。

②不惰者：始终毫不懈怠的人。

9–21 子谓颜渊①，曰："惜乎②！吾见其进也，未见其止也。"

【译文】

孔子评价颜渊，说："可惜呀！我只看见他不断前进，从来没见他停止过。"

【注释】

①子谓颜渊：孔子评价颜渊（颜回）。

②惜乎：可惜啊！这里指孔子惋惜颜回早逝。

9-22　子曰："苗而不秀①者有矣夫！秀而不实②者有矣夫！"

【译文】

孔子说："庄稼长出了禾苗却不能吐穗扬花的情况是有的啊！庄稼吐穗扬花后而不结果实的情况也是有啊！"

【注释】

①苗而不秀：庄稼长出了苗，却不能吐穗扬花。秀，稻、麦吐穗扬花叫秀。②秀而不食：庄稼吐穗扬花，却不结果实。

9-23　子曰："后生可畏①，焉知来者之不如今②也？四十、五十而无闻焉，斯亦不足畏也已。"

【译文】

孔子说："年轻人是值得敬畏的，怎么知道后一代不如前一代呢？如果到了四五十岁时还默默无闻，没什么成就，那这个人就没有什么可以敬畏的了。"

【注释】

①后生可畏：年轻人是值得敬畏的。②焉知来者之不如今：怎么就知道后来者不如今天的人呢？

9-24　子曰：“法语之言[1]，能无从乎？改之为贵。巽与之言[2]，能无说[3]乎？绎之为贵[4]。说而不绎，从而不改，吾末如之何也已矣。”

【译文】

孔子说：“符合礼仪规则的正言规劝，能不听从吗？但只有改正错误才是可贵的。恭顺赞许的话，谁听了不高兴呢？但只有认真推究它真伪是非，寻求出头绪，才是可贵的。可是，愉快而不分析，只是听从而不改正错误，我拿他不知道该怎么办了。”

【注释】

①法语之言：以礼法的规则正言规劝。法,指礼仪的规则。

②巽与之言：恭顺赞许的话。巽,恭顺、谦逊。与，称许、赞许。

③说（yuè）：同“悦”。喜悦。

④绎之为贵：认真地研究它的真伪。绎，原来说的是“抽丝”，这里说的是推究、分析、鉴别，寻求头绪。

9-25 子曰："主忠信[①]，毋友不如己者[②]，过则勿惮改[③]。"

【译文】

孔子说："做人要以忠诚守信为主。不要和道德上不如自己的人交朋友，有错误就不要怕改错。"

【注释】

①主忠信：做人以忠诚守信为主。

②毋友不如己者：不要和道德上不如自己的人交朋友。"毋"，"不要"的意思。不如己，不如自己。

③过则勿惮（dàn）改：有错误就不要怕改错。过，过错、过失。惮，害怕、畏惧。

9-26 子曰："三军[①]可夺帅也，匹夫[②]不可夺志也。"

【译文】

孔子说："一个大的诸侯国的军队，可以夺去它的主帅；但一个男子汉的志向是不能强迫他去改变的。"

【注释】

①三军：春秋时期，大的诸侯国的军队分上、中、下三军，每一军有12500人，三军指大国所有的军队。这里是人多的意思。

②匹夫：指平民中的男子汉。

9-27　子曰："衣[①]敝缊袍[②]，与衣狐貉[③]者立，而不耻者，其由也与！'不忮不求，何用不臧[④]？'"子路终身诵之。子曰："是道也，何足以臧？"

【译文】

孔子说："穿破旧的丝绵袍子，和穿着名贵的狐皮貉皮袍的人站在一起，而不认为是可耻的，大概只有仲由吧！《诗经》这部书中说：'不嫉妒，不贪求，有什么不好呢？'"子路听后，终身反复背诵这两句诗。孔子又说："仅仅做到这样，怎么能说够好了呢？"

【注释】

①衣：穿，当动词用。

②敝缊（yùn）袍：破旧的丝绵袍。敝，坏。缊，旧的丝绵絮。

③狐貉：用狐狸的皮和貉的皮做的裘皮衣服。

④不忮（zhì）不求，何用不臧：不嫉妒，不贪求，为什么说不好呢？这两句是《诗经·邶风·雄雉》篇里的诗句。忮，嫉妒。臧，善、好。

9-28 子曰："岁寒①，然后知松柏之后凋②也。"

【译文】

孔子说："到了一年之中寒冷的季节，才知道松柏比起其他树木来是最后凋谢的。"

【注释】

①岁寒：一年之中到了寒冷的冬天。岁，一年之中。

②后凋：最后凋谢的。

9-29 子曰："知者①不惑，仁者不忧，勇者不惧。"

【译文】

孔子说："充满智慧的聪明人不会迷惑，具有仁德品质的人不会忧愁，具有勇气的人不会畏惧。"

【注释】

①知者：充满智慧的人。知，同"智"。智慧。

9–30 子曰："可与共学，未可与适道①；可与适道，未可与立②；可与立，未可与权③。"

【译文】

孔子说："能一起学习的人，未必都能学到道；能学到道的人，未必能坚守住道，立得住；能坚守道的人，未必能权衡轻重，随机应变。"

【注释】

①适道：追求道。适，到……去、往、追求，这里是指有志于道。

②立：立身行事，坚守道。

③权：权衡轻重。"权"原意是秤锤，这里引申为权衡轻重。

9-31 “唐棣之华[1]，偏其反而[2]。岂不尔思？室是远而[3]。”子曰：“未之思也，夫何远之有？”

【译文】

古代有一首诗这样写道：“唐棣这种植物的花朵啊，翩翩地摇摆。我岂能不想念你？只是家住的地方太遥远了。”孔子说：“他还是没真的思念，如果真的思念的话，怎么会遥远呢？”

【注释】

①唐棣之华：唐棣这种植物的花朵。唐棣，蔷薇科的一种落叶灌木。

②偏其反而：花翩翩摇摆的样子。③室是远而：只是住的地方太遥远了。

乡党篇第十

10–1　孔子于乡党，恂恂[①]如也，似不能言者。其在宗庙、朝廷，便便[②]言，唯谨尔。

【译文】

孔子在自己的家乡，显得很温和恭顺，好像是不太善言谈的人。

但他在宗庙里、朝廷上，却说话很流畅，很善于言辞，只是说话比较谨慎而已。

【注释】

①恂（xún）恂：温和恭顺的样子。

②便（pián）便：能辩，善于辞令。

10–2　朝，与下大夫言，侃侃[①]如也；与上大夫言，訚訚[②]如也。君在，踧踖[③]如也，与与[④]如也。

【译文】

孔子上朝时，国君不在，他同下大夫谈话，表现出温和而又快乐的样子；与上大夫谈话，正直而爽快的样子，能直言与对方争辩；国君来了，他表现出恭敬而局促不安的样子，但又仪态适度。

【注释】

①侃侃：不卑不亢、温和、快乐的样子。

②訚（yín）訚：正直、爽快、和颜悦色而又能直言争辩。

③踧（cù）踖（jí）：恭敬而局促不安的样子。

④与与：行步缓慢、仪态适度的样子。

10–3 君召使摈①，色勃如也②，足躩③如也。揖所与立，左右手。衣前后，襜④如也。趋进，翼如也⑤。宾退，必复命曰："宾不顾矣。"

【译文】

国君召见孔子，派他去接待宾客，孔子脸色立刻变得庄重起来，脚步也快起来。他向和他站在一起的人作揖行礼，手向左或者向右作揖。他身上的衣服前后摆动，但很整齐。快步向前走，像鸟儿展开双翅一样，怡然优雅。宾客走后，他必定向国君报告说："客人已经不回头张望了。"

【注释】

①摈（bìn）：同"傧"，负责招待宾客的官员。

②色勃如也：脸色马上庄重起来。勃如，脸色矜持庄重的样子。

③足躩（jué）：脚步很快的样子。④襜（chān）：整齐的样子。

⑤翼如也：像鸟儿展翅一样。

10–4 入公门，鞠躬如也①，如不容。

立不中门，行不履阈②。

过位，色勃如也，足躩如也，其言似不足者。

摄齐③升堂，鞠躬如也，屏气似不息者。

出，降一等④，逞颜色⑤，怡怡如也。

没阶[6]，趋进，翼如也。

复其位，踧踖如也。

【译文】

孔子走进朝廷的大门，恭恭敬敬地躬着身子，谨慎小心的样子，好像没有他的容身之地。

站立时，他不会站在门的中间，行走时，也不踩踏门坎。

经过国君的座位时，他的脸色立刻变得庄重起来，脚步也走得快起来，说话也好像气力不足的样子。

他提起衣服下边的边儿，上台阶向堂上走的时候，恭恭敬敬地弯着身子，憋住气好像不呼吸似的。

退出来时，走下台阶，脸上的表情便舒展开了，露出和乐的神情。

走完了所有的台阶，快步向前，动作像鸟儿展翅一样。

他回到入朝时自己曾经站的位置，仍然是恭敬而不安的样子。

【注释】

①入公门，鞠躬如也：（孔子）走进朝廷的大门，表现出谨慎而恭敬的样子。

②履阈（yù）：脚踩门坎。阈，门槛。

③摄齐（zī）：提起衣服下边的边儿。摄，提起。齐，衣服下边的边儿。

④降一等：从台阶上走下一级。

⑤逞颜色：表情舒开了，松一口气。逞，舒展开，松口气。

⑥没阶：走完了所有的台阶。

10–5 执圭[①]，鞠躬如也，如不胜。上如揖，下如授。勃如战色[②]，足蹜蹜[③]，如有循[④]。

享礼[⑤]，有容色。

私觌[⑥]，愉愉如也。

【译文】

孔子出使其他诸侯国时，拿着国君授予的玉圭，恭恭敬敬地弯着身子，像举不起来的样子。向上举时像是在作揖，朝下拿着时像是给人递东西的姿势。脸色庄重得像是在战栗，步子很小，好像沿着什么标记在往前走。

在举行向对方国贡献礼的仪式时，孔子脸上显得和颜悦色。

以私人身份和对方国君会见的时候，显得更加轻松愉快了。

【注释】

①执圭：孔子出使其他国家，手里拿着一种叫圭的玉器，作为代表君主的凭证。圭，是一种上圆下方的玉器。

②勃如战色：庄重得像是在战栗。

③蹜（sù）蹜：小步快走的样子。

④如有循：好像沿着一条直线往前走似的。循，沿着。

⑤享礼：使臣受到接见后，向对方献礼的仪式。享，献上。

⑥私觌（dí）：和国君私下里会见。觌，见面、当面。

10–6 君子不以绀緅饰[1]，红紫不以为亵服[2]。

当暑，袗絺绤[3]，必表而出之[4]。

缁衣[5]，羔裘[6]；素衣，麑[7]裘；黄衣，狐裘。

亵裘长，短右袂[8]。

必有寝衣，长一身有半。

狐貉之厚以居[9]。

去丧，无所不佩。

非帷裳[10]，必杀之[11]。

羔裘玄冠[12]不以吊[13]。

吉月[14]，必朝服而朝。

【译文】

君子不用深青带红或黑中带红的布做衣服的边饰，不用红色或紫色的布做平常在家穿的便服。

夏天，穿粗的或细的葛布单衣，出门时，一定要再套一件外衣。

黑色的羊羔皮袍，要配黑色的罩衣；白色鹿皮袍，要配白色的罩衣；黄色的狐皮袍，要配黄色的罩衣。

平时在家穿的皮袍要做得长一些，为了方便做事，右边的袖子短一些。

睡觉时一定要穿睡衣，睡衣要有一身半长。

用狐、貉的厚毛皮做坐垫。

服丧期满，脱下丧服后，没有什么饰品不能佩戴。

如果不是上朝和祭祀穿的礼服，一定要经过剪裁，剪下多余的布料。

不能穿着黑色的羔羊皮袍，也不能戴着黑色礼帽前去吊丧。

每月初一，要穿着上朝的礼服去朝拜国君。

【注释】

①不以绀（gàn）緅（zōu）饰：不以深青带红或黑中带红的颜色布给平常穿的衣服镶上边当装饰物。绀，深青带红，是斋戒服装的颜色。緅，黑中带红，是丧服的颜色。这两种颜色的布是不能随便用的。

②亵服：平时在家里穿的便服。

③袗（zhěn）絺（chī）绤（xì）：穿粗的或细的葛布单衣。袗，单衣。絺，细葛布。绤，粗葛布。

④必表而出之：把麻布单衣穿在外面，里面还要衬有内衣。

⑤缁衣：黑色的衣服。缁，黑色。

⑥羔裘：羊羔皮衣。古代羊羔皮衣都是黑羊皮。

⑦麑（ní）：小鹿，毛为白色。

⑧短右袂（mèi）：为了便于做事，右袖短点儿。袂，袖子。

⑨狐貉之厚以居：狐貉之厚，厚毛的狐貉皮。居，坐。

⑩帷裳：上朝和祭祀时穿的礼服，用整幅布缝制，不进行裁剪，折叠缝上。

⑪必杀（shài）之：定要裁去多余的布。杀，裁去。

⑫羔裘玄冠：黑色羔皮做的礼帽。

⑬不以吊：不用于丧事。

⑭吉月：农历每月初一。

10-7　齐[1]，必有明衣[2]，布。

齐必变食[3]，居必迁坐[4]。

【译文】

斋戒前洗澡的时候，一定要有浴衣，浴衣是用布做的。

斋戒的时候，一定得改变平常的饮食，不吃葱、蒜等有异味的食物，居住也一定搬移地方，从内室搬到外屋，不与妻妾同室。

【注释】

①齐：指斋戒。齐，同“斋”。斋的古代字同齐。

②明衣：斋戒前洗澡后穿的浴衣。

③变食：改变平日饮食。指不饮酒，不吃葱、蒜等有异味的食物。

④居必迁坐：从内室迁到外屋居住，不和妻、妾同屋居住。

10-8　食不厌精，脍[1]不厌细。

食饐而餲[2]，鱼馁[3]而肉败[4]，不食。色恶，不食。臭恶，不食。失饪[5]，不食。不时[6]，不食。割不正[7]，不食。不得其酱，不食。

肉虽多，不使胜食气[8]。

唯酒无量，不及乱[9]。

沽酒市脯[10]，不食。

不撤姜食，不多食。

【译文】

舂米的时候，粮食不嫌舂得精，切鱼和肉的时候，鱼和肉不嫌切得细。

粮食放久了变味了，鱼和肉不新鲜了，腐烂了，都不吃。食物的颜色变了，不吃。食物的气味变臭了，不吃。烹调的火候不对，不吃。不时鲜的东西，不吃。刀工差，肉切得不方正，不吃。搭配的佐料放得不适当，不吃。

宴席上的肉虽然多，但吃肉的量不超过米、面的量。

只有酒没有限制，但不能达到喝醉的程度。

从集市上买来的熟肉干和酒，不吃。

不去掉姜，每餐必须有姜，但也不能多吃。

【注释】

①脍（kuài）：切细的鱼、肉。

②食饐（yì）而餲（ài）：食物放得久了，变味了。饐，食物因放置时间长腐败了。餲，变味了。

③鱼馁（něi）：鱼腐烂。此处指鱼不新鲜。

④肉败：肉腐烂。这句指肉不新鲜。

⑤失饪：烹调不得当。饪，烹调烧制饭菜。

⑥不时：应时，时鲜。 ⑦割不正：刀工差，肉切得不方正。

⑧气：同“饩（xì）”，指粮食。

⑨不及乱：还没到酒醉时。乱，指酒醉。

⑩脯（fǔ）：指肉干。

10-9　祭于公，不宿肉[①]。祭肉[②]不出三日。出三日，不食之矣。

【译文】

参加完国君的祭祀大典时分到的肉，不能留过夜。祭祀用过的肉别超过三天。超过了三天，就不吃了。

【注释】

①不宿肉：不使肉过夜。春秋时期，大臣参加国君祭祀以后，能得到国君赏赐的祭肉。祭祀活动要持续两三天，这些肉到了受赏的大臣手里已经不新鲜，不能再过夜了。所以，后一句提到“祭肉不出三日”。

②祭肉：祭祀时用的肉。

10-10　食不语，寝[①]不言。

【译文】

吃饭时不说话，睡觉的时候也不说话。

【注释】

①寝：睡觉时。

10-11 虽疏食、菜羹、瓜祭，必齐如也。

【译文】

即使是吃粗米饭、喝蔬菜汤、吃瓜时一定要把它们各分出一点儿来祭祖，而且，表情要像斋戒时一样严肃恭敬。

10-12 席[①]不正，不坐。

【译文】

草席子放得不正，不坐。

【注释】

①席：春秋时代还没有桌椅，都坐在铺在地面的草席子上。

10-13 乡人饮酒[①]，杖者[②]出，斯出矣。

【译文】

参加乡饮酒的礼仪结束后，等拄手杖的老年人先出去，自己才出去。

【注释】

①乡人饮酒：是指当时的乡饮酒礼，也是礼仪的一部分。

②杖者：拿拐杖的老年人，此指长者。

10-14 乡人傩①，朝服而立于阼阶②。

【译文】

乡人举行驱鬼迎神的宗教仪式时，孔子穿朝服站在东边的台阶上。

【注释】

①傩（nuó）：古代驱鬼迎神的仪式。

②阼（zuò）阶：东面的台阶。主人站在东面的台阶，欢迎客人。

10-15 问①人于他邦，再拜而送之②。

【译文】

（孔子托人）向住在其他诸侯国的朋友问候，向受托者拜两次，然后送别。

【注释】

①问：问候。②再拜而送之：在送客人时，两次拜别。

10-16　康子馈药①，拜而受之。曰："丘未达②，不敢尝。"

【译文】

季康子给孔子赠送药品，孔子拜谢季康子之后收下了。孔子说："我对药性不了解，不敢尝。"

【注释】

①馈药：赠送药品。

②丘未达：我不了解药性。

10-17　厩①焚。子退朝，曰："伤人乎？"不问马。

【译文】

孔子家的马棚失火烧毁了。这时，孔子退朝回来，问道："伤着人了吗？"不问马的情况怎么样。

【注释】

①厩：马棚。

10-18 君赐食，必正席先尝之。君赐腥[①]，必熟而荐[②]之。君赐生，必畜之。侍食于君，君祭，先饭。

【译文】

国君赐给熟的食物，孔子一定会摆正坐席，自己先尝一尝。国君赐给生肉，他一定会让人煮熟了，先给祖宗上供。国君赐给牲畜，他一定让人饲养起来。同国君一起吃饭，在国君举行饭前祭祀的时候，孔子一定要先尝一尝。

【注释】

①腥：生肉。②荐：供奉。

10-19 疾，君视之，东首[①]，加朝服，拖绅[②]。

【译文】

孔子生病了，国君来探视他，他无法起身穿朝服，就头朝东躺着，在身上盖上朝服，拖着大带子。

【注释】

①东首：头朝东。②绅：束在腰间的大带子。

10–20 君命召，不俟驾①行矣。

【译文】

国君召见孔子，孔子不等马车驾好，自己就先步行去见国君了。

【注释】

①不俟（sì）驾：不等待马车到来。俟，等待。

10–21 入太庙，每事问。①

【译文】

孔子进入太庙，每件事都要询问。

【注释】

①此章在3–15章里出现过。为了保持《论语》原貌，所以保留着，并加以翻译。

10–22 朋友[1]死，无所归[2]。曰："于我殡[3]。"

【译文】

孔子的朋友去世了，没有亲属负责敛埋他的尸体。孔子说："他的丧事由我来办吧。"

【注释】

①朋友：指与孔子志同道合的人。

②无所归：没有归属。这里指没有人负责他的后事。

③殡：停放灵柩。这里泛指丧葬事务。

10–23 朋友之馈，虽车马[1]，非祭肉，不拜[2]。

【译文】

朋友馈赠给孔子物品，即使是像车马这样比较贵重的物品，不是祭肉，孔子在接受礼物时也是不行拜礼的。

【注释】

①虽车马：虽然是车马这样比较贵重的物品。

②不拜：不下拜。

10–24　寝不尸，居不客[①]。

【译文】

孔子睡觉从来不像死尸那样挺在铺上，他平日在家里不像做客或接待客人那样庄重、严肃。

【注释】

①居不客：通常做客和接待客人都是比较严肃的。孔子平日在家里不像做客或者接待客人那样庄重、严肃。有的版本“客”写成“容”，。本书采用“客”。

10–25　见齐衰[①]者，虽狎[②]，必变。见冕者与瞽者[③]，虽亵[④]，必以貌。

凶服者式之[⑤]。式负版者[⑥]。

有盛馔[⑦]，必变色而作[⑧]。

迅雷风烈，必变。

【译文】

孔子遇见穿丧服的，即便是关系很亲密的人，也一定要立即变得非常严肃。见着当官的和盲人乐师，即便是常在一起的，也要有礼貌。

乘车时遇见穿丧服的人，便俯伏在车前横木上以示同情。遇见背着国家图籍的人，也这样做以示敬意。

到别人家做客时，如果有丰盛的筵席，立刻神色变得十分庄重，并站起来道谢。

遭遇迅雷、大风，一定要改变神色，对上天表示敬畏。

【注释】

①齐（zī）衰（cuī）：丧服。②狎：亲近。

③瞽者：盲人，这里指的是乐师。

④亵（xiè）：指常见的、熟悉的人。

⑤凶服者式之：乘车时遇见穿丧服的人，俯伏在车前横木上,以示同情。凶服，丧服。式，同“轼”，古代车辆前部的横木。遇见地位高的人或者穿丧服的人时，车上的人微微向前欠身伏在横木上，表示尊敬或同情。

⑥负版者：背着国家图籍的人。当时没纸，用木版来书写，故称做“版”。

⑦盛馔（zhuàn）：盛大的宴席。馔，饮食。⑧作：站立起来。

10-26 升车，必正立，执绥[①]。

车中，不内顾[②]，不疾言[③]，不亲指[④]。

【译文】

上车时，一定要先直立站好，然后拉着扶手处的索带上车。

在车内，不回头看，不大声说话，不用手指指点点。

【注释】

①绥：帮着上车用的索带。

②内顾：回头看。

③疾言：大声说话。

④不亲指：不用自己的手指指点点。

10-27 色斯举矣[①]，翔而后集[②]。曰："山梁雌雉[③]，时哉时哉[④]！"子路共[⑤]之，三嗅而作[⑥]。

【译文】

行人的神色一变，野鸡就飞了起来，野鸡们飞翔了一阵，集中落在树上。孔子感叹地说："这些山梁上的母野鸡，你们时运好呀！你们时运好呀！能自由飞翔，能自由落！”子路向它们拱拱手，野鸡叫了几声飞便走了。

【注释】

①色斯举矣：人的脸色一变，野鸡就飞了起来。色，脸色。举，指野鸡飞起来。

②翔而后集：野鸡飞翔了一阵，然后降落聚集在树上。群鸟停在树上叫“集”。

③山梁雌雉：落在山梁上的母野鸡。

④时哉时哉：得其时呀！得其时呀——你们时运好呀！你们时运好呀！能自由飞翔，自由落下！

⑤共：同“拱”。

⑥三嗅而作：鸟儿叫了几声，飞走了。嗅，有的版本写作“戛”，指鸟的长叫声。作，此处是飞走了的意思。

先进篇第十一

11-1　子曰："先进于礼乐[①]，野人也[②]；后进于礼乐[③]，君子也[④]。如用之，则吾从先进。"

【译文】

孔子说："先学习礼乐，然后再做官的人，是本来没有爵禄的平民；先当了官，然后再学习礼乐的人，是有世袭贵族身份的人。如果要选用人才的话，那我主张选用先学习礼乐的人。"

【注释】

①先进于礼乐：指先学习礼乐，然后再做官的人。

②野人也：朴素粗鲁的人，或指乡野平民。

③后进于礼乐：先做官，然后学习礼乐的人。

④君子也：这里指居于上位有世袭贵族身份的人。

11-2　子曰："从我于陈、蔡①者，皆不及门②也。"

【译文】

孔子说："曾经跟随我从陈国到蔡国去游历的学生，现在都不在我身边受教育了。"

【注释】

①陈、蔡：陈、蔡是春秋时代两个诸侯国的国名。孔子和他的学生周游列国时，曾经受困于陈国和蔡国之间。

②不及门：不在某人门下当学生。

11-3　德行①：颜渊，闵子骞，冉伯牛，仲弓；言语②：宰我，子贡；政事③：冉有，季路；文学④：子游，子夏。

【译文】

孔子的学生中，德行好的学生有：颜渊，闵子骞，冉伯牛，仲弓；善于辞令，能办理外交的弟子有：宰我，子贡；擅长政治事务的学生有：冉有，季路；通晓古代文献知识和文化知识的学生有：子游，子夏。

【注释】

①德行：此指能实行孝悌、忠恕等道德，德行好的学生。

②言语：此指善于言辞，能办理外交的弟子。

③政事：此指能从事政治事务的学生。

④文学：此指精通了解古代文献和文化知识的学生。

11-4　子曰："回也非助我者①也，于吾言无所不说。"

【译文】

孔子说："颜回不是对我有所帮助的人，因为他对我说的话没有不心悦诚服，从不提出疑问和反面意见。"

【注释】

①非助我者：不是对我有帮助的人。

11-5 子曰："孝哉闵子骞！人不间[①]于其父母昆弟[②]之言。"

【译文】

孔子说："闵子骞这个人真是孝顺呀！人们对于他的父母兄弟称赞他的话，没有什么异议。"

【注释】

①间：不同意、非难、批评、挑剔。

②昆弟：哥哥和弟弟。昆，指兄长。

11-6 南容三复白圭[①]，孔子以其兄之子妻之。

【译文】

南容反复朗读《白圭》诗句。孔子就把哥哥的女儿嫁给了他。

【注释】

①白圭：白玉上的污点可以磨掉，我们言论中有毛病，就无法挽回了。白圭，指《诗经·大雅·抑之》的诗句，"白圭之玷，尚可磨也，斯言之玷，不可为也"，意思是告诫人们谨慎自己的言语。

11-7 季康子问："弟子孰为好学？"孔子对曰："有颜回者好学，不幸短命死矣①,今也则亡②。"

【译文】

季康子问孔子："你的弟子中谁是最好学的呢？"孔子回答说："有个叫颜回的学生好学，不幸短命死了，现在没有这样好学的人了。"

【注释】

①不幸短命死矣：不幸短命死了。颜回死时才31岁。

②今也则亡：现在没有这样好学的人了。亡，同"无"。

11-8 颜渊死，颜路[1]请子之车以为之椁[2]。子曰："才不才，亦各言其子也。鲤[3]也死，有棺而无椁。吾不徒行以为之椁。以吾从大夫之后[4]，不可徒行[5]也。"

【译文】

颜渊死后，他父亲颜路请求孔子卖掉自己的车子，给颜渊买个外椁。孔子说："虽然颜渊和孔鲤一个有才，一个无才，但对个人来说，他们俩都是自己的儿子啊。我儿子孔鲤死的时候，也是只有棺而无椁。我没有卖掉自己的车子步行，而给他买椁，因为我还跟随在大夫之后，是不可以步行的。"

【注释】

①颜路：字路，颜渊的父亲，颜路也是孔子的学生。

②椁（guǒ）：古人装死人尸体所用的棺材，内为棺，外为椁。

③鲤：孔子的儿子孔鲤，死时50岁。

④从大夫之后：跟随在大夫们的后面，意思是我曾经当过大夫。孔子在鲁国曾任司寇，是大夫一级的官员。

⑤不可徒行：是不可以徒步行走的。周朝根据礼仪的规定，老年人和官员不必徒步行走。孔子的话是合乎礼仪的。而颜路超过自己的能力，为儿子请求孔子卖车，在儿子的棺外加一个外椁，这是不合乎礼仪的，因为颜渊死的时候毕竟很年轻。

11-9　颜渊死，子曰：“噫①！天丧予②！天丧予！”

【译文】

颜渊死后，孔子说：“唉！老天爷真要我的命啊！老天爷真要我的命啊！”

【注释】

①噫：叹词，相当于“唉”。②天丧予：老天爷真要我的命啊！

11-10　颜渊死，子哭之恸①。从者曰：“子恸矣②。”曰：“有恸乎？非夫③人之为恸而谁为？”

【译文】

颜渊死了，孔子哭得极其悲伤。跟随孔子的弟子们说：“您悲痛过度了！”孔子说：“我是悲伤过度了吗？我不为此人悲伤过度，又为谁呢？”

【注释】

①恸：十分悲痛。

②子恸矣：您悲伤过度了。“恸”是悲伤过度的意思。

③夫：指示代词，指颜渊。

11-11　颜渊死，门人欲厚葬[1]之，子曰："不可。"

门人厚葬之。子曰："回也，视予犹父也，予不得视犹子也[2]。非我也，夫二三子也[3]。"

【译文】

颜渊死了，孔子的弟子们要隆重地安葬他。孔子说："不可以这样做。"

学生们仍然隆重地安葬了颜渊。孔子说："颜回这个人，把我像父亲一样看待，我却不能把他当亲儿子一样看待，我只能按照礼的规定，对他进行安葬。这不是我非要这样做的啊，是那些学生们干的呀。"

【注释】

①厚葬：举行隆重的葬礼，好好地安葬。

②予不得视犹子也：我不能把他像亲生儿子一样看待。

③夫二三子也：是那些学生们干的呀。夫，语助词。

11-12　季路问事鬼神[1]。子曰："未能事人，焉能事鬼？"

曰："敢问[2]死。"曰："未知生，焉知死？"

【译文】

季路问孔子怎样去侍奉鬼神。孔子说：“还没有侍奉活人，怎么能侍奉鬼神呢？”

季路又说：“请问死是怎么回事？”孔子回答说：“还没有弄清活着的道理，怎么能了解死呢？”

【注释】

①季路问事鬼神：季路向孔子问怎样侍奉鬼神。②敢问：请问。

11–13　闵子侍侧，訚訚①如也；子路，行行②如也；冉有、子贡，侃侃③如也。子乐。“若由也，不得其死然。”

【译文】

闵子骞侍立在孔子身边，表现出和悦而温顺的样子；子路表现出一副刚强英勇的样子；冉有、子贡表现出和乐的样子。孔子很高兴。但他又说：“像仲由（子路）这样刚强，只怕将来不得好死吧！”

【注释】

①訚（yín）訚：和颜悦色的模样。

②行（hàng）行：刚强英勇的样子。③侃侃：说话流畅，理直气壮。

11-14 鲁人为长府[1]。闵子骞曰："仍旧贯[2]，如之何？何必改作？"子曰："夫人[3]不言，言必有中。"

【译文】

鲁国翻修长府的国库。闵子骞说："照老样子，怎么样？那何必改建呢？"孔子道："闵子骞这个人平日不大说话，一开口就能说到要害上。"

【注释】

①鲁人为长府：鲁国的当权者改建国库。鲁人，鲁国的当权者。为长府，为，改建的意思。藏财货、兵器的仓库叫"府"，长府是国库名。

②仍旧贯：按照老样子。贯，事、例。

③夫（fú）人：指这个人。

11-15 子曰："由之瑟[1]奚为于丘之门[2]？"门人不敬子路。子曰："由也升堂矣，未入于室[3]也。"

【译文】

孔子说："仲由弹琴瑟，为什么在我这里弹呢？"孔子的学生们听了，因此不尊敬子路。孔子便说："仲由嘛，他在学习弹琴这件事上，已经算是达到登堂（入门）的程度了，只是尚未入室罢了。"

【注释】

①瑟：指一种古乐器。

②奚为于丘之门：为什么在我这里弹呢？奚，为什么。为，弹。

③"升堂"、"入室"：堂是房屋里的正厅，室是内室。孔子用来评价子路学习弹琴程度的深浅。

11-16 子贡问："师与商①也孰贤？"子曰："师也过，商也不及。"

曰："然则师愈②与？"子曰："过犹不及。"

【译文】

子贡问孔子："子张和子夏这两个人谁更好一些呢？"孔子回答说："子张有点过分，子夏有些不足。"子贡说："那么，是子张更好一些吗？"孔子说："其实，过分和不足是一样的。"

【注释】

①师与商：师，指的是颛孙师，就是子张。商，卜商，就是子夏。

②愈：胜过、强些。

11-17　季氏富于周公[①]，而求也为之聚敛[②]而附益[③]之。子曰："非吾徒也。小子鸣鼓而攻之[④]，可也。"

【译文】

季氏比周王朝的周公还要富有，而冉求还帮季氏搜刮聚敛老百姓的钱财来增加他的财富。孔子说："他不再是我的学生了，你们可以大张旗鼓地去攻击他了！"

【注释】

①季氏富于周公：季氏比周公还要富有。周公，指的可能是周公旦，也有可能指他的后人，他的后人在周朝世袭他的爵位，因此也称为周公。季氏和另外两个卿大夫瓜分了鲁国的大权，采取了一些经济措施，很快富了起来，引起了孔子的不满与批评。

②聚敛：积聚和收集钱财，搜刮民财。

③益：增加。

④小子鸣鼓而攻之：你们大张旗鼓地向他进攻。

11-18　柴①也愚，参也鲁②，师也辟③，由也喭④。

【译文】

孔子的学生中高柴性格敦厚耿直，曾参有些迟钝，颛孙师比较偏激，仲由过于鲁莽。

【注释】

①柴：指高柴，字子羔，是孔子的学生。

②鲁：迟钝，这里不是指鲁莽。

③辟：偏、偏激。

④喭（yàn）：鲁莽、粗鲁、刚猛。

11-19　子曰："回也其庶①乎，屡空②。赐不受命，而货殖③焉，亿④则屡中。"

【译文】

孔子说："颜回的学问、道德差不多接近于完善了吧，可是他常常陷于贫困。端木赐不听从命运的摆布，去做买卖，他预测市场行情，往往能猜中。"

【注释】

①庶：差不多，相近。此处指颜渊的学问、道德接近于完善。

②屡空：常常陷于贫困。空，贫困、匮乏。

③货殖：做买卖。

④亿：与"臆"意思相近，猜测、估计。

11-20　子张问善人之道①。子曰："不践迹②，亦不入于室③。"

【译文】

子张向孔子问做善人的方法。孔子说："如果不沿着前人的脚印走，其学问和修养就不到家。

【注释】

①善人之道：指做善良人的准则。

②践迹：踏着前人的脚印走。迹，脚印。

③不入于室：形容学问和修养达到了精深地步。意思跟前面评价子路弹琴"不入室"一样。

11–21 子曰："论笃是与[①]，君子者乎？色庄者[②]乎？"

【译文】

孔子说："听到人议论诚恳就表示赞许，但还应看他是真正的君子呢，还是装模作样的伪君子呢？"

【注释】

①论笃是与：对说话诚恳的人就表示赞许。论，言论。笃，诚恳。与，赞许。

②色庄者：装模作样的伪君子。

11-22 子路问："闻斯行诸[①]？"子曰："有父兄在，如之何其闻斯行之？"

冉有问："闻斯行诸？"子曰："闻斯行之。"

公西华曰："由也问，"闻斯行诸"？子曰，'有父兄在'；求也问，"闻斯行诸"？子曰，'闻斯行之'。赤也惑，敢问。"子曰："求也退，故进之；由也兼人[②]，故退之。"

【译文】

子路问孔子："听到了就立即行动起来吗？"孔子说："有父兄健在，怎么能听到就立即行动起来呢？

冉有也问孔子："听到了就行动起来吗？"孔子说："听到了就立即行动起来。"

公西华说："仲由问，'听到了就立即行动起来吗'？您回答说，'有父兄健在'。冉求问，'听到了就立即行动起来吗'？您回答，'听到了就立即行动起来'。我被弄糊涂了，冒昧地再问个明白。"孔子说："冉求遇事总是退缩，所以我鼓励他勇于进取；仲由勇猛过人，所以我约束他，教导他要退避忍让。"

【注释】

①闻斯行诸：听到了就行动起来吗？

②兼人：此指勇猛过人。

11-23 子畏于匡①，颜渊后②。子曰："吾以女为死矣。"曰："子在，回何敢死？"

【译文】

孔子在匡地受到当地人的围困，颜渊最后才逃出来。孔子对颜渊说："我以为你已经死了。"颜渊说："老师还活着，我怎么敢死呢？"

【注释】

①子畏于匡：孔子在匡地受到当地人围困。匡人曾受到过鲁国阳虎的掠杀，孔子长得与阳虎很像，当孔子和他的学生路过匡地时，匡地的人错把孔子认成阳虎，所以，将他围困。

②颜渊后：颜渊最后才逃出来。

11-24 季子然[1]问："仲由、冉求可谓大臣与？"子曰："吾以子为异之问，曾[2]由与求之问。所谓大臣者，以道事君，不可则止。今由与求也，可谓具臣[3]矣。"

曰："然则从之[4]者与？"子曰："弑父与君，亦不从也。"

【译文】

季子然问孔子："仲由和冉求能算是大臣吗？"孔子回答说："我以为你在问别人呢，原来是问仲由和冉求呀。所谓大臣是能用周公提倡的道的要求来侍奉国君，如果这样行不通，他宁肯辞官不干。现在仲由和冉求这两个人，只能算是普通的臣子罢了。"

季子然又问道："那么他们会一切都跟着权臣季氏干吗？"孔子说："杀父亲、杀君主这种事情，他们也不会顺从跟着干的。"

【注释】

①季子然：鲁国与权臣季氏同族的人。

②曾：乃。

③具臣：普通的臣子。

④之：代名词，这里指鲁国权臣季氏。

11-25 子路使子羔为费宰。子曰："贼夫人之子①。"

子路曰："有民人焉，有社稷②焉，何必读书，然后为学？"

子曰："是故恶③夫佞者。"

【译文】

子路让子羔去做费地的长官。孔子说："这是害人子弟。"

子路说："费地有老百姓，有祭祀土地神和谷神的社稷坛，治理百姓和祭祀都是学习，为什么一定要读书，然后才算是学习呢？"

孔子说："所以，我讨厌花言巧语狡辩的人。"

【注释】

①贼夫人之子：这简直是害人子弟。贼，害。夫人之子，这个年轻人，指子羔。孔子认为他没经过很好的学习就去当官，这会害了他自己。

②社稷：指祭祀土地神和谷神的地方。

③恶：讨厌。

11-26 子路、曾皙[①]、冉有、公西华侍坐。

子曰："以吾一日长乎尔，毋吾以也[②]。居则曰：'不吾知也！'如或知尔，则何以哉[③]？"

子路率尔而对曰："千乘之国，摄[④]乎大国之间，加之以师旅，因之以饥馑，由也为之，比及[⑤]三年，可使有勇，且知方也[⑥]。"

夫子哂[⑦]之。

"求，尔何如？"

对曰："方六七十[⑧]，如五六十[⑨]，求也为之，比及三年，可使足民。如其礼乐，以俟君子。"

"赤，尔何如？"

对曰："非曰能之，愿学焉。宗庙之事[⑩]，如会同[⑪]，端章甫[⑫]，愿为小相[⑬]焉。"

"点，尔何如？"

鼓瑟希[⑭]，铿尔，舍瑟而作，对曰："异乎三子者之撰[⑮]。"

子曰："何伤乎？亦各言其志也。"

曰："莫[⑯]春者，春服既成，冠者[⑰]五六人，童子六七人，浴乎沂[18]，风乎舞雩[19]，咏而归。”

夫子喟然叹曰：“吾与点也！”

三子者出，曾皙后。曾皙曰：“夫三子者之言何如？”

子曰：“亦各言其志也已矣。”

曰：“夫子何哂由也？”

曰：“为国以礼，其言不让，是故哂之。”

唯[20]求则非邦也与？”

“安见方六七十如五六十而非邦也者？”

“唯赤则非邦也与？”

“宗庙会同，非诸侯而何？赤也为之小，孰能为之大？”

【译文】

子路、曾皙、冉有、公西华四个人陪孔子坐着。

孔子说：“我年龄比你们大一些，不要因为我年长而不敢说。你们平时总说：‘没人了解我呀！’假如有人了解你们，那你们怎样去做呢？”

子路轻率地赶忙回答：“一个有一千辆兵车的大国，夹在大国中间，经常受到别的国家进犯，加上国内又闹饥荒，假如让我去治理，只要等待三年，我就能使人们勇敢善战，而且懂得礼仪。”

孔子听了，微微一笑。

孔子又问：“冉求，你怎样做呢？”

冉求答道：“国土有六七十里或五六十里见方的国家，假如让我去治理，等到三年以后，就能使百姓饱暖。至于这个国家的礼仪方面的教化，那就要等君子来施行了。”

孔子又问：“公西赤，你怎样做？”

公西赤答道：“我不敢说一定能做到，而是愿意学习。在宗庙祭祀的活动中，或者在同别国的会盟活动中，我愿意身穿着礼服，头戴着礼帽，做一个小小的赞礼人（司仪）。”

孔子又问：“曾点，你怎样做呢？”

这时曾点弹奏琴瑟的声音逐渐放慢，瑟发出“铿”的一声，曾点离开琴瑟站起来，回答老师说：“我想的和他们三位叙述的不一样。”

孔子说：“那又有什么关系呢？就是每个人讲讲自己的志向罢了。”

曾点说：“暮春季节，穿上夹衣，和五六位行过冠礼的成年人，六七位小童，去沂河里洗洗澡，在舞雩台上吹吹风，一路唱着歌走回来。”

孔子长叹一声说：“我是赞成曾点的想法的。”

子路、冉求、公西华三个人出去了，曾皙后走。他问孔子说：“他们三人的话怎么样？”

孔子说：“也就是每个人谈谈各自的志向罢了。”

曾皙说：“老师为什么要笑仲由？”

孔子说：“治国要讲礼让，但他说话不谦让，所以我笑他。”

曾皙又问：“难道冉求讲的不是治理国家吗？”

孔子说：“怎么见得六七十里或五六十里见方的地方就不是国家呢？”

曾皙又问：“公西赤讲的不是治理国家吗？”

孔子说：“有宗庙祭祀和诸侯国君会盟，这不是诸侯（治国）的事又是什么？如果像公西赤这样的人只能做小司仪的话，谁又能做大相呢？”

【注释】

①曾皙：名点，字子皙，曾参的父亲，他也是孔子的学生。

②以吾一日长乎尔，毋吾以也：虽然我比你们的年龄大一些，不要因此而不敢说话。

③则何以哉：那你们怎么去做呢？

④摄：迫于、夹于、处在。

⑤比（bì）及：等到、等待。

⑥且知方也：而且懂得礼仪。

⑦哂（shěn）：讥讽地微笑。

⑧方六七十：古代丈量土地的方式，指纵横各六七十里见方的土地的国家。

⑨如五六十：或者五六十里见方土地的小国。

⑩宗庙之事：这里是指祭祀之事，不是说的宗庙。

⑪会同：与别的诸侯会见。

⑫端章甫：端，古代礼服的名称。章甫，古代礼帽的名称。

⑬相（xiàng）：赞礼人，指司仪。

⑭鼓瑟希：指弹瑟的速度放慢，节奏逐渐稀疏。希，同“稀”。

⑮撰：讲、叙述。

⑯莫：同“暮”。

⑰冠者：成年人。古代年轻子弟到20岁时行冠礼，表示进入成年。

⑱浴乎沂：在沂水边洗浴。沂，河水名，发源于山东南部，流经江苏北部入海。

⑲舞雩（yú）：古代求雨的祭祀叫“雩祭”。因有乐舞又叫“舞雩”。

⑳唯：语首词，没有什么意义。

颜渊篇第十二

12–1 颜渊问仁。子曰："克己复礼[①]为仁。一日克己复礼，天下归仁[②]焉。为仁由己，而由人乎哉？"

颜渊曰："请问其目[③]。"子曰："非礼勿视，非礼勿听，非礼勿言，非礼勿动。"

颜渊曰："回虽不敏，请事[④]斯语矣。"

【译文】

颜渊问怎样做才是仁。孔子说："克制自己，一切照礼的要求去做，这就是仁。一旦克制自我，合乎礼法，天下一切都归依仁了。修行仁德，完全靠自己，难道还在于别人吗？"

颜渊说："请问实行仁的具体条目细节。"孔子说："不合礼法的事不要看，不合礼法的事不要听，不合于礼法的事不要说，不合于礼法的事不要做。"

颜渊说："我虽然不敏锐，也要照着这些话去做。"

【注释】

①克己复礼：克己，克制自己。复礼，使自己的言行符合于礼。

②归仁：天下都归依仁了。归，归顺。仁，即仁道。

③目：具体的条目（细节）。目和纲相对。

④事：从事，按照着去做。

12-2 仲弓问仁。子曰："出门如见大宾，使民如承大祭①。己所不欲，勿施于人。在邦无怨，在家无怨②。"

仲弓曰："雍虽不敏，请事斯语矣。"

【译文】

仲弓问怎样做才是仁。孔子说："出门做事如同去接待贵宾，让老百姓做事如同去进行重大的祭祀那样恭敬严肃。自己不愿意做的，不要强加于别人。在诸侯的朝廷里做官没有人怨恨，在卿大夫的封地里做事也没人怨恨。"

仲弓说："我虽然愚笨，不敏锐，也要照您的这些话去做。"

【注释】

①出门如见大宾，使民如承大祭：出门办事就像迎接贵宾，役使老百姓要像承担重大祭祀那样恭敬严肃。

②在邦无怨，在家无怨：在朝廷做官没有人怨恨，在卿大夫的封地里做事也没有人怨恨。邦，诸侯统治的国家。家，指卿大夫统治的封地。

12–3　司马牛①问仁。子曰：“仁者，其言也讱②。”

曰：“其言也讱，斯谓之仁已乎？”子曰：“为之难，言之得无讱乎？”

【译文】

司马牛问怎样做才是仁。孔子说：“仁人说话是谨慎的。”

司马牛说：“说话谨慎，这就叫仁吗？”孔子说：“做起来都很困难，说起来能不谨慎吗？”

【注释】

①司马牛：姓司马名耕，字子牛，孔子的学生。他是个爱说话而且脾气急的人，所以，孔子才跟他说这些话。

②讱（rèn）：话难说出口。这里意思是说话谨慎。

12–4　司马牛问君子。子曰：“君子不忧不惧。”

曰：“不忧不惧，斯谓之君子已乎？”子曰：“内省不疚，夫何忧何惧？”

【译文】

司马牛问怎样做才是一个君子。孔子说：“君子不忧愁，不恐惧。”

司马牛又问："不忧愁，不恐惧，这样就能叫做君子吗？"孔子说："反省自己，自己问心无愧，那还有什么忧愁和恐惧呢？"

12–5　司马牛忧曰："人皆有兄弟，我独亡①。"子夏曰："商②闻之矣，'死生有命，富贵在天'。君子敬而无失，与人恭而有礼，四海之内，皆兄弟也。君子何患乎无兄弟也？"

【译文】

司马牛忧虑地说："其他人都有自己的兄弟，唯独我没有。"子夏说："我听说，'死生有命，富贵在天'。君子只要对所做的事严肃认真，不出差错，对人恭敬而合乎于礼仪的规定，那么，天下人就都是自己的兄弟了。君子为什么忧愁没有兄弟呢？"

【注释】

①我独亡：唯独我没有。

②商：我，子夏指自己。子夏，名商，字子夏。

12-6 子张问明。子曰："浸润之谮①，肤受之愬②，不行焉，可谓明也已矣。浸润之谮，肤受之愬，不行焉，可谓远③也已矣。"

【译文】

子张问怎样做才算是明智。孔子说："像水润物那样一点一点地涌进来的，暗中挑拨的坏话，像切肤之痛那样直接的诽谤，在某人这里都行不通，那这个人就能算是明智了。暗中挑拨的谗言和切肤之痛的直接诽谤，在这个人这里都行不通，那这个人就叫做有远见。"

【注释】

①浸润之谮（zèn）：像水那样一点一滴地渗进来的谗言。谮，谗言、坏话。

②肤受之愬（sù）：像皮肤感觉到疼痛那样的诬告，即直接的诽谤。愬，诬告。

③远：有远见。

12–7 子贡问政[①]。子曰："足食，足兵，民信之[②]矣。"

子贡曰："必不得已而去，于斯三者何先？"曰："去兵。"

子贡曰："必不得已而去，于斯二者何先？"曰："去食。自古皆有死，民无信不立。"

【译文】

子贡问怎样治理国家。孔子说："粮食充足，军备充足，老百姓信任政府。"

子贡说："如果不得不去掉一项，在三项中先去掉哪项呢？"孔子说："去掉军备。"

子贡说："不得不再去掉一项，剩下的两项中去掉哪一项呢？"孔子说："去掉粮食。自古以来，人总是要死的，如果老百姓不信任政府，国家就不能存在了。"

【注释】

①问政：问怎样治理国家。

②民信之：百姓信任政府。

12-8　棘子成[①]曰："君子质而已矣，何以文为？"子贡曰："惜乎！夫子之说君子也！驷不及舌[②]。文犹质也，质犹文也，虎豹之鞟[③]犹犬羊之鞟。"

【译文】

棘子成说："君子只要有好品质就行了，要表面的仪式干什么？"子贡说："真遗憾，大夫您这样谈论君子。一言既出，驷马难追。文采像质朴一样重要，质朴像文采一样重要，去掉毛的虎皮豹皮，就像去掉了毛的狗皮羊皮一样。"

【注释】

①棘子成：卫国大夫。古代大夫都可以被尊称为夫子，所以子贡这样称呼他。

②驷不及舌：话一说出去，就收不回来了，四匹马拉的车也追不上。驷，拉一辆车的四匹马。

③鞟（kuò）：去掉毛的兽皮。

12-9 哀公问于有若曰："年饥，用不足，如之何？"

有若对曰："盍彻乎[①]？"

曰："二[②]，吾犹不足，如之何其彻也？"

对曰："百姓足，君孰与不足？百姓不足，君孰与足？"

【译文】

鲁哀公问有若说："遇到灾年，闹饥荒，国家用度困难，怎么办？"

有若答道："怎么不实行只抽十分之一的税法呢？"

哀公说："现在都已经抽十分之二了，我还怕不够，怎能实行只抽十分之一的税法呢？"

有若说："如果老百姓富足了，国君怎么会感到不够呢？如果老百姓不富足，国君怎么能富足呢？"

【注释】

①盍彻乎：盍，何不。彻，彻法，西周奴隶主国家的一种田税制度，指从百姓田里的收入中抽取十分之一的资金。

②二：抽取十分之二的税。

12-10　子张问崇德[①]、辨惑[②]。子曰："主忠信，徙义[③]，崇德也。爱之欲其生，恶之欲其死；既欲其生，又欲其死，是惑也。'诚不以富，亦衹以异[④]。'"

【译文】

子张问怎样提高道德修养水平，和怎样提高辨别是非、解除迷惑的能力。孔子说："以忠信为主，使思想合乎义，这就提高道德修养水平了。喜欢一个人就希望他活下去，厌恶起来就盼着他立刻死去。既想要他活，又想要他死，这就是迷惑。正如《诗经》里所说的，'即使不是嫌贫爱富，也是喜新厌旧。'"

【注释】

①崇德：提高道德修养的水平。

②惑：迷惑，不分是非。

③徙义：向义靠拢。徙，迁移。

④诚不以富，亦衹以异：这两句的意思是"即使不是嫌贫爱富，也是喜新厌旧"。这是《诗经·小雅·我行其野》篇的最后两句，表现了一个被遗弃的女子对丈夫喜新厌旧的哀怨。这两句诗还有一种解释："真的不是因为富足，只是因为不同。"本书采用第一种解释。

12-11　齐景公问政于孔子。孔子对曰："君君、臣臣、父父、子子。"公曰："善哉！信如君不君，臣不臣，父不父，子不子，虽有粟，吾得而食诸？"

【译文】

齐景公问孔子怎样治理国家。孔子说："做国君的要像国君的样子，做臣子的要像臣子的样子，做父亲的要像父亲的样子，做儿子的要像儿子的样子。"齐景公说："好极了！如果君主不像君主的样子，臣子不像臣子的样子，父亲不像父亲的样子，儿子不像儿子的样子，即使有粮食，我能吃得到吗？"

12-12　子曰："片言[1]可以折狱[2]者，其由也与[3]？"

子路无宿诺[4]。

【译文】

孔子说："审案子的时候，只听了单方面的说法，就能判决案子的，大概只有仲由吧。"

子路没有久未履行的诺言。

【注释】

①片言：打官司的时候，打官司的双方中一方的说法，也可以说是片面之辞。

②折狱：断案、判案。狱，案件。

③其由也与：大概只有仲由吧。

④宿诺：拖了很久而没有兑现的诺言。宿，久，过了很多天。

12–13　子曰：“听讼[1]，吾犹人也。必也使无讼[2]乎！”

【译文】

孔子说：“审理诉讼案子，我与别人审案的本事也是差不多的。目的是，一定要使诉讼的案子不再发生！”

【注释】

①听讼（sòng）：审理诉讼案件。

②使无讼：让人们之间没有诉讼案件。

12-14　子张问政。子曰："居之无倦，行之以忠。"

【译文】

子张问怎样处理政事。孔子说："在官位上要不懈怠，执行国君的命令要忠诚。"

12-15　子曰："博学于文，约之以礼①，亦可以弗畔矣夫②。"

【译文】

孔子说："君子广泛地学习古代的历史典籍，又用礼来约束自己，也就可以不离经叛道了。"

【注释】

①约之以礼：用礼来约束自己。约，一种解释为约束，一种解释为简要，本书采用第一种解释。

②亦可以弗畔矣夫：也就可以不离经叛道了。畔，同"叛"。矣夫，语气词，表示强烈感叹。

12–16　子曰："君子成人之美①，不成人之恶。小人反是②。"

【译文】

孔子说："君子成就他人的好事，而不成全别人的坏事。小人却与此相反。"

【注释】

①成人之美：成就他人的好事。美，好事。②反是：与此相反。

12–17　季康子问政于孔子。孔子对曰："政者，正也①。子帅以正②，孰敢不正？"

【译文】

季康子问孔子，怎样治理国家。孔子回答说："政就是端正的意思。您本人带头走正路，那么，还有谁敢不走正路呢？"

【注释】

①政者，政也：政，就是端正的意思。

②子帅以正：您本人带头走正路。

12–18 季康子患盗[①]，问于孔子。孔子对曰："苟子之不欲，虽赏之不窃。"

【译文】

季康子为盗贼太多而苦恼，问孔子怎么办。孔子回答说："假如你自己不贪图钱财，即使奖励偷窃，人们也不会去偷窃的。"

【注释】

①患盗：为盗贼太多而苦恼。

12-19 季康子问政于孔子曰："如杀无道[1]，以就有道[2]，何如？"孔子对曰："子为政，焉用杀？子欲善而民善矣！君子之德，风；小人之德，草；草上之风[3]，必偃[4]。"

【译文】

季康子问孔子，怎样处理国政，说："假如杀掉不道德的人，来成全、亲近有道德的人，怎么样？"孔子说："您处理政事，怎么能用杀戮的手段呢？您只要想行善，百姓也会跟着行善。居于上位的官员的品德好像风，在下面的人的品德好像草，风吹到草上，草就必定跟着随风倒。"

【注释】

①无道：无道的人。

②以就有道：用来成就、亲近有道的人。

③草上之风：指风吹到草上。

④偃：跟着倒。

12-20 子张问："士何如斯可谓之达[1]矣？"子曰："何哉，尔所谓达者？"子张对曰："在邦必闻[2]，在家必闻。"子曰："是闻也，非达也。夫达

也者，质直而好义，察言而观色，虑以下人[3]。在邦必达，在家必达。夫闻也者，色取仁而行违，居之不疑。在邦必闻，在家必闻。”

【译文】

子张问：“士怎样才能叫做通达？”孔子说：“你说的通达是什么意思？”子张答道：“在国君的朝廷做官一定要有名望，在大夫的封地做官也一定要有名望。”孔子说：“这是虚假的名声，不是通达。所谓通达，那是要品质正直，而且追求礼义，善于考察别人的言语，观察别人的脸色，经常保持低姿态，谦恭待人。这样的人，就能在国君的朝廷和大夫的封地里通达。至于有虚幻名声的人，只是外表上装出有仁德的样子，实际行动却违背了仁德，自己还以仁人自居，从不怀疑自己。这样的人也是有的。那么，他无论在国君的朝廷里做官，还是在大夫的封地里做官都必定会有名声。”

【注释】

①达：通达，显达。

②闻：有名望。

③下人：对人谦恭有礼。下，保持低姿态对待别人。

12-21 樊迟从游于舞雩之下，曰：“敢问崇德、修慝①、辨惑。”子曰：“善哉问！先事后得②，非崇德与？攻其恶，无攻人之恶③，非修慝与？一朝之忿④，忘其身，以及其亲，非惑与？”

【译文】

樊迟陪在孔子身边，在舞雩台下散步，说：“请问怎样提高品德修养？怎样改正邪念？怎样辨别迷惑？”孔子说：“问得好！先努力去做事，然后才能有所收获，这样不就提高品德了吗？纠正自己的错误，不要攻击别人的错误，不是改正和消除自己邪念的方法吗？由于一时愤怒，忘记了自身的安危，甚至连累自己的父母、亲人，这不就是迷惑吗？”

【注释】

①修慝（tè）：改正邪恶的念头。修，改正。慝，同“匿”，邪恶的念头。

②先事后得：先努力做事，才能有所收获。

③攻其恶，无攻人之恶：纠正自己的错误，不要攻击别人的错误。

④忿：愤怒、气愤。

12–22 樊迟问仁。子曰："爱人。"问知。子曰："知人。"

樊迟未达。子曰："举直错诸枉[①]，能使枉者直。"

樊迟退，见子夏，曰："乡[②]也吾见于夫子而问知，子曰'举直错诸枉，能使枉者直'，何谓也？"

子夏曰："富哉言乎！舜有天下，选于众，举皋陶[③]，不仁者远[④]矣。汤[⑤]有天下，选于众，举伊尹[⑥]，不仁者远矣。"

【译文】

樊迟问什么是仁德。孔子说："爱人。"樊迟问什么是智慧，孔子说："了解人。"

樊迟还弄不明白。孔子说："选拔正直的人，把他们放在邪恶之人上面，这样，就能使邪者改邪归正。"

樊迟退出来，见到子夏说："刚才，我见到老师，问他什么是智，他说'选拔正直的人，把他们放在邪恶之人上面，这就能使邪者改邪归正'，这是什么意思？"

正'，这是什么意思？"

子夏说："这话说得多么深刻呀！舜得到天下，在众人中挑选人才，把皋陶选拔出来（掌握刑法），不仁德的人就远离了。汤得到天下，在众人中挑选人才，把伊尹选拔出来（让他当宰相），不仁的人就远远地离开了。"

【注释】

①举直错诸枉：选拔正直的人，罢黜邪恶的人。错，同"措"。放置。枉，不正直、邪恶。

②乡（xiàng）：有的版本写的是"向"。过去的意思。

③皋陶（yáo）：传说中舜时掌握刑法的大臣。

④远：远离、远去。

⑤汤：商朝的第一个君主，名履，后人称他为商汤。

⑥伊尹：夏朝末年的贤人，汤的宰相，曾辅助汤灭夏，建立商朝。

12-23　子贡问友[①]。子曰："忠告而善道之，不可则止，毋自辱也。"

【译文】

子贡问老师，怎样交朋友。孔子说："忠诚地劝告朋友，好好地引导他，如果不听也就算了，不要自取其辱。"

【注释】

①问友：问怎样对待朋友。

12-24　曾子曰："君子以文会友[①]，以友辅仁[②]。"

【译文】

曾子说："君子以文章、学问来交朋友，用朋友帮助自己修炼、培养仁德。"

【注释】

①以文会友：用写文章、做学问来结交朋友。

②以友辅仁：依靠朋友帮助自己修炼、培养仁德。

子路篇第十三

13-1　子路问政。子曰："先之，劳之①。"请益②。曰："无倦③。"

【译文】

子路问怎样处理政事。孔子说："自己要行动在老百姓的前面，然后再使老百姓勤劳。"子路请求多讲一点儿。孔子说："永远不要懈怠。"

【注释】

①先之，劳之：先，引导、先导，就是教化。之，指老百姓。自己要行动在老百姓的前面，然后使百姓勤劳。

②益：请求增加一些。此处的意思是，请求多讲一点儿。

③无倦：不厌倦、不懈怠。

13–2　仲弓为季氏宰，问政。子曰："先有司[①]，赦小过，举贤才[②]。"

曰："焉知贤才而举之？"子曰："举尔所知。尔所不知，人其舍诸？"

【译文】

仲弓做了季氏的家臣，向孔子请教怎样管理政事。孔子说："做个称职的官，给下属做表率，赦免别人小的过失，推举选拔贤德的人才来任职。"

仲弓又问："怎样知道哪些人是贤才而把他们推荐选拔出来呢？"孔子说："选拔你所了解的，至于你不了解的贤良人才，别人难道会埋没他们吗？"

【注释】

①有司：此指称职的官。

②举贤才：选拔人才。

13–3　子路曰：“卫君[1]待子为政，子将奚[2]先？”

子曰：“必也正名[3]乎！”

子路曰：“有是哉，子之迂[4]也！奚其正？”

子曰：“野哉，由也！君子于其所不知，盖阙[5]如也。名不正，则言不顺；言不顺，则事不成；事不成，则礼乐不兴；礼乐不兴，则刑罚不中[6]；刑罚不中，则民无所措手足。故君子名之必可言也，言之必可行也。君子于其言，无所苟[7]而已矣。”

【译文】

子路对孔子说：“卫国国君等待您去参与治理国家，老师您打算先从哪件事情做起呢？”

孔子说：“首先必须正名分。”

子路说：“有这样做的吗？您想得太迂腐、太不合时宜了吧！这名分怎么正呢？”

孔子说：“仲由，你真粗鲁啊！君子对于他所不了解的事情，总是保持沉默。名分不正，说话就不顺当合理；说话不顺当合理，事情就办不成；事情办不成，礼乐就不能兴旺；礼乐不能兴旺，刑罚的执行就不得当；刑罚不得当，百姓就不知道把手脚放在哪里。所以，君子对于名分一定可以说得明白，顺当说出来的事情一定能行得通。君子对自己的言行，是一点儿也不能马虎对待的呀。”

【注释】

①卫君：指卫出公，姓蒯（kuǎi）名辄（zhé），卫灵公的孙子。他父亲蒯聩（kuì）被卫灵公驱逐出国，卫灵公死后，蒯辄继位。蒯聩要回国争夺国君的职位，被蒯辄拒绝。

②奚：什么、何。

③正名：正名分。

④迂：迂腐、不合时宜。

⑤阙：空缺，这里是保持沉默的意思。

⑥中（zhòng）：得当、得体、适中。

⑦苟：马虎、不严肃。

13–4 樊迟请学稼。子曰："吾不如老农。"请学为圃[①]。曰："吾不如老圃[②]。"

樊迟出。子曰："小人哉，樊须也！上好礼，则民莫敢不敬；上好义，则民莫敢不服；上好信，则民莫敢不用情[③]。夫如是，则四方之民襁[④]负其子而至矣，焉用稼？"

【译文】

樊迟向孔子请教如何种庄稼。孔子回答说："我不如种地的老农。"樊迟又请教如何种菜。孔子说："我不如种菜的老菜农。"

樊迟退出去了。孔子说："樊迟真是小人。居于上位的人只要讲究礼节，老百姓就没有人敢不敬畏；居于上位的人只要重视道义，老百姓就没有人敢不服从；居于上位的人只要重视信用，老百姓就没有人敢不讲实话，不真心实意对待你。如果做到这样，那么，四方的老百姓就会背着自己的小孩来投奔，哪里用得着亲自去种庄稼呢？"

【注释】

①圃（pǔ）：种菜蔬、花草的园子或园地。

②老圃：种菜的菜农。

③用情：讲实话，以真心实意来对待。

④襁（qiǎng）：背婴孩的背带。

13-5 子曰："诵《诗》三百，授之以政，不达[①]；使于四方，不能专对[②]；虽多，亦奚以[③]为？"

【译文】

孔子说："能把《诗》三百篇背得滚瓜烂熟的人，让他处理政务，却不能完成任务；让他担任外交使节，也不能独立地应对。会背的诗篇虽然很多，又有什么用呢？"

【注释】

①达：通达、通晓、会运用。②专对：独立应对。③以：用。

13-6 子曰："其身正[①]，不令而行；其身不正，虽令不从。"

【译文】

孔子说："官员自身行为端正了，即使官员不发布命令，老百姓也会自动遵照执行；官员自身行为不端正，即使发布了命令，老百姓也不会服从。"

【注释】

①其身正：自身端正、以身作则。

13-7　子曰："鲁卫[①]之政，兄弟也。"

【译文】

孔子说："鲁国和卫国的政事，就像兄弟之间一样。"

【注释】

①鲁卫：指鲁国和卫国这两个诸侯国。鲁国是周公旦的封地，卫国是康叔的封地。周公旦和康叔是兄弟，他们的后人还是这两国的国君，两国的政治情况差不多。所以，孔子说这两国就像兄弟之间一样。

13-8　子谓卫公子荆[①]："善居室[②]。始有，曰：'苟合[③]矣。'少有，曰：'苟完矣。'富有，曰：'苟美矣。'"

【译文】

孔子谈到卫国的公子荆时说："这个人善于持家理财。刚开始有一点儿财产，他说：'差不多就够了。'财产稍微增加一些时，他说：'差不多就算完备了。'等达到富有程度时，他说：'差不多完美了'。"

【注释】

①卫公子荆：是卫国的大夫，字南楚，卫献公的儿子。公子荆被社会公认为是有道德的人、善于理财的人。

②善居室：善于理财，善持家过日子。

③苟合：差不多就够了。

13–9　子适卫，冉有仆[1]。子曰："庶矣哉！"冉有曰："既庶[2]矣，又何加焉[3]？"曰："富之。"曰："既富矣，又何加焉？"曰："教之。"

【译文】

孔子到卫国去，学生冉有为他驾车。孔子说："这里的人口真多呀！"冉有说："人口已经够多的了，还要再做些什么呢？"孔子说："让他们富裕起来。"冉有说："富裕了以后还要做些什么呢？"孔子说："用礼义对他们进行教化。"

【注释】

①仆：驾车。

②庶：众多，这里指人口众多。

③又何加焉：还要做什么呢？

13–10　子曰："苟有用我者，期月[①]而已可也，三年有成。"

【译文】

孔子说："如果有国君用我治理国家，一年就可以搞出个样儿，三年就一定会大有成效。"

【注释】

①期月：一年的月份从1月开始，到12月结束，然后又重新开始，一年的周而复始叫"期月"。此处是指一年。

13–11　子曰："'善人为邦百年，亦可以胜残去杀[①]矣。'诚哉是言也！"

【译文】

孔子说："'善人用德政治理国家一百年，也就可以消除残暴，废除杀戮的刑罚了。'这话说得真对呀！"

【注释】

①胜残去杀：克服残暴，消灭杀戮。

13–12 子曰："如有王者，必世[①]而后仁。"

【译文】

孔子说："如果有称王天下的人出现，也一定要用三十年才能实现仁德的政治。"

【注释】

①世：古代以三十年为一世，这里是指三十年时间。

13–13 子曰："苟正其身矣，于从政乎何有[①]？不能正其身，如正人何[②]？"

【译文】

孔子说："官员如端正了自身行为，管理政事有什么困难呢？如果不端正自己的行为，怎么能端正别人呢？"

【注释】

①于从政乎何有：管理政事有什么困难呢？

②如正人何：怎么能端正别人呢？

13-14　冉子退朝。子曰："何晏①也？"对曰："有政。"子曰："其事也。如有政，虽不吾以，吾其与闻②之。"

【译文】

冉求退朝回来。孔子说："你为什么回来得这么晚呀？"冉求说："朝中有政事。"孔子说："只是一般事情吧？如果有政事，虽然这时国君不用我了，我也会知道的。"

【注释】

①何晏：为什么回来这么晚？

②与闻：会知道、会听说。

13-15　定公[1]问："一言而可以兴邦，有诸[2]？"

孔子对曰："言不可以若是其几[3]也。人之言曰：'为君难，为臣不易。'如知为君之难也，不几乎一言而兴邦乎？"

曰："一言而丧邦，有诸？"

孔子对曰："言不可以若是其几也。人之言曰：'予无乐乎为君，唯其言而莫予违也。'如其善而莫之违也，不亦善乎？如不善而莫之违也，不几乎一言而丧邦乎？"

【译文】

鲁定公问："一句话就能使国家兴盛，有这样的话吗？"

孔子答道："不可能有这样的话，但接近于这样的话是有的。有人说：'做君主难，做臣子不易。'如果知道了做君的难处，这不接近于一句话能使国家兴盛吗？"

鲁定公又问："一句话能亡国，有这话吗？"

孔子回答说："不可能有这样的话，但接近于这样的话是有的。有人说：‘我做君主并没什么可高兴的，只是我说的话没人敢违抗。’如果说得对而没人违抗，不也很好吗？如果说得不对而没人违抗，那不就接近于一句话可以亡国吗？”

【注释】

①定公：鲁国的国君，鲁定公。

②有诸：有这样的话吗？

③几（jī）：差不多、接近。

13-16　叶公问政。子曰：“近者说①，远者来②。”

【译文】

叶公请教孔子，怎样管理政事。孔子说：“使近处的人高兴，使远处的人愿意来投奔、归顺。”

【注释】

①近者说：使近处的人高兴。

②远者来：使远处的人愿意来投奔、归顺。

13-17　子夏为莒父[①]宰，问政。子曰："无欲速，无见小利。欲速则不达，见小利则大事不成。"

【译文】

子夏当了莒父的总管，问孔子怎样处理政事。孔子说："不要求快，别贪图小利。图快反而达不到目的，贪图小利大事就做不成。"

【注释】

①莒（jǔ）父：鲁国的一个城邑，在今山东省莒县境内。

13-18　叶公语孔子曰："吾党[①]有直躬者[②]，其父攘羊[③]，而子证[④]之。"孔子曰："吾党之直者异于是，父为子隐，子为父隐，直在其中矣。"

【译文】

叶公告诉孔子说："我家乡那一带有个正直的人，他父亲偷了人家的羊，他揭发了自己的父亲。"孔子说："我家乡那一带正直的人和你讲的正直的人不一样，父亲为儿子隐瞒，儿子为父亲隐瞒，这样做，在当时符合孔子主张的父慈子孝，但不符合今天的道德观。正直也就在其中了。"

【注释】

①吾党：指我的家乡。

②直躬者：指正直的人。

③攘羊：偷窃羊。

④证：指告发、作证。

13–19　樊迟问仁。子曰："居处恭[1]，执事敬，与人忠[2]。虽之夷狄，不可弃也。"

【译文】

樊迟问孔子，怎样才是仁。孔子说："平常在家生活起居规规矩矩，办起事来严肃认真，待人忠诚。即使到了边远的少数民族居住的地方，也不可违背抛弃这些做人的道理。"

【注释】

①居住恭：平常在家生活起居规规矩矩。

②与人忠：办起事来严肃、认真，待人诚恳。

13-20 子贡问曰："何如斯可谓之士[1]矣？"子曰："行己有耻，使于四方，不辱君命，可谓士矣。"

曰："敢问其次。"曰："宗族称孝焉，乡党称弟焉。"

曰"敢问其次。"曰："言必信，行必果[2]，硁硁[3]然小人哉！抑亦可以为次矣。"

曰："今之从政者何如？"子曰："噫！斗筲之人[4]，何足算也！"

【译文】

子贡问孔子，说道："什么样的人才可以叫做士呢？"孔子说："自己在做事的时候用羞耻约束自己的行为，出使到外国，到达四方，不辜负君王的使命，可以叫做士了。"

子贡说："请问，次一等的呢？"孔子说："宗族的人都称赞他孝顺父母，乡党的人称赞他尊敬兄长。"

子贡又问："请问，再次一等的呢？"孔子说："说到必然守信用，做事很果断，一定坚持到底，固执己见，不懂变通的，那是小人啊！但也算是再次一等的士了。"

子贡说：“如今的执政者，您看怎么样？”孔子说：“唉！是些器量狭小的人，哪里能算得上士呢？”

【注释】

①士：指士人。士人在周代贵族中位于最低一层。后来，士成为古代对知识分子的称呼。

②果：果断、坚决。

③硁（kēng）硁：浅薄固执的样子。

④斗筲（shāo）之人：比喻器量狭小的人。筲，竹器。

13–21　子曰："不得中行①而与之，必也狂狷②乎！狂者进取，狷者有所不为也。"

【译文】

孔子说："如果找不到奉行中庸之道的人和他交往，那要与'狂者'、'狷者'相交往了！狂者勇于进取，敢作敢为，狷者对坏事是不肯干的。"

【注释】

①中行：行为合乎中庸之道。

②狷（juàn）：耿直，有所不为，有洁身自好的意思。

13–22　子曰："南人有言曰：'人而无恒，不可以作巫医①。'善夫！"

"不恒其德，或承之羞②。"子曰："不占而已矣。"

【译文】

孔子说："南方人有句话说：'人做事如果没有恒心，就不能当巫医。'这话说得真好啊！"

“人不能长久地保持自己的德行，免不了遭受耻辱。”孔子说：“没有恒心的人用不着去占卦了。”

【注释】

①巫医：用卜巫为人治病的人。上古时期，巫师常用祈祷的方式为人治病，巫术和医术常常集中在一个人身上，所以叫巫医。

②不恒其德，或承之羞：这两句是《易经》里的话，意思是说不能长久地保持自己的德行，免不了遭受耻辱。

13–23　子曰：“君子和①而不同②，小人同而不和。”③

【译文】

孔子说：“君子是和谐而不是等同，小人是等同而不是和谐。”

【注释】

①和：和谐。

②同：相同。

③这两句话还有一种理解：“君子追求和谐而不同流合污，小人只求得完全一致，而不求协调。”本书采用上面译文中的说法。”

13-24　子贡问曰："乡人皆好之[①]，何如？"子曰："未可也。"

"乡人皆恶之，何如？"子曰："未可也。不如乡人之善者[②]好之，其不善者恶之。"

【译文】

子贡问孔子说："全乡人都喜欢他，这个人怎么样？"孔子说："这还不行。"

子贡又问孔子说："全乡人都厌恶他，这个人怎么样？"孔子说："这也还不行。最好是全乡的好人都喜欢他，全乡的坏人都厌恶他。"

【注释】

①皆好之：都喜欢他。②善者：好人。

13-25　子曰："君子易事[①]而难说[②]也。说之不以道，不说也；及其使人也，器[③]之。小人难事而易说也。说之虽不以道，说也；及其使人也，求备焉。"

【译文】

孔子说："在君子手下容易做事，但很难取得他的喜悦。不按正道，用不正当的方法去讨他的喜欢，他是不会喜欢的；当他使用人的时候，总是量才而使用人。为小人办事挺难，但要取得他的喜悦却是很容易的。不按正道讨他的喜欢，也能得到他的喜欢。但等到他使用人的时候，却是求全责备。”

【注释】

①易事：容易相处、做事。

②难说：难于取得喜悦。说，通“悦”

③器：量才使用。

13–26　子曰：“君子泰而不骄，小人骄而不泰。”

【译文】

孔子说：“君子安静、坦然而不傲慢无礼，小人傲慢无礼而不安静、坦然。”

13–27 子曰："刚、毅、木①、讷②，近仁。"

【译文】

孔子说："刚强、果敢、质朴、谨慎，这四种品德接近仁的内容。"

【注释】

①木：质朴、纯朴。②讷（nè）：言语迟钝、谨慎。

13–28 子路问曰："何如斯可谓之士矣？"子曰："切切偲偲①，怡怡②如也，可谓士矣。朋友切切偲偲，兄弟怡怡。"

【译文】

子路问孔子道："怎样才能称为士呢？"孔子说："互助督促、勉励，相互切磋，待人诚恳，可以算是士了。朋友之间互相督促、勉励，兄弟之间相处和和气气，这些都是士的风度。"

【注释】

①偲（sī）偲：勉励、督促、相互切磋。

②怡怡：和气、亲切，表现出和顺的样子。

13-29　子曰：“善人教民七年，亦可以即戎[1]矣。”

【译文】

孔子说：“好人训练百姓七年，也就能让他们去参军作战了。”

【注释】

①即戎：就可以当兵打仗。

13-30　子曰：“以不教民战[1]，是谓弃之[2]。”

【译文】

孔子说：“如果用没有经过训练的老百姓去作战，这叫抛弃他们。”

【注释】

①以不教民战：用没有训练过的百姓去作战。

②是谓弃之：这就是抛弃他们。

宪问篇第十四

14–1 宪[①]问耻。子曰："邦有道，谷[②]；邦无道，谷，耻也。"

"克、伐[③]、怨、欲不行焉，可以为仁矣？"子曰："可以为难矣，仁则吾不知也。"

【译文】

原宪问孔子什么是耻辱。孔子说："国家有道，政治清明，做官领俸禄；国家无道，政治不清明，还做官领俸禄，这就是可耻。"

原宪又问："没有好胜、自夸、怨恨、贪欲这几种毛病的人，能算做到仁了吧？"孔子说："这可以说是非常难得的，但是不是做到了仁，那我就不知道了。"

【注释】

①宪：姓原名宪，孔子的学生。

②谷：这里指做官者的俸禄。

③伐：自夸。

14–2 子曰：“士而怀居①，不足以为士矣。”

【译文】

孔子说：“士人如果留恋家庭的安逸生活，就不配做士了。”

【注释】

①怀居：留恋家居的安逸生活。怀，思念、留恋。居，家居。

14–3 子曰：“邦有道，危①言危行；邦无道，危行言孙②。”

【译文】

孔子说：“国家政治清明的时候，要正直地说话，行为要严肃；国家政治混乱的时候，还要正直地做人做事，但说话要随和、小心谨慎。”

【注释】

①危：直、正直。

②孙：同“逊”，谦虚谨慎。

14-4 子曰："有德者必有言，有言者不必有德。仁者必有勇，勇者不必有仁。"

【译文】

孔子说："有道德的人，一定有对人们有益的言论，有善言的人不一定有道德。仁人一定很勇敢，勇敢的人却不一定有仁德。"

14-5 南宫适[①]问于孔子曰："羿[②]善射，奡[③]荡舟[④]，俱不得其死然。禹、稷[⑤]躬稼，而有天下。"夫子不答。

南宫适出。子曰："君子哉若人！尚德哉若人！"

【译文】

南宫适问孔子："夏朝有穷国的国君羿善于射箭，奡擅长水战，最后都不得好死。禹和稷都亲自种庄稼，却得到了天下。"孔子没有回答。

南宫适出去了。孔子说："这人真是个君子呀！这人真崇尚道德。"

【注释】

①南宫适（kuò）：就是南容。

②羿（Yì）：古代传说中叫羿的人有三个，都善于射箭，这里指的

是夏朝有穷国的国君，他曾夺了夏朝太康的王位，后来被他的大臣寒浞（zhuó）所杀。

③奡（Āo）：传说中寒浞的儿子，后来被夏朝的少康所杀。

④荡舟：用手推船。传说奡力气很大，擅长水战。

⑤禹、稷：禹，是夏朝的开国国君，他善于治水，重视发展农业。稷，传说是周朝的祖先，又被奉为谷神，教百姓种植庄稼。

14-6 子曰："君子而不仁者有矣夫，未有小人而仁者也。"

【译文】

孔子说："君子之中没仁德的人是有的，而小人中有仁德的人却是没有的。"

14-7 子曰："爱之，能勿劳乎①？忠焉，能勿诲②乎？"

【译文】

孔子说："爱他，能不为他操劳吗？忠于他，能不对他进行劝告吗？"

【注释】

①能勿劳乎：能不为他操劳吗？②诲：劝告。

14-8 子曰："为命[1]，裨谌[2]草创之，世叔讨论[3]之，行人[4]子羽[5]修饰之，东里[6]子产润色之。"

【译文】

孔子说："郑国发表的政令公文，是由大夫裨谌起草的，大夫世叔研究后提出意见，外交官子羽再加以修饰，再由子产进行最后的修改润色，然后才发表出来的。"

【注释】

①命：指国家政令的公文、辞令。

②裨（Pí）谌（chén）：人名，此人是郑国的大夫。

③世叔讨论：经过世叔研究讨论后提出意见。世叔，指子太叔，名游吉，郑国大夫。宰相子产死后，继承子产为郑国宰相。

④行人：官名，掌管朝觐和出使外国的官。

⑤子羽：郑国大夫公孙挥的字。

⑥东里：郑国大夫子产居住的地方。

14-9 或问子产。子曰："惠人也。"

问子西[①]。曰："彼哉！彼哉！"

问管仲。曰："人也[②]。夺伯氏[③]骈邑[④]三百，饭疏食，没齿[⑤]无怨言。"

【译文】

有人问郑国的宰相子产是怎样的人。孔子说："是个有恩惠于他人的人。"

又问子西是怎样的人。孔子轻蔑地说："他呀！他呀！"

又问管仲是怎样的人。孔子说："他是有才干的人，他把齐国的大夫伯氏的封地骈邑的三百户夺走，使伯氏终身只能吃粗茶淡饭，一直到老死也没有怨言。"

【注释】

①子西：春秋时期有三个子西，这里的子西指楚国的令尹（宰相），名申。

②人也：他是个人才呀。

③伯氏：齐国的大夫。

④骈（pián）邑：地名，伯氏的封地。

⑤没齿：一直到死。

14-10 子曰："贫而无怨难，富而无骄易。"

【译文】

孔子说："贫穷而没有怨恨是很难做到的，富有而不骄傲是容易做到的。"

14-11 子曰："孟公绰[①]为赵、魏老[②]则优，不可以为滕、薛[③]大夫。"

【译文】

孔子说："孟公绰当晋国赵氏、魏氏的家臣，他的才能是有余的，但不能当滕、薛这样小国的大夫。"

【注释】

①孟公绰：鲁国大夫，属于孟孙氏家族。

②为赵、魏老：当晋国的大夫赵氏、魏氏的家臣。赵氏和魏氏是晋国最有势力的卿大夫三家中的两家。老，这里指古代大夫的家臣。

③滕、薛：滕薛都是春秋时期的小诸侯国。

14-12　子路问成人①。子曰："若臧武仲②之知，公绰之不欲，卞庄子③之勇，冉求之艺，文之以礼乐，亦可以为成人矣。"曰："今之成人者何必然？见利思义，见危授命，久要④不忘平生之言，亦可以为成人矣。"

【译文】

子路问怎样做才是一个完美的人。孔子说："如果拥有臧武仲的智慧，孟公绰的克制，卞庄子的勇猛，像冉求那样多才多艺，再用礼乐加以熏陶，就可以算是一个完人了。"孔子又说："现在成为一个人格完备的人，何必一定要这样呢？见到钱财利益能够想想是否合乎义的要求，遇到危险愿意献出生命，长久处于穷苦困顿之中还不忘平日的诺言，这样也就可以成为一个人格完美的人了。"

【注释】

①成人：完人，指人格完备的人。

②臧武仲：指鲁国大夫臧孙纥。臧孙纥是一位拥有智慧的人，他后来受到权臣迫害，逃到齐国。齐庄公要封给他田地，他预料到齐庄公在位不会长久，便婉言谢绝了。所以后来齐庄公被杀，他没受到牵连。

③卞庄子：鲁国卞邑大夫。据说他非常勇敢，能独自杀虎。卞庄子是个孝子，母亲活着时，他去打仗，顾虑母亲没人照顾，三战三败，因此大家都很看不起他。他母亲去世后，他没有后顾之忧了，又去打仗，三战都取得了胜利，大家公认他是个勇敢的人。

④久要：长期处于穷困中。

14–13 子问公叔文子①于公明贾②曰："信乎？夫子③不言、不笑、不取乎？"

公明贾对曰："以④告者过也。夫子时然后言，人不厌其言；乐然后笑，人不厌其笑；义然后取，人不厌其取。"

子曰："其然，岂其然乎？"

【译文】

孔子向公明贾问到公叔文子，说："这是真的吗？公叔文子他不说、不笑、不贪占钱财？"

公明贾回答道："这是告诉你话的那个人的过错。公叔文子他到该说的时候才说，因此别人不讨厌他说话；快乐的时候才笑，因此别人不讨厌他笑；合于礼仪要求的钱财他才要，因此别人不讨厌他要。"

孔子说："原来如此，难道真的是这样吗？"

【注释】

①公叔文子：卫国大夫公孙拔，卫献公之子，还有一种说法是卫献公的孙子，本书采用第一种说法。谥号为"贞惠文子"。

②公明贾：姓公明字贾，卫国人。

③夫子：指文中公叔文子。

④以：此。

14–14　子曰：“臧武仲以防求为后于鲁，虽曰不要②君，吾不信也。”

【译文】

孔子说：“臧武仲凭借自己的封地防邑，请求鲁国国君在鲁国替臧氏立后代，虽然有人替他说话，说他不是要挟君主，我是不相信的。”

【注释】

①要：要挟。

14–15　子曰：“晋文公①谲②而不正，齐桓公③正而不谲。”

【译文】

孔子说：“晋文公重耳诡诈而且不正派，齐桓公正派而且不诡诈。”

【注释】

①晋文公：姓姬名重耳，春秋时期有作为的政治家。重耳是晋献公的第二个儿子。晋献公老年时宠信骊姬，杀太子申生，重耳逃往国外十九年，后来在秦穆公的帮助下回国当了国君。他救宋国，打败强大的

楚国，成为齐桓公之后最有影响力的春秋五位霸主之一。

②谲（jué）：欺诈。③齐桓公：姓姜名小白，春秋时期有作为的政治家，著名的春秋五位霸主之一。

14–16　子路曰："桓公杀公子纠[①]，召忽死之，管仲不死[②]。"曰："未仁乎？"子曰："桓公九合诸侯[③]，不以兵车[④]，管仲之力也。如其仁[⑤]！如其仁！"

【译文】

子路说："齐桓公在夺国君的职位时杀了公子纠，公子纠的家臣召忽自杀以效忠他的主人，而同样作为家臣的管仲却没有自杀。"子路又说，"管仲不能算是仁人吧？"孔子说："桓公多次召集各诸侯国开会结盟，而没有使用武力，都是管仲的功劳啊。这就是他的仁德！这就是他的仁德！"

【注释】

①公子纠：齐桓公的哥哥。公子纠与齐桓公争夺国君的职位，被齐桓公所杀。

②召忽死之，管仲不死：召忽自杀了。管仲和召忽二人都是公子纠的家臣。公子纠被杀以后，召忽自杀，管仲没有死，他归顺了齐桓公，并当上齐国的宰相。

③九合诸侯：齐桓公多次召集诸侯开会结盟，诸侯都承认齐桓公是盟主。④不以兵车：不使用武力。⑤如其仁：这就是他的仁德。

14–17　子贡曰："管仲非仁者与？桓公杀公子纠，不能死，又相之。"子曰："管仲相桓公，霸诸侯，一匡天下，民到于今受其赐。微管仲[1]，吾其被发左衽[2]矣。岂若匹夫匹妇之为谅[3]也，自经于沟渎[4]而莫之知也。"

【译文】

子贡问："管仲这个人不能算是仁人吧？齐桓公杀了公子纠，管仲作为公子纠的家臣，不能为公子纠殉死，却当了齐桓公的宰相。"孔子说："管仲辅佐齐桓公，称霸诸侯，匡扶天下走上了正轨，黎民百姓到今天还享受着他的好处。假如没有管仲，恐怕我们也要依照少数民族的风俗，披散着头发，衣襟向左开了。难道让管仲像普通百姓那样遵守小节，自杀在小山沟里而没有人知道他吗？"

【注释】

①微管仲：如果没有管仲。微，无、没有。

②被发左衽：被夷狄民族征服，依照周围少数民族的风俗，披散着头发，衣襟向左开了。被，同"披"。衽，衣襟。"被发左衽"是当时的少数民族的风俗。

③谅：遵守信用。这里指遵守小气节、小信用。

④自经于沟渎：自杀在小山沟里。自经，指自杀。渎，小沟渠。

14–18 公叔文子之臣大夫僎[①]与文子同升诸公[②]。子闻之，曰："可以为'文'矣。"

【译文】

公叔文子的家臣僎和文子一同做了卫国的大夫。孔子知道了这件事，发表评论说："他死后可以给他'文'的谥号了。"

【注释】

①僎：人名，公叔文子的家臣。

②升诸公：僎由家臣升为大夫，具有与公叔文子同等的地位。

14–19 子言卫灵公之无道也，康子曰："夫如是，奚而不丧？"孔子曰："仲叔圉[①]治宾客，祝鮀治宗庙，王孙贾治军旅。夫如是，奚其丧？"

【译文】

孔子讲到卫灵公的昏庸无道，季康子说："既然如此，为什么他没有失败灭亡呢？"孔子说："因为他有仲叔圉接待宾客，祝鮀管理宗庙祭祀，王孙贾统率着军队。像这样，怎么会失败灭亡呢？"

【注释】

①仲叔圉（yǔ）：即孔文子。他和祝鮀、王孙贾都是卫国大夫。

14–20　子曰："其言之不怍[①]，则为之也难。"

【译文】

孔子说："说话时如果大言不惭，那么实现他说的话就很困难了。"

【注释】

①怍（zuò）：惭愧。

14–21　陈成子[①]弑简公[②]。孔子沐浴而朝，告于哀公曰："陈恒弑其君，请讨之。"公曰："告夫三子[③]！"

孔子曰："以吾从大夫之后[④]，不敢不告也。君曰'告夫三子'者。"

之[⑤]三子告，不可。孔子曰："以吾从大夫之后，不敢不告也。"

【译文】

齐国大夫陈成子杀了齐简公。孔子斋戒沐浴以后上朝去见鲁哀公，报告说："陈恒把他的国君给杀了，请你出兵讨伐他。"鲁哀公说："你去报告那三位大夫季孙、孟孙、叔孙吧。"

孔子退出朝堂后说："因为我曾做过大夫，所以不敢不来报告，君主却说'你去告诉那三位大夫吧'！"

孔子去向那三位大夫报告，但那三位大夫不愿派兵讨伐。孔子又说："因为我曾做过大夫，所以不敢不来报告呀！"

【注释】

①陈成子：指齐国大夫陈恒。他用大斗把粮食借给老百姓，小斗收回的方法得到了老百姓的拥护。后来，他杀死了国君齐简公，夺取了政权。

②简公：齐简公，姓姜名壬。 ③三子：指鲁国的三个卿大夫季孙、孟孙、叔孙。 ④从大夫之后：孔子曾担任过大夫职，但这时已经不当官了，所以说从大夫之后。 ⑤之：往。

14–22 子路问事君。子曰："勿欺也，而犯之①。"

【译文】

子路问老师，怎样侍奉国君。孔子说："不能欺骗他，但可以说实话，犯颜直谏。"

【注释】

①而犯之：可以不管他高兴不高兴，直率地劝告他。

14–23　子曰："君子上达，小人下达。"

【译文】

孔子说："君子向上通达仁德，小人向下通达钱财小利。"

14–24　子曰："古之学者为己①，今之学者为人②。"

【译文】

孔子说："古人学习是为了端正和充实自己，而现在的人学习是为了给他人看，向别人卖弄。"

【注释】

①为己：为了端正和充实自己。

②为人：这里是指给别人看，向别人卖弄。

14–25　蘧伯玉①使人于孔子。孔子与之坐而问焉，曰："夫子何为？"对曰："夫子欲寡其过而未能也。"

使者出，子曰："使乎！使乎！"

【译文】

蘧伯玉派一位使者去拜访孔子。孔子请使者坐下，然后问道："你们先生最近在干什么？"使者回答说："先生想尽量减少自己的错误，但是却还没能做到。"

使者走了以后，孔子赞叹说："好一位使者啊！好一位使者啊！"

【注释】

①蘧（qú）伯玉：卫国的大夫，名瑗，孔子到卫国后，曾住在蘧伯玉的家里。

14–26　子曰："不在其位，不谋其政①。"

曾子曰："君子思不出其位②。"

【译文】

孔子说："不在那个职位上做官，就不考虑那个职位上的政事。"

曾子说："君子考虑问题，从不超出自己的职责范围。"

【注释】

①不在其位，不谋其政：不在那个职位上做官，就不考虑那个职位上的政事。这句在8–14章已经出现过。

②不出其位：不超出自己的职责范围。

14–27 子曰："君子耻其言而过其行①。"

【译文】

孔子说："君子认为，嘴里说的超过实际做的是可耻的。"

【注释】

①过其行：超过实际做的。

14–28 子曰："君子道者三，我无能焉：仁者不忧，知者不惑，勇者不惧。"子贡曰："夫子自道也。"

【译文】

孔子说："君子所行的道有三个方面，我都没能做到：仁德的人不忧愁，智慧的人不迷惑，勇敢的人不畏惧。"子贡说："这正是老师在说自己啊！"

14-29 子贡方人①。子曰："赐也贤乎哉②？夫我则不暇。"

【译文】

子贡公开指责别人的短处。孔子说："端木赐啊，你就那么好吗？我可没闲工夫评论别人。"

【注释】

①方人：议论、诽谤、公开指责别人。

②赐也贤乎哉：端木赐啊，你就那么好吗？

14-30 子曰："不患人之不己知，患其不能也。"

【译文】

孔子说："不担心别人不知道自己，只担心自己没本事。"

14–31　子曰："不逆[①]诈，不亿[②]不信，抑亦先觉者，是贤乎！"

【译文】

孔子说："不事先怀疑别人欺诈，也不揣度别人不诚实，然而，能事先觉察到别人欺诈和不诚实，这样的人是贤者吧？"

【注释】

①逆：预先揣测。

②亿：同"臆"，猜测的意思。

14–32　微生亩[①]谓孔子曰："丘，何为是栖栖者与[②]？无乃为佞乎？"孔子曰："非敢为佞也，疾固[③]也。"

【译文】

微生亩对孔子说："孔丘，你为什么这样忙碌不安地四处奔波游说呢？你不就是要用花言巧语卖弄自己的口才吗？"孔子说："我不敢花言巧语，只是痛恨顽固不化的人。"

【注释】

①微生亩：姓微生，名亩。

②何为是栖（xī）栖者与：为什么这样忙碌不安地四处奔波游说呢？是，如此。栖栖，不安定的样子。

③ 疾固：痛恨顽固不化的人。疾，恨。固，固执。

14–33　子曰："骥①不称其力，称其德也。"

【译文】

孔子说："千里马值得人们称赞的不是它的体力，而是赞扬它的品德。"

【注释】

①骥：千里马。古代把善跑的马称为骥。

14–34　或曰："以德报怨，何如？"子曰："何以报德？以直报怨，以德报德。"

【译文】

有人说："用恩德来报答怨恨，怎么样？"孔子说："那用什么来回报恩德呢？应该用正直来报答怨恨，用恩德来回报恩德。"

14–35　子曰："莫我知也夫！"子贡曰："何为其莫知子也？"子曰："不怨天，不尤①人。下学而上达②。知我者其天乎！"

【译文】

孔子说："没人了解我啊！"子贡说："怎么没人了解您呢？"孔子说："我不埋怨天，也不责备别人，我不懈地学习礼乐而上达天命。也许了解我的只有天吧！"

【注释】

①尤：责怪、怨恨、归咎。

②下学而上达：下学学人事，上达达天命。

14-36　公伯寮愬子路于季孙①。子服景伯②以告，曰："夫子固有惑志于公伯寮，吾力犹能肆诸市朝③。"

子曰："道之将行也与，命也。道之将废也与，命也。公伯寮其如命何！"

【译文】

季孙的家臣公伯寮向季孙告发、诽谤子路。子服景伯把这事告诉给孔子，并且说："季孙氏已被公伯寮迷惑住了，我的力量能把公伯寮杀了，把他陈尸示众。"

孔子说："道能得到推行，是命运决定的；道不能得到推行，也是命运决定的。公伯寮能把天命怎么样呢？"

【注释】

①公伯寮愬（sù）子路于季孙：季孙的家臣公伯寮向季孙告发、诽谤子路。公伯寮，姓公伯名寮，字子周。愬，告发、诽谤。

②子服景伯：鲁国大夫，姓子服名伯，景是他的谥号。

③肆诸市朝：把他陈尸示众。古时候处死罪人后陈尸示众。市朝，集市与朝廷。

14–37　子曰："贤者辟①世，其次辟地，其次辟色，其次辟言。"子曰："作者七人②矣。"

【译文】

孔子说："贤人逃避动荡混乱的社会而隐居，次一等的逃避到其他地方去，再次一点的逃避别人不快的脸色，再次一点儿的回避别人责难的话。"孔子又说："能做到这样的已经有伯夷、叔齐、虞仲、夷逸、朱张、柳下惠、少连七个人了。"

【注释】

①辟：同"避"，逃避。

②七人：指的是伯夷、叔齐、虞仲、夷逸、朱张、柳下惠、少连。

14–38　子路宿于石门①。晨门②曰："奚自③？"子路曰："自孔氏。"曰："是知其不可而为之者与？"

【译文】

子路夜里住在鲁国都城的石门。早晨看城门的人问："你从哪里来？"子路说："从孔子那里来。"看城门的人说："是那个明知做不到却还非得去做的人吗？"

【注释】

①石门：地名。鲁国都城的外门。②晨门：早上守卫城门的人。③奚自：从哪里来？

14-39　子击磬于卫[①]，有荷蒉[②]而过孔氏之门者，曰："有心哉，击磬乎！"既而曰："鄙哉！硁硁[③]乎！莫己知也，斯已而已矣。深则厉[④]，浅则揭[⑤]。"

子曰："果哉！末[⑥]之难[⑦]矣。"

【译文】

孔子在卫国敲击磬这种乐器，有位背扛草包的人从门前走过时说："这个击磬的人有心思啊！"一会儿又说："真鄙陋呀！磬发出的声音硁硁的！没人了解自己，就只为自己就是了。像涉水一样，水深就穿着衣服趟过去，水浅就撩起衣服趟过去。"

孔子说："说得真坚决呀，没什么可以责问、反驳他的了。"

【注释】

①子击磬（qìng）于卫：孔子在卫国的时候，一次，他敲击磬这种乐器。磬，一种打击乐器的名称。②荷蒉（kuì）：肩负着草包。荷，肩扛。蒉，盛土的草包。③硁硁：这里是指击磬的声音。④深则厉：水深就穿着衣服涉水过河。⑤浅则揭：水浅就提起衣襟涉水过河。⑥末：无。⑦难：责问。

14–40　子张曰：“《书》云：‘高宗[1]谅阴[2]，三年不言。’何谓也？”子曰：“何必高宗？古之人皆然。君薨[3]，百官总己以听于冢宰[4]三年。”

【译文】

子张说：“《尚书》这部书上说，‘高宗守丧，三年不谈政事。’这是什么意思？”孔子说：“不仅仅是殷高宗，古人都是这样。国君死后，朝廷百官都各管自己负责的职权范围内的事，听冢宰领导三年。”

【注释】

①高宗：商王武丁。

②谅阴：谅阴是对天子守丧的叫法。一说指守孝时所住的房子。

③薨（hōng）：周代的时候，诸侯死了称“薨”。

④冢宰：官名，在《周礼》为辅佐天子之官。

14–41　子曰：“上好礼，则民易使也。”

【译文】

孔子说：“在上位的人喜好礼仪，那么，百姓就容易役使了。”

14–42　子路问君子。子曰：“修己以敬。”曰：“如斯而已乎？”曰：“修己以安人①。”曰：“如斯而已乎？”曰：“修己以安百姓②。修己以安百姓，尧、舜其犹病诸！”

【译文】

子路问怎样算是君子。孔子说：“修养自己，而且保持严肃、恭敬、谨慎的态度来行事。”

子路说：“这就够了吗？”孔子说：“修养自己，使周围的人得到安乐。”

子路说：“这就够了吗？”孔子说：“修养自己，使所有的老百姓都安乐。修养自己，使所有百姓都得到安乐，尧、舜这样的圣人恐怕都感到难做到呢！”

【注释】

①安人：使周围的人安乐。②安百姓：使老百姓安乐。

14–43 原壤[①]夷俟[②]。子曰："幼而不孙弟[③]，长而无述焉，老而不死，是为贼。"以杖叩其胫[④]。

【译文】

原壤叉开双腿坐着等待孔子。孔子骂他说："年幼时，你就不讲孝悌，长大了又没什么可称道的成就，老了还不死，真是害人虫。"说着，孔子用手杖敲击原壤的小腿。

【注释】

①原壤：鲁国人，孔子过去的朋友。他母亲死后他还大声歌唱，孔子认为这是大逆不道。

②夷俟：夷，双腿分开而坐，傲慢无礼。俟，等待。

③孙弟：孙，同"逊"。弟，同"悌"。

④胫：小腿。

14-44 阙党童子将命[①]。或问之曰："益[②]者与？"子曰："吾见其居于位[③]也，见其与先生并行也。非求益者[④]也，欲速成者也。"

【译文】

阙里有一个童子，来向孔子传话。有人问孔子："这是个求上进的孩子吗？"孔子说："我看见他坐在成年人的位子上，又见他和长辈们并肩而行，他不是个追求进步的人，只是个急于求成的人。"

【注释】

①阙党童子将命：阙里有一个童子，来向孔子传话。阙党，指阙里，是孔子家住的地方。将命，在宾主之间传话。

②益：长进。

③居于位：坐在位子上，指童子与成年人同坐。

④非求益者：他不是要求长进的人。

卫灵公篇第十五

15-1　卫灵公问陈[1]于孔子。孔子对曰："俎豆[2]之事，则尝闻之矣；军旅之事，未之学也。"明日遂行。

【译文】

卫灵公向孔子请教军队排兵布阵的方法。孔子回答说："关于祭祀礼仪方面的事情，我还听说过；军队打仗的事，我从来没学过。"第二天孔子就离开了卫国。

【注释】

①陈：同"阵"，军队作战时布列的阵势。

②俎（zǔ）豆：古代祭祀时盛食物的礼器。

15-2　在陈绝粮，从者病，莫能兴。子路愠[1]见曰："君子亦有穷乎？"子曰："君子固穷[2]，小人穷斯滥矣。"

【译文】

孔子一行周游列国，在陈国断了粮食，随行的人都饿病了，不能起程。子路脸上带着怨怒的神色来见孔子，说道："君子也有穷得连一点儿办法都没有的时候吗？"孔子说："君子虽然很穷，但还是坚守着道义，安守穷困；小人一遇到穷困就会放纵自己、无所不为了。"

【注释】

①愠（yùn）：怒。

②固穷：固守穷困。

15–3　子曰："赐也，女以予为多学而识之者与？"对曰："然，非与？"曰："非也。予一以贯之①。"

【译文】

孔子说："赐啊！你以为我是学习了很多，又能把学习的内容都记住的吗？"端木赐回答道："是啊，难道不是这样的吗？"孔子说："不是的。我是用一个核心的东西把它们贯穿始终的。"

【注释】

①予一以贯之：我是用一个核心的东西把它们贯穿始终的。

15–4　子曰："由！知德者①鲜矣。"

【译文】

孔子说："仲由啊！懂得德的人太少了。"

【注释】

①知德者：懂得德的人，有德行的人。

15–5　子曰："无为而治①者，其舜也与②？夫③何为哉？恭己正南面而已矣。"

【译文】

孔子说："能够没有什么烦劳而实现天下大治的人，大概只有舜吧？他做了些什么呢？他只是修养好自已，恭敬端正地坐在王位上罢了。"

【注释】

①无为而治：统治者不必有什么烦劳，便可以使天下大治了。

②其舜也与：大概只有舜吧？

③夫：代词，他。

15-6 子张问行[1]。子曰："言忠信，行笃敬，虽蛮貊[2]之邦，行矣；言不忠信，行不笃敬，虽州里[3]，行乎哉？立，则见其参于前也；在舆，则见其倚于衡[4]也。夫然后行。"子张书诸绅[5]。

【译文】

子张问孔子，怎样才能行得通。孔子说："说话要忠诚守信，行事要老实谨慎，即使到了文化落后的地区，也能行得通。说话不忠诚守信，做事不老实谨慎，即使是在本乡本土，能行得通吗？站立着，仿佛看到'忠信笃敬'这几个字树立着，显现在面前；坐车，就好像看到这几个字镌刻在车辕前端的横木上，这样，才能使自己到处行得通。"子张把这些话写在腰间宽大的带子上。

【注释】

①行：通达、行得通。

②蛮貊（mò）：古人对少数民族的泛称。蛮，指南边少数民族。貊，指北方少数民族。

③州里：乡里。古时候五家为邻，五邻为里。五党为州，一州2500家。

④衡：车辕前端用于套牲畜的横木。

⑤绅：古代士大夫束在衣外的。

15–7 子曰："直哉史鱼①！邦有道，如矢②；邦无道，如矢。君子哉蘧伯玉！邦有道，则仕；邦无道，则可卷而怀之③。"

【译文】

孔子说："史鱼这个人可真是正直啊！国家有道，政治清明，他说话像箭一样直率；国家无道，政治黑暗，他说话也像箭一样直率。蘧伯玉真是一位君子啊！国家有道他就出来做官，国家无道就辞职，把自己的主张藏在心里。"

【注释】

①史鱼：卫国大夫，名鰌（qiū），字子鱼，他多次向卫灵公推荐贤良的蘧伯玉，他死后，蘧伯玉终于被卫灵公重用。

②如矢：他说话像箭一样直。矢，箭，形容他的直率。

③卷而怀之：把主张藏起来。

15-8 子曰："可与言[1]而不与之言，失人[2]；不可与言而与言，失言[3]。知者不失人，亦不失言。"

【译文】

孔子说："能同他说的话，却不同他谈，这就是失掉了朋友；不能同他说的话，却同他谈，这就是说错了话。聪明的人既不失掉朋友，又不说错话。"

【注释】

①可与言：可以同他说的话。②失人：失掉了朋友。③失言：说错了话。

15-9 子曰："志士仁人，无求生[1]以害仁，有杀身[2]以成仁。"

【译文】

孔子说："志士仁人，没有因为贪生怕死而损害仁德的，只有牺牲自己的生命来成全仁德的。"

【注释】

①无求生：没有贪生怕死的。②杀身：牺牲自己的生命。

15-10 子贡问为仁。子曰："工欲善其事[①]，必先利其器。居是邦也，事其大夫之贤者[②]，友其士之仁者。"

【译文】

子贡问孔子，怎样培养仁德。孔子说："做工的工匠要想把活儿做好，必须先使他的工具锋利。住在这个国家里，就要侍奉大夫中那些贤良的人，与有知识、有身份的士人中间的仁者交朋友。"

【注释】

①善其事：想把活儿做好。

②事其大夫之贤者：侍奉大夫中的那些贤良的人。

15-11　颜渊问为邦。子曰："行夏之时[1]，乘殷之辂[2]，服周之冕[3]，乐则《韶》[4]舞。放郑声[5]，远佞人[6]。郑声淫，佞人殆[7]。"

【译文】

颜渊问孔子，怎样治理国家。孔子说："使用夏代的历法，乘坐殷代的车子，戴周代的礼帽，奏《韶》乐，禁绝郑国的乐曲，疏远花言七语的小人。郑国的乐曲浮靡不正派，花言七语的小人太危险。"

【注释】

①夏之时：夏代的历法，也就是夏历，便于农业生产。

②殷之辂（lù）：殷代（商朝）天子所乘的车。辂，天子乘的车。殷代的车是木材制成的，比较质朴。

③周之冕：周朝的帽子。

④《韶》：舜那个时代的乐名，孔子认为《韶》乐是尽善尽美的。

⑤放郑声：禁绝郑国的乐曲。孔子认为郑国的音乐是浮靡不正派的音乐。放，禁绝、排斥。

⑥远佞人：远离巧言善辩的小人。

⑦殆：危险。

15-12　子曰："人无远虑①，必有近忧②。"

【译文】

孔子说："人没长远的考虑，一定会有眼前的忧患。"

【注释】

①远虑：长远的考虑。②近忧：眼前的忧愁。

15-13　子曰："已矣乎！吾未见好德如好色者也。"

【译文】

孔子说："完了啊！我没有看见过喜欢美德像喜欢美女漂亮的容貌那样的人。"

15-14　子曰："臧文仲其窃位①者与？知柳下惠②之贤而不与立也。"

【译文】

孔子说："臧文仲大概是个窃居高官的人吧？他知道柳下惠是个贤

良的人，却不推荐他一起做官。”

【注释】

①窃位：指身居官位却不称职的人。

②柳下惠：春秋时期鲁国的大夫，姓展名获，又名禽，他受封的地方是柳下，惠是他的谥号，所以人们称他为柳下惠。

15-15　子曰：“躬自厚而薄责于人[①]，则远怨矣。”

【译文】

孔子说：“多责备自己，少责备其他人，就能远离他人的怨恨。”

【注释】

①躬自厚而薄责于人：多责备自己，少责备别人。躬自，亲自，这里是指自己。厚，多。薄责于人，少责备别人。

15-16　子曰："不曰'如之何①，如之何'者，吾末②如之何也已矣。"

【译文】

孔子说："遇到事情从来不说'怎么办，怎么办'的人，我也不知道对他该怎么办才好了。"

【注释】

①如之何：怎么办？

②末：没有办法。

15-17　子曰："群居终日，言不及义①，好行小慧，难矣哉！"

【译文】

孔子说："大家整天聚集在一块，说的话都达不到义的标准，喜欢卖弄小聪明，这种人真难教诲啊！"

【注释】

①言不及义：说的话都不涉及道义，达不到义的标准。

15-18　子曰："君子义以为质[1]，礼以行之，孙以出之[2]，信以成之[3]。君子哉！"

【译文】

孔子说："君子把义当做根本，按照礼来做事情，用谦逊的态度讲话，靠忠诚守信来取得成功，这就是君子啊！"

【注释】

①君子义以为质：君子把义当做根本。

②孙以出之：用谦逊的态度讲话。孙，同"逊"。

③信以成之：用忠诚守信的态度来取得成功。

15-19　子曰："君子病[1]无能焉，不病人之不已知也。"

【译文】

孔子说："君子只担心自己没有才能，不担心别人不知道自己。"

【注释】

①病：担心。

15-20　子曰："君子疾没世[1]而名不称焉。"

【译文】

孔子说："君子担心自己死亡以后，他的名字不被人们所称颂。"

【注释】

①没（mò）世：死亡。

15-21　子曰："君子求诸己，小人求诸人。"[1]

【译文】

孔子说："君子要求自己，小人苛求别人。"

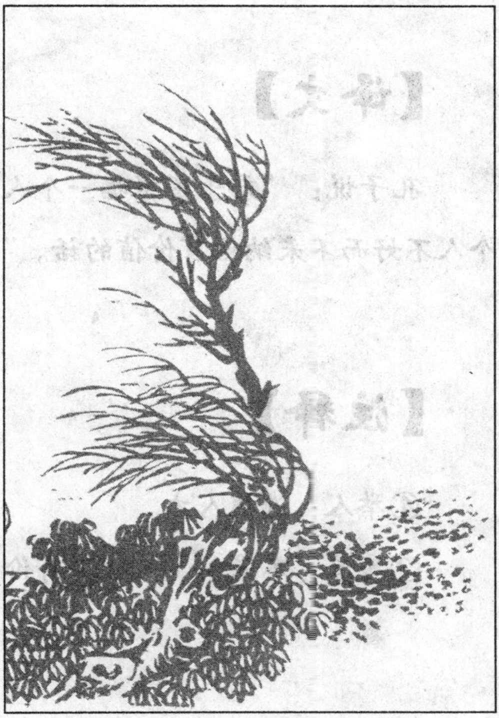

【注释】

①这两句话还有另一种解释："君子求之于自己，小人求之于别人。"本书采用上面译文中的说法。

15–22　子曰："君子矜①而不争，群而不党。"

【译文】

孔子说："君子端庄而不与人争，合群团结而不结党营私。"

【注释】

①矜（jīn）：端庄。

15–23　子曰："君子不以言举人①，不以人废言②。"

【译文】

孔子说："君子不根据一个人的言辞来选拔推荐人才，也不因为一个人不好而不采纳他有价值的话。"

【注释】

①举人：选拔人才。

②废言：不采纳（他的）有价值的话。

15–24　子贡问曰："有一言而可以终身行之者①乎？"子曰："其'恕②'乎！己所不欲⑤，勿施于人④。"

【译文】

子贡向孔子问道："有没有一个字可以终身奉行的呢？"孔子回答说："大概就是'恕'吧！自己所不愿意的，也不要强加给他人。"

【注释】

①终身行之者：一辈子奉行的。②恕：宽宏。

③己所不欲：自己所不愿意的。④勿施于人：别强加给他人。

15–25　子曰："吾之于人也，谁毁谁誉①？"如有所誉者，其有所试矣②。斯民也，三代③之所以直道而行也。"

【译文】

孔子说："我对别人，诋毁过谁，赞美过谁呢？如果说赞美过谁的话，也是曾经考验过他的。夏、商、周三个朝代的人都是这样做的，所以三个朝代能直道而行。"

【注释】

①谁毁谁誉：诋毁过谁，赞誉过谁？

②其有所试矣：必须是曾经考验过他的。

③三代：夏、商、周三代。

15–26　子曰："吾犹及史之阙文[①]也，有马者借人乘之[②]，今亡矣夫。"

【译文】

孔子说："我还能看到史书中存在有疑问空缺的地方，如同有马的人自己不会调教，先借给有能力的人使用，来帮助调教马匹一样，这种精神今天没有了吧。"

【注释】

①阙文：史官记载历史，遇到有疑问的地方便留下空缺而不记载，这叫做阙文。

②有马者借人乘之：有马的人自己不会调教，而依靠别人训练马匹。孔子是说不要不知道强装成知道，不要强以为能。

15-27　子曰："巧言①乱德。小不忍则乱大谋②。"

【译文】

孔子说："花言巧语能败坏人的德行，小的地方不忍耐，就会破坏大事情。"

【注释】

①巧言：能言善辩的人。②大谋：大的谋划。

15-28　子曰："众恶之①，必察②焉；众好之，必察焉。"

【译文】

孔子说："群众都厌恶一个人，我必须考察他一下；群众都喜欢一个人，我也一定要考察他一下。"

【注释】

①众恶之：群众都讨厌一个人。

②察：考察。

15-29　子曰："人能弘道①，非道弘人。"

【译文】

孔子说："人能使道义发扬光大，不是道义使人的才能扩大。"

【注释】

①弘道：使道发扬光大。

15-30　子曰："过而不改，是谓过矣。"

【译文】

孔子说："有了过错而不改正，这真是过错啊。"

15-31　子曰："吾尝终日不食，终夜不寝①，以思，无益②，不如学也。"

【译文】

孔子说："我曾整天不吃饭，彻夜不睡觉，去思考问题，结果没有长进，还不如学习呢。"

【注释】

①不寝：不睡觉。

②无益：没有长进。另一种解释是没有好处。

15–32　子曰："君子谋道不谋食。耕也，馁[①]在其中矣；学也，禄[②]在其中矣。君子忧道不忧贫。"

【译文】

孔子说："君子只谋求大的道义，不谋求饭食。耕田，也常要忍受饥饿；学习，可以得到做官的俸禄。君子只担心道义不能施行，不担心忧虑贫穷。"

【注释】

①馁：饥饿。

②禄：做官得到的俸禄。

15–33　子曰："知及之[1]，仁不能守之，虽得之，必失之。知及之，仁能守之，不庄以莅[2]之，则民不敬。知及之，仁能守之，庄以莅之，动之不以礼，未善也。"

【译文】

孔子说："凭着聪明和智慧得到了它（可以是百姓，也可以是国家权力），而仁德不能守住它，虽然得到了，也必然失去。凭借聪明和智慧得到了它，仁德能够守住它，不用严肃的态度来处理，百姓就不尊敬。凭借聪明和智慧得到了它，仁德能守住它，用严肃的态度来处理，如果行动不合乎礼的准则，也还是不够完善的。"

【注释】

①知及之：知，"智"的古体字。之，一种说法指百姓，另一种说法指国家。

②莅（lì）：到的意思，此指处理、治理。

15-34　子曰："君子不可小知[1]而可大受[2]也，小人不可大受而可小知也。"

【译文】

孔子说："君子不能让他做细小的事情，但可以让他承担大任。小人不能让他承担重大使命，但可以让他做些小事。"

【注释】

①小知：做小事情。知，作为的意思。

②大受：承担大任。受，承担责任、使命的意思。

15-35　子曰："民之于仁[1]也，甚于水火。水火，吾见蹈而死者矣[2]，未见蹈仁而死者也。"

【译文】

孔子说："老百姓对于仁的需要，比对于水、火的需求更重要。我见过人踏进水、火中而死去的，而没有见过实行仁而死去的。"

【注释】

①之于仁：对于仁的需要。

②水火，吾见蹈而死者矣：我见过人踏进水、火中而死去的。

15-36　子曰："当仁①，不让于师。"

【译文】

孔子说："遇到能实践仁德的机遇，对老师也不必谦让。"

【注释】

①当仁：面对着仁德。

15-37　子曰："君子贞①而不谅②。"

【译文】

孔子说："君子坚守诚信的大道，但不拘泥于小的信誉。"

【注释】

①贞：诚信、正道。

②谅：信实。

15-38　子曰："事君，敬其事而后其食①。"

【译文】

孔子说："侍奉君王，应该以敬业的态度对待自己的职责，认真办事，而把领取俸禄的事放在后面。"

【注释】

①食：做官得到的俸禄。

15-39　子曰："有教无类①。"

【译文】

孔子说："任何人都可以接受教育，而不应该有族类、阶层的限制。"

【注释】

①无类：不分族类、阶层。

15-40 子曰："道①不同，不相为谋。"

【译文】

孔子说："大的原则主张不一样，就不能在一起谋划事情。"

【注释】

①道：在这里是主张的意思。

15-41 子曰："辞达①而已矣。"

【译文】

孔子说："语言只要能表达清楚意思就行了。"

【注释】

①达：表达清楚。

15–42　师冕①见，及阶，子曰："阶也。"及席，子曰："席也。"皆坐，子告之曰："某在斯，某在斯。"

师冕出，子张问曰："与师言之道与？"子曰："然，固相②师之道也。"

【译文】

一位叫冕的乐师来见孔子，走到台阶前，孔子说："这里是台阶。"走到坐席前，孔子说："这里是坐席。"等大家都坐下来后，孔子告诉乐师冕："某某在这里，某某在这里。"

师冕走后，子张问孔子："这是与乐师谈话的道吗？"孔子说："这是帮助乐师的道。"

【注释】

①师冕：一位叫冕的乐师。

②相：帮助。

季氏篇第十六

16-1　季氏将伐颛臾[①]。冉有、季路见于孔子，曰："季氏将有事[②]于颛臾。"

孔子曰："求！无乃尔是过与？夫颛臾，昔者先王以为东蒙主[③]，且在邦域之中矣，是社稷之臣也。何以伐为？"

冉有曰："夫子欲之，吾二臣者皆不欲也。"

孔子曰："求！周任[④]有言曰：'陈力就列[⑤]，不能者止。'危而不持，颠而不扶，则将焉用彼相[⑥]矣？且尔言过矣，虎兕[⑦]出于柙[⑧]，龟玉毁于椟[⑨]中，是谁之过与？"

冉有曰："今夫颛臾，固而近于费[⑩]。今不取，后世必为子孙忧。"

孔子曰："求！君子疾夫舍曰欲之而必为之辞。丘也闻有国有家者，不患寡而患不均，不患贫而患不安[⑪]。盖均无贫，和无寡，安无倾。夫如是，故远人不服，则修文德以来之。既来之，则安之。今由与求也，相夫子，远人不服，而不能来也；邦分崩离析，而不能守也；而谋动干戈于邦内。吾恐季孙之忧，不在颛臾，而在萧墙[12]之内也。”

【译文】

季氏要讨伐颛臾。冉有和子路去见孔子说：“季氏快要派兵攻打颛臾了。”

孔子说：“冉求！这不是你的过错吗？颛臾，过去是周天子让他主持东蒙山祭祀的，而且已经在鲁国的疆域之内，颛臾是国家的附属国啊！为什么要讨伐他呢？”

冉有说：“是季孙大夫想去攻打，我们两个臣子都不愿意。”

孔子说：“冉求，周朝的优秀史官周任有句话说：‘尽自己的力量去负担你的职务，实在做不好就辞职。’危险时不去扶助，跌倒了不搀扶，那还用辅佐的人干什么呢？而且，你说的话错了。老虎、犀牛从笼里跑出来，龟甲、玉器在匣里毁坏了，这是谁的过错呢？”

冉有说：“现在颛臾城邑的城墙坚固，而且离费邑很近。今天不夺取过来，将来一定会成为子孙的忧患。”

孔子说：“冉求！君子极痛恨那种不实说自己想要做一件事而又一定要找出理由来为之做辩护的做法。我也听说，对于有国有家的诸侯和卿大夫，不害怕人稀少，而害怕财富分得不均匀；不怕贫穷，而怕不安定。由于财富分得均匀了，也就没有所谓贫穷；上下和睦，就不会感到人口稀少；安定了，国家境内也就没有倾覆的危险。因为这样，如果边远地方的人还不归服，就用仁、义、礼、乐招徕他们归顺；已经来了的，就让他们安下心来住下去。现在，仲由和冉求你们两个人辅佐季氏，远方的人不肯来归服，而不能招徕他们；国家分崩离析就不能守住，反而策划在境内发动战争。我担心季孙的忧患，不在颛臾那里，而是在鲁国的宫廷内部啊！”

【注释】

①颛（Zhuān）臾（yú）：鲁国的附属国。

②有事：指有军事行动。

③东蒙主：东蒙，蒙山。主，主持祭祀的人。

④周任：人名，周代优秀的史官。

⑤陈力就列：按人才贡献的力量，担任适当的职务。陈力，贡献力量。就列，担任适当的职务。

⑥相：专门搀扶盲人的人叫相，这里是辅助的意思。

⑦兕（sì）：古代指犀牛。

⑧柙（xiá）：用来关野兽的木笼。

⑨椟（dú）：匣子。

⑩费：季氏的采邑。

⑪不患寡而患不均，不患贫而患不安：寡，人口稀少。贫，贫穷。有的版本是把“贫”写在前面，“寡”写在后面，本书采用第一种写法。

⑫萧墙：古代用来隔内外的小墙，照壁屏风。

16-2 孔子曰："天下有道，则礼乐征伐自天子出[①]；天下无道，则礼乐征伐自诸侯出。自诸侯出，盖十世希不失矣；自大夫出，五世希不失矣；陪臣执国命[②]，三世希不失矣。天下有道，则政不在大夫。天下有道，则庶人不议。"

【译文】

孔子说："天下有道时，制作礼乐和出兵打仗都由天子做主决定；天下无道时，制作礼乐和出兵打仗，由诸侯做主决定。由诸侯做主，大概传到第十代很少有不垮台的；由大夫决定，传到第五代很少有不垮台的。如果家臣操纵了国家的命运，传到第三代很少有不失掉的。天下有道，国家大权就不会落在大夫手中。天下有道，平民百姓也就不议论国家政治了。"

【注释】

①则礼乐征伐自天子出：制作礼乐和出兵征伐都由天子做主。

②陪臣执国命：如果家臣操纵了国家的命运。

16-3 孔子曰："禄之去公室五世[①]矣，政逮[②]于大夫四世[③]矣，故夫三桓[④]之子孙微矣。"

【译文】

孔子说："鲁国的国君大权旁落已经有五代了，国家大权落在大夫之手已经四代了，所以仲孙、叔孙、季孙的子孙也衰微了。"

【注释】

①五世：指鲁国宣公、成公、襄公、昭公、定公五世。这五位诸侯名义上虽然是国君，但并无实权，大权落在卿大夫手里。

②逮：及。

③四世：指季孙氏季文子、季武子、季平子、季桓子四世。三位掌握鲁国大权的卿大夫，以季氏为主，这时，季氏已经传了四代。

④三桓：指鲁国仲孙、叔孙、季孙，他们都是鲁桓公的后代，所以叫"三桓"。

16–4　孔子曰：“益者三友，损者三友：友直，友谅①，友多闻，益矣；友便辟②，友善柔③，友便佞④，损矣。”

【译文】

孔子说：“有益的朋友有三种，有害的朋友有三种。司正直的人交朋友，同诚信的人交朋友，同见闻广博的人交朋友，这是有益的。同惯于逢迎谄媚、走邪道的人交朋友，同善于阿谀奉承的人交朋友，同善于花言巧语的人交朋友，这是有害的。”

【注释】

①谅：信、诚信。②便辟：逢迎谄媚，惯于走邪道。

③善柔：善于阿谀奉承地骗人。

④便（pián）佞：惯于花言巧语。

16–5　孔子曰：“益者三乐，损者三乐。乐节礼乐①，乐道人之善，乐多贤友，益矣。乐骄乐②，乐佚③游，乐晏乐④，损矣。”

【译文】

孔子说：“有益的、健康的喜好有三种，有害的喜好也有三种。以礼乐调节自己为快乐，以称赞别人的好处为快乐，以有许多贤德的朋友为快乐，这是有好处的呀。喜好骄纵作乐而没有节制，喜欢闲逛游乐，喜欢大摆宴席、大吃大喝，这是有害的。”

【注释】

①节礼乐：用礼乐来节制人的喜好。

②骄乐：骄纵不知节制的乐。骄、骄纵、不节制。

③佚：安逸。佚，同“逸”。

④晏乐：沉溺于大摆宴席、大吃大喝。有的版本“晏”写作“宴”。

16-6　孔子曰：“侍于君子有三愆[①]：言未及之而言谓之躁，言及之而不言谓之隐，未见颜色而言谓之瞽。”

【译文】

孔子说：“侍奉在君子旁边，要注意避免犯三种过错：还没问到你时就说话，这是急躁；已经问到你时你却不说，这是隐瞒；没有看见君子的脸色而贸然说话，这是盲目。”

【注释】

①愆（qiān）：过失、过错。

16–7　孔子曰："君子有三戒：少之时，血气未定，戒之在色；及其壮①也，血气方刚，戒之在斗；及其老也，血气既衰，戒之在得②。"

【译文】

孔子说："君子有三种情况应该引以为戒：年少的时候，血气不稳定，要戒除对女色的迷恋；等到进入壮年，身体成熟了，血气方刚，要戒除好斗；等到老年，血气衰弱了，要戒贪得无厌，占有无度。"

【注释】

①壮：壮年，指30岁左右，古时候以年满30岁做为进入壮年的标志。

②得：贪得、占有。

16–8　孔子曰："君子有三畏：畏天命，畏大人，畏圣人之言。小人不知天命而不畏也，狎大人①，侮圣人之言。"

【译文】

孔子说："君子有三件敬畏的事情：敬畏天命，敬畏地位高贵的人，敬畏圣人的话。小人不懂得天命，因而不知道敬畏，轻慢地位高贵的人，污蔑圣人的话。”

【注释】

①狎大人：轻慢、不尊敬地位在上的人。

16-9　孔子曰：“生而知之者，上也①；学而知之者，次也；困而学之，又其次也；困而不学，民斯为下②矣。”

【译文】

孔子说：“生来就知道的人，是上等的人；经过学习后才知道的，是次一等的人；遇到困难再去学的，是又次一等的人；遇到困难还不学的人，这种人就是下等人了！”

【注释】

①上也：是上等人。

②民斯为下：这种人就是下等人。

16–10　孔子曰："君子有九思：视思明，听思聪，色思温，貌思恭，言思忠，事思敬，疑思问，忿思难，见得思义。"

【译文】

孔子说："君子有九种事要思考：观看时，要思考看清没有；听人说话的时候，要思考是否听清楚了；脸色，要思考是不是温和，容貌，要思考是不是谦恭；说话时，要思考是不是忠诚；办事时，要思考是不是谨慎严肃；遇到疑问，要思考是不是应该向别人询问；愤怒时，要思考是不是留有后患；得到利益时，要思考是不是符合道义。"

16–11　孔子曰："见善如不及，见不善如探汤。吾见其人矣，吾闻其语矣。隐居以求其志，行义以达其道。吾闻其语矣，未见其人也。"

【译文】

孔子说："看到善良的行为，担心达不到就急切地追求，看到不善良的行为就好像把手伸到开水中一样赶紧避开。我看到过这种人，也听到过这种话。隐居起来保全自己的志向，根据道义行事，以实现自己的主张。我听到过这样的话，却没见到过这样的人。"

16-12 齐景公有马千驷[1]，死之日，民无德而称焉。伯夷叔齐饿于首阳之下，民到于今称之。其斯之谓与？

【译文】

齐景公有战马四千匹，他死时，老百姓觉得他没什么德行可以赞颂。伯夷、叔齐饿死在首阳山下，老百姓到现在还在称赞他们。大概说的就是这个吧？

【注释】

①马千驷：马四千匹。古时代，四匹马拉一辆兵车，这叫驷。齐景公有千辆兵车，所以说，齐景公有四千匹马。

16-13 陈亢问于伯鱼[1]曰："子亦有异闻[2]乎？"

对曰："未也。尝独立，鲤趋而过庭。曰：'学《诗》乎？'对曰：'未也。''不学《诗》，无以言。'鲤退而学《诗》。他日，又独立，鲤趋而过庭。曰：'学礼乎？'对曰：'未也。''不学礼，无以立。'鲤退而学礼。闻斯二者。"

陈亢退而喜曰："问一得三：闻《诗》，闻礼，又闻君子之远[3]其子也。"

【译文】

陈亢问伯鱼："你在老师那里听到过什么不同于对别人的教诲吗？"

伯鱼回答说："没有呀。一次，他独自站在堂上，我快步从庭院中走过，他说：'你学《诗》了吗？'我回答说：'没有。'他说：'不学《诗》，就不懂得如何说话。'我回去立即就学《诗》。又有一天，他又独自站在堂上，我快步从庭院里走过，他说：'你学礼仪了吗？'我回答说：'没有。'他说：'不学礼仪就不懂得如何立身。'我回去立即就学礼仪。我就听到过这两方面的内容。"

陈亢回去后高兴地说："我提一个问题，得到三方面的收获，听了关于《诗》的道理，听了关于礼仪的道理，又听了君子不偏爱自己儿子的道理。"

【注释】

①陈亢问于伯鱼：陈亢问伯鱼。陈亢就是陈子禽。伯鱼，孔子的儿子。

②异闻：不同于对其他学生的教诲。

③远：疏远、避开，此指不偏爱。

16–14 邦君[1]之妻，君称之曰夫人，夫人自称曰小童；邦人[2]称之曰君夫人；称诸异邦曰寡小君；异邦人称之亦曰君夫人。

【译文】

国君的妻子，国君称呼她为夫人，国君的妻子自称为小童；本国人称呼她为君夫人；对外国人称呼她为寡小君，外国人也称呼她为君夫人。

【注释】

①邦君：诸侯国的国君。

②邦人：本国的人。

阳货篇第十七

17–1　阳货[1]欲见孔子，孔子不见，归孔子豚[2]。

孔子时其亡[3]也，而往拜之，遇诸涂[4]。

谓孔子曰："来！予与尔言。"曰："怀其宝而迷其邦[5]，可谓仁乎？"曰："不可。""好从事而亟失时[6]，可谓知乎？"曰："不可。""日月逝矣，岁不我与[7]。"

孔子曰："诺，吾将仕矣。"

【译文】

阳货想见孔子，孔子不见，阳货便赠送给孔子一只熟小猪，想要孔子去拜见他。

孔子打听到阳货不在家的时候，往阳货家去拜谢，却在半路上遇见了阳货。

阳货对孔子说："来，我有话想要跟你说。"阳货说："把自己的本事藏起来而听任国家混乱迷失方向，这能叫做仁吗？"自己回答说："不可以。"阳货说："喜欢参与政事而又屡次与机会擦肩而过，这能叫智慧吗？"自己又回答说："不可以。"阳货说："时间一天天过去了，岁月是不等人的。”

孔子说：“好吧，我将要去做官了。”

【注释】

①阳货：又叫阳虎，他是季氏的家臣。

②归（kuì）孔子豚：赠给孔子一只熟小猪。归，赠送。豚，小猪。

③时其亡：等他外出的时候。

④遇诸涂：在路上遇到了他。涂，同“途”，道路。

⑤迷其邦：听任国家迷失方向混乱。

⑥好从事而亟失时：喜欢参与政事而屡次与机会擦肩而过。亟，屡次。

⑦与：等待的意思。

17-2 子曰：“性①相近也，习相远也。”

【译文】

孔子说：“人的性情本来是相近的，由于习俗和教育使他们拉大了差距。”

【注释】

①性：性情、本性。

17–3 子曰："唯上知①与下愚不移。"

【译文】

孔子说："只有上等的聪明人与下等愚昧的人是改变不了的。"

【注释】

①上知：上等的智者、聪明人。知，同"智"，是"智"的古体字。

17–4　子之武城①，闻弦歌②之声。夫子莞尔而笑，曰："割鸡焉用牛刀？"

子游对曰："昔者偃也闻诸夫子曰：'君子学道则爱人，小人学道则易使也。'"

子曰："二三子！偃之言是也。前言戏之耳。"

【译文】

孔子来到武城这个地方，听见弹琴唱歌的声音。孔子微微地笑着说："杀鸡何必用宰牛的刀呢？"

子游回答说："以前我听先生说过，'君子学习了礼乐就懂得爱人，小人学习了礼乐就容易指使。'"

孔子说："学生们，子游的话是对的呀。我刚才的话，只是开个玩笑罢了。"

【注释】

①武城：鲁国的一个小城邑，当时子游担任武城宰。

②弦歌：以琴瑟伴奏歌唱。弦，指琴瑟。

17–5　公山弗扰[①]以费畔，召，子欲往。

子路不说，曰："末之也已[②]，何必公山氏之之也[③]。"

子曰："夫召我者，而岂徒[④]哉？如有用我者，吾其为东周乎[⑤]！"

【译文】

公山弗扰占据着费邑要反叛季氏，来召孔子，孔子准备前去。

子路不高兴地说："没地方去就算了，何必一定要去公山弗扰那里呢？"

孔子说："他来召我，难道会让我白白地跑一趟吗？如有人用我，我就要在那里复兴周礼，建设一个东方的周王朝。"

【注释】

①公山弗扰：人名，又叫公山不狃，字子泄，季氏的家臣。

②末之也已：没有地方去就算了。末，无。之，到、往。末之，没有地方去。已，止、算了。

③何必公山氏之之也：何必一定要到公山氏那里去呢？

④徒：徒然、白白地。

⑤吾其为东周乎：我为东周建造一个东方的周王朝，复兴周礼。

17–6　子张问仁于孔子。孔子曰："能行五者[①]于天下，为仁矣。"

"请问之。"曰："恭、宽、信、敏、惠。恭则不侮，宽则得众，信则人任焉，敏则有功，惠则足以使人。"

【译文】

子张问孔子，什么是仁。孔子说："能在天下处处实行五种品德，就是仁人了。"

子张说："请问是哪五种品德？"孔子说："恭敬、宽厚、诚信、勤敏、慈惠。恭敬庄重不致遭受侮辱，宽厚就会得到众人拥护，诚信就能得到别人的任用，勤敏就会取得成功，慈惠就能够使唤别人。"

【注释】

①能行五者：能在天下处处实行五种品德。

17–7　佛肸召[①]，子欲往。

子路曰："昔者由也闻诸夫子曰：'亲于其身为不善者，君子不入也。'佛肸以中牟[②]畔，子之往也，如之何？"

子曰："然，有是言也。不曰坚乎，磨而不磷[③]；不曰白乎，涅[④]而不缁[⑤]。吾岂匏瓜[⑥]也哉？焉能系[⑦]而不食？"

【译文】

佛肸召孔子到他那里去，孔子打算前往。

子路说："从前，我听老师说过，'亲身做坏事的人那里，君子是不会去的。'现在佛肸占据中牟而反叛，您却要去，这怎么解释呢？"

孔子说："是的，我是说过这样的话。不是说坚硬的东西，磨也磨不薄吗？不是说洁白的东西，用涅这种染料染也染不黑吗？我难道只是个苦味的葫芦吗？怎能只系起来挂在那里而不给人吃呢？"

【注释】

①佛（bì）肸（xī）：晋国的大夫范氏的家臣，他是中牟城地方官。

②中牟（mù）：地名，在晋国，大约在现在河北邢台与邯郸之间。

③磷（lìn）：薄、削损。

④涅而不缁（zī）：用涅这种染料染也染不黑。涅，一种矿物质，可用来当染料染衣服。缁，黑色。

⑥匏（páo）瓜：一种能做水瓢的葫芦，有的味苦不能吃。

⑦系（jì）：结、扣。

17–8 子曰："由也，女闻六言六蔽矣乎？"对曰："未也。"

"居[1]，吾语女。好仁不好学，其蔽也愚[2]；好知不好学，其蔽也荡[3]；好信不好学，其蔽也贼[4]；好直不好学，其蔽也绞[5]；好勇不好学，其蔽也乱；好刚不好学，其蔽也狂。"

【译文】

孔子说："仲由呀，你听说过六种品德和六种弊病吗？"子路回答说："没有。"

孔子说："坐下，我告诉你。爱好仁德而不爱好学习，它的流弊是愚蠢；爱好智慧而不爱学习，它的弊病是行为放荡、好高骛远而没有根基；爱好诚信而不爱学习，它的弊病是危害亲人；喜欢直率却不爱学习，它的弊病是说话尖酸刻薄；喜欢勇敢却不爱学习，它的弊病是犯上作乱；爱好刚强却不爱学习，它的弊病是狂妄自大。"

【注释】

①居：坐。

②其蔽也愚：它的流弊是愚蠢。

③荡：指放荡、好高骛远而没有根基。荡，放荡。

④贼：危害。

⑤绞：说话尖酸刻薄。

17–9　子曰："小子何莫学夫《诗》？《诗》，可以兴[1]，可以观[2]，可以群[3]，可以怨[4]。迩[5]之事父，远之事君。多识于鸟兽草木之名。"

【译文】

孔子说："弟子们，为什么不学习《诗》呢？学《诗》可以激发志气和感情，可以观察天地万象及世上百态，可以使人懂得合群，与人随和相处的必要，可以使人借诗怨刺，讽谏上司。近能用来侍奉父母，远能侍奉君王；还能多知道一些鸟兽草木的名称。"

【注释】

①兴：激发感情。还有一种解释说是诗的比兴。

②观：观察了解天地万象与人间世态。

③群：团结人、合群。

④怨：借诗讽谏上司，怨而不怒。

⑤迩（ěr）：近。

17-10　子谓伯鱼曰："女为《周南》、《召南》矣乎[①]？人而不为《周南》、《召南》，其犹正墙面而立[②]也与！"

【译文】

孔子对伯鱼说："你学习《诗经·国风》里面的《周南》、《召南》这两部分的诗篇了吗？一个人如不学习《周南》和《召南》里的诗篇，那就像脸对着墙壁站着一样无法前进吧？"

【注释】

①女为《周南》、《召南》矣乎：你学习《周南》、《召南》了吗？《周南》、《召南》，《诗经·国风》中的第一、二两部分篇名。周南和召南都是地名。《周南》、《召南》是当地的民歌，是《国风》中最纯正的部分。

②正墙面而立：脸对着墙壁站立着。

17-11　子曰："礼云礼云，玉帛①云乎哉？乐云乐云，钟鼓②云乎哉？"

【译文】

孔子说："礼啊礼啊，难道只是说的玉帛之类的礼器吗？乐啊乐啊，难道只是说的钟鼓一类的乐器吗？"

【注释】

①玉帛：当时拿来作为礼器。

②钟鼓：指乐器。

17-12　子曰："色厉而内荏①，譬诸小人，其犹穿窬②之盗也与？"

【译文】

孔子说："外表严厉内心却很虚弱，拿小人来比喻，就如同是挖墙洞、穿墙而过的小偷吧？"

【注释】

①色厉而内荏：外表严厉内心却很虚弱。厉，威严。荏，软弱。

②窬（yú）：从墙上爬过去。

17-13 子曰："乡原[1]，德之贼[2]也。"

【译文】

孔子说："表里不一，没有道德修养的卑鄙小人、伪君子，就是破坏道德的人。"

【注释】

①乡原：表里不一的卑鄙小人、伪君子，一般人还识不破他。原，同"愿"。指恭谨老实。

②贼：破坏道德的人。

17-14 子曰："道听而涂说[1]，德之弃也。"

【译文】

孔子说："在路上听到的未经证实的传言就到处去传播，这是有道德的人所唾弃的。"

【注释】

①道听而涂说：在路上听到的传言。涂，同"途"。半道、途中。

17–15 子曰："鄙夫[①]可与事君也与哉？其未得之也，患不得之。既得之，患失之。苟患失之[②]，无所不至矣。"

【译文】

孔子说："可以和一个卑鄙、粗俗的小人一起侍奉君主吗？这种人在没得到官职时，总怕得不到。已经得到官职了，又怕失去它。如果他总担心失掉官职，那他没有什么事情干不出来。"

【注释】

①鄙夫：卑鄙、粗俗的小人。

②苟患失之：如果他总担心失掉官职。

17–16 子曰："古者民有三疾，今也或是之亡也。古之狂也肆[①]，今之狂也荡[②]；古之矜也廉[③]，今之矜也忿戾[④]；古之愚也直，今之愚也诈而已矣。"

【译文】

孔子说："古代的人有三种毛病，现在连这三种毛病恐怕也变得不是原来的样子了。古代的狂者不过是愿望太高，有点儿放肆，现在狂妄的人却是放荡不羁，不守礼法；古代骄傲的人不过是有棱角，难接近，现在那些骄傲的人却是暴戾，凶恶蛮横；古代愚笨的人不过是直率一些，现在的愚笨者却是装样子骗人啊！”

【注释】

①古之狂也肆：古代的狂妄者不过是愿望太高，有点放肆。狂，狂妄自大、愿望太高。肆，放肆、不拘礼节。

②荡：放荡不羁、不守礼。

③古之矜也廉：古代骄傲的人不过是难以接近，但方正威严。廉，棱角，此指人的品行端正有威严。④戾：暴戾、蛮横不讲理。

17–17 子曰：“巧言令色①，鲜仁②矣。”③

【译文】

孔子说：“花言巧语，面目伪善，这样的人的仁德就很少了啊。”

【注释】

①巧言令色：花言巧语，面目伪善。“巧”和“令”都是美好的意思。这里应解为装出和颜悦色的样子。

②鲜（xiǎn）仁：很少有“仁”。鲜，少的意思。

③本章已在1–3 中出现过，在这里是重出，为保持《论语》原貌，所以保留。

17-18　子曰：“恶紫之夺朱[①]也，恶郑声[②]之乱雅乐也，恶利口之覆邦家者。”

【译文】

孔子说：“我厌恶用紫色替代红色，厌恶用郑国浮靡不正派的音乐扰乱雅乐，我厌恶用伶牙俐齿、巧嘴快舌去颠覆国家这种事情。”

【注释】

①恶紫之夺朱：我厌恶用紫色来代替红色。

②恶郑声：我厌恶郑国的音乐。孔子认为郑国的音乐是浮靡不正派的音乐。这种看法在15-11里已经有论述。

17-19　子曰：“予欲无言[①]。”子贡曰：“子如不言，则小子何述焉？”子曰：“天何言哉？四时行焉[②]，百物生焉，天何言哉？”

【译文】

孔子说：“我想不说话了。”子贡说：“老师您如果不说话，那么我们这些弟子还能传述什么呢？”孔子说：“上天什么时候说过话呢？四季照常运行，百物照样生长，上天说了什么话呢？”

【注释】

①予欲无言：我不想说话了。予，我。

②四时行焉：四季照常运行。

17-20 孺悲[1]欲见孔子，孔子辞以疾。将命者出户，取瑟而歌，使之闻之。

【译文】

孺悲带着鲁哀公的口信来见孔子，孔子以有病为理由推辞不见他。传口信的人刚出门，孔子就取出瑟来边弹边唱歌，故意让孺悲听到。

【注解】

①孺悲：鲁国人，鲁哀公曾派他向孔子学礼。

17-21 宰我问："三年之丧，期已久矣。君子三年不为礼，礼必坏；三年不为乐，乐必崩。旧谷既没，新谷既升，钻燧改火[①]，期[②]可已矣。"

子曰："食夫稻[③]，衣夫锦，于女安乎？"

曰："安。"

"女安，则为之！夫君子之居丧，食旨[④]不甘，闻乐不乐，居处不安，故不为也。今女安，则为之！"

宰我出。子曰："予之不仁也！子生三年，然后免于父母之怀。夫三年之丧，天下之通丧也。予也有三年之爱于其父母乎？"

【译文】

宰我问："长辈死后，服丧三年，时间太久了。君子三年不遵循礼仪，礼仪必然败坏；三年不演奏音乐，音乐就会荒废毁掉。旧谷吃完后，新谷就登场了，钻燧取火的木头已经轮回过一遍，丧期有一年的时间也就够了。”

孔子说：“才一年的时间，你就吃开了大米饭，穿起了锦缎衣（守丧期间，吃粗饭，穿丧服），你心安吗？”

宰我说：“我心安。”

孔子说：“你心安，你就那样去做吧！君子守丧，吃美味佳肴不觉得香甜，听美妙的音乐不觉得快乐，住在温暖的家里不觉得舒服，所以不那样做。现在，你既然觉得心安，你就那样去做吧！”

宰我出去了。孔子说：“宰予实在是不仁啊！小孩子生下来，到三岁才能离开父母的怀抱。三年的丧期，是天下通行的丧礼。宰予难道没有得到父母三年的爱抚吗？”

【注释】

①钻燧（suì）改火：古人钻木取火时，四季用的木头都不同，每年轮一遍，叫改火。燧，古代钻木取火的工具，指燧石。

②期（jī）：这里指一周年。

③食夫稻：古时候，北方很少种水稻，所以大米很宝贵。这里是指吃好的饭菜。

④食旨：吃好吃的食物。旨，美食。

17-22　子曰："饱食终日，无所用心，难矣哉[1]！不有博弈者乎[2]？为之，犹贤乎已。"

【译文】

孔子说："整天吃饱了饭，什么心思也不用，这很难有什么作为呀！不是还有玩六博和下围棋游戏的吗？每天玩这个也比闲着没事干好。"

【注解】

①难矣哉：这很难有什么作为呀！

②不有博弈者乎：不是还有玩六博和下围棋游戏的吗？博，古代一种棋类游戏，双方各六枚棋子，黑白两种棋子，玩的人先掷骰子，再走棋子。这种游戏也叫六博之戏。弈，围棋。

17-23　子路曰："君子尚勇[1]乎？"子曰："君子义以为上。君子有勇而无义为乱[2]，小人有勇而无义为盗。"

【译文】

子路问孔子说："君子崇尚勇敢吗？"孔子答道："君子把义作为最高尚的道德品质，君子只有勇敢而无道义就会作乱，小人有勇敢而无道义就会当盗贼。"

【注解】

①尚勇：崇尚勇敢。②君子有勇而无义为乱：君子有勇敢而无义就会作乱。

17–24　子贡曰："君子亦有恶[1]乎？"子曰："有恶。恶称人之恶者，恶居下流[2]而讪[3]上者，恶勇而无礼者，恶果敢而窒[4]者。"

曰："赐也亦有恶乎？""恶徼[5]以为知者，恶不孙以为勇者，恶讦[6]以为直者。"

【译文】

子贡说："君子也有厌恶吗？"孔子说："有厌恶。厌恶宣扬别人短处的人，厌恶身居下位而诽谤在上位的人，厌恶勇敢而不懂礼的人，厌恶果断敢为而又不通事理、顽固不化的人。"

孔子又说："端木赐，你也有厌恶的吗？"子贡说："厌恶窃取别人的成绩而作为自己的知识的人，厌恶把不谦虚当做勇敢的人，厌恶攻击别人的短处、揭发别人的隐私而自以为是直率的人。"

【注解】

①恶（wù）：厌恶。②下流：下等的，在下的。③讪（shàn）：毁谤、讥笑。④窒：阻塞不通。⑤徼（jiāo）：窃取、抄袭。⑥讦（jié）：攻击别人的短处或揭发别人的隐私。

17–25　子曰："唯女子与小人为难养[①]也，近之则不孙，远之则怨[②]。"

【译文】

孔子说："只有女子和小人是难以教养的，亲近他们，他们会无礼，疏远他们，他们就会发出抱怨。"

【注解】

①为难养：难教养。

②远之则怨：疏远他们，就会发出抱怨。

17–26　子曰："年四十而见恶[①]焉，其终也已。"

【译文】

孔子说："一个人到了四十岁时还被人厌恶，他这一辈子也就终结了。"

【注释】

①见恶：被人厌恶。

微子篇第十八

18–1　微子[①]去之，箕子[②]为之奴，比干[③]谏而死。孔子曰："殷有三仁焉。"

【译文】

微子见殷纣王荒淫无道，便离开了纣王。殷纣王的叔叔箕子劝说殷纣王，见纣王不听，只好披散着头发装疯，纣王剥夺了箕子的爵位，让箕子做了他的奴隶。纣王另一个叔叔比干见纣王倒行逆施，屡次直率地劝谏纣王，因而激怒了纣王，比干被纣王杀死了。孔子说："殷（商）朝有三位仁人啊！"

【注解】

①微子：商朝最后一个君主殷纣王的同母哥哥，见殷纣王荒淫无道，劝他不听，就离开了殷纣王。

②箕（jī）子：殷纣王的叔叔。他去劝殷纣王，见纣王不听，就披散着头发装疯，被纣王降为奴隶。

③比干：殷纣王的叔叔，见殷纣王倒行逆施，屡次直率地劝谏殷纣王，因而激怒了殷纣王，被殷纣王杀害。

18–2　柳下惠为士师①，三黜②。人曰：“子未可以去乎？”曰：“直道而事人，焉往而不三黜？枉道而事人，何必去父母之邦？”

【译文】

柳下惠担任典狱官，三次被君主罢免。有人说：“你不能离开鲁国吗？”柳下惠说：“若用正直之道来侍奉君主，到哪儿去不会被多次罢官呢？如果按邪恶之道来侍奉君主，为什么一定要离开祖国呢？”

【注解】

①柳下惠为士师：柳下惠当典狱官。柳下惠，春秋时期鲁国的大夫，姓展名获，又名禽，他受封的地方是柳下，惠是他的谥号，所以，人们称他为柳下惠。士师，典狱官，掌管国家司法事务。

②黜（chù）：罢免。

18–3　齐景公待孔子曰：“若季氏，则吾不能；以季、孟之间待之①。”曰②：“吾老矣，不能用也。”孔子行。

【译文】

齐景公在讲到对待孔子的礼节时说：“像鲁国国君对待季氏那样，

我做不到；我用介于季氏、孟氏之间的待遇对待他。”孔子说：“我老了，不能做什么了。”孔子离开了齐国。

【注释】

①以季、孟之间待之：当时，鲁国三个卿大夫，季氏担任上卿，孟氏担任下卿。季孟之间，是指上卿和下卿之间的官职。

②曰：此指孔子说。有的版本翻译成“又说”，这种译法，与前一句联系起来，容易被理解成齐景公说的，与下文意思不符。下面的话“吾老矣，不能用也”是孔子说的，所以才引出了“孔子行”的结果。

18–4　齐人归①女乐，季桓子②受之，三日不朝。孔子行。

【译文】

齐国人赠送了一些歌女给鲁国，鲁国的上卿季桓子接受了，季桓子天天在家里听歌女唱歌，三天不到朝廷里上朝。孔子很失望，离开了鲁国。

【注释】

①归（kuì）：同“馈”，赠送。②季桓子：鲁国宰相季孙氏。鲁定公时，他担任上卿，相当于宰相，实际掌控着鲁国的大权。他不到朝中上朝，孔子对季氏的行为非常失望。

18-5 楚狂接舆[①]歌而过孔子曰："凤兮！凤兮！何德之衰[②]？往者不可谏，来者犹可追。已而！已而！今之从政者殆而[③]！"

孔子下，欲与之言。趋而辟之[④]，不得与之言。

【译文】

楚国一个叫接舆的狂人唱着歌从孔子的车旁走过，他唱道："凤凰啊！凤凰啊！你的德运怎么这么衰微呀？过去的已经过去了，已无可挽回，将来的还来得及改正（预防）。算了吧！算了吧！今天从政者的地位岌岌可危了！"

孔子下了车，想同这位狂人谈谈，狂人却立即避开了，孔子没能和他谈成。

【注释】

①楚狂接舆：楚国的狂人接舆。

②何德之衰：你的德运怎么这么衰微呀？

③从政者殆而：从政者岌岌可危了。

④辟之：避开了他。辟，"避"的古体字，躲避的意思。

18-6　长沮、桀溺[①]耦而耕[②]，孔子过之，使子路问津[③]焉。

长沮曰："夫执舆[④]者为谁？"

子路曰："为孔丘。"

曰："是鲁孔丘与？"

曰："是也。"

曰："是知津矣。"

问于桀溺。

桀溺曰："子为谁？"

曰："为仲由。"

曰："是鲁孔丘之徒与？"

对曰："然。"

曰："滔滔者天下皆是也，而谁以易之[⑤]？且而与其从辟人之士也，岂若从辟世之士哉？"耰[⑥]而不辍。

子路行以告。

夫子怃然[⑦]曰："鸟兽不可与同群，吾非斯人之徒与而谁与？天下有道，丘不与易也。"

【译文】

隐士长沮、桀溺在一起耕种，孔子路过这里，让学生子路去向二人打听渡口在哪里。

长沮问子路："那个手握着缰绳驾车的是谁？"

子路说："是孔丘。"

长沮说："他是鲁国的孔丘吗？"

子路说："是的。"

长沮说："那他早就知道渡口的位置了。"

子路再去问桀溺。

桀溺问子路："你是谁？"

子路说："我是仲由。"

桀溺说："你是鲁国孔丘的门徒吗？"

子路说："是的。"

桀溺说："像滔滔洪水那样的坏东西到处都是，你们同谁去能改变它呢？而且你与其跟着躲避恶人的有志之士，难道能比得上跟着我们这些躲避乱世的隐士吗？"说完，仍旧不停地用土覆盖撒在地里的种子，干田里的农活。

子路只好回来，把情况报告给孔子。

孔子怅然地说："人既然不能同飞禽走兽合群共处，我不同世人打交道还能与谁打交道呢？如果天下太平，我就不会和他们一起来改变现状了。"

【注释】

①长沮、桀溺：这二人是两位隐士，真实姓名和身世不详。

②耦（ǒu）而耕：二人合力耕种。③问津：打听渡口。津，渡口。

④执舆：手握着缰绳。⑤之：与。⑥耰（yōu）：播种后用耰翻土、盖土。⑦怃（wǔ）然：形容失望的样子。

18-7　子路从而后，遇丈人，以杖荷蓧[1]。

子路问曰："子见夫子乎？"

丈人曰："四体不勤，五谷不分[2]，孰为夫子？"植其杖而芸。

子路拱而立。

止子路宿，杀鸡为黍[3]而食[4]之，见其二子焉。

明日，子路行以告。

子曰："隐者也。"使子路反见之。至则行矣。

子路曰："不仕无义。长幼之节，不可废也；君臣之义，如之何其废之？欲洁其身，而乱大伦。君子之仕也，行其义也。道之不行，已知之矣。"

【译文】

子路跟着孔子出行，他一个人落在了后面，遇到一个老人，这位老人用拐杖挑着除草的工具。

子路问老人："你看到我的老师了吗？"

老丈说："那些四肢不勤劳，连五谷都分不清的人，哪个是你的老师呢？”说完，老人便扶着拐杖去除草。

子路拱着手恭敬地站在一旁。

老人留子路到他家住宿，杀了鸡，做了比较黏的小米饭给子路吃，又叫他的两个儿子出来跟他相见。

第二天，子路赶上了孔子一行，把这件事向老师进行了汇报。

孔子说：“这是位隐士啊。”孔子叫子路返回去再看看那位老人。子路到了那里，老人已经走了。

子路说：“不做官是不合乎道义的。长幼间的礼节，是不可以废弃的；君臣之间的礼仪，又怎么能废弃呢？想要避开乱世洁身自保，而破坏了大的君臣伦理关系。君子出仕去做官，只是为了实行君臣大义的。至于我们主张的治道很难行得通，我早就知道了。”

【注释】

①蓧（diào）：古代锄草用的农具。

②四体不勤，五谷不分：那些四肢不勤劳，五谷都分不清的人。还有一种说法，这是指老人自己。本书采用第一种说法。因为老人说自己“四体不勤”不合理。四体，这里指两只手和两只脚。

③杀鸡为黍（shǔ）：杀了鸡，煮了黍米饭招待子路。黍，一种比较黏的黄米。

④食（sì）：拿食物给人吃。

18-8　逸民[1]：伯夷、叔齐、虞仲、夷逸、朱张、柳下惠、少连[2]。子曰："不降其志，不辱其身，伯夷、叔齐与！"谓："柳下惠、少连，降志辱身矣。言中伦，行中虑，其斯而已矣。"谓："虞仲、夷逸，隐居放言[3]，身中清，废中权。我则异于是，无可无不可[4]。"

【译文】

被遗落在民间的贤人有：伯夷、叔齐、虞仲、夷逸、朱张、柳下惠、少连。孔子说："不肯降低自己的志向，不肯辱自己的身份，这样的贤士是伯夷、叔齐吧？"孔子又说："柳下惠、少连是被迫降低志向，辱没自己的身份，但讲话合乎伦理，行事合乎人心，他们不过是这样的人罢了。"又说："虞仲、夷逸过着隐居的生活，不再谈论政事，说话很随便，能保证自己的清白，离开官位，放弃权力合乎权宜。我与这些人都不同，没有什么可以，也没有什么不可以。"

【注释】

①逸民：遗落在民间，没有官职的贤士。逸，同"佚"，散失、遗弃。

②虞仲、夷逸、朱张、少连：这四人的身世已经无法考证，可能是没落的贵族，被埋没的贤士。

③放言：不再谈论世事，说话比较随便。放，放置。

④无可无不可：没有什么可以，也没有什么不可以。

18–9　大师挚①适齐，亚饭干适楚，三饭缭适蔡，四饭缺适秦②，鼓方叔③入于河，播鼗④武入于汉，少师⑤阳、击磬襄⑥入于海。

【译文】

乐队的太师挚到齐国去了，负责国君第二顿饭奏乐的亚饭干到楚国去了，负责国君第三顿饭奏乐的三饭缭到蔡国去了，负责国君第四顿饭奏乐的四饭缺到秦国去了，负责打鼓的乐师方叔到了黄河边，敲小鼓的乐师武去了汉水边，乐队的副乐师长少师阳和击磬的乐师襄到了海滨。

【注释】

①大师挚：大在这里同“太”。太师是鲁国乐官中的官员，挚，太师的名字。

②亚饭干适楚，三饭缭适蔡，四饭缺适秦：亚饭、三饭、四饭，都是乐官名。干、缭、缺，都是人名。春秋时期，天子和诸侯吃饭的时候都奏乐，天子一天吃四顿饭，每顿饭奏的音乐都不同。亚饭，指奏第二顿饭音乐的乐师。三饭，指奏第三顿饭音乐的乐师。四饭，指奏第四顿饭的乐师。鲁国国君吃饭时用天子的礼乐，也吃四顿饭。

③鼓方叔：敲鼓的乐师叫方叔。

④鼗（táo）：指长柄的小鼓。

⑤少师：副乐师。

⑥击磬襄：击磬的乐师，名字叫襄。

18-10　周公谓鲁公[①]曰："君子不施[②]其亲，不使大臣怨乎不以[③]。故旧无大故，则不弃也。无求备于一人。"

【译文】

周公对儿子鲁公伯禽说："君子不疏远、怠慢他的亲属，不让大臣抱怨不任用他们。旧友、老臣没大的错误，就不能抛弃他们，不能对人求全责备。"

【注释】

①鲁公：指鲁国的国君伯禽。他是周公的儿子，封为鲁国国君。②施：同"弛"。放松。引申的意思是怠慢、疏远。③以：用。

18-11　周有八士[①]：伯达、伯适[②]、伯突、仲忽、叔夜、叔夏、季随、季騧[③]。

【译文】

周朝有八位知名贤士：伯达、伯适、伯突、仲忽、叔夜、叔夏、季随、季騧。

【注释】

①八士：这八位士的事迹已经无法考证。②伯适（kuò）：人名。③季騧（guā）：人名。

子张篇第十九

19-1　子张曰："士见危致命①，见得思义②，祭思敬，丧思哀，其可已矣。"

【译文】

子张说："士遇见危险能够献身，看见有利可得能考虑是否合乎道义，祭祀时能够严肃恭敬，长辈去世，守丧期间想到哀伤，这也就可以了。"

【注释】

①致命：能献出自己的生命。

②见得思义：看见有利可图，能考虑是不是合乎义的要求。

19–2　子张曰："执德不弘[1]，信道不笃[2]，焉能为有？焉能为亡？"

【译文】

子张说："实行道德不能发扬光大，信仰道德而不坚定不移，这种人怎么能说他有道德，又怎么能说他没有道德？"

【注释】

①弘：发扬光大。②笃：坚定不移。

19–3　子夏之门人问交于子张。子张曰："子夏云何？"

对曰："子夏曰：'可者与之，其不可者拒之。'"

子张曰："异乎吾所闻：君子尊贤而容众[1]，嘉善而矜不能。我之大贤与，于人何所不容？我之不贤与，人将拒我，如之何其拒人也？"

【译文】

子夏的学生向子张请教怎样结交朋友。子张说："子夏是怎样说的？"

子夏的学生答道：“子夏说：‘人品好可以结交的就和他交朋友，人品不好不可以结交的就拒绝他。’”

子张说：“我所听到的和这些不一样，君子尊重贤人，又能包容众人；能够赞美善人，又能同情能力差的人。如果我是非常贤良的人，那么，对别人有什么不能容纳的呢？如果我不贤良，那人家会拒绝我，我又怎么能拒绝人家呢？”

【注释】

①容众：容纳众人。

19-4　子夏曰：“虽小道①，必有可观者②焉；致远恐泥③，是以君子不为也。”

【译文】

子夏说：“各种具体方法、知识、技能虽然都是些小的技艺，也一定有可取之处，但用它来达到远大目标，恐怕会有阻碍，所以君子不从事它。”

【注释】

①小道：各种具体方法、知识、技能。指农、工、商、医、卜之类的技能。

②可观者：可以观摩学习的地方，可取之处。

③泥（nì）：阻滞、难行。

19-5　子夏曰："日知其所亡[①]，月无忘其所能，可谓好学也已矣。"

【译文】

子夏说："每天都能学到一些过去所不知道的知识，每月都不能忘记忆已经学会的东西，这就可以说是好学了。"

【注释】

①所亡：所不知道的知识。

19-6　子夏曰："博学而笃志[①]，切问[②]而近思，仁在其中矣。"

【译文】

子夏说："博览群书、广泛学习而且志向专一不变，恳切地提出问题，并且联系实际隔情况去思考，仁就在这里了。"

【注释】

①笃志：志向专一不变。

②切问：恳切地问。

19–7 子夏曰："百工居肆①以成其事，君子学以致其道。"

【译文】

子夏说："各行各业的工匠住在作坊里，来完成自己所从事的工作，君子是通过学习来掌握大道的。"

【注释】

①百工居肆：各行各业的工匠，住在作坊里。百工，各行各业的工匠。肆，手工业的作坊。

19–8 子夏曰："小人之过也必文。"

【译文】

子夏说："小人犯了错误一定会掩饰的。"

19-9　子夏曰："君子有三变，望之俨然①，即之也温，听其言也厉。"

【译文】

子夏说："君子有三变，远看他的样子庄重，接近他又觉得温和可亲，听他说话语言严厉又一丝不苟。"

【注释】

①俨然：庄严的样子。

19-10　子夏曰："君子信而后劳其民，未信，则以为厉己①也；信而后谏，未信，则以为谤己②也。"

【译文】

子夏说："君子必须先取得百姓的信任，之后才能去役使百姓，否则百姓会以为是在虐待自己。君子要先取得国君的信任，然后才去规劝；不取得信任，君主就会以为你在诽谤他。"

【注释】

①厉己：虐待自己。②谤己：诽谤自己。

19–11　子夏曰：“大德①不逾闲②，小德③出入可也。”

【译文】

子夏说：“大节上不能超过界限，小节上有点儿出入是可以的。”

【注释】

①大德：指大节。

②闲：原意是指木栏，这里指界限。

③小德：指小节。

19–12　子游曰：“子夏之门人小子，当洒扫应对进退，则可矣，抑①末也。本之则无，如之何？”

子夏闻之，曰：“噫！言游过矣！君子之道，孰先传焉？孰后倦焉？譬诸草木，区以别矣。君子之道，焉可诬②也？有始有卒者，其惟圣人乎！”

【译文】

子游说：“子夏的学生们，做些打扫和迎送客人的事儿是可以的，但这些，不过是些末节小事，根本的东西没学到，这怎么行呢？”

子夏听了，说：“唉！子游错了。君子之道哪一条先教的，哪一条后教的，这就像草木一样，都是分类区别的。君子主张的道义怎么能歪曲呢？能按次序有始有终地教给学生们，恐怕只有圣人吧？”

【注释】

①抑：不过是。

②诬：歪曲、欺骗。

19–13　子夏曰：“仕而优①则学，学而优则仕。”

【译文】

子夏说：“当官的还有余力的人，就可以去学习礼乐等治国安邦的本领和知识。学习有余力的人，就可以去从政当官。”

【注释】

①优：此处是有余力的意思。

19-14　子游曰："丧致乎哀而止。"

【译文】

子游说："长辈死了举办丧事，能做到极度哀痛也就可以了。"

19-15　子游曰："吾友张也，为难能也，然而未仁。"

【译文】

子游说："我的朋友子张可以说是难能可贵的了，然而，他还没有做到仁。"

19-16　曾子曰："堂堂乎张也，难与并为仁矣。"

【译文】

曾子说："子张这个人仪表堂堂，可是，难以和他一起修炼仁德。"

19-17　曾子曰："吾闻诸夫子，人未有自致[1]者也，必也亲丧乎。"

【译文】

曾子说："我听老师说过，人没有自动地尽情表达感情的时候，如果有，那一定是在父母死亡，为父母办丧事的时候。"

【注释】

①致：尽、极。

19-18　曾子曰："吾闻诸夫子，孟庄子[1]之孝也，其他可能也；其不改父之臣与父之政[2]，是难能也。"

【译文】

曾子说："我听老师说过，孟庄子的孝，其他人也能做到，但他不更换父亲任用的旧臣，不改变他父亲推行的军赋政策，这是别人难以做到的。"

【注释】

①孟庄子：鲁国大夫，名速。

②其不改父之臣与父之政：他不更换他父亲孟献子仲孙蔑任用的老臣，也不改变他父亲推行的军赋政策。

19-19　孟氏使阳肤[①]为士师，问于曾子。曾子曰："上失其道，民散久矣。如得其情，则哀矜[②]而勿喜。"

【译文】

孟氏任命曾子的学生阳肤当典狱官，阳肤向老师曾子请教。曾子说："在上位当官的人离开了正道，老百姓的民心早就离散很久了。你如果能弄清他们犯罪的真实情况，就应当哀痛怜悯他们，而不要高兴。"

【注释】

①阳肤：人名，曾子的学生。

②矜：怜悯。

19-20　子贡曰："纣[①]之不善，不如是之甚也。是以君子恶居下流[②]，天下之恶皆归焉。"

【译文】

子贡说："（商朝最后一个君主）纣王的不好，不像传说的那样厉害。所以，君子憎恨身在低下的环境，因为一旦如此，天下的一切坏名声都归到他身上。"

【注释】

①纣：商代最后一位君主，名辛，纣是他的谥号，是一个残暴的君王。

②下流：地形低洼的地方，各处流来的水汇集在那里。此指众恶所归的地方。

19-21 子贡曰："君子之过也，如日月之食焉。过也，人皆见之；更①也，人皆仰之。"

【译文】

子贡说："君子的错误好比日食和月食。他犯错误，人们都看得见；他改正错误，人们都敬仰他。"

【注释】

①更：改变。

19-22 卫公孙朝①问于子贡曰："仲尼②焉学？"子贡曰："文武之道③，未坠于地，在人。贤者识其大者，不贤者识其小者。莫不有文武之道焉。夫子焉不学？而亦何常师之有？"

【译文】

卫国的大夫公孙朝问子贡说："仲尼（孔丘）的学问是从哪里学来的？"子贡说："周文王、周武王的道，并没有没落失传，还散落在人民中间。贤能的人能了解它的根本，不贤的人只能了解它的细枝末节，没有什么地方不保存周文王、周武王之道呀。我们老师在什么地方不能学？又何必要有固定的老师传授呢？"

【注释】

①卫公孙朝：指卫国的大夫公孙朝。②仲尼：是孔子的字。

③文武之道：周文王和周武王的政治主张。文武之道被孔丘和他的学生们奉为圣人之道。

19-23　叔孙武叔[1]语大夫于朝，曰："子贡贤于仲尼。"子服景伯[2]以告子贡。

子贡曰："譬之宫墙[3]，赐之墙也及肩，窥见室家之好。夫子之墙数仞[4]，不得其门而入，不见宗庙之美、百官之富。得其门者或寡矣。夫子之云，不亦宜乎！"

【译文】

鲁国大夫叔孙武叔在朝廷上对大夫们说："子贡比仲尼更强。"鲁国大夫子服景伯把这话告诉了子贡。

子贡说："如果拿围墙打比方的话，我家的围墙跟肩头那么高，能从外面看到家里边房舍的美观。我的老师孔丘家中的围墙有数仞高，如果找不到大门进去，根本就看不到里面宗庙的华美，房屋的富丽堂皇。然而，能找到老师他们家大门的人很少。武叔大夫那样说，不也是很合情合理的（像叔孙武叔这样的人，根本找不到老师家的大门，他根本不了解我们老师的学问）吗？"

【注释】

①叔孙武叔：鲁国大夫，名州仇。②子服景伯：鲁国大夫。

③宫墙：此指围墙。④仞（rèn）：古时候的长度单位，据说，七尺或八尺为一仞。

19–24　叔孙武叔毁仲尼。子贡曰："无以为也！仲尼不可毁也。他人之贤者，丘陵也，犹可逾也；仲尼，日月也，无得而逾焉。人虽欲自绝，其何伤于日月乎？多①见其不知量也！"

【译文】

叔孙武叔攻击、毁谤仲尼（孔丘）。子贡说："不要做这种事！仲尼是毁谤不了的。其他人的贤德好像是丘陵，还可以跨越过去；仲尼的贤德就像是太阳和月亮，是无法超越的呀。现在，虽然有人想自绝于日月，这对日月有什么损害呢？只不过表现出他不自量力罢了！"

【注释】

①多：只。

19-25 陈子禽谓子贡曰：“子为恭也，仲尼岂贤于子乎？”

子贡曰：“君子一言以为知，一言以为不知，言不可不慎也。夫子之不可及也，犹天之不可阶而升①也。夫子之得邦家者，所谓立之斯立，道之斯行，绥之斯来，动之斯和。其生也荣，其死也哀，如之何其可及也？”

【译文】

陈子禽对子贡说：“你是对孔丘过于谦恭了，仲尼难道比你更贤良吗？”

子贡说：“君子一句话能表现出他的聪明，一句话也能表现出他的无知，所以，说话不可以不慎重啊。老师高不可及，正像上天是不能顺着梯子爬上去一样。老师如果得封国成为诸侯，或得到采邑成为卿大夫，那他会做到：教百姓立于礼，百姓也就会立于礼；引导老百姓，百姓就会跟着走；安抚老百姓，百姓就会归顺；动员老百姓，百姓就会齐心协力。老师活着是十分光荣的，老师死了是令人怀念他的。我怎能赶得上他呢？”

【注释】

①阶而升：登着梯子爬上去。

尧曰篇第二十

20-1 尧曰[1]：“咨[2]！尔舜！天之历数在尔躬，允[3]执其中。四海困穷，天禄永终。”

舜亦以命禹。

曰：“予小子履[4]，敢用玄牡[5]，敢昭告于皇皇后帝：有罪不敢赦。帝臣不蔽，简[6]在帝心。朕[7]躬有罪，无以万方；万方有罪，罪在朕躬。”

周有大赉，善人是富[8]。“虽有周亲[9]，不如仁人。百姓有过，在予一人。”

谨权量[10]，审法度[11]，修废官，四方之政行焉。兴灭国，继绝世，举逸民，天下之民归心焉。

所重：民、食、丧、祭。

宽则得众，信则民任焉，敏则有功，公则说。

【译文】

尧让位给舜的时候说：“啧啧！好啊！你这位舜！天命已经落在你身上了。诚恳地保持那正直的正确道路吧！假如让天下百姓都陷于困苦和贫穷，上天赐给你的爵禄就会永远终结了。”

舜在让位给禹的时候，也这样告诫过禹。

商汤说：“我这个后生晚辈履，谨慎地用黑色的公牛来祭祀，简明地向伟大的天帝祷告，有罪之人我不敢擅自赦免他们。天帝的臣子如果有罪我也不敢掩盖，天帝的心是非常明白的。我自己如若有罪，不要连累天下万方生灵，天下万方生灵如果有罪，都归我一个人承担。”

周朝大封诸侯，使好人都富裕起来。周武王说：“我虽然有至亲，也不如有仁德的人。百姓要有过错，责任都在我一人身上。”

检查重量和容量单位和器械，周密地制定长度的标准，恢复被废弃的官职，全国的政令就能推行了。复兴被灭亡的国家，承继已经断绝的家族，提拔被遗落、埋没的贤人，天下老百姓就会真心归服了。

要重视的四件事是：人民、粮食、丧礼、祭祀。

宽厚能得到众人的拥护，诚实守信就能得到百姓的任用，勤勉敏锐就能取得功绩，公正了就会让百姓高兴。

【注释】

①尧曰：指尧帝说。

②咨：感叹词。

③允：诚信。

④履：是商汤的名字。

⑤玄牡：此指黑色的公牛。玄，泛指黑色。牡，雄性鸟兽。

⑥简：简明。

⑦朕：我。从秦始皇起，皇帝称呼自己就称“朕”。

⑧周有大赉（lài），善人是富：周朝有大的封赏，让好人先富裕起来。赉，赏赐。

⑨周亲：至亲。周，至、最。

⑩权量：权，秤砣，指量轻重的标准。量，斗斛，指量容积的标准。

⑪法度：指量长度的标准。

20–2　子张问于孔子曰：“何如斯可以从政矣？”

子曰：“尊五美，屏四恶[①]，斯可以从政矣。”

子张曰：“何谓五美？”

子曰“君子惠而不费，劳而不怨，欲而不贪，泰而不骄，威而不猛。”

子张曰：“何谓惠而不费？”

子曰：“因民之所利而利之，斯不亦惠而不费乎？择可劳而劳之，又谁怨？欲仁而得仁，又焉贪？君子无众寡，无大小，无敢慢，斯不亦泰而不骄乎？君子正其衣冠，尊其瞻视，俨然人望而畏之，斯不亦威而不猛乎？”

子张曰："何谓四恶？"

子曰："不教而杀谓之虐；不戒视成谓之暴；慢令致期谓之贼[2]；犹之与人也，出纳之吝谓之有司[3]。"

【译文】

子张问孔子说："怎样做才可以从政，治理政事呢？"

孔子说："尊崇五种美德，排除四种恶政，这样就可以从政，治理政事了。"

子张问："什么是五种美德呢？"

孔子说："君子给百姓恩惠而自己却没什么破费，让百姓劳作而不让他们产生怨恨，追求仁德而不贪图钱财，庄重持重而不傲慢，威严而不凶恶。"

子张说："怎样才算给百姓恩惠而自己没什么破费呢？"

孔子说："让百姓做对他们有利的事，这不就是给百姓恩惠而自己没什么破费吗？选择可以让老百姓劳作的事情让他们去做，这不就能做到合理地役使人民．这样又有谁会怨恨呢？自己想追求仁就得到了仁，还有什么可贪求的呢？君子无论人多人少，职位大小，事情大小，从不敢怠慢，这不就能做到安详坦然而不傲慢吗？君子衣帽整齐，仪表堂堂，使人见了就产生敬畏之心，这不就是威严而不凶恶吗？”

子张问：“什么叫四种恶政呢？”

孔子说：“没有经过教化便加以杀戮叫做虐待；不进行告诫，只看重成功叫做粗暴；开始不加监督而突然限期叫做戕害，管事的同样是给人财物，出手吝啬、舍不得，这叫做小气。”

【注释】

①屏四恶：指排除四种恶政。

②慢令致期谓之贼：开始政令松懈，不加监督，突然限期叫做戕（qiāng）害（残害、杀害）。贼，害。

③出纳之吝谓之有司：管事的给人钱物，出手很吝啬，这叫小气。

20-3 孔子曰：“不知命，无以为君子[①]也；不知礼，无以立也；不知言，无以知人[②]也。”

【译文】

孔子说：“不懂命运，就不能成为君子；不知道礼仪，不能立身处世；不善于分辨别人的言语，就不能真正了解人。”

【注释】

①无以为君子：就不能成为君子。

②无以知人：不能真正了解人。

中国少数民族文学发展工程·翻译出版扶持专项（民译汉）

眷　恋

（朝鲜族）金哲／著
（朝鲜族）朱霞／译

作家出版社

戴着镣铐跳芭蕾（序）

赵晏彪

在沙尘暴肆虐京城的一个上午，我打开朱霞的译作《眷恋》，如同遇见一片久违的洁云，一滴久盼的清雨，立时感到有种凉意袭上心头，仿佛嗅到了来自远方、来自大地深处春天的芬芳。此时的窗外几株大树摇摆着像在舞蹈，令我想起闻一多先生对新诗歌的一句赞美："戴着镣铐舞蹈，才能使舞蹈在韵律的陪衬、和鸣下，舞出精彩。"朱霞在翻译诗歌时，诠释着两种语言的诗意表达，犹如戴着镣铐跳芭蕾，舞出了精彩。

认识朱霞教授，是她在《民族文学》汉文版发表了诸多译介金哲先生的新诗。金哲先生是朝鲜族著名诗人、《民族文学》老主编，他的诗歌盛名甚早，尤其是进入八十岁高龄后，诗歌突然再次爆发，诗作不仅充满了对生活的眷恋，对人性的彻悟，更富有哲思。每当读罢朱霞的译作，有时敫动，有时拍案叫绝，是金哲先生的诗歌越写越老练，是朱霞教授的翻译精彩无比，是珠联璧合吧。

古诗是一门历史悠久的艺术，新诗诞生百年。

就翻译而言，翻译公文、翻译领导讲话难矣，然翻译文学作品则更难，译诗尤其难。诗歌翻译犹如一幅画框，将无限的风景禁锢于有限的边框之中。朱霞深知翻译诗歌不易，但她在知难的逆境中，仍然保持乐观积极的态度。《卷恋》凝聚着她的心血，她以一个译者的责任心、一个诗人的态度去面对生活和挑战，她并没有停留在悲叹和埋怨之中，而是积极寻求破茧而出：从原作的直译中寻找意译，从再创作中寻求一种境界美译。

翻译新人的诗作不容易，翻译成名诗人的作品则更难。金哲先生的作品，就属于后一种。他的诗歌是思考与音乐的结合体，运用诗歌的节奏传达情感的起伏。在以民族、寻根等为题材的诗歌中，他擅长将朝鲜民族传统民歌调与诗歌创作结合，进一步推升诗歌的形式美与情感。他的诗歌具有鲜明的时代印记和社会价值，抗美援朝题材、民族风俗题材、朝鲜与韩国的国土割裂等社会性的大题材，大部分作品体现了多领域、跨时空的特点。翻译金哲的诗，若缺少历史文化底蕴、诗歌的意味和对人生、对民族的透彻理解，是不会译出色彩的。

读诗集《卷恋》，如同读中华民族的历史，虽说不上惊心动魄，但也是令人心潮起伏、思绪万千。诗歌是语言艺术中的最高艺术，优秀的译作不仅仅是再现原作的全部优点，还原原作的全部推理，表现原文的全部美，甚至还要修正诗歌中的不易翻译的部分，理顺、创造并提高原作的诗意，让原作得以升华，这样才是最佳译作。

朱霞的译作，俨然达到了上述三个境界。

如组诗“在朝鲜”中的这首《站在拦腰砍断的地图前》：“悲哀呀 / 伤痕累累的这片土地 / 青山依然 / 地图却拦腰斩断 / 苍天啊 / 请赐我一把龙传剑 / 望见割裂的你 / 倒不如把我的腰肢砍断”。若不是胸中的激愤到了一吐为快的程度，其情之深、其思之切，不是亲眼目睹了朝鲜与韩国巨大落差的人，怎能翻译出这样感人至深的诗句？金哲先生写这首诗时，他一定想到了抗美援朝时的情景，战友中弹倒下，却因为怀念家乡、思念亲人，临死时都不能闭上眼睛。而在译这首诗的时候，朱霞教授无不感受到了地图上的那条“腰线”像根绳索，狠狠地抽打着译者的心灵。

“台风刮来了死亡 / 赶走死神的强者 / 不要哭泣 / 活着的要活下去 / 该死的 / 台风来袭之前 / 早已走了”，《台风》中这段诗揭示了“消失”和“永存”的关系。世上没有价值的东西很快就会自然消亡，就像一些东西看起来是被台风刮走的，事实上它们已经失去了存在的价值。

朱霞的译诗之美，是她“再创造”的翻译理念取得的。她说：“文学作品是通过形象思维凭借艺术形象感染读者的。文学翻译如果不能体现文学作品这些本质特征，就不能称其为文学翻译。”

一般的译者是按照原诗的语言结构，几乎把

所有的词都译出来还嫌少。而优秀的译者在翻译诗歌的时候，她的全部努力在于简化诗句，凝练而成。朱霞很懂得诗歌语言是一种高度浓缩了的语言，“以一当十，以少胜多”是她翻译诗歌的“独特理念”。

《肉中刺》，全诗只有五句：“像手掌上的刺/一碰就痛/故乡啊/你是我身上/揪心的肉中刺”。此诗读后谁人不思家乡？意象、形象、气象，这三象都具备了，把“乡愁”这种浩繁情感，浓缩在“肉中刺”这个无论多么小都让人无比心痛的具象上，诗意的美，牵动了读者的感觉神经，可以说是非常极致的表达。

朱霞的诗歌翻译为何能够得到读者的喜爱，正如她所述：“翻译诗歌首先要正确把握原作的意境和思想感情，在此基础上运用准确恰当、生动形象的词语，诗句要简洁，大体整齐，少用关联词，不要做过多的解释性翻译，这样才能保持诗歌的含蓄美和原作风格。”简洁，其背后是文化的积淀和语言的功底。朝汉两种语言的结构不同，朝鲜语的语句往往较长，而汉语的特点是语句简短。所以翻译中需要调整语序，调整句式，把朝鲜语的长句，分解成汉语的短句，这样才能合乎汉语规范，有汉语的味道。

朱霞是两种文字交替使用的人，这与她三十多年来从事双语教学有着密不可分的关系。当一个人能够把各种不同的文化，融合在个体生命中，这是多么壮美的一件事情。翻译不仅是技能，更是文化。译者在开始翻译作品之前，应当对两种语言做精深研究，对两种文化做深刻把握，对翻译应当持两种态度，严肃认真、创新升华。文学翻译不仅仅是传递文化，也是对两种文化的深入了解，使二者相通，朱霞就是这样一个集两种文化于一身的生命个体，读她的译诗，往往会忘记了这是译作。

我熟识一些朝鲜族的作家，他（她）们大多用母语创作，沉浸于自己的语境里。而朱霞将汉文化的丰富内涵注入自己的身体里，她比他（她）们领先了半步，不同的文化在她身上发生了碰撞和交融。经过不同的文化的打磨、锤炼和融合，她身上的文化印痕，犹如古代很美丽的一种瓷器的花纹——开片，内在的变化，让她的生命更新，幻化出斑斓的色彩，她的视野也变得更加宽广，生命质地变得更加与众不同。历史赋予朱霞这位翻译家的写作使命也是意味深长的，她跨越了两种语言和文化，他们的生命底色，与那些在单一文化背景下成长的作家不同。由不同文化融合在一起的生命，是多姿多彩的，富有生命异质感和张力的，更有着错落的层次感。

金哲先生在评价朱霞的译作时说道："朱霞把我的诗歌升华了。她不仅朝鲜语很好，汉文也非常好，所以她对诗歌把握得很好。其实，以前把我的诗歌翻译成汉文的有几位译者，他们翻译得也不错，但是大约几年前，朱霞将我的诗歌翻译成汉文，大家反映很好。她的译诗忠于原作，但也有自己的发挥，译成汉语后，比我的原诗还好，我特别高兴。希望翻译家在翻译我的诗歌的时候，比我的原诗更精彩，这才有翻译的必要。因为翻译诗歌比翻译小说、散文更难，诗歌太精炼，如果不是既懂朝鲜文又精通汉文的译者，是无法将诗歌翻译得如此之好的。”

读《卷恋》，流畅中有着滚烫的情感，冷峻里蕴藏着大爱大善的哲思，诗意中奔驰着千军万马。我从朱霞译作中读出了这样的感觉，诗歌翻译不是指派，不是强求，是两种文化、两种文字的联姻，在浩瀚的文字内部，产生了不可思议的相爱、相知、相惜。译者被原作者的“爱与善、悲与欢”所吸引，被那奇崛的文字、炽热的语言所震撼，所入心。译者此时此刻，把所有的爱、思想、才华，统统赋予了那些自己同样钟爱的文字。

一个诗人如果遇到一位懂他的诗，并了解他内心的情与爱、仇与恨、国与家的译者，那么诗人是幸福的，他的诗作也定会被远播到天涯海角，让更多的读者知道他、了解他、读懂他。金哲遇到了懂他诗的译者朱霞，“戴着镣铐也要跳好舞”，是朱霞的心声和译道。

2017 年 5 月 13 日于三境轩

（赵晏彪，《民族文学》杂志社副主编、作家）

目 录

第四辑　爱恋

第七辑　风景

第一辑

激情岁月

在上甘岭上

上甘岭
曾经的
惨烈战场

被炮弹
拦腰折断的古木下
一顶钢盔锈迹斑斑

从它的弹孔里
拱出一朵石竹花
笑得十分灿烂

生命之歌

痛心啊
胜利就在眼前
战士却倒下了

幸亏啊
临终前飞来好消息
故乡的妻子生下了儿子

奄奄一息的脸上
现出一丝笑容
战士成了一朵花

追击的炮声
哐！哐！
礼炮也轰鸣

高地也捧出
一抱鲜花
祝贺年轻的爸爸

多想看一眼
可爱的孩子啊
无奈踏上黄泉路

在死与爱的漩涡里
笑还是哭
战士无语

为了爱不能死
战士直到最后瞬间
也没有合上眼

瞳孔里映着蓝天
在信念铸定的
永恒的沉默中
无名战士将永生

1951 年 5 月

我的星星

在战场附近的草地上
深夜里战士们数星星
他们化作悲壮的群星
撒落在烧焦的高地上

熊熊燃烧的生命
怒视敌人
倒下后
也因思念家乡
不能合上眼睛

为了年轻的生命
天上的星星
低垂默哀
江水也回旋悲鸣

头顶神圣的灿烂星辰
沿着星光指引的路线
向南挺进的钢铁军团

在蜿蜒千里的国境线
筑起了铁壁铜墙

为了星光灿烂的明天
在闷热的草莽间
谱写的童话与传说
犹如天上繁星闪烁

向南追击的炮声
如同灵魂的催眠曲
忠诚之心不能长眠
化作了高地上的群星
守卫着这个夜晚

啊，天上人间
璀璨的星辰
催人泪下的故事
星光默默无语
抒写着庄严的宣言

1987 年 5 月 24 日

一把土

故乡啊，我回来啦
我从战场回来啦

背囊里背着一把土
背来了燃烧的高地

可惜同去的战友
他终于没能回来

在欢呼的旋风中满含热泪
不要以为那仅仅是高兴

浸透战士热血的一把土
用心脏衡量泰山的重量

欢歌笑语在天涯回荡
分明他也在黄泉下微笑

烧黑的军装纽扣和弹壳

融进生命的珍贵的土地

土地，是信念
土地，是友情

我背着一把土凯旋
不，战友也一起回来了

1953 年 5 月

折叠裤脚带时的心情

树上的喜鹊喳喳叫
或许有什么喜讯哟

准备好的酱汤已凉
母亲呆坐在饭桌旁
苦苦等待儿子的消息

战事急没吃上一顿热饭
就背着枪出征的儿子
日思夜想盼来的竟然是
三代独子战死的噩耗

可怜的母亲哭天抢地
心里喊不可能，不可能
子弹不会射中我的儿子

母亲把大门锁上
用颤抖的手
抚摸儿子小时候

脏兮兮的衣裳

不，儿子一定回来
是的，一定回来
他要穿上白绸裤子举行婚礼
母亲小心翼翼折叠裤脚带子

在这铁一般的信念中
儿子永远活在母亲的心中

1950 年 11 月— 1953 年 3 月

啊，山巅的路

千嘱咐　万叮咛
给儿子背上行囊
母亲久久地久久地
站在山巅的小路上

送行时流泪不吉利
为了儿子平安无事
母亲在心里流着泪
脸上却露出凄凉的笑容

儿子懂得母亲的心思
他咬紧牙关头也不回
迈着坚定的步伐走了

小路伸向远方
直到战场
就在这条路上
新婚不久的母亲
送丈夫去了长白山密林

丈夫一去不复返
明知儿子也同样
母亲却依然面带笑容

母亲心里的坚定信念
化作山路上的一朵花
默默地把这片土地装点

1950 年 11 月 25 日

第二辑

人生感悟

一棵树

在荒漠的旷野上
有一棵孤独的树
默默地挺立

把根扎进地心
头顶蓝天
自由呼吸的顶梁柱
凝结着悲愤的绿叶上
飞来众多的鸟儿
鸣叫不止

任凭风吹雨打
忍受着世间
所有的苦难

雷打不动
是你的生活态度
忍耐是你的信仰
问你活着苦不苦
树叶婆娑把头摇晃

清扫工大叔

打扫星星光顾的清晨街衢
清除散乱的梦境
清扫工大叔你真辛苦

肮脏化脓的垃圾桶
被你收拾得一干二净
岁月的枯叶被你扫除
都市才有了体面和生机

每天清空垃圾桶
大叔你真好
然而虫豸刻蚀的
人间垃圾
何人清除

无言的男子汉

总是沉默的男子汉
他有唾弃的习惯
乱糟糟的世道
实在令人讨厌

偷窃国家钱财的小偷
损人利己的杂种
垃圾一样的恶人
令人作呕的蛀虫

你如无言的街灯
睁大眼睛
盯着行人的举动

如此的风气
无穷的把戏
沉默重如泰山

他缄口不言

沉默就是抗辩
愤怒堆积起来
就会火山爆发
烧掉世间的所有垃圾
那时洁净的生活
就会变成美丽的花园

败兵们

波涛
每日
重复着同样的事

在远海上嘀嘀咕咕
说着碧蓝的词语
涌过来哗！哗！
把头撞向崖壁

一无所获退下去
再次唰——唰——
奔过来，奔过来
展开决斗

从不后悔的败兵败将
终生为梦想而搏击
剩下的满是伤痛
我何尝不是这样

我模仿大海
却不知海水的深度
我置身汹涌的海浪
在大海的苦闷里游泳

不要说闲话，你

不要说闲话，你
我的叔叔
是个能工巧匠

无奈孩子多
日子难熬
婶婶常唠叨

下工回来
喝二两就行
虽赶不上李太白
常常带走剩酒瓶

不要说闲话，你
生活虽艰苦
却不乏人生乐趣
天大的困难也挺着
他是忠厚的男子汉

他满是硬茧的手掌

使世界变得如此美丽

地球

就在这样的傻瓜手里

转动

矿山的活化石

你
一辈子黝黑的脸
犹如黑亮的煤炭

人们
称呼你
煤矿的活化石

在这狼群出没的荒野
插进第一台测量仪
在高高的雪堆上
放一张鹿皮
铺上被褥
一干就是九年

甘愿吃苦的人
把创业的自豪
刻在年轮上
用千锤百炼的意志

把沉睡的大地唤醒

你脸上的条条皱纹
讲述着煤田的传奇
你染霜的两鬓白发
见证着创业的风云

把千秋抱负插进地心
死后忠骨也埋在这里
变成化石填满历史空间

亿万年以后
我们的子孙挖掘化石时
将在你硬邦邦的心脏
血迹斑斑的花纹上
阅读二十世纪开拓者的信仰

1986 年 7 月 3 日，于呼兰河露天铁矿

稻草人

农田已是丰满的足月
你却因饥饿而悲泣
站在阴冷的人生旷野上
树立一个宿命的感叹号
你要执着地生存下去
艰难的人生需要独立！

我是农夫

我是一介农夫
在干硬的土地上
耕耘爱情

没有多大收获的人生
虽然如此
我却精心耕种

我像饿狼一样
总是饥渴于爱情
有一个春天
悄悄埋下的种子
发芽　生长　含苞待放
现在弯弯的枝条上
映照着火红的夕阳

有时蒙受岁月的寒霜
但融化后再次昂首挺胸
犹如路边的苦菜花

爱心被践踏
其果也苦涩
连乌鸦也不肯啄食

播种爱情的
春天的故事
犹如遥远的传说
渐渐远去
酷热的夏季
成熟的爱情
在严寒风雪中
变成红透的柿子
经受着严峻的考验

从此
把秕糠和叹息
抛向远方
选择饱满的谷粒
寄往人生的
最后一个地址

是的
我是一介农夫
收割着爱情

路 灯

一辈子
不说一句话
呆呆地
躲在路旁
垂下目光
把温暖的光
献给他人

叹息和怨恨
与你无缘
助人为乐的男子汉
沉默是你的美德

不管谁说什么
你的位置从不动摇
人们走过你面前时
你深情地把头低垂
其中原因风儿知道
便来轻轻爱抚你

街 灯

你一生一世
呆立路旁
只为他人服务
你这神圣的傻子

一年四季站在那里
默默地抖落黑暗
你是无言的天使

你安慰子夜过后
哈欠连连的街市
你的沉默
如同天空深邃

星光坠落的夜晚
你去漂白
冰凉的星辰

如同停止的时针

傻傻呆立的街灯
仿佛守卫高地的士兵
怀着不渝的忠诚
独自站在那里

晚秋路边的树木
脱光了衣服
刺骨的寒风抽打你的额头
你细细咀嚼着孤独
温馨地把行人照亮

深夜醉鬼们
往你身上撒尿
你依旧带着笑容
给人以光明

催开花蕾的春风
缠绕你的脖颈时
不受诱惑忠于职守的你
用爱之灯火把黑夜捆住

在灯光里洗涮出来的晓月
在天上云田里
睡意蒙眬时
你用燃烧的热情
把早晨叫醒

疲惫的岁月
从你复制太阳的脚底下
静静流淌

台 风

台风
横扫了一切
房子、水稻、树木和果实

台风一过
一切重新站立
房子、水稻、树木和果实

世界又回到原点
生与死的旋风
世界大概如此

台风刮来了死亡
赶走死神的强者
不要哭泣
活着的要活下去
该死的
台风来袭之前
早已走了

杀戮的恶魔足印上
被践踏的草木旁
冒出了翠绿的新芽

图们江

图们江　你是
刻在大地上的一道伤痕
是流不尽的泪水

你用悲凉的传说
透明的思索
冲破岩石
用野性的冲撞开辟道路

一条湿漉漉的影子
蜿蜒在峡谷里
在冰冷的衣裙上系上了飘带

太阳的微笑
曾在你的波涛上跳跃
憔悴的脸庞
曾经映在你的胸膛
你把生命染成浑黄
流经暗淡的梦境

绳索般扭拧的一生
流到水鸟歌唱的河口
即将画上休止符时
回首苍凉疆土的伤疤
你在思索什么

是告白　还是忏悔
抑或是虚无的自豪
点燃思考的冷却点时
哦，你瞧那里
夕阳在波涛上烧煮落照

港　口

月亮
把褶皱的脸
浸在海水里

星星
把天空钉住
用窒息的黑暗
把港口拥抱

哽咽的大海
悲鸣的海风
把悲欢的余音
载向远方

不能驱散的焦虑
汽笛已响
船却不能出航

岁月的涛声

滚滚涌来

我在阅读
胎动时代的战栗

藤树

一辈子盘根错节
现已腐烂的藤树
香气渗进树丛中
招魂般呼唤着永生

人生亦如此
错把顺从当作了美德
扭曲的人生
被春天早已解雇
然而执着已成痼疾
总是梦想飞翔

东海灯塔

灯塔独自喝着
整个大海的怀想
在大海的远方
闪闪亮亮

庄严的位置
在惊涛骇浪
狂风暴雨中
纹丝不动

扎根大海的
爱之色彩
海浪擎起的
生命价值

爱的高度
大海丈量
追忆的深度
苍天测量

在日转月移的
路口上
默默无闻的
大海之星
迎着风浪挥动旗帜
把岁月之路照亮

在波澜壮阔的尘世
怀念远方闪亮的眼睛
我能否也像你一样
在那忠诚的位置上
永远伫立

野性的挣扎

恼怒的波涛
赤身裸体
摩肩接踵
雪白地涌过来
山岳军团蓝蓝地站立起来
嘀嘀咕咕说着听不懂的话语
仿佛年轻诗人难解的诗
犹如往昔布道者来捉人
气势汹汹不可一世

虽然凶猛但是终究被粉碎
自生自灭的爱情连续剧
浸湿在岁月里上演得过长
即使被粉碎也不知后悔的韧劲
感动得我如同一块磐石
常常在海边伫立

野性的挣扎
雪白的魂

如果我的身子
在海水里洗濯一百年
也能像奔涌的雪浪
洁白地耸立吗
如果拼搏才是人生
那么我甘愿做个海浪

一个男子

一个男子
如云如月
行走在旷野上

荒芜的原野
从远处传来
阵阵狗叫声

污染世间的噪音
轻风掠过耳边
含笑行走在冷酷的世界
于是成了傻瓜的悲凉男子
今天也吹着口哨，吹着口哨
虽然旷野凄清人生却充满喜悦

如云如月行走的一个男子
碧绿的田野上刮着凉爽的风

岁末有感

翻去日历的最后一张
轻轻翻过生命的一页
独自走在雪地上
嘎吱嘎吱脚步声
终究要走的路
就不要回头吧

悲喜交织的泥泞的路
或许阴暗的生活角落里
留下了心酸的记忆
那么在此做出终止符
敞开一尘不染的心窗
迎接明天灿烂的太阳

人生需要遗忘
生活犹如涂鸦
需要忘记不快的往事
如同擦掉黑板上的字

在铁匠铺里的砧板上面

在铁匠铺里的砧板上面
我总是挨打成人
我的热情烧得通红发热时
我甘愿锤炼自己
挨打时来不及懂得
过后就知道挨打的价值
因而我的身子放凉时
总是泪水哗哗地流淌

1998 年

诗 碑

活着时
腰板挺直的诗人
死后
也永远不会躺着

黑夜在银河里洗浴
白天与太阳搏击
化作山岩的诗魂
独自留在山巅
也不会孤单

诗人的忧愤
生前未能抒尽
因而至今
也不能闭眼的男子汉
乌鸦哇哇叫着飞旋
诗人用沉默来解梦

骆驼的眼泪

岁月默默地默默地
渗进滚烫的沙土里
骆驼的年龄
只有掩埋足印的风晓得
给无数的沙坡
穿上一堆堆时间衣服
像破烂的旗帜
在相连的天地间卷来悲戚
含着夕阳的骆驼眼珠
像海市蜃楼里的湖
燃烧着焦渴

没有里程表的沙漠路途
今晚游子把疲惫的骆驼
拴在何处
载着乡愁运行的那轮瘦月
在银河的一角漂游
孤寂的游子在梦中赶路

我们来自何方
我们走向何处
漫漫人生旅途
至今刮着黄沙

忠马碑

在血战中
骏马失去了主人
在敌人面前
它没有屈服

口干如火
不饮一口水
瘪瘪的肚子
贴到背
也不吃一株草

在这片
被铁蹄践踏的
耻辱的土地上
没有屈膝休息

它回望故国的土地
悲鸣一声
便突然倒地

在山花烂漫的山脚下
用忠魂镌刻的一段碑文
萧萧马鸣
仿佛在苍天回响
把这块土地上
被玷污的灵魂唤醒

1979 年 9 月，于广州虎门

橡胶树

你从懂事起
就遭受创伤
一条一条被刮
挤出全身的乳汁

旧伤还未痊愈
又被刮出新的伤疤
直到生命的最后一刻
你都诚心诚意

与创伤结缘的生涯
你的命运如此不幸
可你忍受刺骨的疼痛
至死奉献你纯净的乳汁

哦，其实
这不仅仅是你……

1979年10月

流浪者

月亮走了
星星来了
在冰冷的世界
你流着泪生活

寒风刁刁的人生路
你惧怕险恶的人世
才在夜里独行

喝着冷风度日的星星
在孤独中哭泣而力竭的瘦月
世间过日子大多如此
遥远的云路阴雨霏霏

偷吃贫穷的月光
浸透悲哀的星光
无处安度一夜
才在天空流浪
啊，磨食泪水的你
是天空的流浪者

人生的天空虽有洪水

阴沉沉的天空
时而气喘吁吁
暂且晴一会儿
又下起霏霏细雨

充斥酸味的
洪水季节
花儿蔫了
红颜滚落在
泥泞的路上
人生却依然前行

生活的角落
混杂着霉味
担忧和喜悦
我们渴望明朗的晴天
虽然岁月总是刁难

或许在某一处

有迎接你的什么
于是我们埋怨着
嘟囔着继续走着

失望多于满足
又能何如
有时体面地受骗
满足于间或的祝福

啊，人生的天空
虽有洪水
但我心中的信仰
总是晴朗

第三辑

故乡

地 界

开春时节
两位老人
拔掉地界石

想起为水争斗的日子
不禁面红耳赤

没有地界的田地
铁牛犁地

从今都是一家人
哦，红霞满天

1955 年 6 月— 1956 年 10 月

那里曾有我的家

那里
曾有我的家
在粗壮的松树胳膊下
隐居着一间茅屋

檐下木廊台磨得
像肌肤一样光滑
围墙下的凤仙花
总是朝我笑哈哈

到了秋夜
毛栗子崩裂的声响
常常把我吵醒

可怕的战争
掀翻了屋顶
拔掉了渗透我体温的阶石

如今那里空荡荡

或许只有一株松茸
孤零零地守在那里

其实那个房子跟我搬了家
炮弹也摧不毁的永远的家
在我心中根深蒂固
永远和我在一起

苦涩的一粒果实

故乡是
结在我心头的果实
熟透了
也不能摘下的痛楚

她散发着田野的泥土气息
在后山上的金色阳光里腌制
是甜甜的珍贵的果实

在春天的雨雪里
在夏天的烈日下
在艰辛的岁月里
泪水凝结的苦涩果实
把它挂在陌生的屋檐下
我在傻傻地安慰自己的乡愁

不肯放开我的狠心的故乡
将来我的亡魂也会乘着云雨
去滋润家乡的土地

不能割去也不能吞下的故乡
被毒蛇咬伤的肉体
即使变得青紫坏死
依然在我心中永生

记忆鲜活的老屋

白天赤裸裸的太阳
躺在木廊台上打滚
夜晚扑满香粉的月亮
探头探脑窥视老屋

令人眩晕的黄色星星
趴在石墙上轻轻摇荡
沉沉入睡的爬山虎
无力地垂下头
瘦弱的手在清风里挥舞

那里有我鲜活的记忆
母亲的慈爱
父亲的严厉
都压在歪斜的屋檐下

悲喜交织的人生
如今干涸的井旁
悲歌遗恨的青蛙

也早已无影无踪

记忆朦胧
蒸发了思乡情
然而，季节来临
故乡依旧春花烂漫

乌 村

还用说
那些孩子的脚掌像牛皮
整日光着脚丫
也不落一处伤疤

在后山上
用柞树枝条捆绑的
一捆捆柴火
用脚一踢
就能滚到院子里

黑熊正在院子里
拽着牛角
跟黄牛摔跤
它吓了一跳
慌忙溜掉

烟雾弥漫的清晨
野鸡飞进屋里

咣当一声
打碎橱架上的陶罐
飞出去了
这就是我那
深山里的草屋

五六户人家
夹在山石间
孤单的小山村
如同丢弃的易拉罐
贴在地面生存

坚韧的屁股牛皮般
紧紧贴着地面
忍受着岁月的风霜
坚如磐石守着家乡
我可爱的乌村啊

被岁月褪了色的
遥远的记忆啊
波涛中的小岛渔村
像泪珠一样抖颤

一口老井

那里
曾有一口井
像故乡的母亲
渐渐老下去的一口老井
有井水般深沉的往事
有我留下的一个心痛

那口水井里
有长满皱纹的岁月
有尘封的记忆
有微波荡漾的故事
还有不该思念的
一个人的脸庞

石缝间长满了苔藓
风儿在那里歇息
有母亲的谆谆教诲
还有一个纯洁的灵魂
都在那里沉睡

独木桥

故乡村口外的一座独木桥
守着多情土地上的路口
被月光舔舐露出了白色
如同母亲的脊背微弯的独木桥
小心踩过去，母亲再三叮嘱
在坎坷的人生路途
我不知流下了多少泪滴

他乡的生活犹如独木桥
未能荣归故里的遗憾
长眠在后山上的母亲
怀着伤心的记忆在俯瞰
端着思念而伫立的独木桥
如今依旧高高挂在我心间

晒太阳

淡黄的阳光下
故乡端坐着晒太阳
豆荚开裂劈啪作响
秋天不期而至
衔着乡愁飞来的红蜻蜓
在我冰冷的胸膛
筑起了窝巢
苦涩的乡愁
撵也撵不走

故 乡

故乡是
悲哀时寻觅的
孤独的地址！

故乡是我心里
没有番号的
断肠的追忆

村前的梧桐树
斑斓地撕裂月光
满月的豆荚
张口偷笑的村庄

石墙边的柿子树
叶子一片片飘入
挂满绿苔的水井
村头的紫芒花
向你挥手致意

村前的一汪泉水里
没有飘落一片梧桐叶
房前老树的枝头上
众鸟叽叽喳喳歌唱

令人泪眼蒙眬的故乡
暮秋的雨丝中
南瓜花和凤仙花
无端地显得凄凉

在这绿叶炫耀的仲夏
我想变成一只蟋蟀
不停地，不停地歌唱

啊，如同未熟的果实
无论走到哪里
故乡都挂在我心里

水 库

犹如门缝上撕裂的纸条
荡来荡去的记忆
在雨中水库战栗

堵住岁月的胡同
坐在河堤上垂钓往事
无尽的思念直到天际

一只红蜻蜓
默默地落在我的肩膀
安静的秋天
坐在它湿漉漉的翅膀上

被水淹没的
简陋的村子
溪边的柳树林
青翠欲滴的往昔

酸酸的回忆

挂在湖边嶙峋的树枝上
悲伤地，悲伤地哭泣

拿着穿孔的胶皮鞋
围捕鲦鱼的孩子们
他们如今都在哪里
躲在塑料棚的一角
偷偷凝视我的顺姬
如今坐在谁家灶膛前
点燃潮湿的荆条

呆呆地望着西天
火红的晚霞
燃烧着一缕思念

凉爽的晚风吹拂
水库皱起了眉头
末班的游船
晃着尾鳍驶过去
打捞着满船
无声悲泣的余晖

破旧的茅屋

我那远方的茅屋
蟒蛇时而在屋檐下
爬来爬去偷吃鸟蛋
时而在柿树上盘旋

还有微风和阳光
不停地玩耍嬉戏
因而不怎么寂寞的老屋

太阳丢弃的一处血迹
在歪斜的柴门边
盛开凤仙花一片
洒满院落的月光
把丁香花的绿叶湿润

填满了贫穷的草房
给了我
永远闪亮的一颗星

温馨的母爱
在九天翱翔后
化作洁白的传说
纷纷飘落

浸透了贫困的老屋
像撕裂的旌旗
在记忆深处飘荡
离得越远
越是怀恋
我与你血肉相连
渴望成为你永远的符号

如今，破旧的茅屋
无人居住
茅屋在我心中
静静地淋着冷雨

我的故乡五渌沟

山井里五渌沟
在思念中生活

那里有一座光秃秃的山
山的阳面有诸多的坟
我的爷爷奶奶
就在那里长眠

溪水边春光明媚
吸食松花粉的春风
时而打滚的凉亭下
整日传出对弈的欢笑声
踏着自己的影子
归来的一群牛犊
找妈妈的哞哞叫声
传遍整个村庄

转动岁月的日月
醉卧在村前小河里

游来游去的鳉鱼
在我的脚底挠痒

在追忆中老下去的我
怀念的浪潮在心中激荡
远离千万里
也不能沉睡的乡愁
今天，啊
今天也生生不息

阿里郎村庄

如同飘飞的柳絮
我们遥远的祖先
唱着阿里郎
在蜿蜒的图们江畔
阿里郎村
升起了袅袅炊烟

赶着两头黄牛犁地
环形的犄角上
挂着青丝灯笼
层层密林
变成肥沃的田地
秋风中剩下的
只有叹息

雨水顺流的房顶
绿苔莹莹
勤劳的双手改变了河道
同甘共苦的邻居

情同手足，相依为命

泪水伴随了祖辈的一生
父辈的道路艰难困苦
江边树丛里走过队伍
出征的日子战歌嘹亮

河堤上种柳把洪水阻挡
白杨树成林把风沙遮挡
房顶铺新草葫芦绕篱笆
胡同里开满鲜花
果实飘香沁人肺腑

啊，波浪翻滚的图们江
默默无闻的阿里郎村庄
跨越云蒸霞蔚的年轮
怀着梦想和希望的村庄

山 村

肥胖的一群野鸭
生下一汪碧绿的湖水
飞过山岭远去了
发酵的太阳
悠悠地躺在童山上

慢车的终点站候车室
末班车的旅客也走了
检票口前的一排银杏树
喧闹了一阵后耷拉着叶子
过季的一双蝴蝶
黄昏时分躲进花朵里

如同回忆般升起的月亮
披着晚霞的山坡
浸泡贫困的黄色茶杯里
刮着生锈的风

在季节流逝的

歪斜的门框间
沾满贫困的
皱巴巴的脸
把淤血的想法
挂在风中

低矮的草房
家家咀嚼着思念
短如鹿尾巴的太阳
牵来打哈欠的早晨
小草擦拭眼睛
星星脱掉了衣裳

风数了数几根头发后逃走
垂柳下长满绿苔的泉井
舀出圆润的天空
斗转星移日落月升
无人造访的小山庄
人们腌渍年轻时的梦
一天一天过得很平静

故乡扫描

院落的一角
有一棵柿子树
上面挂着一个柿子

咀嚼着孤独的
母牛犄角上
飞落一只
迁来秋天的蜻蜓

远处跑来一位奶奶
呼叫我的乳名
问她是谁
原来儿时玩耍时
她是我的新娘

乔迁之喜

今天
喜鹊欢叫的日子
我们搬进了新房

新旧房子
近在咫尺
搬一次家
却用了半个世纪

回头一看
寒碜的老屋
惜别的泪水
顺着房顶的稻草
往下流淌

曾在北方的风雪中
瑟瑟战栗的草屋
奶奶赤裸的遗体
被草席裹着

从歪斜的门框间
咳痰般吐了出来
据说没来得及招魂
一到阴天房梁就
嗡嗡嗡哭泣不止

悲愤中捶胸顿足
离家出走的哥哥
在南进路上
消失在陌生的草莽间

悲喜交集
泪水洒满了
搬家的路

用夙愿打下地基
用骨头刻成房梁
住进宽敞的黑瓦房
这真是天大的喜事
嘿，做打糕打酒来
大喜的日子我请客

夙愿之路
既远又近
嘿，快看

怀着梦想的时代

也要搬进新房啦

1982年5月18日

山沟运动会

挣了钱
盖了房子
嗨，有啥愁的
玩吧
喝了酒带些醉意
参加山沟运动会

狭窄的天空
烧煮着太阳
四周的高山
挥舞着山花
嘿，白发奶奶们
顶着水罐赛跑

一辈子顶着水罐汲水
参加比赛
心儿却怦怦直跳
鞋子跑飞了
长裙紧裹着身子
嗨，田埂上奔走的身姿

光脚跑得好带劲

白发飘飘
衣带飘扬
岁月虽然老去
人却青春正当

一辈子行走匆匆
摸爬滚打
气喘吁吁的人生

翻越一座座山岭
头顶水罐
顶着多少忧虑多少梦
红颜青春菖蒲簪子
血雨腥风的足迹
今天沐浴着阳光
年老的新娘
跑在竞赛场上

顶到终点的陶罐里
映着蓝蓝的天
火红的夕阳
哦，幸福的山村
在欢呼鼓掌

1985 年 5 月 25 日

肉中刺

像手上的刺

一碰就痛

故乡啊

你是我身上

揪心的肉中刺

喜欢山，才住在山林

——在朱德海同志的陵墓前

高塔
忠魂
因为喜欢山
才住在山林

一辈子在山里生活
与山有着割不断的情缘
所以，离世后
你依然住在山林

高耸入云的纪念碑
象征着你顽强的气概
绿波荡漾的丛林
象征着你激荡的情怀

你的心脏
在这里跳动
你的青春旗帜
在这里飘扬

故乡和你在一起
你慈祥的笑容
故乡的幸福之花
在此竞相开放

你的思乡之情
化作洁白的云
在山坡上盘旋

顶天立地的你
岿然不动的身姿
深情地俯视
故乡的土地

你，陪伴日月的战士
迎接这片热土上的朝霞
目送这片山川上的晚霞
忠诚的位置岿然不动

自从走出山村柴门
经历了多少苦难
在此驻足的战士
辉煌人生的终止符

生前你深爱的

九曲海兰江
两岸稻谷翻波浪
万亩果园梨花香

你曾抚摸的黄牛
也因想你而哞哞叫着
在阳光灿烂的福地
辛勤地翻耕土地

在歪斜的茅屋前
老是抽闷烟的山沟老汉
如今直起腰来
站在黑瓦飞檐下
畅想未来

随着岁月流逝
我们更加想念你
你与岁月同行
永远守护着家乡

高塔
忠魂
因为喜欢山
才住在山林

1987 年 3 月 18 日

翻山越云

翻山越云
姑娘来了
磨出硬茧的双肩
背来了小商店

背来一大包杂货
背走一大筐土特产
翻山越岭汗如雨
攀缘崖壁真辛苦

松香弥漫的蜿蜒山路
松风吹动黑色裙摆
一口气走过十里山路
还要蹚过齐腰深的溪谷

走遍深山十二沟穷乡僻壤
用善良和真诚诊脉所需
为山民送来各种日用品
商店的宝贝呀，可亲的姑娘

你给我们送来许多欢乐
你再次翻山越岭回去时
梯田里的玉米踮起脚尖送你
狗尾巴谷穗也抬起头来望你

坑洼不平的深山小路
一步一步留下你的脚印
你关爱淳朴山民的爱心
你的忠诚大山知道

姑娘翻山越云走了
背着小商店走了
喂，你看
山顶挂着美丽的彩虹

1963 年 5 月—1977 年 12 月

啊，绣花坐垫

鲜花烂漫的时节
周总理踩着野花
从田埂含笑走来
亲自拽开我家的门
坐在我家的绣花坐垫上

绣着野菊和金达莱的椅垫
喷洒了万顷稻花香
按我们民族的习俗
总理盘腿坐在椅垫上

看看厨房摸摸炕梢儿
亲自打开焖饭的铁锅盖儿
察看米缸里是否有米
还看风箱的皮筋紧不紧

从敞开的门窗
传来水田里潺潺的流水声
田野上绿浪翻滚

果园里果实飘香

你询问水稻生产如何
还问油盐柴米足不足
你送来的温暖阳光
填满了山沟的草房

我们高唱桔梗谣
手舞足蹈
你和我们一起
唱歌跳舞

我们准备了可口的饭菜
可惜日理万机的你
来不及品尝
就挥手离去
遗憾啊　只盼下一次

可你再也没来
深深的悲痛啊
断肠的思念啊
化作了瀑布
化作了江河

你的体温未消的椅垫
虽不能再次来坐

你的形象却历历在目
永远坐在这个椅垫上

与日月同辉的你
你的祝愿到处开花
边疆处处是绣花坐垫

总理啊盛情邀请你
踏着铺展彩虹的路
请到我们温馨的村庄来

历史悠久的土地

延边的热土
处处都能掘出历史

阴沉沉的褴褛岁月
愁闷的天空
挂着破烂的不幸时
雪白的悲伤
躺在海兰江上
流向遥远的海洋
图们江
忍着刻骨的伤痛
在东海迷失了方向

血染的山川
山山烈士碑
勇士们的忠魂
直插云天

战歌嘹亮

山野燃烧着
粉红的金达莱

我们的祖先
一辈子头顶阴天
垦荒造田
用枪尖种植传说
虽被魔鬼刺伤
洁白的心魂
却依然不变

岁月抹不掉
风月洞的喊声
抹不掉青山里
雷鸣般的枪声

深邃的沉默
融进蓝天
青山怀抱着百年奇迹
今天，啊，今天
苍翠依然

火红的辣椒地

锄地的母亲去了哪里
乡愁熟透了的辣椒地

半辈子背井离乡
两鬓染上了白霜

你的心总是燃烧不止
红颜依旧美丽

把你挂在异地的屋檐下
常常望着你咀嚼乡愁

白头翁花的追忆随溪流走
人生的黄昏只有落照如火

即将满月的季节

满月的大豆
在田垄张开了口
白花花的紫芒
露出雪白的笑容

在艳阳里腌渍的山
沉默不言
赤身裸体的树木
掏出星光来撕裂

含泪度过
迟迟不走的季节
干燥的风
载来成熟季节的
款款脚步

秋阳在寻觅
落座的位置时
逐渐干涸的稻田水口
滋润着干渴的嗓子

一松亭

是谁把你
拦腰折断
哑巴
哑巴
深沉的哑巴

你曾挥动蓝天
咆哮　呐喊
顶天立地的你
是历史的证人

是效仿蓝天
沉默不语
还是模仿山岩
不肯开口

你默默守望
悲伤的原野平岗
冒着刺骨寒风

与日月做伴

挺立无言

听，血色的历史

在哭泣

咆哮的海兰江

怀着伤痛

回忆往事

骑着骏马奔驰的斗士们

如今安在

坚守民族之魂的一棵青松

今天依然怀着梦想

第四辑

爱恋

四颗樱桃

刮风下雪的日子真好
你的两颊红扑扑
像熟透的樱桃
吮吸一口
一定很甜
啊，我的樱桃哟

只有我和你
亲热地走着
哦，一棵树上
结了樱桃四颗

1956 年

撒 网

我把渔网
投进河里
想捞出嘉鱼般
活蹦乱跳的记忆

我的生命之河里
漂流着无数记忆
还有许多难忘的名字
它们一起相拥回旋

生活的故事挂在渔网上
成了绵延的历史
牵着渔网般交织的记忆
岁月奔向遥远的海洋

不要踩踏枯叶

凉飕飕的秋空上
一只大雁悲鸣而去
她就是离我而去的
薄情人么？

冷雨默默地
捶打落叶
挂在树枝上的
最后一片树叶
悲凉地，悲凉地飘落
我们的爱情已成落叶
离别和痛苦又怎能阻止

热闹的春夏已然逝去
秋之哀愁多过树叶
请不要踩踏枯叶
红叶是我落满伤痕的爱恋

放风筝

风筝是
飞出我心窝的
一只小鸟

我的爱在天空呼吸
我不肯把她放飞
拼命地拼命地拽住绳

在一个焦点上
放置思念
朝着天空高喊
一个刻骨铭心的名字

风儿知道
我的思恋
把爱恋的焦点摇晃

你和我之间

喊你，敲门
你都不应答
离别前
站在你家门前
心中燃烧的一个火球
终究没能吐出
看来世间的故事
往往如此

破旧的草房屋檐下
你那文静的身影
在歪斜的窗前晃动

在我心中无法抹去的你
在难以入眠的他乡之夜
留作了久远的回忆

你和我之间
长出了一棵故事树

繁茂的树枝上
渐渐变黄的叶子
摇曳着心痛的记忆

第五辑

夕阳情

黄昏的浪漫

丛林里的树木
唰唰脱掉衣服
西山上的乌鸦
哇哇叫个不止
疲倦的太阳
急于落下山去
两位老人
静若山石
正在对弈
将军——垫将
寸步不让的搏击
当头炮，车落伍
卒已杀光
最后一招
想直取统帅
秋风中的黄昏浪漫
最后的对决中
两位老人十分激动

他们来不及想

其实人生

也是没有胜负的棋盘

牛车路

走到了尽头
空车嘎吱嘎吱
曾经载满了东西
如今却空空如也
空荡荡的牛车
该走了
嘎吱嘎吱
走向山那边
昏暗的黄泉之路
无人挽留
也没有留恋
还要走多远
旷野　重山
越走越深
在此卸下一包忧虑
该走了，空空的牛车
走在险峻的人生旅途

冬天的树

路边的树
像士兵一样排列着
脱下一层层衣服
呼吸着　生存着

手和手举着刀枪
默默地呐喊着
刺向寒冷的天空

晚秋冰冷的雨滴
把树上的风浸湿
把流逝的惋惜
一条条撕碎

昨日的记忆
像群鸟飞向远方
嶙峋的树枝
举着一个痛楚
拨弄着蓝色的月光

是的

记忆

不是常绿树

晚 霞

太阳落山时
涨红了脸
像红透的柿子

因目睹了太多的人间羞惭
给大地抹上了浓浓的红晕
把天边染成迷茫的羞赧一片

空手离去的人生
尘封生活的印痕
留下拥有的一切
心底清澈的这一刻
把霞光里的一缕期盼
也全部燃尽
没有丝毫的愧色
画上人生的句点

风吹拂着云田
晚霞踏上清纯的山峦

准备离去的行囊时

人生蹒跚地步入黄昏

把一丝遗憾放置山巅

秋季断想

秋天啊，请你暂且
暂且停一停脚步
何必这么匆忙
虽是必走之路
但是那棵银杏树
如同洒泪飘落着树叶
满月的田野
用悲凉的目光
望着你转身的背影

枫树引领着红蝴蝶
焦渴地焦渴地摇晃树枝
把一幅水彩画
在秋阳下晒熟

合上丰盛的季节
恋恋不舍地离去
腌制年轻的一缕梦
还有刺心的悲痛

现在鸟儿已啄完
无事可做的稻草人
在瑟瑟秋风中
挥舞着破烂的衣袖

寻找爱的捷径
该走的都走了
空落而无私的季节
横扫着田间鼬鼠般
焦黄而叹息的落叶

你脚步匆匆
一切都和你一起离去
我站在广袤的原野上
呼唤回归时的梦想

吐露最后的一份真情
为了寻觅
又一个断肠的思念
依依惜别的你
背影多么凄凉
回首一次
再次回首
又能怎样

一切都在晒太阳

把我苦涩而犹豫的心

晾干后一起走吧

在这离开的季节

夕 阳

点燃最后的遗言
落山时无比眷恋

整日风尘仆仆
走过遥远的云田

艰难的日子
挥洒泪滴

空手来
空手去的汉子

把所有悲凉的记忆点燃
默默地抹掉凄凉的足印

在苍茫的生活原野上
燃烧赤裸裸的生命句号

冥 想

有一位白发老人
坐在树林里废弃的树墩上
望着远处的夕阳
穿梭在树林里的疲惫的风
把老人稀疏的头发吹动
一阵凉爽
秋天来了
一片片落叶
无声地落在脚面上

夏天把位置让给了秋天
退几步站在后面望着老人
怜悯的目光
犹如夕阳的余晖凄婉
夏天和老人都沉浸在冥想中

那个华美的时节
夏天捧来了丰饶的礼品
热闹的蝉鸣　清爽的绿荫

鸟的欢歌
花朵的婚礼
夏天为了秋天
准备得很齐全

现在把这一切交给秋天
就像老人一样需要离去
那么世上的一切
都会回避夏天
敏捷的松鼠
善于唱赞歌的小鸟
全都无情地转过脸
把秋波投向新的主人

繁茂的绿叶变红
挂在树枝上窃窃情语时
绿意盎然的夏天过去了
季节的冷风浸染着夕阳
夏天走了还能回来
人生的黄昏不会再来
夕阳西下
老人望着晚霞
默然伫立

日 落

往嗓子里倒进几杯白酒
望着日落总感觉有些悲凉

夜幕渐渐拉长的原野上
总有不能入睡的风

羞愧的岁月
拽着遥远记忆的一角走来

落日如此红艳
是否为动荡的岁月羞红了脸

记忆在阳光下发酵
如同撕裂的旗帜飘摇

夕阳下的原野　喧嚷的大地
正在安抚着落日的悲凄

黄 昏

乌鸦哇哇叫着
飞回鸟巢时
爷爷一瘸一拐
走在夕阳下

全身的重量
依着拐杖
摇摇晃晃
在这黄昏时分
请问走向何方

岁月也步履蹒跚
一起同行
在这日落时刻
站在人生的终点
回望泥泞的爱恨之途
凄凉的影子很长很长

成熟的季节

夏日里
歌唱不止的蟋蟀
躲藏了身子
暴饮的烈日
变得如同薄纸

大口大口呼吸
把秋天的气息
吸入胸腔的季节里

我的爱化作蝙蝠
收起翅膀
沐浴着阳光

天边熟透的思念
如同撕裂的雨伞
风中飘荡的记忆
在冷雨中战栗

人一去不复返
我更喜欢
来去自如的风

岁月如流
堵上江水
坐在河堤上
悠然地垂钓人生

我庭院的一片青翠
小鸟啄食后飞远了
一棵银杏树
抹掉小鸟寒酸的身影
在轻轻摇晃着肩膀

热恋的树枝们
盛上蒲公英的种子
撒向远方

最后一声长笛

鸣响
最后一声长笛
心情
这才收起阴影
嫩黄的波斯菊
含笑把我相迎

火车在傍晚
又喷着白烟
画着一个个山影
疾驰而来

在世间某处
放下所有憔悴的旅客
只载着心痛的思念而来

铁轨被截断的
最后终点站
发酵悲情

拥抱阳光的村庄
久久发酵的时光
把一棵大树培养

终点站熄了灯
爱没有表情
赤脚走过来的许多日子
在凉风中把我窥视

花儿谢了　叶子落了

花儿谢了
叶子落了
寂静的岁末
夕阳显得好凄凉

家家户户的门窗
拉上了遮挡黑暗的窗帘
冷风徘徊的山坡上
传来岁月开拔的汽笛声

我和你
又走到一年的尽头
到了衡量收获的时候

吹掉秕子和谷皮
抚摸谷粒的手背上
落满了祝福的雪花

花儿谢了

叶子落了

一年就这样结束了

生机勃勃的时间夜空上

还有灿烂的宝石闪光

因而，我不会悲凉

等 待

我在
等待谁
谁在
等待我
我也不知道

茫然的事情
虚妄的梦想
浮现在那片
遥远的天空
我拼命呼喊
然而空荡荡
只有无趣的回响

爱的荒野
没有约期
一枚枯叶
滚来滚去
哦，我是荒野上

一枚悲凉的枯叶

去往哪里
地平线渺茫
我的梦就要飞往
那片忘却的天空

请问，等待呀
你叫什么名字

第六辑

在朝鲜

站在生锈的铁丝网面前

——面对朝鲜非军事区

无比自由的乐园
只有鸟兽分享
铁丝网上挂满
七千万白衣民族的思念

哭累了的停战区
我渴望像鸟像风
在地雷区跳跃飞翔

把这挂在胸口上的铁丝网
扔进炼钢炉里制作农具
让轻盈的白云化作洁白的魂
在南北天空惬意飞翔

啊，绝望的地雷区
令人诅咒的草莽
应该立刻把它翻耕

半个世纪无尽的遗恨
悲愤的苍天细雨绵绵

站在拦腰砍断的地图面前

悲哀啊
伤痕累累的这片土地
青山依然
地图却拦腰斩断
苍天啊
请赐我一把龙传剑
望见割裂的你
倒不如把我的腰肢砍断

水鸟的哀鸣

心中淤血的伤痕
化作了山野的荒凉
非武装地带
朝鲜军事分界线的瞭望台
无声的江水
猛烈拍打我的胸膛

看来，巨大的悲痛
可做经商的本钱
为了观看这个国家的苦痛
地球村的人们云集这里

一个时代的羞惭
在湍急的江面
把火红的落照点燃

不知来自哪个国度的男子
用迫击炮炮身般的望远镜
阅读南北的可悲历史

咀嚼着带刺的沉默
所蕴含的沉重含义
神经麻痹了的瞭望哨
依旧年复一年度日

肝肠寸断的孤寂
水鸟的叫声哀哀戚戚

哨 兵

你是一棵
呼吸着的枯木
是不幸的时代插上的
失去知觉的感叹号

牵引秋天的蜻蜓
把乡愁的悲凉
丢在你的肩章上

麻木的孤独
缠着你的脚脖子
跟无心的风求情时

你挂念故乡的老屋
歪斜的烟囱
是否冒着炊烟

妈妈和年幼的
弟弟妹妹今天

如何糊口求生

夕阳下乡愁断肠
担忧如万丈深渊
在士兵的胸膛
化作熊熊火焰
燃烧，燃烧

金刚山的清溪

——面对九龙瀑布

我为了游览金刚山
向山顶攀登
你因思念大海
往山下蜿蜒流淌

你和我
都向往名胜
可你为何
祖祖辈辈不停地流淌
千万年潺潺不止
昼夜不舍

你急切的心情
形成瀑布
难舍的别情
绕着岩石
喃喃自语

鸟儿嘬一口

不忍咽下去
望望天空
再嘬一口
望望大山

青山环绕着你
央求你
岁月啊，请留步
可你不听
匆匆离去

你是迷恋大海啊
既然如此就走吧
山顶上的石狮
洒下清泪一滴

沉默的一座坟墓

——沙里院[1]的故事

爷爷临终时吩咐
要埋在向阳处
这不是
为了晒太阳

去一趟首尔
就要回来的小儿子
半个世纪过去了
仍然杳无音讯
刻骨铭心的遗恨
到了黄泉也惦念

骨肉之情
魂牵梦绕
分割的苦痛
是不治之症

① 沙里院：位于朝鲜黄海北道西北部的一座小城。

你在天底何处

——于清津

我在找你
战争卷走的
不能忘怀的人

咬着嘴唇
咀嚼那份痛心
明知时光不会倒流
而我还在寻你
半个世纪了
一份思念
悬挂空中

命运是否在作弄
明知不能重逢
却向游客
打听你的奇迹

我在寻找你

虽然遥不可及

然而那里却是

我之爱的归宿

海 鸥

——面对元山大海

大海的涛声
伴着海鸥的读书声
洁白的海上天使
东海的巨浪使它耳聋

在元山港口悲泣的天使
想悄悄飞向远方的束草
却被隐形的网
折下了翅膀

在海岸的礁石下
垂下受伤的翅膀
哀伤地仰望
忧心忡忡的天空

等待，等待
流着泪飞走的洁白的魂
挥不去的一个夙愿
犹如远海上
一点帆船茫然

胡 同

——于惠山

咸镜北道明川邑
世风不古
人人摇头

小镇居民却故土难离
街道房屋风貌依旧

家家晾衣绳上
挂着破旧衣裳
犹如旌旗飘扬
漂白着贫穷

紫色恋情
在破旧的窗口晒太阳
不知姓名的爷爷们
播撒的故事
在忧郁的厢房
吟诵着陈旧的典籍

不安和烦躁
发酵成气泡
黑暗如同潮涌
灌满胡同

喜鹊依然每日
飞来这里歌唱
碎落的阳光
把贫穷消融
脏兮兮的童颜
像霜打的向日葵
在玻璃窗里懒懒绽放

火红的金达莱

山腰粉红一片
金达莱犹如火焰
把春天点燃
她是这里的国花

鲁莽的春风
吞咽了火
滚烫的哈气
舔着大地

烧得通红的牡丹峰
饮大同江水来解渴
季节在这里
精心种植一棵梦树
折叠未知的地址
长出了碧绿的叶子

在古都开城

或许贵客要来
喜鹊叽叽喳喳报喜
开城的民俗街
高丽风貌尚在

古色古香的黑瓦房
羞答答昂起头的屋檐
幻影般映在甬道上的石镜
太古的沉默在这里流淌

或许统一三国的太祖王建
从后山的陵墓里醒来
悠然地望着世态炎凉
禁不住怅然叹息

仿佛听到这条街的一家书店里
传出哪位公子琅琅的读书声
仿佛看见美丽的高丽姑娘
正在腌制爽口的辛辣泡菜

她举起沾满辣椒的手
放在含笑的嘴角
笑迎陌生的游客

现在这条街行人稀少
四月的风冷飕飕

这座高丽古城
沉睡了千年风云
刮风不止的雪岳山
又刮一阵狂风如何
我祈祷着明日的清明
在板门店的屋顶上
挂上一个祈愿后离开

幽灵般流淌的送葬行列

灵车出发了
煎熬了多少饥饿的日子
终于倒下来走了

默默低头的送葬队伍
像幽灵般流淌

房前枯黄的银杏树上
挂着一块白布
像瘦骨嶙峋的手
在湿润的风中摆动

洒向夜空的
最后一句是
到了黄泉
也许能吃饱肚子

星光如焰火般倾泻的夜晚
站在找不到出口的迷途上
只有仰天痛哭而已

在去元山的路口所见

奄奄一息
青黄不接的险境
无边无际
死前必须翻越
这座险山峻岭

面对它
成年人茫然若失
仰天悲叹
孩子们哭着哭着
晕死过去

身体虚脱的爷爷
躺在草地上
暗淡的瞳孔
满眼星光

倒在山腰上的妈妈
把最后的一粒玉米

放在小儿子的手里
流着浓于血的泪水

在毛毛细雨下
发芽的翠绿春麦
只是画中的饼
还需遥远的等待

拯救苍生的大麦季节
踏着悲哀的绝境
站在海拔一万米的高空
慨叹人间的悲惨
山峰的那边
等待的又是什么
怀着虚妄的梦
脚步沉重
饥饿的世界
把陡峭的黄土路覆盖

集 市

凉风习习
某邑萧条的集市

人们拿出仅有的家底
讨价生命

有位奶奶拿着几颗鸡蛋
如同手里握着宝石
有位爷爷
捧着刚采来的刺嫩芽
如同珍馐美味格外珍惜

寄托生命的讨价
在专心进行

看来生存比死亡还不容易
拿出所有的东西
或许能吃上一碗粥
饥肠辘辘的人们涌进集市

在绝望中挣扎
为坚韧的生命讨价还价
咀嚼着生存的坚硬味道

清川江

回首
再回首
一个个漩涡
是因刻骨的思念

思念是终生的心病
是与生俱来的悲情
淤积成满腔的墨水
为了思念的人
流向遥远的海洋

呼唤你，你不回应
期待渺茫
投入辽阔的胸膛
也许能相容

白头山和汉罗山
相对而视的狭路
江水如风透过去

若有通天的大路
就会展翅飞过去
蜿蜒曲折的千里路
回荡着水鸟的哀鸣

忍耐，忍耐到心力交瘁
一个时代的伤悲
蓝蓝地碎落在大海的日子
你是一只悲愤的鸟
在黄昏里挣扎

临津江渡口

冰封的临津江
冬雪不停地倾泻
再过一个月
江边干枯的柳枝上
就会挂着毛茸茸的新芽
会有斑斓的蝴蝶飞来飞往

现在所有冬眠的物种
该做胎动的练习了
仿佛听到阵阵雷声
岁月与季节一起凝固
该像蛴螬一样化形
人们把自己的幸运
赌在茫然的期待上

冰下传出
新春的潺潺滚动声
绿色节奏悦耳动听

总有解冻时
冰冻的季节
我在这里
倾听春的脚步声

第七辑

风　景

千年孤独

一只山鸟
孤独地叫着
不知飞向了何处

岩石一动不动
只在心里悲泣
千年的孤寂
无奈的孤独
长成绿茸茸的苔藓

苦苦等待
期盼鸟儿回来
岩石终于
放声痛哭
于是人世间
诞生了瀑布

鸟儿留下的鸣叫声
瀑布在不停地吟唱
其声在山谷回响

鸟的乐园

在高高的细枝上
筑巢的鸟儿
夜夜梦游星村
青绿的树枝
扫来夜空的星田
把鸟的美梦装点

因而鸟的梦想
如同星星闪亮
在星村学来的歌声
如同银河水湛蓝清亮
柳莺的羽毛如此碧绿
是因吮吸绿树的乳汁
红角鸮的歌声如此悲凉
是因啄食埋在山里的冤魂

布谷鸟叫一声
季节翻一页
野鸡扑棱一次

草丛里的石竹
开一片花蕊

沐浴金色的晨曦
黄鹂的羽毛闪着金光
畅饮了石缝的清泉
小鸟的歌声玲珑动听
自由乐园里的天使们
谱写着青翠欲滴的歌
绿色世界多么令人向往

岛 屿

岛屿——
独占一切
大地　天空
汹涌的波浪
委屈的风

为思念而疯狂的小岛新娘
在她溢满思恋的胸膛上
不问季节的海鸥在筑巢

你把涌来的海浪
洗得雪白
海女的纯情
把岁月抚慰

如今你依然浮在清波上
晃动的一个小点
是你无尽的思念

海上的太阳

灿烂的太阳
在海面浮动
她不知道
水深的烦恼

于是
在海面上翻滚
终于
在浪尖上粉碎

辉煌的公主
翩翩起舞
她永远不懂得
缄默的大海有多深

在火热的新疆大地

——吐鲁番抒情

你是燃烧的
多情女人
站在焦渴的
沙漠中间
给来往的客人
捧出酸甜的葡萄

哦，吐鲁番的葡萄
是滴答坠落的
夏季的泪水
是炙烤的季节里
甘甜的青翠

你的心脏
烧成火焰山
你的哈气
燃烧了夏天

从烈火中

走过来的历史
如今只剩余烬
成了传说故事

扇动芭蕉扇灭火的
孙悟空如今何在
唐僧念咒祈求的
极乐世界在何方

焦渴的大地
晒干了木乃伊的
千年之梦
沙漠的花蕾
火花绽放

载着绿荫行驶的驴车
红红火火的斗篷
花枝招展的姑娘们
热热闹闹的迎亲队伍

骆驼驮来的
沙漠黄昏
在此燃得火红

天地尽在燃烧的地方
女人在火炉上烧烤人情

放置阁楼上
珍贵的礼物
哦，葡萄熟了
心却酸酸的……

1987 年 8 月 7 日，于吐鲁番

草原的火炬

——观看哈萨克族“追姑娘”游戏

骑着马
被小伙子追赶
红裙子姑娘
她是一支火炬!

飘扬的头巾
飘逸的裙摆
草原点燃的
纯情的火花

高高举起鞭子[①]
轻轻甩下去
这是爱的鞭笞
挨打的小伙子
该是多么幸福

① “追姑娘”是新疆哈萨克族在节日里进行的一种游戏。小伙子骑着马追姑娘，姑娘就回头鞭打小伙子。要是喜欢就假装高高举起鞭子，轻轻打下去，若是不喜欢就会用力鞭打。

早晨在东边的朝霞里点燃
晚上在西边的夕阳里燃烧
在朝霞和夕阳之间驰骋
这里的姑娘风风火火

在碧绿的地平线上播洒火种
爱的花蕾怒放时
姑娘举起了严酷的鞭子
在鞭子上衡量忠诚

用火和鞭子引领命运
在岁月的风雨里飞奔
高兴抑或悲伤都高举鞭子
那是咆哮的宣言

用不屈的民族智慧
征服爱情的火炬主人
直到大限之日燃烧的火
啊，壮美的飞蛾扑火

追赶姑娘的小伙子
虽然很多
火炬点燃的心脏
却只有一个

1987 年，于新疆哈密

恋恋不舍的村庄

太阳沸腾了的沙漠戈壁
白杨也中了暑打蔫的正午
来了客人就是这里的节日
善良的村民兴奋不已

骄阳把石头烤得滚烫
主人的热情胜过骄阳
纯朴的民俗
炽热的真情

家家户户门前
站着好客的主人
热情招呼路人
进屋尝尝葡萄
解解渴歇一歇

盘里装满了葡萄
心里流淌着甘甜
喝口井里的清泉

禁不住热泪盈眶

爷爷在低矮的驴背上
走到人生的黄昏
现在他的腿弯了
含羞微笑的女孩儿
淌鼻涕的光腚男孩儿
阿凡提的后裔们一见如故

主人掏出心肝的纯情
禁不住热泪夺眶而出
拽着缰绳的沙漠主人
还有不会说话的牲畜
也都和颜悦色

啊，恋恋不舍的村庄
干脆解开行囊住下来
在相互的心里拴上绳
把难忘的事打成结记下来

1987 年 7 月 31 日，于新疆哈密

家园，该如何称呼你

托在驼背上
种在沙土里的家园
被泪水腌制
变成黄黄的慨叹

在这干枯的沙漠
扎进生活的根子
把童心和梦想编成故事
在昨天和今天之间
挂上一道心愿的彩虹

随风呼啸的流沙
骄阳把石头烤得滚烫
在骆驼洒满汗水的荒漠
悄悄地种上翠绿的种子
代代耕耘生命的绿色

用爱心腌制
甜甜的哈密瓜

把家乡的苦涩抹掉
竖起了响亮的自豪

于是，现在——
金沙闪闪的家乡
茂密的葡萄藤
一串串葡萄剔透晶莹

你的信仰
如同千山和昆仑山坚定
你磨砺的生存意志
成了沙漠碧绿的梦想

你在荒芜的天边
哺育了家园
如同陡峭的山脊
性格刚强
意志坚定

开渠引雪水
种树挡风沙
七月的千山白雪
冲凉了你滚烫的额头

融化雪山上的白雪
把亿万个太阳洒满荒野

丹霞铺满了油井的上空
黑色瀑布在大地喷涌

一片片树林蓊蓊郁郁
乐园在此落地生根
重新描绘家乡的本色
驼队载着梦想走向天际
哦，家园我该如何称呼你

1987 年 7 月 30 日，于新疆哈密

山中竹楼

山中竹楼
黄色竹楼
因为山美
住在山里的村庄
山和山之间顶着黄色的筐
方形的村庄
在天地相连的佳境
把传说故事代代相传
挂在屋檐下的月牙
多像爷爷手里弯弯的镰刀
星光洒在窗台上
依依挥洒的清泪
化作晨露挂在崖壁上
草丛里小憩的野风
吹拂着多愁善感的山庄
南方大地
把山的气概
立在最高的地方
山里的竹楼

方形的村庄

南方捧出了

黄色童话……

额尔古纳河

额尔古纳河
你不是一条河流
你是一条
生生不息的血脉
养育了一个民族

在你的清流里
擦洗伤口出征的队伍
一去不复返
你的思念
至今在江心回旋

额尔古纳河
你不是一条河流
你是穿过草原的
一首长诗

是岁月挤出的
多情的泪水

你跨过昨天和今天的时空

朝着阳光灿烂的远方

携着传说故事奔腾

1989年7月

皇城古迹

青山处处
留下奇迹
匆匆的历史足迹
去了哪里

高耸的坟冢
犹如小山
埋藏了千年之梦
石块堆砌的坟茔
青苔苍然的石缝间
是哪位英雄豪杰的英灵
正在霍霍磨枪

将士们驰骋的青山绿水
如今听不到战马的嘶鸣
使历史沉沉欲睡的
皇宫里的晚钟
余音已无影无踪

古墓的壁画中
飞腾着白虎青龙
智慧的星光
与日月同辉

坍塌的城墙
每一块河卵石上
悲凉的传说
都在刺痛我们的胸膛

刀光剑影的古战场
是哪里
宫女们战战兢兢
垂手恭立的地方
是何处

用箭镞开拓的疆土
人们满怀敬畏
迈着沉重的脚步

兴衰的历史足迹
哦，皇城古迹
昌盛的时代
赋予了新意

春被玫瑰刺痛

吸食新绿的春
被玫瑰刺痛
吐出鲜红的血

在波动的春光下
黄莺眯缝着眼睛
忍不住爆发的欲望
把成熟的身子颤动

没有番号的季节
柳树林　溪水　青草香
田野的紫芒
蓝蓝的梦

狂风暴雨的岁月
在叹息中度过
春天撕裂明媚的阳光
编织着五彩斑斓的绸缎
如同彩蝶的羽翅富丽绚烂

图书在版编目（CIP）数据

眷恋 / 金哲著；朱霞译. -- 北京：作家出版社，2017. 8
（中国少数民族文学发展工程 · 民译汉专项）
ISBN 978-7-5063-9648-6

Ⅰ. ①眷… Ⅱ. ①金… ②朱… Ⅲ. ①诗集－中国－当代 Ⅳ. ①I227

中国版本图书馆CIP数据核字（2017）第212091号

眷 恋

作　　者：金　哲
译　　者：朱　霞
责任编辑：史佳丽　李亚梓
装帧设计：曹全弘
出版发行：作家出版社
社　　址：北京农展馆南里10号　　**邮　　编：**100125
电话传真：86-10-65930756（出版发行部）
86-10-65004079（总编室）
86-10-65015116（邮购部）
E-mail:zuojia@zuojia.net.cn
http://www.haozuojia.com（作家在线）
印　　刷：北京玺诚印务有限公司
成品尺寸：170×240
字　　数：176千
印　　张：12.75
版　　次：2017年12月第1版
印　　次：2017年12月第1次印刷
ISBN 978-7-5063-9648-6
定　　价：35.00元

品读《弟子规》感悟职业人生

Pindu Dizigui Ganwu Zhiye Rensheng

老泉 谢月华 著

Dizigui

溯本寻源
尽在道然中

职业精神家园的入口；
员工躬身践行的准则。
用国学要义之精神，成就完美职业人生。

中国言实出版社

图书在版编目(CIP)数据

品读《弟子规》感悟职业人生 / 老泉，谢月华著. —北京：中国言实出版社，2012.12

ISBN 978-7-5171-0039-3

Ⅰ.①品… Ⅱ.①老… ②谢… Ⅲ.①古汉语—启蒙读物②人生哲学—通俗读物 Ⅳ.①H194.1②B821—49

中国版本图书馆 CIP 数据核字(2012)第 293177 号

责任编辑:李　生　孙法平

出版发行　中国言实出版社

地　址:北京市朝阳区北苑路 180 号加利大厦 5 号楼 105 室

邮　编:100101

电　话:64924716(发行部)　51147960(邮　购)

64924853(总编室)　56423695(编辑部)

网　址:www.zgyscbs.cn

E-mail:zgyscbs@263.net

经　　销　新华书店

印　　刷　北京市德美印刷厂

版　　次　2014 年 2 月第 1 版　　2014 年 2 月第 1 次印刷

规　　格　710 毫米×1000 毫米　1/16　14.75 印张

字　　数　180 千字

定　　价　32.00 元　ISBN 978-7-5171-0039-3

前言

《弟子规》原名《训蒙文》，原作者李毓秀是清朝康熙年间的秀才，以《论语》"学而篇"第六条（"弟子入则孝，出则悌，谨而信，泛爱众而亲仁。行有余力，则以学文"）的文义，以三字一句、两句一韵的形式编纂而成，具体列述了弟子在家、出外、待人、接物与学习上应该恪守的守则规范。后来清朝贾存仁修订并改编《训蒙文》，将其更名为《弟子规》。

何为"弟子"？弟子并非只是指在校的学生，而是所有需要学习行为规范的人，包括职场的管理者和员工。《弟子规》是当今社会做人的思想道德教材，倡导在生活中学习、力行以达到家庭和睦、社会和谐，是人生第一规，是做人的根本。它在家能指导孩子，在学校能指导学生，在公司能指导员工，在社会能指导公民。

祖宗虽远，祭祀不可不诚；子孙虽愚，经书不可不读。《弟子规》正是我们职业成长的必修课。因为一个企业的灵魂是企业文化，而构建企业文化的目的就是实现企业员工的自我管理和约束，让他们以企业为家安心工作。所以说，《弟子规》是最好的企业文化管理宝典，员工通过各种形式学习《弟子规》，能够在心中形成"忠诚、敬业"的道德品质，从而更好地做好本职工作，也更快地让自己走向成功。

《弟子规》作为道德修养的模范读本，所讲的内容涵盖生活的方方面面，忠孝、博爱、诚信是《弟子规》所倡导的核心内容。在《弟子规》总序里，就对《弟子规》一书的内容做了全面的概括，浓缩起来就是我们中国千百年来提倡的价值观"仁、义、礼、智、信"。前三项属于德育修养，后两项属于智育修养，它强调了德行修养的重要意义，尤其对职场具有重要的意义。

《弟子规》强调百善孝为先，一个人首先要有一颗孝心，一颗仁心，一颗忠心，孝敬父母，尊敬长辈，友爱兄弟姐妹，善待他人，忠于家庭，忠于企业。其次要谨言慎行、诚实守信。再次才是学习各种专业知识。《弟子规》所讲的这些内容，是我们每一个人日常都应该做到的，尤其是职场员工，应该视为模范来遵守。

很多职场新人不懂礼貌，举止不雅，言语粗俗，或者性格孤僻不合群。他们在学校和同学闹不和，走上社会后缺乏团队精神和责任感。这些新人读了《弟子规》就会知道，在人际交往中要与人为善，恭敬地对待每一个人，和谐相处。要懂得亲近仁德的人，并向他们学习。

《弟子规》中谈到礼仪礼貌时强调，礼仪要从小处着手："或饮食，或坐走；长者先，幼者后。"就是让人们懂得谦虚礼让，处处为他人着想，为需要的人着想。"长呼人，即代叫；人不在，己已到。"长辈有事找人要热心地代为传达，如果那个人不在，自己应该主动去找长辈看看有什么能做的。这句话可以用于企业上接待客户，如果你是一个有责任心与奉献精神的青年人，用这种方式周到地为客户服务，才能真正地让其感受到宾至如归的温暖。

如今有不少职场新人在工作的时候，没有做好个人卫生工作，蓬头垢面、口有异味；或者穿着不得体，鞋带没系好，衣帽不整齐；迟到早退，走路没有气质，站没站相坐没坐相，见到领导不知道怎么打招呼等等，这一系列现象在今天是多么普遍，足以说明《弟子规》在职场中需要全员学习。

知识技能只是工具，内在的修养和德行才是做人的根本。《弟子规》是以先贤圣人之言教导我们立身做人的礼仪和规范，接受它的熏陶，就是要把圣人教诲贯彻落实到生活、工作的一言一行中。

总之，古人风雅，历久弥新。华夏文明源远流长，中国传统文化需要我们共同传承。认真品读《弟子规》，会让我们每一位职场人获益匪浅。

目录

Contents

第一章

总序——品读《弟子规》，争做文明职工

《弟子规》是依据至圣先师孔子的教诲而编成的生活规范。首先，在日常生活中，要做到孝顺父母，友爱兄弟姊妹；其次，在工作中要言语行为小心谨慎，尤其要讲信用；然后，要有一颗慈悲的爱心，对一切人与事都平等博爱，善待天地万物，自觉保护生态环境；更要主动亲近有仁德的人，向他们学习。最后，再利用剩余的时间和精力，来好好地学习其他有益的学问，包括自然科学。《弟子规》所宣传的思想，与我们提倡的文明道德教育在许多方面有着异曲同工之效。

第二章

入则孝——为人孝亲敬上，做事爱岗敬业

中国传统文化认为，百善孝为先，所以《弟子规》在“入则孝”的篇首就明确提出了孝顺父母的四个基本要求：父母呼，应勿缓；父母命，行勿懒。父母教，须敬听；父母责，须顺承。这 24 个字看起来简单，但是我们做到了吗？放到现在，这些要求同样适应于现代职场，爱岗敬业犹如孝道，尊敬领导和孝敬父母一样，是职员必须做的事情。

第三章

出则悌——友爱和谐，发挥团队协作精神

《弟子规》中“出则悌”一章，说的是兄弟相处之道，以及和长辈在一起的规矩。这些规范，训练我们谦恭有礼，懂得尊重别人，自然受人欢迎。凡事要互相理解，还要冷静，冲动是魔鬼，不该时常责备或打击他人。如通过学习文中的“兄道友，弟道恭，兄弟睦，孝在中。财物轻，怨何生，言语忍，忿自泯”，让我们明白了团结协作的重要性，更让我们少了许多斤斤计较，多了许多相互通融，这样心中会快乐，职场才和谐。

第四章

谨——庄重知礼，有“礼”方可走天下

品读“谨”篇，让我们明白一个人的饮食起居、待人接物、生活习惯等各个方面，都要谨言慎行，不可以随意胡来，更不可骄横放纵。运用到职场，则说明：一个优秀员工必须恪守职场行为规范，着装得体，举止优雅，不浪费别人时间，不在人前装好人后嚼舌，时时处处维护公司和个人的形象。

第五章

信——言行合一，诚信赢得敬重

诚信是中华民族的传统美德，也是儒家伦理的重要内容，更是一个人安身立命的基础，因此《弟子规》作为一本儒家启蒙教育读本，更是将“信”作为一个独立的单元来进行编排。“凡出言，信为先”，但凡出言讲话，诚信一定要摆在首位，否则，再美好的承诺也只是一张“空头支票”，毫无价值可言。任何时候都是如此，诚信是立人之本，一个人如果缺乏诚信，那么你将难以在这个社会上立足；只有坦诚地面对身边的每一个人，你才有可能走向成功。

第六章
泛爱众——善待他人，感恩促你成长

“泛爱众”，在《弟子规》中是这样解释的：“以广泛的爱心对待社会大众，每个人在为自己的同时能够兼顾到他人、家国、天下，用心去感受别人的需要，并且真情去感恩那些曾帮助过你的人，甚至要感恩那些曾激励过你的对手，感恩让你获得锤炼的所有的挫折和苦难。”然而，现实生活中，有很多人把别人的帮助看作理所应当，不懂感激和报恩；还有一些人把别人的拒绝或者生活中鸡毛蒜皮的小事放大一千倍，甚至升级为怨恨。与怨结伴生活，除了收获仇恨，又能得到什么呢？为什么不怀着一颗感恩的心去生活，去寻找生命中的阳光呢？

第七章
亲仁——拒绝平庸，努力走向卓越

只有仁德的人，才会得到别人的敬畏；反之，没有仁德的人，大家就会对这个人鄙视。《弟子规》讲：“能亲仁，无限好，德日进，过日少；不亲仁，无限害，小人进，百事坏。”它告诉我们：能亲近仁德的人，并向他学习，是再好不过了，因为他会使我们的德行一天比一天进步，过错也会减少；如果不肯亲近仁德的人，就会有无穷的祸害，因为德行不好的人会乘虚而入，跑来亲近我们，日积月累，我们的言行举止都会受到很大影响，导致整个人生的失败。的确，在职场，我们要远离没有仁德的人，结交志同道合的朋友，才能与卓越“结盟”，与平庸说“拜拜”。

第八章

余力学文——勤于充电，让幸运常来敲门

《弟子规》中"余力学文"篇教导我们，学习文化知识要用心，要努力，要刻苦，要实践，要理论联系实际，只有这样，我们才能学习到真正的学问，我们才能够真正起到"学为人师，行为世范"的作用，才能成为一个真正有用的人，如果只重力行，对学问不肯研究，就容易执著于自己的看法，而无法契合真理。总之，细读《弟子规》，不仅让我们明白了做人要有良好的品行，做学问则要注重书籍的选择，而且做学问和做人一样，要勤于充电才不至于落后 要每天刷新自己才能突破新的高度。

附 录

第一章
总序——品读《弟子规》，争做文明职工

《弟子规》是依据至圣先师孔子的教诲而编成的生活规范。首先，在日常生活中，要做到孝顺父母，友爱兄弟姊妹；其次，在工作中要言语行为小心谨慎，尤其要讲信用；然后，要有一颗慈悲的爱心，对一切人与事都平等博爱，善待天地万物，自觉保护生态环境；更要主动亲近有仁德的人，向他们学习。最后，再利用剩余的时间和精力，来好好地学习其他有益的学问，包括自然科学。《弟子规》所宣传的思想，与我们提倡的文明道德教育在许多方面有着异曲同工之效。

感悟 1.

《弟子规》是员工职业成长的必修课

《弟子规》是依据至圣先师孔子的教诲而编成的一本为人处世的行为规范，是继《三字经》之后，儒家思想启蒙教育的又一重要读本，它影响深远，几千年来被奉为处世经典之作。《弟子规》不仅是企业培养优秀员工不可多得的首选读物，还是职场中人塑造健全人格、培养良好习惯、提升个人修养的极佳读本，它告诫职场中的我们，在工作和生活中应该遵守哪些规矩，要注意哪些细节。

《弟子规》共 1080 个字，三字一句，共 360 句，主要讲述了七个道理：孝、悌、谨、信、泛爱众、亲仁、余力学文，这七个道理能够解决世间的很多问题，包括职场上的许多员工的工作与生活问题、企业管理问题等，都能够从中找到圆满的解决方案。

《弟子规》以“孝”为出发点，以“爱”为落脚点，因为“孝”与“爱”是人与人之间最大的公约数，最容易取得统一认识。任何企业的宗旨和经营理念，都是围绕“爱”与“孝”的范畴来设计的，因而能够从文化价值观的层面来促进员工对组织的皈依，并建立良好的职业精神。如何提升员工各方面素质是当今众多企业急需解决的课题，而《弟子规》正好为员工提供了基本的行为准则和道德标尺，所以说，《弟子规》是企业提升员工素质的最佳教学范本，是员工职业成长的必修课，它能帮助企业最大限度地持久统一团队价值观。

其实，《弟子规》并非只是小孩子的读物，成年人同样需要学习，每一个年龄段的人可以从不同的角度理解《弟子规》。也许我们现在还不能完全了解《弟子规》的深刻内涵，但只要坚持学习，就会不断地成长。当你听到某企业内传出《弟子规》的诵读声时，请不要以为自己走进了小学课堂。品德可以被训练、修正和提升，很多企业正在从《弟子规》等传统文化中寻求道德管理的真谛，寻求企业持续发展的真经。这就是企业价值观的重塑过程，是必要的，也是必需的。

比如，菲尼克斯中国公司就在企业管理上很好地运用了《弟子规》，他们并没有完全照搬国外的管理模式，而是把中国传统文化作为企业可持续发展的智慧源泉，全力导入《弟子规》，推行“中国式”的企业管理。任何时候，你只要置身于菲尼克斯电气中国公司厂房内，你都能看到墙上随处挂着“建国君民，教学为先”、“凡是人，皆须爱，天同覆，地同载”、“格物、致知、诚意、正心、修身、齐家、治国、平天下”等书法作品，优秀的企业文化营造出了良好的工作氛围。

在职场，《弟子规》是每一名员工职业成长的必修课，我们光会念、会背不管用，要切切实实地运用到日常工作和生活中，长期坚持；学习《弟子规》就像我们盖一栋大楼，深入理解之后实实在在地去做，不能光做表面功夫，地基很重要，要从每个细节抓起，从而树立正确的人生观与价值观，为以后的成长之路奠定良好的文化基础。

某企业有一位姓袁的策划部经理，特别推崇《弟子规》，他在一篇微博中这样写道：

读完《弟子规》，我认为它包涵了当代的职场人士最需要具备的为人处世之本、敦厚纯良之性，其原因有二：一是由于开放浪潮的涌起，人们不分青红皂白地接受西方国家的思想观念，造成国人的荣辱观、善恶观、自我意识判断等观念的混乱，一时之间，视任性为个性，视跳槽为潇洒，视高薪为骄傲，形成了一个不良的职场环境，妨害了职业人士的文明礼仪习惯的养成。二是不敬业不负责的现象导致企业对员工的期望值和信任度降低，出现企业缺人才而人才却找工难的怪现象，这同样不利于职场的稳定发展。当今社会，倡导国民素质的提高，当从细处着眼，从少儿着手，《弟子规》不失为一本好教材。如果有人能根据时代的特点，对《弟子规》进行再版修订，摒弃其中不合时宜的内容，增加今时当代所应秉承的德行操守，其必功德无量。

我已经知道做人、做事的道理了，可光知道还不行，还要学会实践。我觉得《弟子规》对我们的一生都会有帮助，我会时时刻刻用这本书来鞭策自己，而且在职场中我本人要按《弟子规》的要求去做，更要让同事和下属学习《弟子规》，让他们将来的路走得更好。

之所以说《弟子规》是员工职业成长的必修课，是因为它将员工职业成长需要的条件分三个层次做出了很好的表述，即要具备传统美德、职业素养、技术能力。传统美德是职业素养的根源，职业素养是传统美德的体现形式，同时职业素养还是技术能力的目的，技术能力又是职业素养的体现形式。三个条件相辅相成、相互影响，构成了员工全面素质的框架。

总之，《弟子规》不仅教会了我们感恩、尊老爱幼、团结兄弟姐妹，以及如何与别人相处；它还教会我们如何处理“取”与“得”的关系，如何处理与社会的关系等。通过学习《弟子规》，我们能够了解到许多新概念，从而树立新的形象，不断加强新的人生观、价值观和道德观，锻造良好的品质。它对正处在职业起跑线上的人们，将发挥长久的引导作用，意义深远。

感悟 2.

《弟子规》里做人的道理

人生是一个过程，过程如何很大程度上取决于你怎样做人，选择了一个什么样的人生目标。品读《弟子规》能够悟出许多做人的道理，比如要做一个受人尊重的人就得有规有矩，有礼有节，尊老爱幼，诚实守信，生活要过得有意义。

《弟子规》是我们生活的一面镜子，是我们养成良好个人行为的一份指南，是检验我们道德品质的一个标准，也是我们终身受益的一位良师。它不仅有益于少年儿童，对于成年人的生活、工作、家庭等方面也有着重要的意义。在现实生活中，还存在着素质低下、道德滑坡、不忠不孝、不仁不义、不知书不达礼、没有责任感和事业心等现象。这些现象背后缺的是什么？缺的就是民族优秀文化的熏陶。

《弟子规》一书深刻地训导我们如何孝顺父母、友爱兄弟、形成良好的品德和生活习惯；如何具备博爱的精神及正确的读书方法等。诸如书中所写的“父母呼，应勿缓；父母命，应勿懒；出必告，返必面；居有常，业毋变”，这是孝道的基本要求。“兄道友，弟道恭；兄弟睦，孝在中；称尊长，勿呼名；对尊长，勿显能”，此为如何友爱兄弟及尊长爱幼最基本的语言和行为规范。另外，书中通过列举生活中最易被视作琐碎的习惯及现象，进而训导我们如何养成良好生活习惯、具备博爱的精神和掌握正确的读书学习方法等。书中的每一章、每一句、列举的都是生活当中最为普遍、最基本性的习惯和现象，而这些习惯和现象可以说是人人皆知，但有许多人做起来却不是那么容易，或者说不是不知道，而是不去做。因此，《弟子规》告诫我们一个道理：不要因小而不为，良好的习惯都是从一点一滴做起的。

通过学习《弟子规》，我们认识到每天应该做哪些事，不应该做哪些事;什么时候应该做哪些事,不应该做哪些事;怎样做好,怎样做不好。虽然时代在变化、人们的思想观念也在更新,但中国国学博大精深,虽然历时久远,但仍具有极强的阅读价值和深刻的教育意义。我们通过中国古典文化的熏陶,对我们树立正确的世界观、人生观和价值观,以及增强自己的审美底蕴和人文意识都是非常有益的。

学习《弟子规》对我们自己是一场深刻的思想革命、一次心灵的洗涤,它让我们克服平时的一些惰性,要求他人做到的,能够身体力行,率先垂范,处处走在他人的前面,为他人做好表率。

学习的过程就是一个认同的过程,而对自身产生影响则是一个潜移默化的过程。例如,我们学习《弟子规》,背诵下来应该是很容易的事情,但是真正对一个人产生有益的影响,那就需要时间了。一个人处世必定有一些原则,在潜意识中受到这些原则的制约。学习了《弟子规》,就是要把圣人教诲化成我们处世的原则。

曾有一位身陷囹圄的官员,在监狱中通过对《弟子规》的学习,逐渐反省自己的罪行,万分悔恨,这些思想的转变从他给女儿的信中可以看出来:

女儿:

你好!

上周与你通电话时,总感觉有些话没说完,这几天心情总是沉沉的,上次提起笔又放下,不知你是否能理解一个当爸爸的对女儿检讨自己的过失是多么难以开口。爸爸本来应该给你骄傲和自豪的,几十年的奋斗和拼搏为了什么?就是为了我们一家人能过上好日子,能有一个安宁和谐的生存环境。我曾想着等你考上大学后不论你在哪个城市我和你妈都要搬过去,咱们永不分离。可是为了实现这个“宏伟”目标,我却选择了一条错误的道路。我用手中的权力为自己谋取私利,断送了蒸蒸日上的事业和前途。在我被“双规”的那一天,我的大脑中一片空白,我知道法律不会放过我,但我万万没想到会判这么多年,而这些年，你会从一个高中生变成一个大学毕业生，你要工作结婚，而这一切都需要爸爸的支持和呵护，可爸爸却不能在你人生的这些关键时刻给予你帮助，这都是爸爸一时糊涂、利欲熏心造成的，爸爸在这里恳请你的原谅。

我进监狱一年多来正赶上监狱开展《弟子规》学习活动，在学习中我反复阅读了这本小册子，领会了其中的精神实质，我感到《弟子规》教给我们最宝贵的做人做事的规范和方法，它是一个正派人老实人做人的底线，爸爸当初只顾贪图利益，忘记了这些准则才走上了犯罪的道路，才让咱们的家庭支离破碎，才使你失去了爸爸的关爱，这个教训十分惨痛。

我要对你说的除了反省自己以外，更重要的是希望你在生活的道路上吸取爸爸的教训，不能为了生活的目标而走错路，要寻得一片宁静的土地，我也希望你认真读一读《弟子规》，从中悟出些道理，做一个大家都喜欢的人……

信中父亲对女儿的拳拳之情和对自己的悔恨之意，确实让人感动，但一切为时已晚，法律面前人人平等，既知今日，又何必当初？

领悟《弟子规》里做人的道理，我们可以从以下三个方面去体会：

第一，做人要懂得感恩。对一个人而言，应该报答的最大恩情是父母的养育之恩，所以《弟子规》第一章就是“入则孝”，感恩之心体现在一个“孝”字上，“父母呼，应勿缓；父母命，行勿懒”，“父母教，须敬听；父母责，须顺承”，这些都是我们做儿女的孝顺父母的基本要求，但我们都做到了吗？

《弟子规》中有这样一句话：“亲爱我，孝何难，亲憎我，孝方贤。”它的意思就是：不管父母亲人爱不爱你，你都要尽你做人的孝道，孝敬父母。因为，毕竟是他们生下了我们，给予了我们生命，而且费尽心血养育我们。

学会感恩，就像歌曲《感恩》里所唱：“感恩每一滴水珠，它把我滋养；感恩每一只花朵，它带给我芬芳；感恩每一朵白云，编制我的梦想；感恩每一缕阳光，托起我的希望……”学会感恩，这个世界将会变得更加美丽多彩。我们不仅要感恩父母，还要感恩我们身边的上司、同事、朋友，是他们教会了我们做人的道理，是他们陪伴我们行走于职场，给我们温暖。

第二，待人接物要怀着恭敬之心，为人要谦虚。恭敬与谦虚是分不开的，没有内在的谦虚很难做到对人恭敬。“满招损，谦受益”、“虚心使人进步，骄傲使人落后”，虽然从小就念过许多这样的名言警句，但我们却没有意识到谦虚是一种优秀品质，反而常常争强好胜，骄傲自满。

同时，《弟子规》还要求我们的思想感情要从感性演变到理性，做事情时要三思而后行，所谓“冲动是魔鬼”。明明不必要发生的事情却因为“冲动”而造成严重的后果，造成不必要的各项损失。许多人在单位里与领导、同事总是很难相处，关系不和睦，总在抱怨不公平。通过学习《弟子规》，我们认识到恭敬和谦虚的重要性，人不可有傲慢之心，工作成绩再突出，对领导不够尊重，凡事我行我素，也很难能得到领导的认可。所以，每一个职场人都要学会很好地协调好上下级的关系，领悟做人的道理。

第三，要找准自己的人生目标。每个人都应有自己的人生目标，而任何目标都不能只停留在口头上，要真正去力行，“不力行，但学文，长浮华，成何人。不学文，但力行，任己见，昧理真”。要相信一分耕耘一分收获，十分耕耘十分收获。要懂得反省自己，时刻反省自己的言行，做一个真正无愧于心的人！

湖南有一个日用品公司，公司上下曾多次掀起学习《弟子规》的热潮。有一次，公司利用周末的时间请员工集体谈论学了《弟子规》后的感想，员工纷纷发言：

员工甲说：“我以前看到垃圾都是很不在乎的，但是现在我看到地上有垃圾，就会把它捡起来扔到垃圾桶去，讲卫生要从小事做起。”

员工乙说：“我做秘书工作，以前字写得很不好，学习了‘字不敬，心先病’后，知道自己是因为心里不想好好写字才乱写的，现在我的字慢慢练好了，上司多次夸我的字进步了。”

员工丙说：“我觉得我在‘借人物，及时还’这一点上做得不好，因为我借了同事的一本书，竟然拖了差不多半年才还给他。”

从三个员工的学习体会里可以看出：学习《弟子规》不仅是一个提高个人修养的过程，更是一个思想升华的过程。对一个人的成长来说，是十分必要的。爱周围的人，爱这个世界，只有这样，这个社会才能变成和谐的社会，这个世界才能变成和谐的世界。

感悟 3 学会做君子，不做小人

《弟子规》是圣学的根基，会念会背没有用处，要能做到才是为学之道，每一字每一句都要落实，一生都不能违背，这样才能做真正的君子。职场上的“君子”，要以《弟子规》为人生的指南，踏踏实实工作，认认真真做人。

古时候把人分为两类，一为君子，一为小人。君子者，立天地之间，养浩然之气，心怀仁义礼智信，行合温良恭俭让，不以物喜，不以己悲，先天下之忧而忧，后天下之乐而乐；小人者，两面三刀，口蜜腹剑，为谋一己之利全不顾礼义廉耻，为泄一己之愤敢于冒天下之大不韪。这就是君子和小人的区别。

“君子”是孔子心目中理想的人格标准。孔子在《论语》中对君子的描述归为：“做好自己的事，做一个善良的人，一个高尚的人，一个很好相处的人，有说话和做事的标准，即‘先行其言而后从之’。”《弟子规》也教导我们要学做君子，不做小人，如书中的“见人善，即思齐”、“见人恶，即内省，有则改，无加警”等，都是教导我们要做君子。

有一个故事,讲的是在地狱和在天堂里的人生活的区别。大家都一样,围坐在粥池边,每一个人手里都有一个2米多长的勺子。唯一不同的是大家的心态。在地狱里的人都想着怎样不让他人吃粥,想让自己吃得更多,在粥池里互相用勺子"殴打",盛不到粥的不说,即使盛到了的由于勺子太长,根本送不到嘴里,一圈人闹了一天,也饿了一天。而在天堂里,情况完全相反,虽然他们的勺子也是太长送不到自己的嘴里,但他们却知道送到他人的嘴里,这样互相协作,喂了他人,他人也喂了自己,不一会儿,大家都吃得饱饱的了。所以地狱里的人愁容满面,瘦瘦的,而天堂里的人都笑容满面,胖胖的。

他们的区别在哪里呢?地狱里的人全在自私地生活着,全是小人,心里想的全是自我,而天堂里的人全是君子,是智者,懂得互相帮助,懂得帮助他人就是帮助自己。

这个故事很有意思,也给人很大启发:人们通过正当的途径满足自己,乐了自己,也乐了别人,何乐而不为呢?我们可能都称不上君子,但我们都不要做小人,要努力使自己朝着君子的方向发展,使自己早日成为君子。

怎样才算是君子?君子在古代是当官有地位的,但现代社会人人平等,人人都可以做君子,尤其是职场中人,更应当有君子之风。

作为君子应当怎样要求自己呢?我们一起看看孔子是怎么说的:

孔子的学生子路问孔子怎样才算君子。孔子说:"加强自己的修养,办事严肃认真。"子路说:"像这样就可以了吗?"孔子说:"加强自己的修养,使人安乐。"子路说:"这样就行了吗?"孔子说:"加强自己的修养,使老百姓都安乐。加强自己的修养,使百姓安乐,尧舜大概还担心做不到呢!"

孔子的教诲给人们一个启示,要想做一个不图虚名的君子,用更确切的话来说，要想做一个不图虚名的职场优秀员工，特别是职场管理者，必须注意学习，要学有所思、融会贯通、学有所获；必须加强自身修养，树立正确的人生观、世界观、价值观，正确对待人生，学会怎样做人。只有这样才能成为一个有用的人，使他人从你身上得到实惠、安乐和幸福。如果能做到这些，从某种程度上来说你就不是一个虚度一生的人。

孔子还说过："君子义以为质，礼以行之，逊以出之，信以成之。君子哉！"就是说："君子以仁义为本，用礼仪去实行它，用谦逊表现它，用诚实来成全它。这才是君子呀！"孔子的这段话，将仁摆在首位，说明做一个君子，仁是最重要的。

孔子特别讲到做君子要注重的九点："君子有九思：视思明，听思聪，色思温，貌思恭，言思忠，事思敬，疑思问，忿思难，见德思义。"就是说：君子有九点要想到：看，要想着是否看清了；听，要想着是否听明白了；脸色，要想着是否平和；容貌，要想着是否恭敬；言语，要想着是否忠实；做事，要想着是否谨慎；有疑问，要想着是否请教别人；愤怒，要想着是否有后患；遇见财利，要想着是否该取。

孔子教诲的这九点"要想着"，不但古人适用，当今每个职场人，特别是管理人员更值得借鉴。修炼好了，就是职场君子；修炼不好，则要努力修炼。《弟子规》就是我们修成君子的重要读本。

感悟 4.

好员工要懂得修身养性

《弟子规》本身就是一本修身养性的书，它教导我们注重自己的品德修养。对于企业员工而言，企业就好比一个大家庭。我们可以研究一下那些成功的老板，他们中的很多人也一定同时扮演着很多角色：一个成功的父亲或(母亲),一个成功的先生或(太太),一个成功的儿子或(女儿)。因为经营企业和经营家庭是一个道理,都要诚实守信,都要待人平和,都要注重自己的修养。

修身养性对于一个人来说很重要,尤其是职场中人。你可以不会种粮食,不会种蔬菜,但是你不可以不修身养性。一个不懂得修身养性的人,必然很难获得周围人的尊重和认可,必然做什么事情都会处处受阻,无法如愿地去实现自己的宏图大志。

相反,一个懂得修身养性的人,哪怕他在多方面能力有限,也能够获得别人的尊重和拥戴。比如,不懂得种庄稼和蔬菜的孔子,因为善于修身养性而获得了樊迟的追随。

曾国藩就很善于修身养性,他 30 岁授翰林院检讨,位从七品。从七品升到二品大员,他只用了 7 年时间,晋升速度之快在当时来说极为罕见。从 39 岁到 42 岁,他先后担任过 5 个部的副部长(类似于现代职位)。可以这样说,善于修身养性是曾国藩事业成功的最重要原因。

大多数人都会有这样的感慨:“现在的社会太乱,人心不古了。”的确,随着社会的发展,物质条件提升了,人们的精神世界似乎没有以前充实了,相应的矛盾也随之而来了,纠纷比比皆是。在社会中人们大都拥有一个身份就是员工,不管你是不是管理者,是不是老板,其实都是员工。那么在这纷繁复杂的社会中员工缺失了什么呢?可以说,缺失的就是修身养性。

有一句话是这样说的:“不要想着改变社会,要学着适应这个社会。”这是不是意味着就可以随波逐流,就可以同流合污?显然道理不是这么说的。随着经济水平的提升,这个世界可以说是五光十色,但总是有阳光照不到的地方,那么这时候你怎么办?不少人会愤愤不平,将这种不良情绪发泄出去。而且社会上会有这样一种怪现象,即好事不出门坏事传千里。为什么人们总是将简单的事情想得那么复杂,好事总是往坏的方面想呢？现代人学历高了,读书时间长了,可是又似乎没有以前不读书的人懂得道理多了,人们为了满足欲望想方设法,有的甚至走上了不归路。种种现象表明,其实人们缺失的就是修身养性。

修身以正己,养性以悦人。修身养性看起来似乎很难,其实没有那么复杂。现代人懂得了圆滑,懂得了见什么人说什么话,懂得了见风使舵,其实并不是说这样不好,处理好了是随机应变,处理不好就是阿谀奉承,终究要看处事人的秉性,只要你是正直的,即使圆滑,做出的事也是不会违背道义的,只要你问心无愧,即使做的一些事情会有所非议,但终究会得到对方的谅解。每个人都有趋利避害的心理,都会有私心,但只要你能从大局出发,你就是有责任心的人。其实万事都要看人,相信大多数人都希望做好人,做有意义的事情,有太多的事情值得去学,有太多的事情值得去做,那么我们要具有什么样的品德呢？这就要求我们懂得修身养性。

如果一个员工忠于公司就不会干出有损公司利益的事情;如果夫妻双方忠于对方的感情就不会出轨;如果这社会上每个人都忠于自己的信仰,坚持走正道,那就不会有人们深恶痛疾的罪恶发生了。

我们生活在这个科技高速发展、物质如此丰富的年代里,是值得庆幸的一件事,但随之而来的困扰也多了,比如我们会面临很多烦恼。家家有本难念的经,一个个困难,一道道关卡,人生的道路崎岖不平,我们难免会摔跤,这时候谁的心里都不会好受,那么我们怎么办,支撑我们走下去的,就只有人们内在的品质了。试问一下你是否身正？秉性又是如何的呢？如果你缺失这些,那就值得读一读《弟子规》这本书了,补一补内心缺失的那一部分。

IBM的前任董事长郭士纳在自传《谁说大象不能跳舞》中,毫不隐讳自己是一个外行,但正是这个外行带领IBM走出了濒临倒闭的阴影,重创辉煌。这是因为他不仅自己注重修身,也要求自己的员工注意个人的修养和品德。他曾对员工们说:“不要隐瞒坏消息,我痛恨意外之事;不要试图在我面前说谎。”另外,他也很少有领导者的架子,颇具民主作风。他在总结自己的成功经验时说:“我很少有等级观念,无论是谁,也无论其职务高低,只要有助于解决问题,大家就要在一起商量。”

所以说,一个懂得修身养性的人,必然会赢得别人的尊敬,哪怕他出身卑微,也会成果斐然,获得众人的拥戴。

感悟5.

用心感悟《弟子规》,做优秀员工

《弟子规》中孝、悌、谨、信、爱、亲、仁等理念都可以从现代职场的视角对员工的行为规范进行解读,理解了它们,不仅可以为个人心灵找到归宿,还可以为企业文化找到提升的动力。

《弟子规》说:“凡是人,皆须爱。”人是一切真善美的主体。只有不断学习优秀传统文化,提升个人思想与道德素养,才能从“要我干”转变到“我要干”,从他律转变到自律。因此,每一名员工都有必要学习《弟子规》,用心感悟书中理念,加强心性德行建设,树立仁爱心、宽容心、欣赏心、合作心、激励心、尊重心、快乐心、责任心,努力做一个具有高度自律能力、强烈道德感以及高尚人格的优秀员工。

《弟子规》说:“道人善,即是善。”就是要互帮互助,乐于助人,坚持公司利益至上,弘扬爱岗敬业精神,通过研读传承优秀传统文化精髓,吸收前人在修身处事、治国理政等方面的智慧和经验,养浩然之气,塑高尚人格,不断提高我们的人文素质和精神境界。

《弟子规》说:“老易至,惜此时。”就是要勤奋学习,勤勉敬业,树立终生学习的理念。这要求每一名员工在思想深处树立大局意识、服务意识及责任意识,勤奋学习、思考和工作,保持开拓进取的作风,了解新情况,探索新办法，破解新难题，打开新局面，努力为企业建设增光添彩。

《弟子规》说："凡取予，贵分晓。"就是要廉洁奉公。廉洁清正、公正无私是人类社会发展的终极价值目标，尤其是管理人员要以廉洁行为为追求，加强学习勤俭节约的优良传统，严以律己、廉洁奉公，杜绝歪风邪气。

《弟子规》说："唯德学，唯才艺。"就是要务实创新，做到尽善尽美，工作到位，人人自强不息、克己自律，说实话，干实事，求实效，勤于思考，踏实肯干，勇于创新，善于创优，谦虚谨慎、永不懈怠，做到服务高效率、办事快节奏。

《弟子规》说："己有能，勿自私。"就是要团结协作，要牢固树立"没有完美的个人，只有完美的团队"理念，友好相处、相互谅解、相互关心、相互爱护、相互帮助，打造具有共同价值理念、职业素质、道德操守、精神风貌的高绩效团队精神文化。

《弟子规》说："不如人，当自立。"做人要品行端正。主要是坚持真理，修正错误，学习先进，追赶先进，在学习中不断提升，不断成长，在自立中获得升华，努力做和谐组织的建设者和促进者。

……

总之，《弟子规》是一本值得每一个人读一辈子的书，无论是做人或做事，它都给我们提供了无尽的精神食粮，只要你用心感悟，一定会获益多多。

感悟 6.

员工思想品德修炼 8 忌

《弟子规》中多次提到对个人修养和生涯的规划：首先了解事物存在、发展的规律，然后专心于修炼个人品行，最后才能谈到"齐家、治国、平天下”。我们职场中人的职业生涯又何尝不是如此？想在个人事业上取得成功，就必须了解所从事的行业的特点，同时，以正直、诚实的人生观来塑造自己的职业观，“每日三省吾身”，不断思考，不断改进，这样，个人的修养才会有真正的提高。

职业道德的修炼就是思想品德的修炼，是每一名员工伴随终生的一个修炼过程，是他们打造自己强有力的“职业品牌”的关键所在。职业道德是职场人的生命线和命根子，是职业行为的指针和罗盘，是终生必须恪守的一道职业底线。

那么，思想品德的修炼有哪些要注意的呢？

一忌偷奸耍滑，言而无信

“凡出言，信为先；诈与妄，奚可焉。”无论一个人在企业中是以什么样的身份出现，对企业的忠诚都应该是一样的。我们强调员工对企业的忠诚，就是因为无论是企业还是个人，忠诚都会使其得到利益。其实，每位员工的价值，在老板的心里都会有一个评判，员工是否忠诚，老板都看在眼里。如果你能做好自己该做的，并且能一直忠于职守，老板一定不会让你失望。

对于每个人来讲，工作都应是人生最重要的一部分。工作支撑着人生这座大厦。工作不仅需要一种形式，更需要一种信念。“忠诚守信”就是工作的信念、态度和方法，强调认真、负责而又专注的工作精神。我国是个文明古国、礼仪之邦，历来重视忠诚守信的道德修养，一个员工要想在职场立足，干出一番事业，就必须具有忠诚守信的品德，一个弄虚作假、欺上瞒下，糊弄国家与社会，骗取荣誉与报酬的人，必将遭人唾骂。

二忌狂妄自大，目中无人

“执虚器，如执盈；入虚室，如有人。”员工要有“适当的放低自己，方能海纳百川”的胸怀。要做到这一点就需要我们调整心态，不自吹自擂，对待同事要克服和改掉狂妄自大、自视甚高、一意孤行的毛病，不断自我反省，自我修炼，自我检讨。

这就要求每一名员工在平时工作中，要相互欣赏、相互理解、相互信任，而不是相互瞧不起，相互不买账，相互抬杠子；甚至对方反对的我就拥护，对方拥护的我就反对。在企业中发生很多矛盾，其实很多情况下并不是有意发生的，它的根本原因是在于我们在谦虚、谨慎方面修炼得不够。同样，有不少员工取得了一点小小的成绩，就已经把自己心中的门反锁上了，他们无法走出自以为是的小天地，别人也无法打开这扇门。因此，打开心门，以谦虚谨慎的、开放的心态对待同事将有助于自我的成长，也将会促进业绩的提高。

三忌自以为是，不容他人

“人有短，切莫揭；人有私，切莫说。”每一名员工都要有博爱包容的胸怀和心态。《孙子兵法》中有“视卒如爱子”的说法，就是说对待下属要像对待自己的孩子一样，而且是自己最喜爱的那一个。应以爱心、真心、热心和宽心感动他人，要能容人、容事、容智、容过、容权，从我做起，率先垂范，为企业谋利益。

一要有爱心。对待他人要有爱心。因为拥有爱心的人，必然会真诚地喜欢他人，也同样得到他人的爱戴，“爱心招人喜爱”，这种爱心是自然的表露，而不是另有所图。你希望别人喜爱你、敬重你，你必须关爱别人。要真诚的关心人、爱护人、激励人、鼓舞人，随时表现出亲切、自然的态度，使得同事与你交往时不必费神就能愉快相处，你才会在他们的心目之中占有一席之地。

二要有真心。情出自“真心”，真情之处见实效。如果每个人能够拥有一种包容的胸怀，发自内心地和蔼待人，就会看到他人的长处，相信他人的潜力，以一颗宽容慈爱之心对待他人。

三要有热心。特别是管理者对待下属或同事，要在职业发展上关心，生活上帮助，解决他们的疑难问题。下属提出来的问题尽心尽力去解决，没提出来的问题主动去解决，特别是工作中的问题和涉及下属个人利益的问题都非常重要。每个人都要有“热心肠”，对谁都一样，不分亲疏远近。长此以往就会唤起大家的工作热情，创造激情，营造出相互友爱的良好环境。

四要会宽心。要有宽广的胸怀。这是在集体中合作共事的重要条件。只有宽广的胸怀、豁达的肚量，才能不为区区小事所缠绕，不为眼前琐事所困惑。

四忌懒散马虎,推托责任

“已有能,勿自私。”刻苦敬业精神不但表现在认真负责、真抓实干和追求卓越、勇于承担责任上,而且还体现在挫折耐受力、压力忍受力、情绪稳定力、自我控制力和持久意志力等方面。遇到艰难或不利的情况下,要能够克服困难,坚定不移,充满激情和斗志昂扬。

有人这样打比方:责任心就好比计算机里的防火墙,它不只是被动地等计算机中了病毒后去杀毒,因为那样可能会损害到有价值的文件,而是主动地把可能会带来病毒的东西拦截在外。还有人曾这样说过:“责任心通常分两种:一种如清茶,倒一杯是一杯,永远是被动;另一种如啤酒,刚倒半杯,便已泡沫翻腾,永远是主动。”因此,在我们做事时,只做清茶是不够的,我们要做的是啤酒,要主动地用强烈的责任心去为本职工作搭建一面防火墙。

五忌随波逐流,没有主见

“行高者,名自高。”记得黄宏与巩汉林有一个“卖钉子”的小品,黄宏以老鞋匠的角色对对方说:“小伙子,要想走好自己的路,就必须守住自己的道。”

守住自己的道,就是要有主见,不随波逐流,不随声附和。也就是说,一个人要有自己的信念。信念是呼吸所需的空气,是沙漠中旅人的饮水,是我们心中的太阳。信念坚定的人,为它无怨无悔地工作,尽心尽力地奋斗,克服前进道路上的坎坷与荆棘,从而取得辉煌的成就。

愚公的信念是平掉屋前的两座高山,于是他带领子孙挖山不止,直到感动了天帝。爱迪生怀着发明电灯的信念,先后找了 1600 种耐热材料,反复试验近 2000 次,终于制作出世界上第一盏电灯。中国女排运动员们怀着摘取世界冠军桂冠的信念刻苦训练顽强拼搏,勇夺“五连冠”的殊荣。

如果把人生比之为杠杆,信念刚好像是它的“支点”。具备了这恰当的支点,就能成为一个强有力的人,一个大写的人。

六忌不懂感恩,骄奢淫逸

“事诸父,如事父;事诸兄,如事兄。”感恩是一种利人利己的责任。很多时候我们对自然、社会、公司、股东、老板、同事、下属、客户甚至父母妻儿的付出漠然置之，认为那是自己应该得到的，是天经地义的。其实，并非如此。大写的人，一撇一捺，每一个人要想能够顶天立地，必须要有众多他人的鼎力相助，否则，大写的人就会坍塌，甚至一败涂地。中外历史上很多英雄豪杰，成在"振臂一呼，应者云集"，败在"离心离德，孤家寡人"。所以，感恩其实就是一种利人利己的责任：对自己的责任，对亲人的责任，对他人的责任，对公司的责任，对社会的责任。因为只有铭恩于心，才会有恒久的责任感。

七忌争名夺利，不顾廉耻

"扬人恶，既是恶。"企业里的每一名员工都是我们工作上的伙伴，我们不能只考虑一己之利，甚至争名夺利，要学会把他人利益放在心上。这里所讲的利益，不只是物质上的东西，更重要的包括安全感、成就感、自信心和发展的机会。要像尊重自己一样尊重他人，始终保持一颗平等的心态。

做好、做成一件事情一定是一个组织协同作用的结果，不是靠单个人、单个部门的一次设计、创意就能简单地达到。而与人争功最明显的表现就是在需要推动一件事情，需要大家协同作战的时候，组织与组织之间、部门与部门之间相互不买账。这种现象的背后其实是个人内心深处的"嫉妒的天性"在作怪。嫉妒本是人类天生的弱点，但有的人就克制得非常好，能够非常平心静气地面对功名之类的东西，这就是自我修炼的成果。

卓越的员工不会斤斤计较个人得失和争功诿过，有谅人之短、补人之过、助人为乐、见功就让的高尚风格，善用一种开放、包容、接纳和关怀的方式与同事相处，懂得组织的成功、事业的发展和目标的达成不是某一个人的功劳，而是团队的智慧、力量和努力的结果，是集体智慧和协同作战的结晶，对组织取得的业绩看得比个人的荣誉和地位更重要。

八忌古板刻薄，不懂创新

"过能改，归于无。"现实生活中，许多人或许学习知识的能力并不差，但心理上的"自新"能力却很欠缺，没有做到"苟日新、日日新、又日新"，所以很难与时俱进。因此,我们在现实生活中要不断地清除心理的垃圾,保持心理的完好状态和良好的社会适应状态,才能成为一个真正“健康的人”。

我们也许工作不一样、年龄不一样、环境不一样、条件不一样,我们也许不用和别人去比,但生活在竞争激烈的今天,最起码你也要去不断淘汰昨天的自己,不断刷新今天的自己。

第二章

入则孝——为人孝亲敬上，做事爱岗敬业

中国传统文化认为，百善孝为先，所以《弟子规》在“入则孝”的篇首就明确提出了孝顺父母的四个基本要求：父母呼，应勿缓；父母命，行勿懒。父母教，须敬听；父母责，须顺承。这24个字看起来简单，但是我们做到了吗？放到现在，这些要求同样适应于现代职场，爱岗敬业犹如孝道，尊敬领导和孝敬父母一样，是职员必须做的事情。

感悟1

孝道于家庭，忠诚于职场

《弟子规》中开篇就提到孝道，可见孝道于人生的重要性。古人言："百行万善孝为首，乌鸦反哺，羊羔跪乳，人若不孝，禽兽不如。"所以说，一个人若偏离了孝心，就偏离了自己的本性。本性即本心，只有与万物和谐相处，我们才能从万物得以涵养，我们才能回归本心。

"孝道是祖辈流传下来的美德，在当今这个被经济大潮淹没的时代，孝敬父母仍然是我们中国人不变的传统。只有在家庭中尽孝，在工作上才能敬业，对国家才能尽忠。所以，孝是成功的第一步。"这是中华优秀文化讲师团走进海信集团海信电器股份有限公司太原分公司时与其35名优秀的业务人员分享学习《弟子规》的心得体会。

的确如此，任何一名优秀的员工都是孝道于家庭，同时又忠诚于职场的人，他们深深懂得，乌鸦尚有反哺之孝，羊亦知跪乳报恩，何况是人？生长于家庭就要有孝道于家庭长辈之念，工作于职场就要有忠于公司尊敬领导友爱同事之心。

每个人都从小长大，从家庭走向社会，父母既有养育之恩，又是数十年如一日地教诲，为人子女者，能不义无反顾予以回馈吗？可惜，这些浅而易见的道理，在当今物欲横流的社会，却往往因"金钱至上"而被迫"靠边"。因此，提倡并弘扬孝道，恢复它的本来面目，应该作为我们职场人日常精神学习中的一项基本内容，切实让孝道这一传统文化得以发扬光大。

在一些公司召开的关于孝道的演讲会上，曾有人这样提问大家："请问大家为父母洗过脚吗？请大家举一下手。"而现场却鸦雀无声，出奇地安静。为什么没有人举手？这足以说明，我们身在职场，也许对于忠诚于职场做得比较可以，但对孝道于家庭，特别是孝敬老人做得还远远不够。尤其是在一些细节方面，对长辈的关怀偏重于做表面文章。

因此，有不少职场人士读了《弟子规》后受到了深刻的教育。比如，某公司一位管理人员通过学习《弟子规》，就在博客中这样写道：

“我从来没这样理解过孝道，出来这么多年，为了生活得更好，一直打拼、奋斗，很少给父母打电话报平安，也从来没有为父母洗过脚，就连父母一叫一答这么简单的事情都做得很不到位，感觉真的非常惭愧。钱挣得再多，也抵不过父母对我们的养育之恩。所以，《弟子规》这本书对我的内心触动很大，等回家首先要做的一件事是为父母洗洗脚。我要把《弟子规》中有关孝道和忠诚的句子全部记下来，它们很有意义，值得学习。”

今天，在职场提倡孝道和忠诚，公司上下学习《弟子规》，不仅能促进公司的企业文化建设，对员工的思想品德培养更大有益处。广州某出版公司有一位内勤人员小张，就曾深有感触地说：“感觉这本书很好，从来没想到孝道能在企业中如此运用，也从来没试过给父母亲洗脚，更不用谈剪指甲，谈心。感觉自己做得很不够，谢谢公司发给我们的《弟子规》给我们带来这么丰富的精神食粮。”

孝道于家庭，忠诚于职场，说起来容易，做起来却不简单，某客运公司员工董丽华就是我们职场人学习的楷模。

董丽华是某公司客运站站务班长，每当清晨，总能在客运站几个检票口处寻找到董丽华的身影——接钱、递票、找零、播报站名、时间、到达地，排队、检票、打单、核对人数、安全喊话。她用娴熟的操作手法为同事们树起了行业标杆，用自己的善良和贤惠为家人撑起了爱的避风港。

董丽华在单位里工作认真、勤快是出了名的。由于工作成绩出众，她先后被单位评为“青年岗位能手”、“星级服务员”和“年度先进工作者”。

除了行业能手，董丽华还是一位非常称职的家庭主妇，每天忙碌在工作和家庭之间——照顾好上高中的儿子，扶持年迈多病的公婆就医问药，一天下来脚打后脑勺连轴转，累得全身都动不了。丈夫是从事专业运输的驾驶员，出差跑运输，每次回家后看到妻子这么辛苦十分心疼。随着时间的推移，公公病逝后，体弱多病的婆婆一直心情低落，面对这些，董丽华理解婆婆失去老伴儿的痛苦，更加无微不至地体贴婆婆。这些年别说吵嘴，连脸都没有红过一次。为了让婆婆感受到家庭的温馨，每逢节假日董丽华就把临近的亲戚请到家里聚一聚。对婆婆无微不至的照顾换来了老人的理解和信任，婆婆把自己的赡养金全部交给儿媳保管，还逢人便夸："儿媳就像自己的亲闺女，能找到这样一个好媳妇真是我一家的福气啊！"

有人问她，用20年的辛苦落个"好儿媳"、"好媳妇"的名节值不值得？董丽华认为："在工作和生活中谁都会遇到不顺心的事，都会产生心烦、苦闷，但是一想起爱我的丈夫、儿子的未来、婆婆的健康、家庭的和睦，这些苦涩与烦恼就烟消云散了，我认为这些都是我应该做的，是我的责任和义务，虽然累点苦点，能有这样一个和睦美满的家，我感到很欣慰。"

俗话说："天有不测风云，人有旦夕祸福。"因工作出色，车站领导让董丽华挑起重担，担任行车、检票、售票组班长，让她将服务工作经验和文明操作法传授给同事。正当她想在工作上有一番作为时，家庭灾难的阴影悄悄降临。2010年，董丽华的父母相继去世，作为家中的长女，为了给二老看病，花去了多年的积蓄。正巧这年儿子考上大学，一笔不小的开支等着去凑，正当她一筹莫展之时，婆婆又突发心脏病。丈夫出差在外，所有的担子压在了她一人肩上，身心俱疲的董丽华咬牙打起精神，将老人送到医院，一忙又是半个月，这期间她坚持着医院、家庭、单位三处奔忙，每天替婆婆换衣服、搓身、梳洗、倒屎、倒尿，从无怨言。为了能让丈夫安心开车，董丽华每次和出差在外的丈夫通电话，都说家里一切都好。她的无私奉献，也得到了深情的回报，儿子考上了大学，婆婆在她的精心照料下已康复出院。

这些仅仅是董丽华工作与生活中的一道花絮。作为一名在客运站从事检票、售票服务的普通职工，董丽华没有张扬的个性，也没有干出惊天动地的大事，但她在平凡的人生道路上，用一颗善良的心撑起了一个艰难的家。她用自己的行动再现了平凡的尊老、爱幼、尽孝道、讲亲情的传统美德，更完美地诠释了一个员工既孝道于家庭又忠诚于职场的高尚品格。

感悟 2.

对工作负责任是孝道的体现

责任，是一个古老而永恒的话题。像《弟子规》中“出必告，反必面”、“身有伤，贻亲忧；德有伤，贻亲羞”这些句子，不仅体现了一种孝道，还体现了一种立身处事的责任。

随着社会的发展，信息量加大，我们虽然身在职场，但由于孝根不牢，我们的本心受到了世俗的污染，我们的良心也在社会矛盾中挣扎，我们变得烦躁、浮躁、狂躁了。可想而知，一颗烦躁、浮躁、狂躁的心最容易损害我们的责任心，偏离了孝心，就偏离了责任。心是责任的主宰。

一个国家、一个民族、一个单位、一个家庭、一个人，无论在什么时候、什么情况下，都不能没有孝道、大爱与责任心。工作和生活中的一切乱象也都源于缺失了孝道、大爱与责任心。人可以地位上不伟大，但不可以没有责任心。有责任心，才会赢得尊重；有责任心，价值才会体现；有责任心，工作才有成效；有责任心，智慧才能迸发；有责任心，做人才能豁达；有责任心，社会才能和谐。

关于责任心，这里有一个小故事。很多没有上过学的老农民培养出了优秀的孩子，而不少有知识、家庭富裕的城里人却把孩子管出来许多毛病。这到底是为什么？从这个小故事中，我们不难看出问题之所在。

老农民教育孩子的方法是三句话：

第一句话："孩子，爸妈没本事，你要靠自己。"不包办，把压力和责任交给孩子，让孩子拥有责任心。

第二句话："孩子，做事先做人，一定不要做伤害别人、对不起良心的事。"讲德行，告诉孩子做人的道理与标准。这也是一种责任心。

第三句话："孩子，走出去闯吧，实在不行，回家来种地还会有口饭吃。"无私的爱，无尽的爱，正是一种博大的责任心的体现。

城里人教育孩子的方法也有三句话：

第一句话："宝贝，你只要好好学习就行了，其他的事情爸妈来办。"剥夺了孩子负责任的权利，培养出了没有责任心的孩子。

第二句话："宝贝，出去不要吃亏，被人欺负你回来告诉你爸。"教育的孩子缺少起码的德行，更谈不上爱心与责任心。

第三句话："我告诉你，要是再不好好学习，长大没有饭吃别回来找我们。"有条件的爱，根本不是真爱。父母没有责任心，怎能教出有责任心的孩子？

故事中的老农民没有太多知识，但有智慧，这智慧出自于责任心；城里人有很多知识，但没有智慧，是因为他们没有责任心。

同样的工作条件，同样的工作环境，为什么工作中总有好坏之分？也许原因很多，但这种差别绝大多数出在了责任心上。

我们都希望社会上各行各业的人能尽职尽责，多一点社会良知，少一点儿不负责任，大家共享良好的社会秩序。但为什么很多事情不尽如人意呢？为什么工作中不能多一点儿责任心呢？是不是做人的规范出了差错？其实这些都与家庭伦理中的"孝"有关。孝亲尊师是我们的传统美德，也是我们做人的根本规范。我们不妨扪心自问：我们在生活和工作中的言行符合这个规范吗？

“孝”是一个会意字，上边一个“老”字，下边一个“子”字。老子上边有老子，儿子下边还有儿子，竖穷三际横遍十方，人类不断延续。我们所说的孝亲，即孝养双亲，其内容有三个方面：养父母之身，慰父母之心，安父母之志。父母之心、父母之志在哪里呢？没有父母不希望儿女为社会、为国家多做贡献而赢得身前身后的好名誉；没有父母不希望儿女遵纪守法、尽职尽责、与人友善而获得领导和同事尊敬的；没有父母希望儿女作奸犯科、傲慢无礼、言而无信乃至走向监狱失去自由的。这就是父母之心、父母之志的所在。

所以说，孝道与责任心紧密相连，责任心与道德一脉相承。忠、孝、仁、义、礼、智、信，这些中华民族的传统美德代代传承，都是责任心的集中体现。没有责任心，哪有对国家尽忠之心？没有责任心，哪有对长辈尽孝之心？没有责任心，哪有对他人帮扶之心？

如果你是公司管理人员，就要时时刻刻想着辛勤工作的员工，对得起自己的岗位，为员工谋利益。“在其位，谋其政；司其职，尽其责”、“为官避事平生耻”，这应该是管理人员的职业道德。

如果你是一名普通职员，应该每天反省是否对得起岗位和工资，是否辜负了领导和同事们的信任。如果在同事之间争功诿过、搬弄是非，破坏公司和谐的氛围，甚至捕风捉影谗害好同事、脚下使绊子，以求让领导高看自己，这种人就是不折不扣的卑鄙小人。他也许认为自己聪明别人笨，“西洋镜”没人能识破，殊不知其结果是害人又害己。

在现实生活和工作中，很多时候，责任与孝道并重。

周新桐是某镇敬老院院长，在这个岗位上已有8个年头。当时的敬老院是由旧拖拉机站改建而成，而且有20余年的历史。周新桐上任后，面对破旧不堪、年久失修的老房子和39名孤寡老人，他没有退却，而是以一名共产党员的优秀品质，用自己的爱心和行动，谱写了一曲共产党员无私奉献的赞歌。

上任伊始，面对老人的需求，他深深地思考着，暗下决心，一定要做到责任与孝道并重。在第一次见面会上，他就朴实地说：

“我们能走到一起，是老天给我们的缘分，我们要珍惜余生，有我在，一定让你们吃、穿、住不愁。”

当时的敬老院所在地没有甜水，只有苦水。周新桐看在眼里，疼在心里。可用水要到2公里以外的镇政府驻地去拉，老人们行动不便，喝水也成了敬老院的大问题，这是他事先没有想到的。为了让老人们喝上甜水，他立即把自己的机动三轮车奉献给敬老院，买了8个水罐，每天两次为老人拉水。4年时间，从未间断，风雨无阻，水罐用坏了60多个，直到2008年9月敬老院搬迁。

2004年，年久失修的房子普遍漏雨，一场不大的雨，老人们的房间漏得乱七八糟。他冒雨趴上屋顶，为老人修理。雨后，他立即争取民政局及镇上领导的支持，自己借款4000元，对住房更换了屋顶，粉刷了墙壁。为了节省资金，他带领有能力的院民，垒院墙，砌地面，保证了院民们住得放心，睡得踏实。

周新桐积极规划内部设施建设，设置了伙房、餐厅、卫生间、仓库、活动室、办公室、医务室；添置了电冰箱、彩电、VCD、洗衣机等电器用品；每间卧室统一配置桌、椅、柜、电扇、取暖器等；卫生院定期安排医务人员给老人们进行体检，为每位老人建立了健康档案，保证了每位院民身体健康。

2006年7月，院民金明勤在回家探亲的路上被一机动车辆撞倒，周新桐知道后，立即赶到现场将他送到医院。在之后的20天里，周新桐除了每天安排两个人负责看护外，自己每天都要抽出时间到医院看望，直到老人痊愈出院。在他的精心呵护下，全院无保老人平均寿龄达到78岁，其中90岁以上的有1名，80岁以上的二十多名，老人们越活越年轻，越活越起劲。几年来，十几位老人生活不能自理，周新桐主动当起这十几位老人的“特护”，每天照料他们上厕所，为他们擦洗身子。对于每一个死去的老人，他都是亲自为他们装殓，像亲生儿子那样为他们办理后事，直至他们入土为安。

经过7年的辛勤努力，周新桐终于把这个破旧不堪的敬老院变成了一所省“一级”标准化敬老院，多次受到上级领导和广大群众及院民的赞扬。

周新桐为敬老事业所付出的辛勤劳动和汗水，不仅被院内老人和社会所认可，而且曾多次受到省市县领导的关心和肯定。他本人也因工作出色，2004年以来连续7年被镇委镇政府评为“优秀共产党员”、“先进工作者”。

周新桐的事迹给予我们很深的启发：我们工作是为了责任，是为了报孝父母、报恩社会，从出生那一天起我们每个人的肩上都有一份责任，无论是社会责任、工作责任，还是家庭责任，我们都要努力承担。我们为责任而生，为责任而存。因为责任是成功做事的动力，是一种敢于负重的精神，更是一种良心。

责任的根本在良心，良心的根本在孝心。试想，一个无孝无德无良心的员工，我们还能期望他什么？无孝就无德，无孝就无良心，无良心就无责任。所以说，对工作负责任就是孝道的体现。

感悟3

不孝的员工难成大事

“孝”是中华民族自古以来的传统美德，是维系着家庭和睦和社会和谐的道德准则。“孝”在规范人们行为、美化充实人们的心灵方面有着不可替代的作用。一个“孝”字，影响了中华民族两千多年来的历史。

《弟子规》一书最重视“孝”：“父母教，须恭听；父母责，须顺从”，字字句句都告诫人们要重孝道，无孝难以成事。当今社会上有一些人从来不把自己的亲人当亲人看待，视若无睹，而把那些有钱有势的主子当成了自己的亲爷爷亲奶奶，终日像条狗一样，卑躬屈膝，摇尾乞怜。这种人是世界上最不孝的人，也是最令人不齿的人。

这是一个发生在我们身边的真实的故事：一对年过八旬的老夫妇，在众多族人的见证下写下了一份与自己的四儿子“断绝父子关系、活不养死不葬”的协议。是什么原因让这对正需要人来养老的老夫妇下了狠心，宁可饿死街头也不要自己亲生儿子赡养的呢？

原来，老夫妇家四子一女，大儿子早年因肺结核去世，二儿子与三儿子勤劳致富，四儿子家境不知什么原因差许多，一女嫁到了外地。老夫妇早年讨饭起家，经历了许多苦难走到今天，现在二人生活不算富足但没有和孩子们要过生活费，生活上自立，家中还有些口粮地和早些年自己平整的野地为生，虽二人已无劳动能力，但每年二老花钱雇人以及在外地女儿农忙时回家帮忙的情况下依旧坚持自己种地。老人总是说不要太拖累自己的儿子……

早年四儿媳就与家中老人不和，因此虽为父子，但两家来往很少，只在过年四儿子才到二老家中与兄弟一起去拜年，期间老人生病受伤也从未去探望过，但二老说只要四儿子家中无事，夫妻不再打架惹是非了，他们就心满意足了。

但就是这样，四儿子与其妻子、儿子却对老人现住房子和现种土地进行抢夺，几乎将二位可怜的老人逼上绝路，二位老人也开始了他们噩梦般的晚年……

谁没有父母？谁没有儿女？身为父母，你要有这么不孝的儿女，怎么办？唯一值得庆幸的是，他们的女儿一直在老人身边陪老人，做一个儿女该做的事……

由此可知，不孝者在社会中不是好人，在职场上不是好员工，而且，不孝者更做不成大事。人生孝为先，对父母不孝，说明人的品德有缺陷，品德方面有缺陷的人怎么能做成大事呢？虽然孝子不见得能做成大事，但是对父母不孝的人，一定是做不成大事的。试想想：一个不孝的人，怎么可能与他人处好人际关系？他连他爹妈都不尊敬，他能尊敬领导、友爱同事吗？

因此，无论作为一个公司管理者来说，还是作为一个普通员工来说，孝顺、赡养生育自己的父母，都是最基本的道德要求。

何况，不忠者未必不孝，但不孝者必不忠！中国古人最重一个“孝”字，认为“万恶淫为首，百善孝为先”，这是很有道理的。“孝”是衡量一个人是否忘恩负义，是否对他人厚道，是否能够与他人有福同享的一个标准。有一位富人说过，他结交人就看那人是否对父母孝，如果对父母都不好，更不可能对朋友好了，多半是奸佞之徒，天地难容。

由此可知，一个不孝的人，既不能做好管理者，也不能当好普通员工，甚至无法取得人的信任，连朋友都没有，当然更不能担当重任，完成大事了。

某书中记载一个人，兄弟两个，他妈妈对奶奶不是很孝顺，动辄给奶奶气受。这个人是读书人，对此很看不惯。有一天，他和弟弟商量好，要教育一下自己的妈妈。他们直接和妈妈面对面地谈：妈，你现在不孝顺我奶奶，到时候你年龄大了，你怎么对待我奶奶我们就怎么对待你！我们哥俩儿会找个箩筐把你抬出去，再也不问你的事。后来他的妈妈一想到自己的将来就后怕，于是就逐渐对婆母孝顺了起来。

可见，一个人，如果连自己的父母都不管不问，还谈什么创业、报国？双亲健在时，你应该感到庆幸，你还有父母可以去孝顺。你要想想老人究竟还能有多少个春秋？别让日后自己徒增遗憾。常言道：“为国尽忠，在家尽孝。”孝敬父母的事情永远不能等，而且孝心不是用钱能够全部表达的。

有的员工说：等我有钱了，我要把大把大把的钱塞给爸爸妈妈，让老人家坐在钱堆上随便花；等我有时间了，带着爸爸妈妈游完国内游国外，让爸爸妈妈在有生之年潇洒个痛快。其实，这些都只是幻想，是不可能的，等你把钱挣到手了，爸爸妈妈的牙还能咬得动吗？等你有时间了，想带着爸爸妈妈去周游世界，他们还能上得去飞机吗？他们要那么多的钱干什么？他们吃不了多少，穿衣也用不了多少，他们所缺的应该是与儿孙其乐融融的相处。他们所缺的是在他们难于动身时的一个代步，在他们口渴时的一杯茶水，在他们寂寞时候的陪伴，在他们生病时的一次次问候……这些都是老人内心所渴望的。

因此，人在职场，多孝敬父母吧，趁着现在他们还能叨唠几句，趁着我们年轻还能为父母做些事情，现在就发自内心地孝敬我们的父母，比说一万句承诺都要强。纵观古往今来的仁人志士，哪一个不是深具孝心的呢？遍览事业成功之梯上的巍然身影，哪一项事业不是得益于创业者感动人心的孝道？

感悟 4.

孝要从一点一滴做起

父母呼，应勿缓，父母命，行勿懒……《弟子规》告诉我们，孝敬，应从小做起，从一点一滴做起。

《诗经》中关于父母的恩德有这样的表述："欲报之德，昊天罔报。"大意是，父母的恩德是广阔的天空都难以报答的。"谁言寸草心，报得三春晖"、"儿行千里母担忧"等诗句都道出了父母之爱的绵长与深重而被广为传颂。花木兰替父从军、王祥卧冰求鲤、黄香暖席的故事，更是家喻户晓。

也许每个人都说：我一定会孝敬父母的，但是谁又能真正做到呢？

春秋时期，有个九岁的孩子叫孙元觉。他的父亲对祖父极不孝顺。一天，孙元觉的父亲忽然把病弱的祖父装在筐里，要把他扔进深山里。孙元觉一直跟着车子。他见父亲扔下祖父，转身要走，他拾起地上的筐说："我要带回家，到你老了，也要用它送你到这里。"父亲一听，大吃一惊，问："你怎么说出这种话！"元觉说："父亲怎样教育儿子，儿子就怎样做。"

父亲顿时悔悟了，他忙把老人从地上抱上车子，再推回家，从此十分孝敬他。

孔子曾说过："做个孝子，就应当像孙元觉那样。"

电视里经常播出过这样一则广告：

一位刚下班的年轻妈妈，忙完了家务，又端水给老人洗脚，老人对她说："孩子，歇会儿吧！别累坏了身子。"她笑笑说："妈，不累。"年轻妈妈的言行举止被只有三四岁的儿子看到了，儿子一声不响地也去端来一盆水。年幼的儿子吃力地端着那盆水，摇摇晃晃地向妈妈走来。盆里的水溅了出来，溅了孩子一身，可孩子仍是一脸的灿烂。把水放在母亲的脚下，为母亲洗起了脚。广告画面定格在这儿，广告语说："父母，孩子最好的老师"。

孝敬父母是中华民族几千年来的传统美德，也是全人类的美德，我们要将这一人类美德不断发扬光大。孝敬父母是人人必须具备的基本素质。每个人都是父母生命的延续，不善待父母就是不善待生命。

孝心，是我们做人的基本品德，是一个人善心、爱心、良心的综合表现，这种美好的情感来自人的心灵深处，也将触动他人的心灵。古今中外，人们都以是否具有孝心来衡量一个人品德的高下。

据报载，东北有一对老年人家有六个子女，五个女儿一个小儿子。儿女都成家立业了，他们老两口在小儿子家生活，女儿都嫁到外地，不过都在本省，离家也不太远。

但是，其中两个女儿，都是有学历的知识分子，却在十年间总计来看父母不到四次，即便是有人给他们买往返车票，她们也不来看望父母，坐汽车仅需三个多小时就能到的距离，双休日都能来，为什么一年两年或更长时间不来一趟，这能说她们"孝"吗？父母的养育之恩如何回报？

对这样的子女，平时看望父母都不能来，如果再要求他们照顾父母的起居更是不可能了。如此不孝敬父母的人，只能让人们更加鄙视。因此，对于身在职场的我们来说，要时时提醒自己不断增强孝敬意识。作为儿女不要搞形式主义、做表面文章，要从一点一滴的小事做起，从每一天做起，培养孝敬父母的好习惯。

现代社会，读过"二十四孝"的人，已经不多了；知道"二十四孝"的年轻人，更是少之又少。"二十四孝"影响中国社会600多年，古人盛赞的这"二十四孝"，有多少是我们今天可以做到的呢？"鹿乳奉亲"可以勉强做到，"负米养亲""亲尝汤药""拾葚养亲""行佣供母""打虎救父""弃官寻母"等等，也许可以勉强做到。还有一些是我们绝对做不到的了，如"孝感动天""埋儿得金""怀橘遗亲""哭竹生笋"等等。有些我们咬咬牙也许能做到，但已是没有必要了，如"尝粪心忧""卖身葬父""刻木事亲""扇枕温衾""闻雷泣墓""卧冰求鲤""恣蚊饱血""亲涤溺器"等等。时代不同了，古人能做的，我们未必能做；古人须做的，我们未必必须做；古人做得很好的，我们未必做得到。当然，"二十四孝"故事有其历史局限性，有些故事还带有一定的迷信色彩，有些孝行则属于愚孝。我们现代人应该积极、辩证地看待这些故事，不要以现代人的观点去要求古人，而是应该汲取其精华，悟出其中的积极意义，不要教条地去学习、照搬。更重要的是，我们要弘扬孝道美德，践行孝道义务，做一个孝敬长辈的人。如果一个人对生养自己的长辈都没有孝心，很难使人相信他会对别人有爱心，对事业有忠诚，因此这种人也很难得到社会和他人的信任和认可。

在现代经济社会中，传统家庭体系和伦理关系无论形式还是内涵都在发生演变，植根于家庭的"孝"也随之发生了变化。这种变化依照传统的标准理解，就是一种"孝道式微"的表现。然而，事实上"孝"在千百年的社会演变中已经发生了很多改变，只是到了今天这种变化更加明显而已。人们在激烈的市场竞争中，工作方式、生活方式都发生了急剧变化，异地工作、早出晚归等同样可以造成子女与父母的距离，由此又形成一种只有老两口生活的“空巢家庭”。虽然现代通讯工具可以消除他们和子女的空间距离，但无法完全消除情感距离。他们的生活没有了仪式，子女的孝大多只体现在物质满足上，愉悦父母这一精神层面的“孝道”从某种意义上看已经出现了缺失。也许，我们认为让父母衣食无忧，就是尽了孝心，然而，老父老母在想什么，他们有些什么烦恼，他们又有怎样的心愿？你都知道吗？我们看到，住在高档社区的老人一样没有幸福感，这是为什么？单纯物质上的丰富并不能填补老人们内心的空虚，深入老人的内心世界，从老人的真正需求入手来“孝顺”，也许才是儿女的孝顺之道。

总之，孝不是说大话，说空话，孝要从细微处做起。孝心对于我们每个人来说都是具体的，不管能否天天在父母身边端茶送水、嘘寒问暖，只要能努力干好自己的本职工作，做出好的业绩，也是对父母尽孝的一种方式。父母有不对的地方，应婉转规劝。如有不听从，仍应恭敬侍奉，不能冒犯。即使内心忧虑，也不能怨恨。

对父母的孝敬是发自内心深处的，是一切美好感情的源泉，这种美好的感情会迁移到人际关系的方方面面，会影响我们的一生。因此，要做一个讲文明、有修养的职场人，首先就要从孝敬父母做起。

孝敬父母与文明礼仪是密切相关的。礼仪源于内心对他人的尊重，尊重人首先要从尊重亲人开始。“谢谢！”“你好！”“对不起！”一定要经常在家中使用。老舍曾写道：“母亲的心是儿女们感情的温度表。”一个人对父母的情感，父母都会敏锐地感觉到。

怎样才算是孝敬父母呢？有激励专家认为，孝敬父母要做到“五个要”：

1. 要真诚地与父母交心，了解自己的父母；

2. 要尊重父母的意见，听从父母的教诲；

3. 要体贴、关心自己的父母；

4. 要分担父母的辛苦和忧愁；

5. 要善于发现父母身上的优点，正确对待他们的弱点和过错。

父母不仅是家庭生活的供养者，而且有着丰富的生活经验，他们是家庭的核心和主事者。非洲有句名言："谁拒绝父母对自己的训导，谁就首先失去做人的机会。"

孝敬父母还要注意"三个不要"：

1. 不要片面理解"孝敬父母"，要从广义上理解，对爷爷、奶奶、姥姥、姥爷等要一样孝敬；

2. 不要只在"孝敬日"去孝敬父母，制定"孝敬日"是要时时提醒我们不断增强孝敬意识；

3. 不要搞形式主义、做表面文章，要从一点一滴的小事做起，从每一天做起，培养孝敬父母的好习惯。

感悟 5

对公司忠诚就是对自己负责

"亲所好，力为具；亲所恶，谨为去"，《弟子规》中这些句子说的是用严格要求自己来表达我们的孝道，其实这种严格要求，如果放在企业里来理解，就是一种责任，一种对企业的忠诚。也就是说，忠诚是另一种特殊的"孝道"，是工作上的"孝道"。

我们在生活中需要忠诚，在工作中更需要忠诚。身在职场，经常能听到这样的教诲："成事先成人"，"人才人才，人在前才在后。"一个人无论成就多大的事业，人品永远是第一位的，而人品的第一要素就是忠诚。要忠于公司，忠于客户，坚守自己的工作岗位，树立正确的理想，脚踏实地，不怕困难，忠于职守，团结协作，认真完成各项工作任务。

说起忠诚，现代汉语词典上只用了四个字来解释："尽心尽力"。对党忠诚就是对党的事业要尽心尽力，对祖国忠诚就是为祖国建设尽心尽力，对企业忠诚就是应该对工作尽心尽力。在当今社会，不管你干什么，忠诚，已经成为一种立身之本，成为求生存、求发展的重要能力。用心想一想，如果一个人缺乏忠诚，同事就不愿意与其共事，朋友不愿意与其往来，亲人不愿给其信任，最终将会被我们这个社会所抛弃。

对企业忠诚，是一名高素质员工的基本要求。联合国劳工组织曾对2000多名就业者进行了一次"忠诚度"调查，发现96%的忠诚员工打心眼里爱他的工作。他们不仅仅完成自己的任务，而且还会尽一切可能为了企业的利益而努力，对企业发展尽心尽力。他们很喜欢自己的企业，认为自己的企业会为自己的长远发展和福利做打算。忠诚的员工还会不折不扣地遵守企业的规章制度。

吴江刚从大学毕业就进了一家钢铁企业，这家企业是一个国营单位，他来到这里还不到一个月。在单位，他发现了一个奇怪的现象，很多炼铁的矿石并没有得到充分的冶炼就被从炼钢炉里排出来了，一些矿石中还残留着没有冶炼好的铁。他想，这种情况如果继续下去，必定会给公司带来很大的损失。

处于对公司利益的高度忠诚，吴江找到了负责的工人，并且跟他们说明了自己的发现以及担忧，希望他们能够彻底检查一下，究竟出了什么问题。可是，那里的工人对他说："如果技术有了问题，工程师一定会跟我们说的，现在没有哪一位工程师向我们说明这个问题，说明现在没有问题。"

吴江没有办法说服那些工人，他只好去找负责技术的工程师。对工程师说明了自己的发现和担忧。但工程师自信地说公司的技术是世界一流的，不会有问题的，并且让他不要大惊小怪，不懂就不要随便乱说。

吴江虽然在工程师那里遭到了冷言，但是他始终认为这是一个很大的问题，因此，他拿了一些刚才见到的矿石去找了负责技术的总工程师。他对总工程师说："总工，我认为这块矿石并没有冶炼完全,你看呢?”总工程师看了一眼,说:“没错,你从哪里捡来的?”吴江发现这块矿石引起了总工程师的注意,就将发现矿石的地点以及自己的担忧一口气向总工程师说明了。总工程师听完,一脸诧异.最后他肯定了吴江的担忧,对他说道:“看来是出问题了,怎么没有人向我反应?”

总工程师立即召集负责技术的工程师来到车间,果然发现一些冶炼并不充分的矿石。经过检查发现,原来是监测机器出了问题,才导致冶炼的不充分。

公司总经理知道这件事后,不但从物质上奖励了吴江,还提升他担任负责技术监督的工程师。总经理不无感慨地说:“公司这么多工程师,却很少有人真正把公司当作自己的家,很少有人能够做到以主人翁的心态对待公司。对一个公司来讲,技术人才固然重要,但更重要的是要有忠诚于公司的心态,要将公司当作自己的家一样来爱护,只有这样才能真正对自己的工作负责,对公司负责。”

那么,作为一名员工,应该怎样对自己的企业表现出忠诚呢?

对企业忠诚,首先对自己的职业要忠诚,对自己的岗位要忠诚。如果一名员工对职业忠诚,那么他就会百分之一百地投入到工作中,满怀激情地迎接挑战,在工作上尽情发挥所长;他们熟知工作范围,并且始终在寻找完成工作的最好的、最快的、最省力省钱的办法。“天救自救者”,一个连自己的职业都不忠诚的人,怎么能取得别人的、企业的尊重呢?

在一定程度上讲,责任心是每个员工所必须具备的素质,是最初级的忠诚。联想控股总裁柳传志倡导:“基层员工要有责任心,中层员工要有上进心,高层员工要有事业心。做到了这一点,就是对公司忠诚的表现。”

忠诚是获取回报的前提。如果一名员工损公肥私、腐败渎职、出卖企业机密、损害企业形象、破坏企业财产,这种明显的不忠诚行为,肯定会受到企业制度的惩罚。如果一名员工只是消极怠工、应付凑合、能干好而不干好、不尽心尽力等等,这种不是很明显的不忠诚行为,不用多长的时间就会被组织发现，就会影响其个人的发展进步。

忠诚，既是一种境界，更是一种行动。一个企业的员工如果缺乏忠诚，就会影响企业的形象，降低企业的竞争力。忠诚说到底已经不是个人的事情了，我们不仅要“诚于心”，还要“诚于公司”。

员工的利益是以公司的效益为基础的，因此，员工要想获得较高的工资回报、更好的发展机会，就需要以主人翁的心态对待公司，处处以公司利益为先，不计较个人利益得失，这才是忠诚员工应有的本色。

多数员工都以为，公司是老板的，公司的事情理所当然地应该由老板去操心，一个小小的员工管那么多事完全是自找麻烦，而且，你的努力老板不一定知道，付出不一定有回报，还不如少管点闲事为好。但是，一个优秀的员工，一个受老板青睐的员工，应该是一个忠诚于公司的员工。他们不会计较自己的利益，因为他们把公司的利益看作是自己的利益，关心公司的发展就像关心自己的成长一样。这样的员工是公司的栋梁，他们不仅会给公司带来利益，还会得到老板的重用，所以，无论你从事什么职业，都应该以主人翁的心态对待你服务的公司。

忠诚于公司的另外一个基本要求是要严守商业秘密。每个公司的办公室里都会有许多的文件，除了对外发布的公告外，任何文件都属于公司的机密。不可随意外传和泄露。如果泄露了商业机密，那么，轻者会使领导的工作处于被动，带来不必要的损失；重者则会给公司造成极大的伤害，造成不可挽回的影响。

有些企业为了在竞争中取胜，总是想尽办法刺探竞争对手的商业信息，有时不惜出巨资收买。因此，作为企业的职工，每一个人都有义务和责任保守企业秘密。

小陈和小汪是相识多年的朋友，他们同在一所医科大学度过了美好的大学时代。大学毕业后，小陈去了甲制药厂，负责新药品的研究开发工作，而小汪则去了乙制药公司做市场营销。现在他们都成了各自公司的骨干人物，在各自的岗位上取得了不俗的成绩。虽然两人相隔千里，也已经多年没有联系，但友谊并没有因此而变淡。

由于老年保健药品也能够有很大的市场潜力，很多企业都盯上了这块肥肉。甲乙两企业自然也不例外，他们不约而同地将公司战略重点转移到保健品的研制上来。甲公司拥有一支实力强大的科研队伍，在保健药品的研制上具有得天独厚的优势，他们已经研制出新产品的配方，正准备着上报到管理部门，一经审核通过，就可以投入生产。

而乙公司由于在药品研发上实力不济，远远地落在其他公司的后面，他们实验了上百种配方，但结果都令人很不满意。眼看着别的企业马上就要推出新产品，乙公司的老总如热锅上的蚂蚁急得团团转，他明白时机不等人，一旦落在对手的后面，再追赶就难上加难了。乙公司的小汪更是坐立不安，他希望能为公司做点什么。在一次聚会上，一个朋友无意中谈起小陈，说他正在研制新产品，并且表现出色，得到公司老总的提拔。说者无心，小汪听到后却喜出望外，他马上想办法联系到了小陈，邀请他过来聚聚。

多年不见的故人相遇，自然酒逢知己千杯少，几番你来我往之后，酒量小的小陈已经支撑不住、口无遮拦了。小汪见时机成熟，便和小陈聊起了老年保健药品的话题，毫无防备的小陈将药品的配方如实相告。

结果可想而知，原本在研发进程上遥遥领先的甲公司被乙公司抢了头彩——乙公司抢在甲公司前面，以最快的速度上报到管理部门，通过审查后又以最快的速度投入生产，然后又迅速地投放到市场——新产品得到消费者的青睐，销售量稳步上升，在市场占有了相当大的份额。

小汪在公司立下了头功，提拔加薪是自然的事。而小陈由于泄露了公司的商业机密，不仅丢掉了工作，等待他的还有法律的制裁。

可见，商业秘密是企业的最高机密，泄露商业机密不仅会害了企业，更会害了自己。一个人只有保守企业机密，才会得到企业的赏识和重用。

保守商业机密是身为员工的基本行为准则，是事业的需要。商业机密关系到公司的成败，身为员工一定要牢记祸从口出的道理，对保密事宜要做到守口如瓶。公司里的员工对正在实施的计划要提高警惕，不使机密外泄，避免走漏消息，给公司造成损失。

总之，作为公司的一员，维护公司利益、对公司忠诚是一个员工必须恪守的基本职业道德。毫无疑问，一个企业更倾向于选择忠诚的员工，哪怕其能力在某些方面稍微欠缺一点。一个员工固然要精明能干，但再有能力的员工，如果不是以企业利益为重，仍然不能算是一个合格的员工。

感悟 6.

身在职场，不爱岗何以敬业

孝敬家人，能够做到“谏不入，悦复谏；号泣随，挞无怨”，是一种非常高的境界，这种人在家中能够获得家人的喜欢，在工作中也能获得上司的器重和同事的爱戴，因为他们把对亲人的孝敬用到职场上，就成为难能可贵的爱岗敬业。

在职场中，每个人都有自己的工作岗位：

郭明义，是鞍钢矿业公司齐大山铁矿的一位普通矿工。无论在岗位上，还是身处社会中，他几十年如一日，无私忘我，燃放激情，求真务实地做好每一件事，被誉为“新时期学习和实践雷锋精神的优秀代表”。

许振超，是青岛港一位只有初中文凭的吊车司机，在 30 年

的时间里，练就一手绝活，一年内两次刷新世界集装箱装卸纪录，创造了“振超效率”。

这些普通的工人，在自己的人生道路上或在自己的岗位上，用勤劳的双手书写着新时代产业工人的神奇。这是他们热爱岗位争创一流所取得的成就。可以说，只有内心喜欢这份工作，真正地热爱自己的岗位，珍惜自己的岗位，充满责任感，胸怀进取心，付出艰辛的努力，才能创造如此一流的业绩。

什么叫爱岗？爱岗就是发自内心地喜欢这份工作，而不是因为岗位可以致富、可以扬名，才去热爱它。岗位对于每一个人来说，是生存的需要，更是实现自己价值的需要，尤其是在深化改革的企业里。如果我们不珍惜自己的岗位，没有履行自己的职责，致使工作失误，影响了单位的效益和形象，丢掉了“饭碗”，那么，热爱岗位只能成为“水中月”和“镜中花”了。

热爱岗位，需要怀着强烈的责任感去干好自己的本职工作。企业中大多数岗位任务，都是依靠我们的责任心去完成的，如果我们的责任心强，把自己的岗位当做安身立命的“饭碗”，就没有我们干不好的事情。有的人会说，我们的岗位平凡，工作环境一般，很难干出成效，很难脱颖而出。其实，大千世界，普通的岗位千千万，郭明义、许振超的事迹告诉我们，充满强烈的责任感去干好本职工作，就要干一行、爱一行、专一行、精一行，就要把该干的任务干好，把该干的事情干实。

据社会学家说，要评判一个岗位是否能带来绝对的满足感，要看它是否能让自己为所欲为。按照这个标准，上下几千年，全世界只有希特勒勉强有过满足感，但是最终他还是很不满足地死了。如此看起来，完美的岗位是不存在的。但是快乐的工作却随处都有，比如弗雷德的邮差工作、雷锋的驾驶员工作、李素丽的售票员工作……这就如古人所言：“拨开世上尘氛，胸中自无火炎冰冷；消却心中鄙吝，眼前时有月到风来。”

因为爱自己的工作，工作便变得快乐、岗位便变得完美。相反，应付自己的工作会变得麻木，离弃现在的工作会损失成本，怨恨自己的工作只会带来无尽的痛苦，这都是不足取的。所以聪明的弗雷德、聪明的李素丽选择爱自己的工作，因为爱，他们的工作、他们的岗位让人肃然起敬，变成他们的快乐之源。因为爱，所有弗雷德们、所有李素丽们证明了"没有任何的工作是卑微的、不足道的，只要做这项工作的人是杰出的、不同凡响的"。

敬业首先要爱岗，不爱岗又何以敬业？爱岗的前提是要对自己的工作感兴趣。若能使员工的身心系在岗位上，那是多么美好的一件事情。但要做到这一点不容易，不光要靠严格的纪律，更要靠培养员工的职业兴趣。

一个员工如果对自己的职业产生发自内心的兴趣，一样可以产生以下案例里主人公的业绩：

小时候的富兰克林跟着父亲学习做牛脂蜡，过着一种特别单调的日子，整天忙着煮肥皂、割蜡烛灯芯、浇灌模型这样的活计，父亲在为自己拥有这门手艺自豪的同时，也希望把富兰克林培养成接班人。

然而富兰克林并不以为然，他的脑海里充满了蜡烛以外的兴趣，虽然他整日守着开水壶、灯芯和模子，心思却总是搁在别的上面，技艺自然毫无长进。

父亲渐渐看出儿子将来是不会成为造蜡烛的行家里手了，失望之余，他对大儿子说："你把他带到你那印刷厂去吧，看来他这辈子蜡烛是做不好啦，或许还能成为一个不错的印刷匠，再给他一个机会试试。"

富兰克林刚进印刷铺子时，以为这里的活并不比以前摆弄那些油腻模子有趣多少，但不久他就有了重要发现，觉得印刷这活很不错，可以从中学到文化知识。于是他逐渐喜欢上印刷，干起活来同以前好像换了一个人似的，在劳动中他找尽一切机会学习各种知识，甚至想到将来有一天也成为作家，把自己的所思所想印成文字。

经过艰苦的努力，他的梦想变成了现实，后来他成了著名的哲学家、科学家、外交家，同时还是美国的开国元勋。

达尔文的家境不错，父亲是当地小有名气的物理学家，打小就没有错过任何良好的教育机会，但不知怎的收效寥寥。父亲和老师一致认为他的智力低于正常人水平。按照父亲的观点，他对学校里教授的东西天生反感，对野外流浪生活倒是情有独钟，可以手拿猎枪在辽阔的乡间待上好几个小时，父亲抱怨道："你除了打猎、玩狗、逮耗子，还能干啥？你的行为对你自己和家庭都是一种羞辱。"

随着年纪的增长，达尔文爱好闲逛的特性变本加厉，父亲为了让他能坐下来干点儿正经事，把他送进格拉斯哥大学学医。但刚过几个月达尔文就不干了，说他厌恶学医，不可能去当一名医生。于是父亲又把他转往伦敦，在剑桥大学学习牧师方面的课程。

正是在剑桥，达尔文幸运地遇到了开明的汉斯罗教授，汉斯罗教授经常让他去野外采集标本和昆虫，这下达尔文终于找对了路，与生俱来的兴趣与崇高的人生目标结合了起来，成就一番事业的激情开始在他心头激荡。

通过汉斯罗教授的悉心指教，这个在其他教授眼里迟钝懒惰的学生一下子变得既勤奋又富有活力，他兴奋地向父亲表示决心献身于大自然的研究。

大学刚一毕业，达尔文就参加了一项政府组织的探险考察活动，在浩渺的南太平洋地区进行长达五年的科学研究，收集了大量动植物标本，发现很多科学研究的线索。

正是因为他的努力奋斗，达尔文后来成为了进化理论的创始人。

虽然故事说的是名人的事，但不妨碍道理的普遍实用性。可以这样说，仅仅努力工作是不够的，这个世界上有众多的人忠实于他们的岗位职责，他们可以干得不错，但从内心里他们知道自己没有达到职业生涯的辉煌，原因可能就在于没有真正对自己的所为发生兴趣，而只有对所选职业抱有深厚热烈兴趣并付出不断艰苦努力的人才有可能获得事业的成功。

也许人们会争辩，只有那些天才们才有不凡的举动，就像拿破仑常说他指挥战役获胜的秘诀来自于随机应变，“当紧要关头来临时，灵感突然迸发并且总能带来胜利”；就像歌德说他的有些诗歌连自己也不知是怎么写出来的；就像席勒说当他倾心投入创作时，他的想象力好像不是他自己的似的。但事实是，拿破仑的灵感没有体现在进化理论方面，达尔文的造诣与军事谋略毫无瓜葛，所谓天才的巧思妙想总是与他们各自钟情的职业紧密联系在一起的：拿破仑的心思几乎都用在了军事领域，即便是在看戏，他的脑子里也是被诸如“我有一万人马在斯特拉斯堡，一万五千人在马格德堡，两万人在维尔茨堡，他们如何分别行动才能在三天以后陆续到达雷根斯堡战场”这类问题所萦绕；达尔文的巨大发现得益于经年累月耐心细致的观察。

可以这么说，强烈的兴趣加上持续的努力才是造就一个人事业成功的基本要素。产品的质量来自于企业每一道工序的精工细作，如果生产线上每一个员工都能把自己的心思满腔热情地投入到工作岗位上去，他所创造的社会业绩定将丝毫不亚于那些精英们。

有能力做一件事情是一回事，做好这件事情又是一回事，懒惰和缺乏激情的人，即使才华出众也未必能做好工作，平凡人士依靠自己的勤奋和忠诚倒是经常取得令人欣慰的佳绩。在这两种人的竞赛中，天平最终总是偏向能够做好事情的人。

感悟 7

相得益彰，敬业尽孝两相齐

《弟子规》里讲到："亲爱我，孝何难；亲憎我，孝方贤。"它的意思是：不管父母、亲人爱不爱你，你都要尽你做人的孝道，尊敬父母、亲人。把这个道理运用到职场上，就是要不管上司有没有重视我、同事有没有拥戴我，我都要把工作做好，做到极致，让上司明白我是胜任的，让同事清楚我做起事来毫不含糊。这样，上司自然会提拔我、重用我，同事也会帮助我、拥戴我，我的职场之路又何愁不顺风顺水呢？

这就是说，在经济社会中，每个人要想获得成功或得到他人的尊重，就必须对自己所从事的职业、对自己的工作保持敬仰之心，视职业、工作为天职。

在"海尔"，敬业精神是最重要的企业文化。张瑞敏强调："把每一件简单的事情做好就不简单，把每一件平凡的事情做好就不平凡。"

然而，在工作中，我们却经常听到一些消极的声音，例如：

"公司又不是我的，将来如何与我有什么关系？"

"上班对我来说，就是当一天和尚撞一天钟。"

"工作做得差不多就行了，何必那么较真呢？"

毋庸置疑，这些都是企业员工不敬业的典型表现。他们不知道敬业是人类的天职，是荣誉的象征，也是每个员工成长和成功的基本要素。

关于敬业，它存在两层含义：一个是，老板给我发薪水我就对老板负责，也就是为了对雇主有个交代；另一个是，把工作当成自己的事，这里糅合了使命感和道德感。总之，敬业要到位彻底，不管从哪层含义来说，敬业所表现出来的就是认真负责、认真做事、一丝不苟、有始有终！

敬业是一种职业态度，也是职业道德的崇高表现。一个没有敬业精神的人，即使有能力也不会得到人们的尊重和接受；能力相对较弱但具有敬业精神的人却能够找到自己发挥的舞台，并步步实现自身的价值，最后更有可能发展成为广受尊重的人。敬业精神的强度取决于一个人的职业态度。

在我们这个国度里，人没有贵贱之分，不论职位高低，敬业精神始终如一，人们对从事社会服务的体力劳动者非常尊重。这种敬业精神随时都可以在机场、饭店、商店等公共场所见到。在机场经常可以看到一些年轻美貌的女子穿着机场的工作服，在一丝不苟地清扫着地面，从她们的脸上丝毫看不到有什么自卑的表情。在饭店用餐，同样有一种宾至如归的感觉。当你用完饮料后，热情的女服务员立即友好地问你：要再来一杯吗？就餐中，她们不停地换盘子，擦净桌面，就餐完毕后，还热情相送。

无论我们做什么工作，有多么远大的理想，首先是要把我们的本职工作做好。即使是很普通的人，也应有着很强的敬业精神。

作为一名企业员工，只有坚持敬业精神不松懈，才能在工作中更好地体现自己的人生价值，才能获得丰厚的薪水、更高的职位和更完美的人生。而对一个企业来说，员工的敬业精神将决定这家企业的竞争力，在企业里，员工敬业精神越强，工作效率就越高，企业的发展也就越迅速。

在职场，流传着许多可歌可泣的先进事迹，这些先进人物都是各行各业里的优秀员工，他们把苦水强压心底，以守职为忠诚，视敬业为尽孝，以新的目标为动力，努力奋战在工作岗位上。例如，在世博会期间，上海居民中传颂着一个个志愿者敬业又尽孝的故事。

他是一位不愿公开姓名的党员，一退休就报名参加了平安志愿者，他每月值勤服务都超过 7 次。也许有的人会认为这不算什么，可对他来说却非常不容易。因为他的平时身体还算硬朗的 90 多岁的老母，那个时候总不舒服，去医院又查不出什么病。不巧这时，他爱人的腰椎间盘突出病犯了，需要静卧休养。照顾两个病人，还有大小家务，把他忙坏了。居委会干部要找机动人员顶替，他坚决不肯，说几天才轮到一次，一次不过两三个小时，这点困难总是可以克服的。守护家园、服务世博，他恪尽职守，毫不懈怠。

第二位志愿者名叫龚秀云，家里有三位老人，丈夫的身体也不怎么好。但当她想报名参加志愿者时，丈夫吴万年全力支持。于是，每当她值勤，看护94岁婆婆的任务就落到丈夫身上。她自己的父母也都已八十多岁了，特别是老母亲，前几年因患癌症动过手术，身体虚弱，去年心脏又出现问题，反反复复住医院。老人的病牵动着儿女们的心，每个星期，龚秀云都要赶到杨浦大桥下的博山路父母家探望。一天晚上八点多钟，有一位记者去她家采访，她却刚从父母家回来，饭还没吃呢。原来平时经常照看父母的六十多岁的大姐病了，于是她就天天赶过去给老人做饭、喂药，陪老人聊天，接连去了五天。在这种情况下，她仍坚持按时上岗，一次都没有缺勤。听她爱人说，她退休前在单位是多年的"先进生产者"，可现在比那时候拿工资上班还积极认真。

谁不爱自己的父母至亲？谁不爱自己生活的家园？俗话说，忠孝不能两全。可这些已经当爷爷奶奶的志愿者们，在敬忠祖国、报效世博、守护家园的同时，还尽力报答父母的养育之恩，在平凡的工作岗位上，在日常的生活中，彰显出一颗颗光亮鉴天的爱心、孝心，弹奏出一曲曲感天动地的爱心韵律。

多少人在为家人的糊口而挣扎时，却不从敬业开始争做一名优秀的员工。

多少人呼喊着要实现自我价值发挥个人特长时，却忘记了首先要做好手头的工作。

多少人光想当老板，开创一番事业，走向人生的成功，都忘了任何优秀的老板都是先从优秀的员工做起的。

我们不否认一些投机取巧、阿谀奉承的人能够飞黄腾达，但是我们更应该看到，那些真正的敬业者是不会失败的。

敬业者与不敬业者对比：敬业者技术不断提高、人际关系改善，获得上级信任，因而走向成功；不敬业者浅尝辄止，到处跳槽，不学无术，高谈阔论或者牢骚满腹，终身寻找机会，终身默默无闻。

如果你只为金钱工作，而浑然看不到或得不到金钱以外的其他报酬，那你真的是在廉价地出卖自己。为了获得更高的收入，和更高品质的工作，你唯有一条路可走，那就是敬业。在家尽孝，在公司敬业，敬业尽孝两相齐，只有这样才能事业更辉煌，生活更幸福。

第三章

出则悌——友爱和谐，发挥团队协作精神

《弟子规》中“出则悌”一章，说的是兄弟相处之道，以及和长辈在一起的规矩。这些规范，训练我们谦恭有礼，懂得尊重别人，自然受人欢迎。凡事要互相理解，还要冷静，冲动是魔鬼，不该时常责备或打击他人。如通过学习文中的“兄道友，弟道恭，兄弟睦，孝在中。财物轻，怨何生，言语忍，忿自泯”，让我们明白了团结协作的重要性，更让我们少了许多斤斤计较，多了许多相互通融，这样心中会快乐，职场才和谐。

感悟 1

团队以和为贵，平等尊重

《弟子规》中讲："兄道友，弟道恭；兄弟睦，孝在中。"这里所说的兄弟和睦，就是告诉我们职场人士，任何时候都要以和为贵，平等尊重，要有团队精神。

所谓团队的概念，即是由两个或两个以上的人组成，这些人具有互补的技能，对一个共同目的、绩效目标做出承诺并彼此负责。

而任何一个团队的建成，必须具备一个绝对的基础，那就是团队的制度，譬如规章、条例、约定等等，它们的中心思想旨在表示任何事情都要有一个"游戏规则"。尽管因为每个团队的类型不同，所制定的规则也肯定是各有千秋，但是团队的"游戏规则"再复杂，我们只要深究下去就会发现，其实核心内容不过就是我们耳熟能详的 16 个字；有难同当，有福同享，以和为贵，平等尊重。

每家企业或每个团队的规章或制度，都是在保障这种精神在公司生命里的延续。这个道理虽然非常简单，但是当人们聚集在一起共事的时候，它往往得不到很好的执行。尤其是在企业的危急关头，需要人心的凝聚和力量的集结之时，目前社会之中上演更多的是一幕幕"树倒猢狲散"的悲剧；就算企业领袖能携众人之力，力挽狂澜于危难中，令企业屹然不倒，然而在论功行赏之时，又会因为分配不均，或觉得没有得到应有的奖励而埋下人心尽失的伏笔。

所以，一个团队能否做到真正的合作，并不是完全取决于团队规模的大小、团队运作的方式、团队制度的完善等，当然这些因素也在或多或少地影响着团队的发展。但最最重要的一点，就是任何一个团队都是由人构成的，而每个人又会因为性格、学历、思想、价值观、成长经验的不同，产生完全不同的思维方式和心理态度，因此又会在团队合作的过程中产生完全不同的表现。所以一旦觉得自己的利益得不到保障或没有达到如愿的体现，无论是“难”或是“福”，都不会再去同享、共担，这样的团队势必会面临解体的绝境。

因此，要想做到真正的合作，除了规范员工外在的行为，更重要的是要整合员工内在的思想和心态。《弟子规》正是这方面最好的引导书，像书中“财物轻，怨何生；言语忍，忿自泯”说的就是要我们勿看重眼前利益，相互理解，轻财少怨。每一名员工能够彼此尊重、互相信任、可以依赖，才能让所在的企业保持强劲发展的趋势。

中国自古以来就是礼仪之邦，有着渊流不尽的民族文化，其“礼”就在于一个字“和”。孟子说：“威天下不以兵之革利。”何以威天下？孟子的解答是：“仁。”何为仁？和也。

和，从来就是一种文化，是需要人们精心培育和建设的文化。它有多重含义：相安，谐调，平息事端；和美，和睦，和衷共济；祥和，和平，和气悦人。除了有对立统一的“阴阳之和”的意思之外，还有“合适”、“恰当”、“适中”、“无过无不及”的“恰到好处”之意。

“以和为贵”的思想随着中华文明，流淌了几千年。事事以和为贵，会少许多干戈，会少许多烦恼。战国时的蔺相如完璧归赵后又与赵王渑池赴会，因功高，赵王封蔺相如为丞相。居功自傲的廉颇怒满胸膛，定要与蔺相如分个强弱。屡次故意挑衅，蔺相如始终忍让。非是蔺相如无胆量，怕的是手足相残于国有伤。后廉颇终于醒悟，负荆请罪。将相和好，共同辅国，国家无恙。

孟子在《公孙丑》下篇中说：“天时不如地利，地利不如人和。”三者之中，“人和”是最重要的起决定作用的因素，“地利”次之，“天时”又次之。三国中的曹操占天时，兵多将广，孙权占地利，势在长江，而刘备占人和，拥有大将关羽、张飞、赵云和智囊诸葛亮。最终蜀汉与东吴联盟，而曹魏百万雄师却烟火飞腾，红透长江。

“和”在日常生活中尤为重要。生活中许多事情的争吵，细想起来都没有必要。民间一直流行这样一句顺口溜：“人生本是一台戏，因为有缘才相聚。为了小事发脾气，回头想想又何必？”仔细想想，确实是这么一回事。人与人之间没有什么大怨，只是些鸡毛蒜皮的小事，为什么争吵不休呢？万事以和为贵，做人应该有一颗仁和之心、谦和之德、温和之气、慈和之容。人与人之间，彼此少一些盛气凌人，多一些态度温和，凡事换位思考，就会少许多不必要的争吵和不开心。用退一步海阔天空的做法，来换取一份好的心情，何乐而不为？

职场更应以和为贵。在一个茶厅里发生过这样一个故事：

“小姐！你过来！你过来！”一位顾客高声喊着，指着面前的杯子，满脸寒霜地说：“看看！你们的牛奶是坏的，把我一杯红茶都糟蹋了！”“真对不起！”服务小姐一边赔着不是，一边微笑着说，“我立即给你换一下。”新红茶很快就准备好了，碟子和杯子跟前一杯一样，放着新鲜的柠檬和牛奶。小姐轻轻放在顾客面前，又轻声说：“我是不是能建议您，如果放柠檬就不要放牛奶，因为有时候柠檬酸会造成牛奶结块。”那位顾客的脸一下子红了，匆匆喝完茶后走掉。

有人笑问服务小姐：“明明是他错了，你为什么不直接说他呢？他那么粗鲁地叫你，你为什么不还以颜色呢？”

“正因为他粗鲁，所以要用婉转的方式对待；正因为道理一说就明白，所以用不着大声。”小姐说，“得理也要饶人。理不直的人，常用气壮来压人。理直的人，要用和气来生财！”

职场是一个大家庭，人与人相处要相互包容，谁都有犯错之时，而这个时候就需要得理饶人，有理让三分，不然这个世界就战火满天了。

职场的优秀员工都懂得和气生财，用理来说服没理的同事或客户，不仅给人留下好印象，更会赢得他人的信赖。人人都有自尊心和好胜心，但金无足赤，人无完人，每个人都会偶尔有过失，每个人都有需要别人原谅的时候。其实，有些时候给他人留下台阶，也是为自己留一条生财的后路。犹太商人的做法正好体现了这一点：

与犹太商人打交道，你会发现他们总是呈现一副笑脸的，不管生意是否做成，甚至为合约而发生矛盾，他们总会以笑脸说出其否定的态度。有时对方发脾气，双方不欢而散，犹太人还是会给对方说声再见。要是第二天他再遇上你，他仿佛没有过不高兴那回事，仍以微笑脸孔问候你"早上好"。

犹太人这种强忍和气的态度，也许与该民族长期流散异乡和受尽迫害有关。且不探索这种关系，但这种和气的仪表，在人际交往之间却是一种有效的融合剂，很容易把对方吸凝住，在商务活动中是一种有效的促销手段。为什么这样说呢？因为人是群体动物，人与人的关系是否和睦，对事业影响很大。企业家制造出来的商品或服务，因得人喜爱乐用而赚钱发财；政治家开展政治工作，因得人心而昌盛；歌唱家演唱得到观众赞赏，因得乐队的伴奏等等，一切离不开人。犹太人领会这一道理，把人与人的关系处理好，成为他们成就事业和发财致富的一种技巧。

以和为贵，平等尊重，这是每一个职场人应学会的技巧。只要你真诚对待他人，有理也懂得礼让三分，相信你一定会得到应有的回报。正如俗语所说"和气生财"，良好的处世态度，不仅让你在职场中如鱼得水，更能让你创造更多的财富。

感悟 2

同事如兄弟，友爱照亮职场

《弟子规》中的“出则弟”一章讲的就是要有和谐的人际关系，它是和谐社会的基础。

凡从事一定工作的人，在工作年限之内，与同事相处的时间，可能要多于同父母、妻儿相聚的时间。所以，和谐的同事关系，对每个有工作的人来说都十分重要。它可以调动工作积极性，激发工作创造性，有利于提升工作效率和质量，容易取得更优异的工作成绩。同时，它还会使你心情愉悦，健康长寿。

与同事建立良好的人际关系，首先必须从自己做起。用诚实的心，真挚的情感、宽阔的胸怀、谦虚的态度，感动和赢得同事的理解和支持，不是手足，胜似兄弟。

对同事要尊重与诚实，注意言行一致，诚实无欺。生活中，既不拉帮结伙，又不虚情假意，处处维护领导的威信和同事的尊严。另外，对同事要谦虚谨慎，不能自己工作有点成绩，就觉得身边的同事均不如你，目中无人；或背后议论同事的不是。应该越是有成绩越要谦虚谨慎，这样才能得到同事的尊重。要在工作上对同事给予积极的支持和配合，特别要值得注意的是，同事之间要相互补台，绝不能相互拆台。别人有了成绩要祝贺，绝不能妒忌，因为众人拾柴火焰高。同时，对同事要关心、友好，如发现同事家有个大事小情、生活困难，要主动伸出友谊之手，千方百计帮助人家，危难时刻见真情。

小吴进入以软件开发为业务的公司设计部时，部长把她安排给一个仅有高中学历的同事大张做搭档。

大张是一个灵活热情、工作上也积极肯干的中年男人，可就是因为学历的原因，迟迟得不到提拔，眼看着那些年轻没有太多经验的大学生一个个都升迁了，他内心很不平衡。

与这样的前辈一起工作，小吴总是感觉到一种压力，采取了敬而远之的态度，除非工作需要才与他多说几句话。正是这样，让大张产生了一种小吴看不起他的心理。

两人之间逐渐产生了一种对抗情绪，在工作上各持己见，总无法得到调和。后来，大张向领导提出小吴太过于骄气和傲气，不能再做搭档。于是小吴被调到了另一个小组。

在这个案例里，小吴不能积极地化解矛盾，缺乏必要的沟通，而大张触角又过于敏锐，因而造成了彼此的误会。其实，小吴完全可以主动解决他们之间的问题。例如她可以适当地称赞对方，经常向对方请教较易解决的问题。这样容易使对方从低学历的阴影中摆脱出来，产生一种满足感，而树立起自己的"价值观"，两个人就能平和相处。

有的人总是抱怨同事不理解自己，对自己的评价与实际相差太大，为此常常感到委屈，使自己处于痛苦之中，其实冷静下来，仔细想想，也许问题恰恰出在自己身上。"不能反省自己的人，就会失去被理解的机会。"一位著名管理者曾这样说过，"人要时刻反省自己，对别人'投之以李'，别人就会对你'报之以桃'。"

英国著名剧作家、诗人莎士比亚曾告诫人们："如果你想到达自己的目的地，你就必须用温和的态度向别人问路。"尊重别人的人格，不做伤害别人的事情，不要以自我为中心，不要把自己高高地放在别人之上。有一个词是"倾听"，我们不妨体会一下这个动作：倾下身子，诚恳、谦虚地、全神贯注地听。这样，说话的人就会倾其所有，知无不言，言无不尽了。这就是对别人的尊重，也会赢得别人的信任。"请不要随意打断别人的讲话"、"听别人说话时，目光请不要漫无目标地游动"，这些都是有礼貌、尊重别人的表现。

有人说，世界上最好的东西是一个好同事，比一个好同事更好的东西是一群好同事。确实如此，从某种角度来讲，遇到一个好同事比娶个好太太或嫁个好老公更重要。很多成就事业的伟人婚姻并不美满，但他们无一例外都有好同事。刘备可以没有孙夫人，但假如没有诸葛亮，想三分天下有其一无异于白日做梦；约克在曼联威风得不行，因为他身后有贝克汉姆、吉格斯的强大火力支持。当天才遇到天才，互相切磋砥砺，将放射更耀眼的光芒。即使是庸才遇到庸才，只要互相取长补短，同样能如虎添翼。优秀的同事就像撑杆，让你跃过不可能的高度；就像 3D 加速卡，让你事业的画面更加生动流畅。

俗话说，同行是冤家，所以同事之间不可避免地存在竞争，有时候这种竞争比对手之间的竞争更残酷激烈。不承认和正视这种竞争，是掩耳盗铃故作天真；过分夸大这种竞争，则是舍本逐末倒行逆施。同事之间的竞争，好比同气连枝两棵树争夺水分和阳光，是和平的竞争。对手之间的竞争，则好比狮子和老虎争夺一片森林，是生死攸关的性命搏杀。同事之间的竞争是为了团结，为了双方更好发展。和则两利，离则两伤，这是同事之间竞争的基本原则。

我们经常会听到一些人对同事的抱怨，大骂同事如何不够朋友，如何在关键时刻袖手旁观甚至落井下石。可是你有没有想过，你为同事做过什么？有没有在他需要时伸出温暖的手？你有没有故意或者无意中伤害过他？如果你对同事不能有任何帮助，又怎么能指望同事对你伸出援手？你必须体现出自身价值，对同事有所裨益，才能在需要时得到同事的回馈。那么与其说是同事在帮你，不如说是你自己在帮自己。

一个篱笆三个桩，一个好汉三个帮，良好的同事关系是事业不可缺少的根据地。经营不好根据地，向外发展只能是奢谈。很难想象一个在同事中间孤立无援的人，能够把工作做得出色。因此，请爱你的同事如兄弟。

感悟 3.

求同存异，适时做个“和事佬”

“求同存异”的思想是团队协作精神里很重要的一条，它在《弟子规》中也多处体现，它教人不要固执己见，凡事谦虚低调，这是职场中的黄金定理。身在职场，必须要懂得求同存异，适时做个“和事佬”。

小熊能言善辩的口才在大学时候就显露了出来。他担任大学辩论协会主席，代表班级参加辩论赛，经常是辩论场上的首辩。同学们都很佩服他的辩论天赋，他对自己的优势也深以为荣。小熊在课堂上喜欢和老师就某个问题激烈争辩，老师很喜欢他，认为他是个有独特思想的学生。在宿舍，同学们不经意的一句话就能引发他的长篇大论，他常常一开口就让对方哑口无言。大家都了解他这个特点，所以只要他一开口，大家就打趣说：“事实胜于‘熊’辩。”同学们都认为，小熊凭自己的口才，在以后的工作中肯定会发挥得更好。大学毕业已经很多年了，大家都想着他一定升官发财了，结果在一次同学聚会上，大家才知道根本不是那么回事。小熊还和刚毕业时差不多，虽然换了几家公司，但是也没有什么大的起色。

于是，大家七嘴八舌地讨论起来，帮助小熊分析问题的原因所在。最后，大家得出了这样一个结论：工作中，他总是喜欢争个谁对谁错，而且无论别人说什么或者做什么，总要指出别人不正确或是不符合情理的地方。他仔细对照过去发生的一些事，感觉同学们说得真是太对了，自己太执著于和对方争论对错，往往会把对方惹恼，把事情搞砸。他回想起有几次还把领导“辩”得不好下台，而在当时他觉得自己是为了公司好，还拿直言敢谏的魏徵自比呢。

最后，同学们给他出了一招：学会求同存异。同学们告诫小熊，以后不要再在一些小事上和别人争论不休，有时候争论的意义不在于非要有一个明确的结果，只要你能把自己的想法清晰地表达出来，接受与否就不要计较太多。听到"和谐的音符"要虚心接受，听到对立的观点也不要像大学时的辩论赛似的，不把对方驳倒誓不罢休，要尊重别人的意见，学会在不同的声音里求同存异，适时做个"和事佬"。

不可否认，像小熊这样的人领导不重用，同事不喜欢。企业用人，目的是把事情做成、做好，而不是争论谁的观点正确或比赛谁的辩术高超。我们是在保证原则的基础上，寻找共同点，以达到促进和维护存在不同观点的个体和团体之间团结协作的成功。人与人之间，小组与小组之间，企业与企业之间，有多少分歧和矛盾不要紧，只要我们肯挖掘双方的共同点，愿意求同存异，或者说愿意异中求同，才能有更多的合作，才能有更多的成功机会。如果我们只坚持自己的想法和利益，不听一听别人的意见，就容易产生矛盾，导致难以达成合作。

在职场上，没有合作就没有成功。我们要想在事业上有所作为，就得有一个融洽的同事关系。面对矛盾、不理解、不被支持，都不要太在意，要正确看待这些"不和谐的音符"。不要把别人的不理解看成是对自己的敌意，他们也许是就事论事，有自己的想法也很正常。只有减少和同事之间的摩擦，互相之间营造一个和谐的关系，才能使工作进行得顺风顺水。

在知道了人际交往中求同存异的重要性后，就要改变自己的心态，注意自己的言行。要知道，每个个体都有特殊性，因其特殊才成就每个人的特质。我们要的是求同存异，但"求同"不仅仅是停留在别人和我们的想法一致上，更高一个层次的是，能从别人的"异"中吸取养料来壮大自己。也许别人的做法和我们不一样，但是也可能是事情的另外一种解决方法，这就需要我们虚心学习。不要做唯我独尊、骄傲自满的人，这样的人是不会进步的。即使你不喜欢一位同事或老板，你仍要从他的意见、观点当中学习。如果发现了他的优点，你也应该及时称赞。如果别人的做法我们实在是不能认同，也不想委屈自己接受，则最好不要和对方一决高下去争论，要学会理解，要学会听之任之。就让时间来检验吧，不需要我们浪费精力。

学会做“和事佬”，在家庭生活中的作用十分明显。婆媳不和，自古就有，现代社会仍然存在，男人处在母亲和妻子之间，尴尬已久。不管婆婆和媳妇是如何贤淑之人，相处时间长了，难免会出现一些矛盾，俗话说：“清官难断家务事”，那种“公说公有理，婆说婆有理”的事经常会发生，作为妻子的丈夫，母亲的儿子，两边都是亲人，无论谁错，你都要站在中间立场，不能一边倒！你一定要注意策略，做个“和事佬”，使双方都能下台阶。事后这边埋怨两句，那边批评几句，然后互相认个错，使他们重归于好。

人际交往同样如此，友好相处最和谐最融洽的方式莫过于以爱心关心他人。每个人在工作中、生活中都会遇到困难、意外事故甚至不幸。没有别人的帮助和支持，每个人都难以正常地生活下去，善于发现、主动关心同事的困难和苦恼，给予得体的精神和行动上的支持和帮助，可以说是我们的义务。冷漠、不关心，既不与大家共享欢乐，也不为别人分担痛苦的人，不仅生活孤独，而且很难得到别人的帮助。

理解、宽容是保证和谐融洽的“和事佬”。无论怎样力求完善，人身上都有着令人遗憾的弱点，甚至令人厌恶的毛病。明代一位学者有一句话：“人有不及者，不可以己能病之。”即看到别人不及自己的地方，不能以己之长而鄙视人家或诋毁别人。我们应该知道，每个人的个性、习惯、工作方法、态度都可能不同，于你不合也许于别人合。因此你的正确态度应该是:理解、和善。你应求大同存小异，不必苛求对方，和气待人是以理解为基础的。以客观的态度给人以评价，会使我们从别人身上看到自己所没有的优秀之处，还会使我们对人的缺点、错误抱一种善意的态度。做到和气，才会赢得好人缘。

在一家药品销售公司工作的大明，因为工作努力，能力突出，业绩步步高升，不到半年，就被提拔为销售主管。

当上主管后，大明发现作为中层领导也有中层领导的难处。因为经过一段时间的观察，他发现自己的下属做事时总是拖泥带水，懒懒散散。

面对这种情况，大明没有抱怨，而是冷静分析之后召开了一次业务会议。在会上，他开诚布公地鼓励每个人都说出最真实的想法，包括对他自己的期望和看法，以便以后能做到求同存异，和谐相处。

这次会议开得非常成功，所有的人都畅所欲言，发表自己的建议。大明把大家的意见全部写在黑板上，然后说道："我们这个团队每个人都有每个人的特色，但为了完成共同的目标，我们要找出我们的共同点来，大家希望我们这个团队有什么特色？"

他们很快取得了满意的答案，那就是忠心、诚实、乐观、进取、合作以及每天 8 个小时热忱敬业地工作。

毫无疑问，大明的这次会议增进了各成员的相互了解，迅速团结了大家，调动起下属的积极性。每个员工对未来目标有了清晰的认识，有了问题时大家也都能站在对方的立场上思考。伴随而来的是销售业绩激增，公司各项工作进入了"快车道"。

案例中大明就是一个贯彻"求同存异，融入团队"理念的高手，他不但发展了自己，也让团队心往一处想，拧成了一股绳。当然，做个"和事佬"并不是没有任何原则，什么事都去和稀泥。为了赢得人脉，有些情况下要巧做"和事佬"，有些事是不能去做"和事佬"的，需要分清楚，区别对待。

其实，我们无论是初涉职场的"新手"，还是跳槽到新工作单位的"老将"，如果仔细观察的话，都会发现身边并非都是同龄人或志趣相投者。在一个集体中，每个人的年龄、文化背景、职业经历不会都相同。哲学上讲"世界上没有两片相同的树叶"，人也一样，在一个成员形形色色的团队或集体中相处共事时，对同一个问题，常常会产生差异极大的看法，以致引发不同程度的争论，稍不小心就容易伤了同事间的和气。这对我们的发展是不利的，轻则工作中受到阻力，重则被排挤出局。因此，我们需要紧紧把握好“求同存异，融入团队”这一交往原则。

作为员工，我们要想求同存异、融入团队，就要做到以下几个方面：

1. 寻找彼此之间的“共性”；

2. 学会换位思考；

3. 出现矛盾的时候切记忍让；

4. 接受他人的独特个性；

5. 杜绝“小圈子意识”。

感悟 4.

不较真，得理之处让三分

在职场，如果你碰到了上司说话不算话的情况，碰到了同事出尔反尔的情况，碰到了客户纠缠不清的情况，你该怎么办呢？其实《弟子规》里早就告诫我们要“言语忍，忿自泯”，意思就是说，很多时候不要太较真，更不要一味地随便揣测上司、同事或客户的心思，动辄就说人家不讲道理，最后一厢情愿选择离职，这种做法往往是得不偿失的。

林大伟在一家大型医药公司工作，为了提高效益，增加收入，老板一口承诺年销售额突破原计划后，年终提成将提高两个百分点，甚至暗示如果能力强、业绩突出，还可以拥有一定的股份。于是每一位员工都起早贪黑，没日没夜地忙工作。

眼看快到年终了，销售计划指标顺利突破，并高出计划指标的20%。部门核算那天，办公室里一片欢腾。大家都说：‘虽然辛苦点，但我们的努力没白费。”可谁知这时，老板却突然宣布把年销售目标提高50%，短短两个月内，目标自然完不成，年终奖也就打水漂了。最后,还是部门经理据理力争,从老板手里要来几千块钱大家平分。但林大伟的心已凉了半截,于是“一纸休书”,气愤地离开了公司。

林大伟碰到的这种情况,也许是老板耍无赖,也许另有原因,但目的很明确,那就是不想信守承诺。如果碰到这种“上司说话不算话”的情形时,你应该直接询问上司的想法比较恰当。不过提醒你询问态度不可以是挑战、质疑的口气,应该挑选一个和乐气氛的时机,然后保持平和的态度去沟通。总之一走了之是不理智的,虽然公司对你的态度会影响到你的工作情绪,但你还要看公司未来前景是否符合自己的志向、与同事之间的相处是否融洽、工作的环境是否良好、公司是否可以让你学习到更多的东西……综合考虑再做最后定夺,才是理性的做法。

在现代社会,各种压力接踵而至,竞争加剧,人际关系复杂,个人在社会化的影响下更显得弱小无力,许多人都在感慨:活得真累啊！毫无疑问,如何做人是一门精深的学问,细细想一想,保持平和的心态,凡事不要太较真,也不啻为一条立身处世之道。

南怀瑾先生所谓“有些地方马虎一点儿”,实际上是说,处世不要过于较真。过于较真的人往往也过于固执,做事太死板,容易走进“死胡同”。因此,人不要一条道路走到黑,一个死理认到底。天下没有过不去的河,也没有解决不了的问题,关键是要懂得“转弯”。自己拥有的并不一定是真理,他人的不同意见,也可能是对的,或可能有一些道理。

做人固然不能玩世不恭,游戏人生,但也不能太较真,认死理。太认真了,就会对什么都看不惯,连一个朋友都容不下,把自己同社会隔绝开。镜子很平,但在高倍放大镜下,就成了凹凸不平的山峦;肉眼看很干净的东西,拿到显微镜下,满目都是细菌。试想,如果我们“戴”着放大镜、显微镜生活,恐怕连饭都不敢吃了。再用放大镜去看别人的毛病,恐怕许多人都会被看成罪不可恕、无可救药的了。

但是,如果要求一个人真正做到不较真、能容人,也不是简单的事,首先需要有良好的修养、善解人意的思维方法,并且需要经常从对方的角度设身处地地考虑和处理问题，多一些体谅和理解，就会多一些宽容，多一些和气，多一些友谊。

某服装厂有一位员工总抱怨他们家附近小店卖酱油的售货员态度不好，像谁欠了她巨款似的。后来同事的妻子打听到了女售货员的身世，她丈夫有外遇离了婚，老母瘫痪在床，上小学的女儿患哮喘病，她每月只能开四五百元工资，一家人住在一间15平方米的平房里。难怪她一天到晚愁眉不展。这位同事从此再不计较她的态度了，甚至还建议大家都帮她一把，为她做些力所能及的事。

在公共场所遇到不顺心的事，实在不值得生气。有时素不相识的人冒犯你，其中肯定是另有原因，不知哪些烦心事使他此时情绪恶劣，行为失控，正巧让你赶上了，只要不是恶语伤人、侮辱人格，我们就应宽大为怀，晓之以理。与萍水相逢的陌路人较真，实在不是聪明人做的事，假如对方没有文化，与其较真就等于把自己降低到对方的水平，很没面子。另外，从某种意义上说，对方的触犯是发泄和转嫁他心中的痛苦，虽说我们没有义务分摊他的痛苦，但确实可以用你的宽容去帮助他，使你无形之中做了件善事。这样一想，也就会容忍他了。

清官难断家务事，在家里更不要较真，否则你就愚不可及。老婆孩子之间哪有什么原则、立场的大是大非问题，都是一家人，何以要用“异己分子”的眼光看问题，分出个对和错来，又有什么意思呢？人们在单位、在社会上充当着各种各样的角色，一回到家里，脱去西装革履，也就是脱掉了你所扮演的这一角色的“行头”，即社会对这一角色的规范和要求，还原了你的本来面目，使你可以轻松愉悦地享受天伦之乐。假若你在家里还跟在社会上一样认真、一样循规蹈矩，每说一句话、做一件事还要考虑对错、妥否，顾忌影响、后果，掂量再三，那不仅可笑，也太累了。我们的头脑一定要清楚，在家里你就是丈夫、父亲，就是妻子、母亲。所以，处理家庭琐事要采取“绥靖”政策，安抚为主，不妨和和稀泥，当个笑口常开的和事佬。

具体说来，做丈夫的要宽厚，在钱物方面睁一只眼，闭一只眼，越马马虎虎越得人心，妻子对娘家偏点心眼，是人之常情，你根本就别往心里去计较。妻子对丈夫的懒惰等种种难以容忍的毛病，也应采取宽容的态度，切忌唠叨起来没完，嫌他这、嫌他那，也不要在丈夫偶尔回来晚了或女士来电话时，就给脸色看，鼻子不是鼻子脸不是脸地审个没完。看得越紧，逆反心理越强。家庭是避风的港湾，应该是温馨和谐的，千万别把它演变成充满火药味的战场，狼烟四起，鸡飞狗跳，关键就看你怎么去把握了。

人生如此短暂和宝贵，身在职场，要做的事情太多，何必为一些令人不愉快的事情浪费时间呢？我们要知道该干什么和不该干什么；知道什么事情应该认真，什么事情可以不屑一顾。这样我们就能腾出更多的时间和精力，全力以赴认真地去做该做的事，这样我们成功的机会和希望就会大大增加；与此同时，我们的人脉就会更加健康顺畅，事业也会伴随他人的帮衬与扶持稳步走向成功。

感悟 5.

现代职场拒绝单打独斗

《弟子规》中讲到："或饮食，或坐走；长者先，幼者后……"从字面上看是说人要讲礼貌，尊长爱幼，其实从整个"出则弟"一章里我们不难悟出，它仍然是教我们要团结友爱，要有团队合作精神，任何事业的成功都不是单方面的成功，单打独斗成不了大事，也许古时候出现过单打独斗的能人，但在如今这个科技与信息飞速发展的时代，单打独斗干事业的时代已经一去不返了。

"一将功成万骨枯"，自古以来任何一个伟大英雄的产生，莫不是由背后无数位有名或无名的战友的付出来成就的。战场如此，商场如此，职场也是如此。英雄之所以成为英雄，是因为他懂得利用愿景、目标来激发大家的斗志，将那些相关的人绑到自己的战车上，任由自己驱使，所向披靡。

在职场，一味讲求个人的出类拔萃、光芒四射显然是不明智的，到头来反而可能成为一个具有悲情色彩的英雄。这是狭隘的个人英雄主义，每个职场中人都应谨记，尤其是那些自认为"喝过几瓶墨水"自我感觉良好、成功欲望极为强烈的"大虾"们，更应克服这种被职场成功欲念所掩盖的弱点。

要知道，一个人可以在职场中获得漂亮的业绩，却无法所向披靡成为职场中的常胜将军，唯有依靠团队的力量，借用他人之长去弥补自己之短，才能将事业推向辉煌，成就个人的价值。所以，在竞争中合作，在合作中实现双赢，这才是笑傲职场江湖的一个必杀技，是你所必须携带的"武器"之一。

曾有一位年轻帅气的"海归"，从美国麻省理工学院学成归国，被上海的一家专门从事新能源开发的公司高薪聘用。公司对他寄予了厚望，也十分信任，委任他为一个太阳能应用项目研究团队的项目总监，并将公司经验丰富、具有学识优势的研究员配备给他。

这个项目研究一旦得到突破，将奠定公司在同行业中的核心地位，公司对他寄予厚望。而且，凭着他的学识以及过去取得的成绩来看，半年之内取得研究突破应该不成问题。然而半年过去了，他所负责的项目不仅一无所获，而且项目组竟然遇到了濒临瓦解的危机，公司内几位经验极其丰富的研究员相继跳槽。董事长大为震惊，调查了解一番后才知道，原来他自恃"海归"身份，自以为掌握着行业研究的前沿信息，对公司配备给他的这些"土鳖"看不上眼。他宁愿一个人躲在实验室里夜以继日地做研究，撰写研究报告，也不愿调动起其他人的力量共同参与进来，只是让他们做些与研究核心无关或边沿的辅助性工作。然而遗憾的是，他所学专业固然具有较强优势，但毕竟在应用领域知之甚少，技术突破也只能停留在工作计划阶段，最后无果而终，只得重回美国深造。

一个篱笆三个桩，一个好汉三个帮。这是一句大家耳熟能详的俗谚。然而一旦置身其中，真正能参透并恪守的又有几人？职场就是江湖，仅靠一个人的本领单打独斗是创造不出什么辉煌的，即使你浑身是铁又能打得几颗钉？这位年轻“海归”就是犯了这个错误，太把自己当回事，太急于创造能够证明自己的成绩，太不懂得合作的道理，所以酿成了职场上的惨败。

因此，人在职场，不要有“凡事自己来”的观念，完全不靠别人帮助的人是走不了多远的。凡事坚持独立完成虽然会让你有成就感，但相对来说风险也大。要想让自己成为一个成功者，就得想办法获得他人的帮助，这种帮助不仅仅来自你的上司和同事，还可能来自其他对你的事业有帮助的人。

在汹涌的人潮中，每个人只不过是一滴水。要想让一滴水永不干涸，保持生命的活力，最好的做法就是把自己融入海中。懂得合作与分享，习惯把自己融入到集体中去，你并不会被淹没，反而会让生命的浪花更美丽。因为博大才能精深，因为融入才能精彩。职场中人也是这样，要想在职场江湖中行走天下，只有懂得将自己融入团队，才能使自己保持着旺盛且强劲的战斗力。否则，你只能成为江湖里一个叫卖狗皮膏药的小把式，很快便会被人遗忘。

不要拒绝海的召唤，也不要拒绝去拥抱海；海会因你而浩瀚，你也会因海而澎湃着生命的激情。如果把每个人的能力都设定为1，那么10个人的合作成果有时要比10大得多。这是因为人不是静止的事物，而是像一种奇异的能量，相互推动时将会事半功倍。

从前，有两个饥饿的人得到了一位长者的恩赐：一根鱼竿和一篓鲜活的鱼。其中，一个人要了一篓鱼，另一个人要了一根鱼竿，之后他们分道扬镳了。得到鱼的人就地用干柴搭起篝火煮起了鱼，他狼吞虎咽，还没有品出鲜鱼的肉香，就连鱼带汤都吃了个精光。吃完鱼后，他又没有什么办法维持生活了，不久，他便饿死在空空的鱼篓旁。另一个人则提着鱼竿继续忍饥挨饿，一步一步艰难地向海边走去，可当他看到不远处那片蔚蓝色的海洋时，他最后的一点力气也使完了，只能眼巴巴地带着无尽的遗憾撒手人寰。

又有两个饥饿的人，他们同样得到了长者恩赐的一根鱼竿和一篓鱼。只是他们并没有各奔东西，而是商定共同去找寻大海，他俩每次只煮一条鱼，经过了遥远的跋涉，终于来到了海边。从此，两人开始了以捕鱼为生的日子，几年后，他们盖起了房子，有了各自的家庭、子女，有了自己建造的渔船，过上了幸福安康的生活。

由此可见，合作是一件快乐的事情，有些事情只有人们相互合作才能做成。而所有成功人士都有一个共同之处，就是他们都注重团结协作。

现代社会背景下的职场更为复杂，谁都不可能事事知悉，通晓百业，你可能是个专才，但不要奢望能成为全才，“全才”应是一个团队才有资格具备的称号。不要一个人去战斗，别忽略了旁边还有摩拳擦掌的同事，正渴望着与你一起建功立业。何不将他们绑上自己的战车，至少你多了一个伴，对困难多了一份威慑。

懂得双赢，知道利用合作来成就自己的人才是真聪明；狭隘求胜，抱着自己的那“一亩三分地”不肯与人合作耕种的人实在太愚蠢。懂得这些，也许才是你笑傲职场的真正开始。

世界仅存的植物当中，最雄伟的当属美国加州的红杉。红杉的高度大约是 300 公尺，相当于 30 层楼高。科学家深入研究红杉，发现许多奇特的现象。一般来说，越高大的植物，它的根理应扎得越深，但红杉的根只是浅浅地浮在地面而已。理论上，根扎得不够深的高大植物是非常脆弱的，只要一阵大风就能将它连根拔起，红杉又如何能长得如此高大，且在风中能屹立不摇呢？研究发现，红杉总是成片的生长，并没有独立高大的红杉。一大片红杉彼此的根紧密相连，一株接着一株，结成一大片。自然界中再大的飓风，也无法撼动几千株根部紧密连结、占地越过上千公顷的红杉林。除非飓风强到足以将整块地掀起，否则没有任何自然力量可以动摇红杉分毫。

红杉的浅根，也正是它能长得如此高大的利器。它的根浮于地表，方便快速而大量地吸收赖以成长的水分，使红杉得以快速茁壮地成长，同时，它也不需要一般植物那样耗费过多的能量扎下深根，从而把更多的能量用来向上生长。

造物主在世界各地为人们留下成功的启示，要看人们是否能拥有细心的智慧去体会与领悟。红杉的启示提供给我们一个很好的学习方向，我们应该广泛地伸出自己的学习触角，和广大的资讯网络结合，去吸收更丰富的成功知识及经验，来汲取自己赖以迅速成长的养分，而不必耗费能量独自盲目地钻研。

成功不能只靠自己，成功需依靠别人，只有和别人合作，你才能获取更大的成功。就像红杉林那样根部相连，以充分而紧密的合作关系，创造出屹立不摇的伟业。

如果你尚未壮大，不妨伸出你学习的根，和成大事者紧密连结，加入成功、积极的团体，阅读成大事者撰写的书籍，吸收他们的经验，了解成大事者的态度，让自己更快速地成长。只要你熟谙这项借力与合作的诀窍，很快你将会成长为成功之林的雄伟“巨木”。

感悟 6.

团队精神就是核心竞争力

《弟子规》里字字句句都离不开一个核心思想，即关爱他人，尊重他人，帮助他人，成就他人，这种为他人着想的思想，在职场上，在企业里，体现出来就是一种团队合作精神，这种团队精神，往往是强盛企业或卓越员工的核心竞争力。

团队合作是一种为达到既定目标所显现出来的自愿合作和协同努力的精神。它可以调动团队成员的所有资源和才智，并且会自动地驱除所有不和谐和不公正因素，同时会给予那些诚心、大公无私的奉献者适当的回报。团队合作出于自觉自愿时，它必将会产生一股强大而且持久的力量——这就是核心竞争力。

一个人如果没有团队精神将难成大事；一个企业如果没有团队精神将成为一盘散沙；一个民族如果没有团队精神也将难以强大。我们的社会太强调英雄，总在强调“以一当十”，但是，“以一当十”并不难，难的是“以十当一”。因为“以一当十”只要最大程度地发挥一个人的潜力就行了。而“以十当一”则不同，它是强大的核心竞争力，它需要最大程度地发挥十个人的潜力，而且要使这些潜力朝着一个方向使劲。

曾国藩当年在编练湘军的时候，曾设想湘军能够在训练时“以十当一”，而在战斗时“以一当十”。当然，湘军远没有达到曾国藩所希望的那种程度，但在当时已经取得了相当可观的效果——湘军在当时是唯一能够与太平军相抗衡的部队。

曾国藩是这样来组建湘军的：利用自己的亲戚、朋友、同学、老乡的关系，把一些忠于自己、有能力的人任命为军官，由他们负责组建各自的营队；这些营官再利用亲戚、朋友、同学、老乡的关系，招募下级军官；依此类推，下级军官再用相同的办法招募自己的士兵。这样，曾国藩就组建了一支以亲戚、朋友、同学、老乡关系为纽带，以利益为目标，效忠于自己的军队。可见，湘军有着非常浓厚的个人色彩，是与国家利益相悖的，但在当时迫不得已的情况下，却非常有效地起到了增强凝聚力、提高战斗力的作用。

湘军的这种个人色彩，使得在湘军士兵满足了个人的基本需求之后，再也无法像初期那样发挥其战斗力了。就是说，团队与群体是不一样的，群体可以因为事项而聚集到一起；而团队则不仅有着共同的目标，而且渗透着一种团队精神。

建设一个团队并不是一件容易的事，我们都知道项羽和刘邦争霸天下的故事。

项羽在推翻秦王朝的战争中起了非常关键的作用，属于实力派人物，其势力远远超出刘邦，而且他“力拔山，气盖世”。若论单打独斗，别说他能以一当十，就是以一当百也不为过；在与刘邦争夺天下的过程中，一开始，只要他亲临战斗，则每战必克，刘邦则临战必败，但结果却是刘邦势力越来越大，而他的势力却越来越小，最终落得个被围垓下、自刎乌江的结局。他至死也没弄明白，他到底失败在什么地方，还说：“此天亡我也，非战之罪也。”

反观刘邦，不仅本领不如张良、萧何、韩信这“兴汉三杰”，而且还“好酒及色”，早在当亭长时，“廷中吏无所不狎侮”，简直就是地痞流氓。但在与项羽的战争中，却最终打败项羽，夺得天下，胜利还乡，高唱《大风歌》。为什么？刘邦在建国后的一次庆功会上，曾向群臣解释说：“夫运筹帷幄之中，决胜千里之外，吾不如子房（张良）；镇国家，抚百姓，给饷馈，不绝粮道，吾不如萧何；连百万之众，战必胜，攻必取，吾不如韩信。三者皆人杰，吾能用之，此吾所以取天下者也。项羽有一范增而不能用，此所以为吾擒也。”

由此可见，刘邦的胜利，是团队的胜利。他建立了一个人才各得其所、才能适得其用的团队。而项羽则仅靠匹夫之勇，没有建立起一个人才得其所用的团队，所以失败是情理之中的事。

那么，为什么说团队精神就是核心竞争力呢？联想集团的“项链理论”是对这一说法的很好诠释。因为，企业之间的竞争最终是对人才的竞争，对企业而言，一个个人才就像一颗颗晶莹圆润的珍珠，企业不但要把最大最好的珍珠买回来，而且要有自己的“一条线”，能够把这一颗颗零散的珍珠串起来，共同串成一条精美的项链。如果没有这条线，珍珠再大、再多还是一盘散沙，它们起的作用不过是以一当十的匹夫之勇。那么，这条线是什么呢？就是能把众多“珍珠”凝聚在一起，步调一致，为了共同目标而努力的团队精神。

《水浒传》里的宋江，其貌不扬、生得黝黑，文不能吟诗作赋，武不能力当千军，却令水泊梁山的一千骄兵勇将以及“智多星”吴用唯其马首是瞻，并且把梁山集团的业务搞得有声有色。这究竟是何缘故呢？其道理说白了，就在于宋江能够与众兄弟大碗喝酒、大口吃肉、大秤分金，日子才能过得很和谐。懂得与人合作的宋江，每当山寨干成一票大买卖，总是论功行赏、记录在册，按照每个人的实际贡献将利润平摊到底，并且从没有瞒着众人多吃多占、中饱私囊的事情发生。这样就算是有人不服他，出于个人利益的考虑，也会让宋江继续坐着头把交椅。

从案例中我们不难得出一个结论，当你的个人能力并不强大的时候，想要获得更大的利益，就一定要懂得联合众人的力量进行合作、共享利益果实；当你的团队缺乏市场竞争力时，要想提升竞争力，最好的办法就是提升团队精神。

当然，一个良好的团队需要有突破困难的能力，而能勇于面对困难的员工会给整个团队增加战斗力。女排教练陈忠和说：“我们没有绝对的实力去战胜对手，只能靠团队精神，靠拼搏精神去赢得胜利。”

第四章

谨——庄重知礼，有“礼”方可走天下

品读“谨”篇，让我们明白一个人的饮食起居、待人接物、生活习惯等各个方面，都要谨言慎行，不可以随意胡来，更不可骄横放纵。运用到职场，则说明：一个优秀员工必须恪守职场行为规范，着装得体，举止优雅，不浪费别人时间，不在人前装好人后嚼舌，时时处处维护公司和个人的形象。

1.

不懂礼仪，是员工成长的绊脚石

《弟子规》中讲："步从容，立端正；揖深圆，拜恭敬。"说的是人际交往的礼貌和礼仪，虽然现代人已不需要打躬作揖了，但正常的礼仪礼貌仍然是不可少的。尤其是在职场，不懂礼仪的员工，在职场之路上必将充满坎坷，难以顺利成长。

成功的职业人生并不需要你是个才华横溢的天才，比之更重要的是在工作中你要有一定的职场技巧，这种技巧多包含在职场礼仪之中。不管你在什么行业，从事什么样的工作，礼貌绝对是你个人素养的体现。也许你会说，我挺懂礼貌的呀！那只能说明你的自我感觉良好，但事实并非如此。刚刚步入职场的新人，你懂的礼貌只是日常生活中的生活礼仪，它与职场礼仪有着本质上的区别。

荆玉是一家从事五金生产业务的工厂的办公室文员，月收入有800元。虽然并不算多，但荆玉还是挺满足的。因为她文化不高，才初中毕业，如果不是亲戚的介绍，凭她自己的本事是不容易找到这种相对轻松的工作的，她周围的许多朋友都是在工厂里当工人，或者是在超市卖东西，或在酒楼当服务员。但国庆节刚过，荆玉就失去了这份才干了三个月的工作。说起辞退荆玉的原因，老板说是荆玉缺乏职业素质。

原来，荆玉善于交际，有很多朋友，朋友们下班后喜欢来找荆玉玩，因为荆玉在她们的眼中已经属于白领了，而且可以在有空调的办公室内聊聊天、看看报纸等。荆玉的老板认为，每个人都有朋友，荆玉的朋友在下班时间来找她玩，在办公室聊天无可厚非，更可顺便接听一些业务电话。因此他对此事从来都没有加以限制。

后来，有一次老板从外地回来，回到办公室时，遇到荆玉和她的两个好朋友，不知什么原因，荆玉并没有将老板介绍给朋友认识，她的两个朋友也因为荆玉没有介绍，就没有和老板打招呼，几个人一时都没有说话，气氛有些尴尬。片刻后，两个朋友起身走时也没有向老板打招呼，更让老板觉得荆玉和她的朋友都不尊重他。老板认为，荆玉不懂得一些办公应酬的基本礼仪，不懂得尊重老板，不懂得在外人面前树立老板的威信，缺乏职业素质，并不适合办公室工作。

职业素质往往和职业礼仪紧密相连，拥有良好的职业素质必须懂得职场礼仪，而熟悉职场礼仪是培养良好职业道德的前提。真正的素质的提升应从内心的历练开始，在心境的提升上，在礼仪的真正修炼上，最好的教材就是《弟子规》，它可以帮助我们树立正确的价值观，养成良好的生活习惯，培养敦厚善良的心性，同时对家庭和谐及社会风气净化都有莫大的帮助。

有一个外国名人说过这样一句话，大意是：促成一个人成功的因素，专业知识只占15％，另外85％是来自于他的修养、人际关系、处世能力、应变能力等等，其中的修养主要指的是一个人的素质与礼仪。

一个毕业班的班主任老师带上他的五十几个学生到一个大集团公司参观，由于该集团的老总是班主任的同学，因此老总亲自接待，秘书和工作人员也非常客气。秘书将同学们安排在一个有空调的大会议室坐定，工作人员给每个学生倒了一杯水，大部分学生坐在那里非常坦然地接过水杯，毫不客气，其中还有一个女同学问工作人员有没有红茶，理由是她平时只喝红茶。只有一个同学起身双手接过工作人员递过来的水杯并客气地说了声："谢谢，您辛苦了！"

老总办完事情急急忙忙赶过来，连声道歉："对不起，对不起，让你们久等了。"竟然没有人应声，还是老师和前面所说的那位同学带头鼓起了掌，但掌声稀稀拉拉。老总开始讲话，发现同学们端坐着，没有人做记录，于是转过身对秘书说去领一些公司的笔记本和笔来，然后老总面带笑容的双手递给每一个学生，递着递着老总的笑容没有了，因为学生们都是伸着一只手臂去接，有的学生根本不起身，更没有人说声："谢谢！"只有刚才那个同学毕恭毕敬地站起来双手接过纸和笔，并连说两声："谢谢！谢谢！"

毕业分配的时候，只有这位懂礼知礼的同学接到了那个大公司的录用通知书。其他同学非常不服气："他的成绩并没有我好，凭什么让他去而不让我去。"老师一边叹气一边说："我带你们去参观的真正目的是想给你们创造机会，可你们都失去了，该公司点名要这位同学，我有什么办法呢？"

这个故事有非常强烈的警示作用。在职场中也有不少这种人，面对老板的精心指导，同事的热忱帮助，这些人认为是理所当然的，一点感谢的意思都没有。殊不知，这是人和人之间最起码的礼貌和尊重，不懂这些，你又怎么能够在职场中成长？不懂礼仪，必然是员工成长的绊脚石。

在职场上，有的人在上司和不太熟悉的人面前表现出很有礼貌，其言谈举止绝对够文明，显得有教养和素质；但对地位比他低的人或是在某些影响到他的利益的情况下，就会暴露出其没素质和粗野的本性，或拍桌子瞪眼无端指责或破口大骂。其实这类人的本质还是缺乏礼仪修养。

某公司一位员工，是北大哲学系硕士，当时在公司的网站做内容编辑，可以说是满腹经纶，知识广博，谈起某些话题头头是道，见解独特，但他的行为举止却颇不受大家欢迎。比如，坐在电脑前总喜欢将一只光着的脚踩在座椅上；夏天在办公室总是穿着吊带背心；甚至随意地往办公室的地毯上吐痰……后来，因为在一次重要集会上的散漫无礼而被公司开除了。

这就是不懂礼造成的后果。其实，只要用心，礼仪礼貌知识完全可以在生活和工作中学习，下面这位员工小林在“失礼”后就懂得了怎样弥补礼仪知识的缺陷，为自己日后的职业成长打下了良好的基础。

小林是大四的学生，在一家外贸公司的财务部试用。有一次，为替外国客户庆祝“洋节”，公司举办了大型的西式自助餐会，邀请了不少外国客户及公司的全体员工。因为很少吃西餐，小林在餐会上出了不少“洋相”。餐会一开始，小林端起面前的盘子去取菜，之后却发现那是装食物残渣的盘子；为节省取食的路途，小林从离自己最近的水果沙拉开始吃，而此时同事们都在吃冷菜，小林只得开玩笑地说自己“减肥”；因为刀叉位置放得不正确，她面前还没吃完的菜就被服务员给收走……一顿饭吃下来，小林浑身不自在。

事后，小林认为为了自己在职业上尽快成长，必须赶紧补上西餐礼仪课。她通过书本以及向礼仪学校的老师请教，学到了许多关于吃西餐的知识。比如：

入座：应从椅子的右侧入座。

取食：取食的顺序一般是冷菜、汤、热菜、甜点、水果、冰激凌；取食时不要谈话，以免污染食物。

餐巾：离座取食时，可将餐巾放到椅座上；用餐完毕，将餐巾放到盘子的左手边。

刀叉：暂停用餐时，可将刀叉相对着斜放在盘子的左右两边，服务员就不会撤走盘子；吃完一盘后，应将刀叉平行竖放盘中，服务员会主动收去。

从上述几个事例中可以得出，注重礼仪是员工的一项基本素质，不懂礼仪是员工成长的拦路虎、绊脚石。一个优秀的员工除了应具备良好的职业道德和熟练的专业技能之外，还要知礼懂礼。

感悟 2.

行走职场，良好的第一印象很重要

《弟子规》中讲到"冠必正，纽必结；袜与履，俱紧切"，这些都是对穿戴的基本要求，千万别小看这些穿戴礼仪，它能给人留下良好的第一印象。一个人行走职场，技能重要，人际关系更重要，而在人际交往中，第一印象尤其重要。

第一印象并不是指第一次见面过程中，所有的时间里观察对方所得的印象，而是最初几秒的观察结果，千万别小看这短短的几秒钟，它对你的办事效果却有着很重要的影响。心理学上有个专业术语称"初次效果"，意思即初次见面的一瞬间足以决定胜败。第一印象如果是聪明、稳重的，下次见面时即使有较激烈的争执，对方会把两次印象融合而判断你是个对工作投入的人。相反，如果第一印象是穿着随便、毫无气质、工作态度散漫的，第二次见面即使诚心交谈，对方也一定认为你固执己见、目中无人。

秦末，刘邦赴项羽摆下的鸿门宴。宴会上暗藏杀机，项羽的亚父范增，一直主张杀掉刘邦，在酒宴上，一再示意项羽发令，但项羽却犹豫不决，默然不应。范增召项庄舞剑为酒宴助兴，想趁机杀掉刘邦，项伯为保护刘邦，也拔剑起舞掩护了刘邦。在危急关头，刘邦部下樊哙一手持盾，一手持剑闯将进去，卫兵前来阻挡，被力大无穷的樊哙撞得东倒西歪，樊哙简直像入无人之境。

项羽一看，一个虎背熊腰的壮汉发指眦裂地闯将进来，立于大厅中央，便十分吃惊地问道：“这是何人？”张良连忙上前代答道：“这是替沛公驾车的樊哙。”项羽生平最喜欢壮士，看到樊哙，赞叹道：“好一个魁伟的壮士。”接着就命卫士赏他一杯酒，一只猪膀，樊哙接过，用剑切猪膀，就着酒狼吞虎咽，顷刻间一扫而光。项羽见樊哙如此豪壮，便问道：“壮士还能再喝酒吗？”樊哙忿忿地回答道：“我死都不怕，还怕喝酒，当年秦王苛政如虎杀人如麻，到了天怒人怨的地步，逼得天下人造反。怀王有约在先，谁先入咸阳，就封谁为关中王，可沛公先入关，并未做王，而是封库闭宫，驻军于灞上，专候将军到来。像这样劳苦功高的人，将军却听信谗言，意欲加害，这样做与残暴的秦王有什么两样？”一席话说得项羽无言以对，刘邦乘机逃走，摆脱了一场危机。

樊哙只是一个小小的车夫，为什么能够让楚霸王项羽如此高看？关键是项羽对樊哙很有好感，能够听进去樊哙的话，所以放走刘邦也就在情理之中了。

一个人的第一印象往往会给对方留下很深的印象，如果你在第一次交往中给别人留下了一个好印象，别人就乐于跟你进行第二次交往；相反，如果你在第一次交际中表现不佳或很差，往往很难挽回局面。所以，职场交往中，务必注意你第一次跟人打交道时的“第一印象”。

小荣是电脑行业中的“白领”一族，工作能力很强。但她有个不好的习惯，生活中她总是不拘小节，整天穿一身破牛仔服，给人一种吊儿郎当的印象。而她从未想过注重个人形象这回事。

有一次，她去一家公司面试，穿的依旧是那套“行头”。刚一见面，负责招聘的人便皱起了眉头，谈了几句，对方便下了逐客令：“对不起，我们公司需要的是工作态度和生活态度都很严肃的人！”

小荣的面试就这样以失败而告终。由此可见,初入职场者要想在面试中顺利过关,第一印象是不能忽略的环节。如果连进门的资格都没有,哪里还有机会施展才华呢?

日本早稻田大学教育学系教授,东京心理学讲师东清和先生曾说:“用来形容对某人印象的基本词汇有五六十个,而形容第一印象的则只有五六个,因为第一印象只能用极表面的词语来形容。诸如令人讨厌、有智慧、漂亮、温柔、有干劲等等。”这位教授的话有双重意思,一是要获得良好的第一印象并不是很难,二是提升形象不仅要把外表装饰得很体面,重要的是如何借外表的形式表现内涵。

所以说,对于职场人士,良好的第一印象越来越受到重视,因为好的形象可以增加一个人的自信,对个人的求职、工作、晋升和社交都起着至关重要的作用。

以往,人们往往以为形象就只是指发型、衣着等外表的东西,实际上现代意义的形象包括仪容(外貌)、仪表(服饰、职业气质)以及仪态(言谈举止)三方面,其中最为讲究的是形象与职业、地位的匹配。有专家认为,一个好的形象,不光是把自己打扮成多么美丽、英俊,最主要的是要做到自身发型服饰、气质、言谈举止与职业、场合、地位以及性格相吻合,就像《弟子规》里所说“衣贵洁,不贵华;上循分,下称家”一样。

职场上聪明的员工,首先会在衣着上尽量穿得像这个行业的成功人士,宁愿保守也不能过于前卫时尚。他们会事前了解该行业和企业的文化氛围,把握好特有的办公室色彩,谈吐和举止中要流露出与企业、职业相符合的气质;要注意衣服的整洁干净,特别要注意尺码适合;衣服的颜色要选择皮肤的中性色,注重现代感。

另外,在日常工作中一定要注意表现出自身的成熟。应该尽量避免脸红、哭泣等缺乏情绪控制力的表现,因为那不但令你显得脆弱、缺乏自制力,更会让人怀疑你会破坏公司形象。在言谈中表现出足够的智慧、幽默、自信和勇气,少用“嗯”、“呵”等语气词,会使你看起来更果断而可靠。

一位慈悲心肠的富有女士创建了一所女子中等工业技术学

校，这里的女学生可以受到良好的英语教育，并且可以学到一些自立的技能。这位女士需要一个管理学校的老师，有一个委托机构便给她推荐了一位年轻的女士。委托机构的人高度评价了这位年轻女士，说她有能耐、有头脑、知识渊博，是这个职位的最佳人选。学校的创办者立刻邀请这位女士来面试。表面上看，这位女士符合这个职位的一切要求，但是，创办者没有给出任何原因就拒绝了这位面试的女士。

很久以后，当一个朋友又提起这件事，问她为什么要拒绝这么一位有能力的老师时，她回答：“只是个细节问题，但是就像埃及的象形文字那样，细节问题也有很深远的含义。这位年轻女士来的时候打扮非常时髦，穿着很昂贵的名牌服装，但是她却带了一双肮脏而且有窟窿的手套，而且她鞋上的扣子有一半没扣上。这样一个懒散的女士是不适合教那些女学生的。”这个求职者也许永远也不会知道为什么她未能得到这个职位，或许她能胜任这项工作，但是她却没有重视那些看似不需费心的穿着上的细节。

从这个案例中不难看出，第一印象在职场中是何等重要。因此，建议每一位员工，在人际交往中要谨慎自己的言行，让整洁的仪表和礼貌的举止帮助自己建立良好的人际关系，以此来叩开成功的大门。

感悟 3.

祸从口出，不做职场“长舌妇”

“彼说长，此说短，不关己，莫闲管。”《弟子规》里的这句话教导我们：

和自己没关的事情不要乱发言。这句话用在职场上，就是要我们不做职场“长舌妇”，不要在人前人后说长道短，或挑拨是非，或埋三怨四。

《弟子规》中还讲到：“邪僻事，绝勿问。”意思是说，对于邪恶怪僻的事情，不必好奇地去追问。也就是说，一个人在任何时候都不要去打听小道消息，也不要去传播不该传播的消息或者言论。传播他人的流言蜚语，有时是出于嫉妒、恶意，有时是为了揭示别人不知道的秘密，以此来抬高自己的身价，这些都是令人不能容忍的事情。

真正聪明的人，是不会对他人的隐私感到好奇的，要知道有些事只能点到为止，这样才能给自己也给他人留下一片自由呼吸的空间。

但是，职场上总有一些“不聪明”的人，他们总是以打听并传播他人的隐私为乐事。如果粗略地分一下，我们常见的有这样两类“职场大嘴”，一类是口无遮拦型，一类是搬弄是非型。口无遮拦型的职场大嘴，心直口快，说话不过脑子，无意中就会冒犯哪个同事。这样的职场大嘴，我们每个人都当过，不过有的人会接受教训，以后尽量少犯；有的人不长记性，大嘴一辈子。常常听到人们背后对某人的评价是：“那个人，就毁在一张嘴上。”这种人基本上没有很好的人缘。

另外一个类型的职场大嘴就是“长舌妇”的职场版。一项针对职业经理人的研究发现，近83.6%的被访者认为最不受欢迎的职员是那些习惯端着杯子串门闲聊、搬弄是非的人。其实，长舌并不是女性的专项，随着社会中性化趋势的发展，“长舌夫”也越来越多。他们习惯搬弄是非，热衷八卦话题，喜欢广泛传播“谁和谁关系暧昧，谁是谁的小三，谁是谁的靠山，谁是谁的马仔”等消息。其特征是并不试图直接从这些传播中获得好处或者达到什么目的，而是下意识的打听、编辑并传播。这种“长舌”和办公室政治斗争间的合纵连横、权谋交易不同，长舌的目的就是长舌本身，最多延伸到发泄一下对领导或者同事的不满，并没有明确的目的性。

无论是“长舌妇”还是“长舌夫”，他们有一个共同的特点，就是在生活和工作中缺乏自信。有自信的人会专注于自己的事，没自信的人会用过多精力关注别人。人无自信，眼里皆是非。所以说，要管好自己的嘴巴，“不关己，莫闲管”。

小彭今年26岁,在一家金融单位工作。她性格开朗,过于热情,在单位人称"宇宙广播站",不管知道什么事,她都会添油加醋说出去。

一天,单位的一位女同事无意中与她说讨厌单位的某某领导,她没有多久就传播说这位女同事受到了某某领导的性骚扰,闹得全单位人心惶惶的,关系都很紧张了。某某领导被上级纪检部门找去谈话,她把话传播出去,说领导有严重问题,要被判刑了。一位女同事哭着来上班,大家都忙着工作,她凑上去打听。那位女同事数落了丈夫一大堆的不是,讲了婆婆的很多坏话。小彭听了以后,传播说是因为丈夫外遇的问题,气得女同事与她几天不说话。单位的一个女同事辞职了,她听了大家的议论,不加思考,没轻没重地传播了很多花絮,涉及单位的很多人和事,闹得大家对她意见很大。现在她一上班,单位的人都离她远远的,没有人愿意与她交流。

针对小彭这种情况,心理医生建议一定要克服爱打听和传播小道消息的不良习惯。对单位同事和周围人的情况,一是以平常心对待,不要对什么都好奇,什么事都要知道,然后添油加醋地加以传播。好奇心减少了,对小道消息也就没有了兴趣。二是加强修养,明辨是非,学会分析问题,不跟着他人瞎起哄,人云亦云。要是被坏人利用,身处险境还不自知。三是集中精力做好工作,把心思放在正道上。四是严格要求自己的言行,不要随意破坏同事间的团结,损害他人利益。另外,非常重要的是,要注意不断地学习,多读好书,从书中汲取营养,以达到净化心灵的目的。

总之,凡是优秀的员工都懂得:在职场上要尽量少说多做,该说话的时候掷地有声,不该说的话坚决不说,更不会去传播那些未经证实的甚至是经过添油加醋的小道消息,或领导与同事的隐私。祸从口出是古之常理,只有不做并且远离职场"长舌妇"才能让领导放心,让同事信任,使自己的职场之路越走越宽,越走越远。

感悟 4.

善于约束，让自律成为一种习惯

关于自律，《弟子规》给我们提出了严格的要求："入虚室，如有人"、"斗闹场，绝勿近；邪僻事，绝勿问。"这些句子都是在强调一个道理：一个人在任何时候都要学会自觉、自律，懂得自我约束。

何谓自律？自律是指在没有人现场监督的情况下，通过自己要求自己，变被动为主动，自觉地遵循法度，拿它来约束自己的一言一行。说白了，自律就是自己管理自己，但这并不意味着让一大堆规章制度来层层地束缚自己，更不意味着可以自由散漫。而是应该更加严格地要求自己，用自律的行动创造一种井然的秩序来为我们的工作和生活争取更大的自由。需要自律的不仅仅是学习方面，同时也包括了平日里的点点滴滴。

俗话说："没有规矩不成方圆"，"国有国法，家有家规"，职场也不例外，任何公司，都有各种规章制度来约束你。良好的、精细化的规章制度可以使职场的工作有序化、规范化、制度化，做到事事有章可循，从而建立高效有序的良好的工作秩序。

但是，如果我们总在一种被要求的环境下工作和生活是很难进步的，所以我们应该学会自己约束自己，自己要求自己，变被动为主动，自觉地遵守公司的各项规章制度，遵守员工的日常行为规范，用它来约束自己的一言一行。毕达哥拉斯说：不能约束自己的人不能称他为自由的人。

在职场中，让自律成为一种习惯，才是真正的王道。

有人说，自由与克制好像是一对天生就脾气倔强的兄弟，一见面就吵架，但它们却永远也分不开。所以，要想自由，就必须学会克制，只有克制住自己，才能换以自由。这就是说，自由不是放任自流，自由来自规则，来自自律和自制。

有一次，卡耐基和办公楼的管理员发生了一场误会，这场误会导致了他们之间的憎恨。这位管理员为表示对卡耐基的不满，便给他时不时添些小麻烦。一天，管理员知道整栋大楼里只有卡耐基在办公室里时，立刻把全楼的电灯关了。这样的情形发生了好几次，最后，卡耐基忍无可忍，决定“反击”。

某个周末，机会来了。卡耐基在他的办公室里准备一份计划书，忽然电灯熄灭了。卡耐基立刻跳起来，奔向楼下地下室，他知道在那儿可以找到这位管理员。当卡耐基到那儿时，发现管理员正倚在一张椅子上看报纸，还一边吹着口哨，仿佛什么事情都没有发生似的。

卡耐基立刻破口大骂。一连5分钟之久，他用尽了天下所有的脏字来侮辱管理员。最后，卡耐基实在想不出什么骂人的词句，只好放慢语速。这时候，管理员放下手中的报纸，脸上露出开朗的微笑，并以一种镇静的声音说：“呀，你今天有点儿激动，不是吗?”他的话像一根利箭，一下子刺进了卡耐基的心。

卡耐基羞愧难当：站在自己面前的是一位只能以开关电灯为生的工人，他在这场战斗中打败了自己，而且这场战斗的场合和武器，都是自己挑选的。

卡耐基一言不发，转过身，以最快的速度回到办公室。他再也做不了任何事了。当卡耐基把这件事反省了一遍又一遍后，他认识到了自己的错误，坦率地说，他很不愿意采取行动来弥补自己的错误。但卡耐基知道，必须向那个人道歉，内心才能平静。最后，他花了很长的时间才下定决心，决定到地下室去忍受必须忍受的羞辱。

卡耐基到地下室后对那位管理员说道：“我回来为我的行为道歉，如果你愿意接受的话。”管理员脸上露出了微笑，说：“凭着上帝的爱心，你用不着向我道歉。除了这四堵墙壁，以及你和我之外，并没有人听见你刚才说的话。我不会说出去的，我知道你也不会说出去的，因此，我们不如就把此事忘了吧。”

卡耐基听了这话，羞愧再次刺痛了他的心。他抓住管理员的手，使劲握了握。卡耐基不仅是用手和他握手，更是用心和他握手。在走回办公室途中，卡耐基心情十分愉快，因为他终于鼓起勇气，弥补了自己做错的事。因此卡耐基一再告诫我们，自律是一种十分难得的能力，它不是枷锁，而是你带在身上的警钟。

在职场上，自律与工作效率密切相关。员工的自律能力越高，其工作效率也就越高；相反，员工的自律能力越低，其工作效率也就越低。可见，自律能力是高效率工作的前提。所以，我们在平时的工作中必须要提高自己的自律能力。在工作时要做到心无旁骛，在规定的时间里必须做好相应的工作，不允许有丝毫的懈怠和妥协，这样我们才能够显著地提高自己的工作效率，才能够尽快赢得成功。

小韦积极乐观，又肯吃苦，按理说应该深得领导、同事的喜爱才对，可是事实却正好相反。他的工作效率一直不高，在同事中处于中下游水平。这主要是因为他有一个致命的弱点——自律能力差。

小韦上小学的时候就不懂得约束自己。上大学时他买了一台计算机，买的时候说是要用在学习方面，可买回来以后却天天用来玩游戏。后来玩游戏上了瘾，就更加不务正业了，甚至还经常逃课。参加了工作以后，小韦仍然难以自律。他在工作的时候总是静不下心来，在写报告时想着电视中正在直播的球赛，在接待客户时想着昨晚玩的电子游戏。他控制不了自己，总是无法集中注意力。

有一次，由于不能约束自己的行为差点毁了他。那次经理让他去给一个客户汇款，经理再三交代，这笔款项巨大，让他务必谨慎对待。那天恰好是他的生日，他早就约好一群朋友下班后去唱歌，所以他一整天都在想象着唱歌的情景，压根就无心工作。经理让他去汇款，他只是马虎应对，将巨款汇给了另一个名字相仿的客户。经理大怒，严厉地批评了他。还好那个客户也是熟客，说清情况后马上就把款子还了回来，不然公司就会遭受很大的损失。小韦又羞又悔，从此以后做事再也不敢掉以轻心了。

不会约束自己是小韦的致命弱点，这个弱点导致他在平时的工作中小错不断，工作效率低下，所以他既无法出色完成工作任务，也得不到同事的喜爱。他的这个弱点最后导致他犯了一个大错误，给公司带来了损失，这才引起了他的重视，促使他进行自我反思。他只有改正了这个缺点，才会在以后的工作中提高效率，职场之路才会畅通无阻。

人或多或少都会有一些性格上的弱点，如懒惰、懈怠、张狂，这些弱点有的是天生的，有的是后天的，但无论怎样，它们无一例外会对我们的工作和生活造成不利的影响。如果一个人想要成功，他就不应该任由自己的缺点泛滥，而应该培养自己的自我约束能力，用坚定的意志去和这些缺点作斗争，并打败它们。只有这样，我们才能够充分调动起自己性格中好的因素，用积极乐观的态度面对工作，用踏实努力的精神做好工作。

不懂自律的人永远不会取得大的成绩，他们会在浪费时间和精力的同时，一步步走向失败。有的人在有人监督的情况下能够自觉地工作，一旦失去了监督和压力，他们便像脱了缰绳的野马一样无拘无束，思想也就开起了小差。这样的人工作效率可想而知。

其实，自律就像是汽车的方向盘和刹车，它会掌控你职场和事业的方向，时刻保持你能够在正确的道路上行驶，不偏离正轨，并能够在你速度过快或遇到困难时及时刹车，让你远离危险。如果你想成为父母眼里的好孩子，如果你想成为老板眼里的好员工，请学会自律吧！

感悟 5.

员工,别忘记你时刻代表着公司

《弟子规》中讲:“年方少,勿饮酒;饮酒醉,最为丑;步从容,立端正;揖深圆,拜恭敬。”这些话都是教导我们要时刻注意自己的言行。如果你是公司职员,你的一言一行都代表着公司的形象,公司就在你所有言行的背后,他人尊重你就是尊重你的公司,他人轻视你也就是轻视你的公司。

有这么一种人,他们在工作的时候俨然一个正人君子,一旦离开公司,他们立刻判若两人。他们会做出一些让人无法想象的举动。有一位父亲这样教导自己的孩子:“永远不要说发给你薪水的人的坏话。”作为职员,不仅要做到这一点,还要时刻维护自己公司的形象,不要让别人这样说:“某某公司虽然有名,但那些员工的素质却很低。”越是优秀的公司,公司的员工越懂得维护公司的形象。无论是在什么时候,你都应该想到这一点。

公司的良好形象和声誉,是一个公司通过长期不懈的努力,在激烈的市场竞争中不断创新,追求卓越,日积月累才逐渐赢得的,作为公司的一员,为公司着想,精心维护公司来之不易的形象是责无旁贷的义务。

其实,为公司着想,就是为自己着想,因为为公司着想而焕发出的热情、责任感早晚会成就你。尽管这种热情和责任感有时得不到相应的回报,但请务必相信,是金子总会发光的,如此坚持下去,机会总会垂青于你。

洛克菲勒石油公司有位普通的推销员在替公司着想上做得非常出色,从而实现了从平凡和普通到伟大和卓越的华丽转身。这个普通推销员的名字叫阿基勃特,那时他就职于洛克菲勒创办的美国标准石油公司。当时,标准石油公司每桶石油的售价是4美元，公司的宣传口号就是：每桶4美元的标准石油。

阿基勃特有一个独特的职业习惯，只要有签名的机会，他都不忘写上公司的宣传口号：“标准石油每桶4美元。”

比如，他出差住旅馆或购物买单时，总在自己签名的下方，工工整整地写上那些字，连平时给朋友写信也不例外，甚至有时候他不写自己的名字，而只写这句话以代替签名。

阿基勃特这样做了整整4年。有一天，洛克菲勒无意间听说了此事，惊讶地说：“竟有员工如此费力宣扬公司的声誉，我要见见他。”于是，洛克菲勒特意邀请阿基勃特共进晚餐。再后来，洛克菲勒因病卸职，但他没有让自己的儿子继任总裁，而是将这一职位交给了阿基勃特，将整个公司都托付给了他。

真心真意对公司，事事替公司着想，时时维护公司形象，并不是一句口号，不在形式，而是要在行动和执行中表现出来的。这就好像对待自己：脸脏了就要洗，头发乱了就要梳理。

听说过这样一个故事，发生在2008年北京奥运会期间，讲的是李宁公司的一位员工是如何为公司着想、维护公司形象，从而赢得尊敬的。

一位四川游客，在北京城逛街时买了一件李宁牌的运动服。返回住所时，正值下班高峰。他想，这个时间去乘地铁，别说坐，连站的地方恐怕都不多。

但是出乎意料的是，他一进地铁，尚未站稳脚跟，一位漂亮的姑娘就起身对他说：“先生，您请坐！”

四川游客显然受宠若惊，因为他的年龄比这位姑娘大不了多少，便满含谢意地对她说：“谢谢你的好意，还是你自己坐吧，岂有女士给男士让座之礼？”

姑娘起身了就没有再坐下去的意思，仍然坚持说：“四川大哥，您不远千里来购买我们公司的产品，北京欢迎您，我们也欢迎您！”

四川游客这才看到姑娘身上穿着李宁牌运动服公司的工作装，胸前还别着一块李宁牌运动服公司工作人员的胸卡，顿时明白过来。既然人家这么客气，也就无可推辞，在落座的瞬间，他顿生敬意。

但四川游客还有一事不明，便问道："请问小姐，你怎么知道我来自四川？"

姑娘嫣然一笑："因为我也是四川人，从您的口音里我听得出来。"

前后不过两分钟，这位秀丽的姑娘的形象便在这位四川游客和所有同车乘客的眼中变得高大无比。她对公司形象悉心呵护的一个善举，让所有耗费巨资的广告都黯然失色。这位普通的李宁公司员工在维护公司形象的同时，也赢得了人们的尊重，塑造了一个完美的自己。

可见，一个热爱公司的优秀员工，无论身在何处，不论是在公司内还是在其余地方，都会非常注重自己的形象，并且竭力维护公司的好声誉，因为他们清楚自己的形象在别人眼前就代表着整个公司的形象。这是一个员工的基本职业道德。公司形象不仅靠公司的各项硬件设施建设和软件条件开发，更要靠每一位员工从自身做起，塑造良好的自身形象。他们明白，如果一个人到处毁谤企业，处心积虑地讥讽公司领导人，必定是一个没有主人翁精神的人。

实际上，公司的形象就像自己的名片一样，与个人的职业理想、价值观和社会地位有密不可分的关系。每个员工都应该像爱护自己的家庭、珍惜自己的名誉一样维护公司的形象和声誉，公司有了良好的社会信誉，才能在激烈的市场竞争中得到生存和发展，个人的价值才能得到体现。公司的声誉受到损害，个人的价值也同样会受到损害。

诚然，公司在发展过程中，也经常会遇到不利的甚至是负面事情的影响，比如顾客投诉或者法律诉讼。在这种情况下，每名员工更应该从维护公司利益的大局出发，贯彻公司的经营理念，认真细致地解决问题，正确化解各种矛盾,积极消除不利影响,而不是无谓地传播甚至夸大这些不利影响,散布不利于公司的言论。只有全体员工都一心向上,劲往一处使,公司才会不断向前发展。

美国新奥尔良市的考克斯有线电视公司中有一位年轻的工程师,名叫布莱恩·克莱门斯,他的工作地点是在郊区。有一天早上,克莱门斯到一家器材行去购买木料。正当他等待切割木料的时候,他无意中听到有人抱怨考克斯公司的服务差劲极了。那个人越说越起劲,结果有八九个店员都围过来听他讲。

布莱恩当时有好几种选择。其实他正在休假,他自己还有事情要做,老婆又在等他回家。他大可以置若罔闻,只管自己的事。但是布莱恩却走上前去说道:"先生,很抱歉,我听到了你对这些人说的话。我在考克斯公司工作。你愿不愿意给我一个机会改善这个状况?我向你保证,我们公司一定可以解决你的问题。"

那些人脸上的表情都非常惊讶。布莱恩当时并没有穿公司的制服,他走到公用电话旁,打了个电话给公司,公司立即派出修理人员到那位顾客家中,帮他把问题解决,直到他心满意足。后来布莱恩还多做了一步,他回去上班后,还打了个电话给那位顾客,确定他对一切都心满意足。布莱恩事后受到了公司负责人的高度赞扬,并号召公司全体员工向布莱恩学习。

在市场经济时代,很多人都把个人利益放在第一位,在工作时间之外,很少考虑公司的利益,更别说为公司做宣传了。这位工程师的行为则留给我们职场人很深的启发和思考,毫无疑问,像他这类员工将是所有公司老板最欢迎的职员。身为职场员工,无论在何时何地,千万别忘记你时刻代表着公司。

感悟6.

握手，须懂得“出手不凡”

在《弟子规》中虽然没有很明显的句子提到“握手”，但从书里一些礼节性的教导中，我们不难悟出，就像古人见面时抱拳作揖一样，现代人相见握手是一种很平常也很重要的礼节。一个人的言行有一定之规，握手同样要遵循一定的礼节。

通常，人与人初次见面、熟人久别重逢、告辞或送行均以握手表示自己的善意，因为这是最常见的一种见面礼、告别礼。有时在一些特殊场合，如向人表示祝贺、感谢或慰问时；双方交谈中出现了令人满意的共同点时；或双方原先的矛盾出现了某种良好的转机或彻底和解时，习惯上也以握手为礼。

美国著名盲聋女作家海伦·凯勒曾写道：手能拒人千里之外，也可充满阳光，让你感到很温暖。事实确实如此，握手是一种无声的肢体语言，是一种听不见的语言交流。这就是说，握手并不是一件可以随随便便敷衍了事的事。名人每天不知要握多少次手，而一般人从早到晚，接洽公务、拜访朋友，也无时无刻不需要伸出这一双沟通情感的“桥梁”之手。握手，实在是太普通的礼节了，但有很多人还是因其太普通而忽略了它。其实，就是因为太平常，所以更应该重视，更不容掉以轻心。

那么，正确的握手礼节是怎样呢？

一般来说，当有人介绍你和朋友认识的时候，你应礼貌地主动伸出右手与对方相握，表示欢迎或高兴认识之意。如果有手套，应先行脱掉，再伸出手。

两手交握之际，必须注意用力得宜。太重了，像是仇人相见，要扭断对方的手；太轻了，又显得过分自负，毫无诚意。正确而又让人觉得舒适的握手方式，应该是握得紧密有力、充满热情。如果伸出来的手无力地向下低垂,不但失礼,也会叫人觉得你毫无诚意。

久别重逢或是友情较深的人相见时,总是两只手握得紧紧的,并且表情愉快,这样的握手方式充分表露了对朋友的真诚,也让人深深感受到相见的欢愉气息,令人兴奋。平常与人握手时,如果能本着这种"诚意",必能为你带来更多的朋友。

如前所述,握手虽是一种很普通的社交礼节,却仍有它的规矩,搞错身份,随意伸手与人相握,有时会适得其反。

握手的礼节不但男女有别,就是主人与客人也是不同的。男士务必要分清楚自己在各种场合中的身份,然后才能恰如其分地"出手"。我们知道,在社交场合中,男性与女性所应注意的礼节有很多地方都不一样,握手也是如此。

男士与女士相见,或男士被介绍给女士时,应等女士伸出手来,才可以伸出手去和她相握,而且握的时候,也应轻轻地握,不可像和同性握手一样用力摇动,以免握痛女士的纤纤玉手。还有一点必须特别注意的是,男士与女士握手时,应先脱掉手套,而且必须站立,而女士们则尽可坐着,或戴着手套与人握手,这是西方人"女性优先"的传统。

如果女士没有与你握手的意思,身为男士的你,只要欠身点头,微笑为礼就够了,千万不要冒冒失失地抓住她的手,摇之、撼之,这样轻则惹人生厌,重则可能惹出无谓的风波。有些女士,尤其是未婚女子,多半比较拘束,或不习惯与男性握手,这时你要是先把手伸出去,会让对方十分为难。这点身为男士,不可不知,否则很可能会在大庭广众之下出丑。

主、客在握手礼节上也是有差别的。主人处于迎候与招待客人的地位,客人则是被欢迎和受招待的,于是主客之礼必须弄清楚。身为主人,在宴客的场合中,必须先伸出手来与客人相握,绝对不可以等客人先伸出手来,才与他相握;而在送客的时候,应与客人一一握手道别,并感谢对方接受邀请。

如果是客人,当主人向你伸出手来的时候,你必须立刻回握住他的手,切勿东张西望或犹豫不决。倘若告别的人很多,主人一时未能跟你握手,那你就应等候片刻,千万不可不辞而别,或争先伸出去乱握一阵,那是很不礼貌的，不仅会令主人感到不悦，也会让人觉得你举止失态，没有风度。

如果是上下级之间，上级伸手后，下级才能接握。

切记：在任何情况下拒绝对方主动要求握手的举动都是无礼的。当然手上拿着东西或有特别原因不便握手时可以谢绝，但必须及时向对方解释清楚并致歉。

一个聪明而又有礼貌的员工，对“握手”这种细微的社交礼节应加以注意，并懂得适时“出手”才不会“握错手”，才能把友谊送出去，再把对方的友谊接受过来。

由此可知，不起眼的握手细究起来确实还有不少门道，只有熟悉并运用这些知识，才能做到真正的“出手不凡”。

感悟 7

谦逊礼让者，人人敬三分

在《弟子规》中教人谦逊礼让的句子很多，如“人问谁，对以名；吾与我，不分明”等。有些人自以为位高权重，在职场中有了一官半职后就狂妄自大，别人询问时也不轻易说出自己的名字，好像一说出自己的姓名就降低了身份似的，这种思想是为人不谦逊不知礼的表现，是完全错误的，违背了《弟子规》中圣人的教诲。

经常听到有人说：“人争一口气，佛争一炷香。”然而这句话并不对。佛与佛之间，是不会争那一炷香的，因为佛门讲究谦逊礼让。中华民族历来崇尚“以礼为先，以让为贤，以和为贵”的传统美德，遗憾的是美德发扬到今天，有很多都被人们丢弃了。

现实社会，很多现代人都喜欢争：争长论短、争强好胜、争大摆小、争名逐利、争权夺势、争功夺宠、争风吃醋……在人世纷争中，生存的环境变得喧嚣和冷漠。在虚假的寒暄中，掩藏了太多的钩心斗角和尔虞我诈。身在世事纷争中，让人心备感苦楚和苍凉。

环顾周遭的人和事物，如果人人都在争，并为了争不顾良知不择手段的话，那么人类便回到了丛林社会。丛林社会是可怕和可悲的，无疑是人类文明的倒退。虽然现实社会处处竞争激烈，如果不参与竞争，似乎就没有了出路和前途。但竞争也是要讲原则的，既然参与了游戏，就要遵守游戏规则。切不可为了竞争不择手段，而做一些损人利己的事情；更不能为了竞争，不顾他人的死活，而把竞争对手逼上绝路。如果你把别人逼上绝路，你最终也会有被别人逼上绝路的那一天。为人处世，要讲究一个原则：我要活，也让别人活。

谦逊礼让，首先一点就是要学会尊重。只有尊重他人，不轻视和歧视任何人，平等待人和蔼可亲，才能获得他人的尊重，你的言行才能让他人心悦诚服。所以，做人不要妄自尊大，不可居功自傲，不能狂妄无忌，要时时处处谦虚谨慎，以免自己不得当的言行招致祸患。不论社会地位、身价财富高低，都不要忽视自己的个人修养，都不能不可一世。

在自然界中，稻谷越熟头越低，而做人越是有名气、财富和权利地位，就越应该谦虚谨慎，加强自我修养。谦虚谨慎不是指谨小慎微，畏首畏尾缩手缩脚，而是要把严谨的态度、扎实的作风和求是的精神，发扬到工作生活中，认真对待每一件事情，并用心做好。在做事之前，不要说大话和盲目许愿，切不可为了显示自己而什么事情都满口应承和大包大揽。

在一篇《谈礼貌》的课文里写了两个故事：

古时候牛皋向一位老大爷吼叫着问路，这位老大爷不但没给他指路，还骂他是个"冒失鬼"。过了一会儿，岳飞也来到这里，他先离镫下马，然后很有礼貌地施礼并问路，这位老大爷见岳飞很有礼貌，便给他指路。

朱师傅为周总理理发二十多年。有一次，朱师傅不小心在周总理的脸上划了一道小口子，深感不安。周总理并没有责怪他，还安慰他。

这两个故事告诉我们：谦逊礼让可以在人和人之间架起理解的桥梁，减少矛盾。文雅、和气、宽容的语言，不但沟通人们的心灵，而且反映了一个人的思想和文化修养。正如俗话所说：礼到人心暖，无礼讨人嫌。

不仅普通老百姓要懂知礼懂礼，谦逊礼让，连伟人也不例外。

有一次，列宁同志下楼，在狭窄的过道上，正碰见一个女工端着一盆水上楼。那女工一看是列宁，就要退回去给他让路。

列宁阻止她说："不必这样，你端着东西已走了半截，而我现在空手，请你先过去吧！"他把"请"字说得很响亮，很亲切。然后自己紧靠着墙，让女工上了楼，他才下楼。

毛泽东是上个世纪影响最大的人物之一，他从小养成了对长辈有礼貌的美德，后来当了国家主席，仍然能以礼待人。1959年，毛主席回韶山，曾专门邀请亲友中的老人吃饭，毛主席给老人敬酒，老人们说："主席敬酒，岂敢岂敢！"毛主席回答："敬老尊贤，应当应当！"

这不正是伟人谦逊礼让的体现么？由此可见，谦逊礼让、文明礼貌是多么重要。

人是有感情的动物，因此，当受到别人尊重时，自然会感到快乐；当受到别人轻视时，自然就会觉得气恼。不管在任何时代，这种导致人与人相处的关系始终不变，这是人类的通性。而促使这种关系相处圆满的最好方法，就是知礼，并懂得礼让他人。谦逊礼让者人人敬三分，因为它代表尊敬、尊重、亲切、体谅等意义，同时，也是个人修养的体现。

感悟 8.

不同场合,职场礼仪有别

《弟子规》里的“谨”篇讲到的都是职场礼仪和职场要注意的礼貌礼节,像“勿践阈,勿跛倚;勿箕踞,勿摇髀;缓揭帘,勿有声;宽转弯,勿触棱”,说的就是进门时不要踩到门槛,站立时要避免身子歪曲斜倚,坐着时不要双脚展开像簸箕,或者是虎踞的样子,也不要抖脚或摇臀,这样才能表现优雅怡人的姿态;进门的时候要慢慢地揭开帘子,尽量不发出声响;走路转弯时与棱角要远一点,保持较宽的距离,才不会碰到棱角伤了身体。这些礼仪准则千百年来被人们所推崇,一直到现在仍然是我们修养职场礼仪的典范。

一说起礼仪,很多人会条件反射似的想到礼仪队、仪仗队或礼仪小姐,觉得那好像是一些特殊行业、特定岗位的人才需要学习的东西。还有些人觉得那是大型企业,比如外企、国企,才需要用到的,自己所在的单位比较小,一般没那么多“讲究”。

其实这是错误的看法。职场就是人生,作为职场人要学习的职场礼仪和潜规则能帮助你在职场的人际关系更为融洽。尤其是职场新人对职场应该有敬畏,要讲职场礼仪。都工作了,就不要再做个无礼的人了。

现在的职场新人常给人留下这样的印象,往好处说是无知者无畏,往坏处说是很傻很天真,很少讲职场礼仪。他们被称为职场“雷人”。

在一个公司的培训会上,一个漂亮的女孩站起来自我介绍道:“我是八六年出生的,可能是这个公司最小最年轻的,大家要多多指教哦!”还没等她坐下来,又一个女孩抢着站起来说:“其实她说错了,我才是公司最小的！我八七年出生的啦!”这两个女孩娇滴滴的话让老职员们面面相觑,忍不住低头偷笑起来。

后来，老职员们发现这些女孩还“特别勇敢”。知道自己和某个领导住得很近后，一个女孩兴奋地跟领导说：“我跟您顺路，您回家带我一程吧！”这让大家感到特别“雷”。刚来才多久啊，就敢这么大胆！

新人成为“雷人”，当然与时代大环境有关，同时也说明他们在职场礼仪方面的准备工作不足。作为新人，不要把“雷人”看成是值得骄傲的事，不要总是一副“我是新人我怕谁”的样子，“雷人”终究是不受待见的，古今中外皆如此，不仅职场，但凡带“场”的，包括情场、战场，都不待见“雷人”，因为谁也不愿意被“雷”。

做不做“雷人”，不是一个技术问题，而是一个态度问题。新人要对职场有正确的认识，有敬畏之心，职场是大家的“场”，不是你一个人的“场”，不是让你展现个性的地方，不是玩耍的地方，职场是人们维持生存和发展的场所，是严肃和庄重的场所。

首先你要明白职场礼仪的特点是简单、高效。这一点职场礼仪与社交礼仪有较大差别。在职场的商务往来等交际中，要特别注意以下几点：

1. 商务往来要按章办事，信守承诺

在现代商品经济和市场经济中，商务往来是司空见惯的事情，所以，我们每一个人都应该了解和学习一些商务往来中的礼仪知识。比如，在初次商务活动中，必须深入了解对方，掌握对方目前的经营状况、信誉程度、地理位置、交通状况、发展潜力、发展规则等。在商务洽谈中，必须按章办事，千万不可感情用事。有些人认为是认识的人、了解的人、或是老同事、老部下、老上级、老朋友、老相识，邻居、乡亲或者是经过熟悉人介绍、引荐来的，就有求必应，满口承诺，不好意思拒绝，也不好意思提出一些条件，更不好意思提出签订合约之类的事情。这些都是感情用事的表现。在商务进行过程中，必须按约办事，信守承诺。如果遇到重大突发事件必须更改合约时，要事前与对方协商，取得对方的同意，最好要有书面材料或文字为据。尤其值得注意的是，在商务活动中必须严格遵守时间。进行商务谈判时必须按照事前约定的时间准时到达洽谈地点，分秒必争，千万不能马虎。

2. 电话交际要有准备,简洁有礼

在信息时代,我们经常要有礼貌地、文明地通过电话与各方面的人士取得联系,这就需要了解一般性打电话的礼仪知识和规矩。

第一,给某人打电话时,要事先做好准备,想好要说的事情。比如要谈一笔生意,从何处说起,用什么方式交谈,说到什么程度,还要估计对方的情况,考虑好应变的方法等,这样才能用尽可能短的时间达到预期目的,而不浪费双方的时间。

第二,在电话里说话和平时说话没有什么不同,虽然打电话双方只能听到声音,而看不见形象,但是双方都能感觉得到,所以,打电话时,也要面带笑容,语气要温和、缓慢,口齿要清楚,语言要简洁。如果是代表单位或公司打电话,就要说明白领导的意图和目的,或者厂长、经理、主任、书记有什么具体要求、希望。最后要把重要内容确认一下,或者必要时录下音来,然后再结束通话。

第三,一般情况下要等对方先放下电话机后,你再轻轻挂断电话。特别是与长辈、领导、女士通话后,一定要等他们挂断电话后,你再轻轻放下话筒。

第四,一般情况下,电话铃响三遍后立即接通,且在铃响的间隙拿起话筒。如果电话铃响了好几遍之后接通时,就要先说“久等了”、“对不起”之类的抱歉话。如果在接电话的过程中有紧急事情插入时,要向对方说:“对不起！稍等。”然后可以用手按住话筒,以免吵到对方。电话不清楚时,不要大声吼叫,要把说话的速度放慢,口齿再清晰些。通话结束时都要说“再见”、“谢谢”之类的礼貌语。

3. 餐桌交际要优雅,轻松愉快

第一,入座的礼仪。先请客人入座上席,再请长者入座客人旁,依次入座,最后自己坐在离门最近处的座位上。如果带孩子,在自己坐定后就把孩子安排在自己身旁。入座时,要从椅子左边进入,坐下以后要坐端正身子,不要低头,使餐桌与身体的距离保持在10～20厘米。

第二,进餐时,先请客人、长者动筷子,离自己远的菜就少吃一些,吃饭时不要出声音，喝汤时也不要发出声响，最好用汤匙一小口一小口地喝，不宜把碗端到嘴边喝，汤太热时凉了以后再喝，不要一边吹一边喝。

第三，进餐时不要打嗝，也不要出现其他声音，如果出现打喷嚏、肠鸣等不由自主的声响时，就要说一声"真不好意思"、"对不起"、"请原谅"之类的话，以示歉意。

第四，如果要给客人或长辈布菜，最好用公用筷子，也可以把离客人或长辈远的菜肴送到他们跟前。按我们中华民族的习惯，菜是一个一个往上端的，如果同桌有领导、老人、客人的话，每当上来一个新菜时，就请他们先动筷子，或者轮流请他们先动筷子，以表示对他们的尊敬和重视。

第五，吃到鱼头、鱼刺、骨头等物时，不要往外面吐，也不要往地上扔，要慢慢用手拿到自己的碟子里，或放在紧靠自己的餐桌边，或放在事先准备好的纸上。

第六，要适时地抽空和左右的人聊几句风趣的话，以调和气氛。不要光低着头吃饭，不管别人，也不要狼吞虎咽地大吃一顿，更不要贪杯。

第七，最好不要在餐桌上剔牙，如果要剔牙时，就要用餐巾挡住自己的嘴巴。

第八，要明确此次进餐的主要任务。现在商海如潮涌，很多生意都是在餐桌上谈成的，所以要明确以谈生意为主，还是以联络感情为主，或是以吃饭为主。如果是前两者，在安排座位时就要注意，把主要谈判人的座位相互靠近便于交谈或疏通情感；如果是后者，只需要注意一下常识性的礼节就行了。

第九，最后离席时，必须要向主人表示感谢，或者就在此时邀请主人以后到自己家做客，以示回谢。

总之，和客人、长辈等众人一起进餐时，要使他们感到轻松、愉快、气氛和谐。我国古代就有所谓的站有站相，坐有坐相，吃有吃相，睡有睡相。这里说的进餐礼仪就是指吃相，要使吃相优雅，既符合礼仪的要求，也有利于我国饮食文化的继承和发展。

4. 女士在交往中要有分寸

第一，女士要庄重、沉稳，切不可轻浮、随便。这是有教养、有知识的女性共有的特点，也是礼仪修养的要求。有些女性见到男士后，说起话来滔滔不绝，手舞足蹈，眉飞色舞，不论是出于什么目的，都是不可取的。

第二，女士与男士交往分寸感要强。这里所说的分寸感就是指要掌握一定的度，以合适为好，不要太热情，也不要太冷淡。即使是熟悉的人，或者关系亲密的人，在公共场合交往时也不要表现出亲密无间的样子，更不要给别人以亲昵的感觉，以免给别人造成错觉，留下难以挽回的不良印象。

第三，女士得到男士的照顾是很自然的事情，但是一定要明察秋毫，弄明白男士是出于礼仪还是有其他什么用意，然后根据具体情况恰当处理。

第四，女士要自尊自爱，要光明正大，自强不息，工作中不要挑肥拣瘦，拈轻怕重，随便把重活推给男士，使男士产生反感。女士也不要轻易给男士增添麻烦或造成额外的负担，也不要随便接受男士的邀请或约会，一般不要随便与男士一起进餐，更不要让男士掏钱请客，俗话说，好吃难消化，谨防出现不良后果。

第五，要公私分明，在办公室里，在工作时间就专心致志地办理公务，私人的事不要在工作时处理。

第六，青年女性，或大中专女学生与异性交往要保持自己的年龄特征，即纯朴、自然、大方、活泼的本性，切忌弄虚作假和装腔作势。有些女青年喜欢把自己打扮得艳丽出众，与异性交往就表现出矫揉造作、卖弄风情的样子，正直的男性是很讨厌这种做法的。

5. 男士在交往中要正直、大度

第一，男性一定要正直、正派，使人感到你是一位一身正气的人，做到自然、大方地和女士交往。如果是照顾女士就必须从礼仪出发。例如进出门，要把女士让在前面，上下车为女士打开车门，在使用体力的情况下把轻活让给女士等，都要根据当时的环境而恰当处理。

第二，男士要把信誉放在第一位，说话算数，办事负责，工作认真，与女士交往要谦虚、和气、有礼貌、有责任感，这样就会取得女士的信任。《弟子规》中说："凡道字，重且舒；勿急疾，勿模糊。"不仅说话必须讲信用，而且任何时候都不得有诈与妄的行为。

第三，大度是男性最突出、最重要的特征之一，从大处着眼，目光远大，胸怀大志，不计较小是小非，宽厚待人，这样就很能赢得周围人的好感。

第四，男性要刚柔相济，根据具体情况和环境，该刚则刚，该柔则柔，大事清楚，小事糊涂，尤其与女性交往和接触，必须善于体察其实际情况和需要，以礼相待，给予必要的关心、照顾。

生活中还有很多礼仪需要我们不断学习，不断提高自己，比如拜访礼仪、祝贺礼仪、探望礼仪等等。总之，只要掌握了不同场合的礼仪，你就会在受人敬重的同时，人脉关系网也会不知不觉地提升到一个更新的层次、更新的高度。

第五章

信——言行合一，诚信赢得敬重

诚信是中华民族的传统美德，也是儒家伦理的重要内容，更是一个人安身立命的基础，因此《弟子规》作为一本儒家启蒙教育读本，更是将"信"作为一个独立的单元来进行编排。"凡出言，信为先"，但凡出言讲话，诚信一定要摆在首位，否则，再美好的承诺也只是一张"空头支票"，毫无价值可言。任何时候都是如此，诚信是立人之本，一个人如果缺乏诚信，那么你将难以在这个社会上立足；只有坦诚地面对身边的每一个人，你才有可能走向成功。

感悟 1

诚信是人生和职场的根本

《弟子规》中讲："凡出言，信为先；诈与妄，奚可焉。"说的就是一个人随时随地都要讲诚信，诚信是做人的根本，也是驰骋职场的根本。

诚信最直接的表现是信任。它告诉人们，有放心才有尽心，有放手才有抓牢，有放弃才会拥有，有放开才会搞活，有"放得下"才会"拿得起"。

如果说和谐特别令人神往，那么诚信就是一种和谐。这种和谐，表现为相互理解，相互信任，相互关爱，相互负责，始终以诚相待，不忘信守承诺。

一个公司或一个团队一旦弱化了诚信意识，各种失职、不作为和违规违法现象的产生就是必然的了。一个企业的文化中缺乏诚信，就可能严重影响或阻碍公司的健康、快速、持续发展。只有讲诚信，才能建立正常的经营管理秩序，才能维护各公司健康营运的局面，才能促进集团战略目标的实现。

"诚实守信"是我们五千年历史文明古国应有的传统美德，我们的祖先也一直崇尚这一美德，它是我们中国人做人的基本，更是我们职场人的宝贵财富，一个懂得诚信的职场人，才会懂得处世之道，才会在职场的成长历程中架起一道沟通与成长的桥梁。

古人所谓"一言既出，驷马难追"，说的是话一旦说出口，就不能再收回，一定要算数。职场中的我们如果想成为君子，就一定要做到诚信处世。

范式年轻时在太学求学，与汝南张劭是同窗好友，两人同时离开太学返乡，范式对张劭说："两年后我将到你家拜见你的父母，看看你的孩子。"

于是约好了日期。当约好的日期快到的时候，张劭把这件事告诉他母亲，请他母亲准备酒菜招待范式。

母亲问："你们分别已经两年了，相隔千里，你就那么相信他吗？"

张劭回答："范式是一个讲信用的人，他一定不会违约的。"

母亲说："如果真的是这样，那我就为你酿酒。"

到了约好的那日，范式果然来到。大家一起饮酒，尽欢而别。

范式重信用，赢得一片尊重。只有讲信用的人，才会得到朋友的真心相待。

在职场中，我们言而有信，也会有意外的收获。职场中诚信很重要，但是在利益面前仍保持诚信的态度，才是真正的大将风范，才是一个职场精英的最高境界。

一个士兵非常不善于长跑，所以在一次部队的越野赛中很快就远落人后，一个人孤零零地跑着。转过了几道弯，遇到了一个岔路口，一条路标明是军官跑的，另一条路标明是士兵跑的小径。他停顿了一下，虽然对做军官连越野赛都有便宜可占感到不满，但是仍然朝着士兵的小径跑去。没想到过了半个小时后到达终点，却是名列第一。他感到不可思议，自己从来没有取得过名次不说，连前50名也没有跑过。但是，主持赛跑的军官笑着恭喜他取得了比赛的胜利。过了几个钟头后，大批人马到了，他们跑得筋疲力尽，看见他赢得了胜利，也觉得奇怪。

后来大家醒悟过来，他之所以取胜，是因为他选择对了岔路口。如果他也像大多数人一样找那条可占便宜的军官路，他也就和大家一样筋疲力尽,无缘胜利了。

故事中的小兵,虽然不是最优秀的长跑冠军,但却是人品的常胜将军,在胜利的诱惑面前,仍保持着诚信的态度。职场中,一个在利益面前仍懂得言而有信、诚实相待的人,才会赢得属于自己的成功马拉松。

早年,尼泊尔境内的喜马拉雅山南麓很少有外国人涉足。后来,许多日本人到这里观光旅游,据说这是源于一位少年的诚信。一天,几位日本摄影师请当地一位少年代买啤酒,这位少年为之跑了3个多小时。第二天,那个少年又自告奋勇地再替他们买啤酒。这次摄影师们给了他很多钱,但直到第三天下午那个少年还没回来。于是,摄影师们议论纷纷,都认为那个少年把钱骗走了。第三天夜里,那个少年却敲开了摄影师的门。原来,他在一个地方只购得4瓶啤酒,于是,他又翻了一座山,趟过一条河才购得另外6瓶,返回时摔坏了3瓶。他哭着拿着碎玻璃片,向摄影师交回零钱,在场的人无不动容。这个故事使许多外国人深受感动。后来,到这儿的游客就多了起来。

故事中的少年完全有机会带着钱不再回来,然而在利益面前,他却表现得更加诚信,这是做人的最高境界。要知道在职场中,只有言而有信的人才会用感动抒写人生。

在虚虚实实的职场里,"诚信"是最重要的一条用人标准。你用阴谋去"骗"别人是一回事,骗自己的老板又是另外一回事。骗别人那叫"谋",骗老板就叫"没诚信",绝对是人品问题。在某知名媒体一次关于"单位最忌讳员工哪一点"的访谈会上,许多著名老总都旗帜鲜明地把"人才观"中的"人品"排在了第一位,员工在人品方面所犯的错误是他们最不能容忍的,诸如见利忘义、投机取巧、责任心差或者不诚实等等,并直言:能力可以有大小,人品却容不得打折扣。

金正集团总裁杨明贵在阐述“人才观”的时候也说：“最讨厌说假话的人。”比如你是学财务统计的，来应聘会计千万不要撒谎说你学的就是会计，你可以说你虽然不是这个专业方向，但对此有兴趣，有热情，而且有一定的专业基础，你有信心在很短时间内学好并做好这项工作。哪怕差一点，可以通过学习提高，而说假话在金正是不可原谅的品质问题。如果员工的知识不够、学历不高、经验不足，都可以以后再补充学习、提高，而一个人如果是人品不好或者EQ很低，却是硬伤。

职场上，很多人为了掩盖过去，或者弥补自己的不足编造假简历、虚报工作经验，殊不知这是HR最痛恨的行为。尼禄(杭州)软件的HR说过，尽管他们公司还没有发现“造假”行为，但据她了解，这类情况在业内还是很多的，“如果发现造假，公司是可以让当事人立刻走人的。做人最基本的诚信都不具备，公司不会给他任何机会。”

不可否认，现实中有很多造假者成功地蒙混过关了。也正是有这种“李鬼”的存在，才让很多人不惜铤而走险，用信誉做赌注，造假以求得更好的职位。特别是有了一定工作经验的职场人，不再像职场新人那样小心翼翼，自以为凭自己多年的“江湖经验”可以把谎话说得滴水不漏，却忘了“要想人不知，除非己莫为”的古训。

某知名企业曾出现过高管虚假学历穿帮的案例。某女利用假复旦双学士证书获得企业经理职位，月薪逾万，用人单位在被蒙四年后发现了真相，与学校核对后起诉。法院支持企业，判令劳动合同无效，需返还部分多得的工资，并赔偿公司的经济损失。

所有心怀“造假”计划的人都要明白，大企业(如欧美企业、大型国企等)要招聘重要人才时，背景调查就是HR的工作之一。调查的内容包括是否在你所填写的公司里工作过、离职原因、过往的工作表现等。一旦查出与简历有出入，失去面试的机会不说，几年内都将与该公司无缘。同时，也不要小看 HR 的洞察能力，在面试中 HR 所提出的问题都带有明确目的，造假是很容易露出马脚的。

杜拉拉有一条语录说得好：我只要发现你骗我一次，你就是个不值得信任的人。

总之，职场中，诚信是一盏明灯，当我们徘徊在真理前方时，对诚信的信仰可以引导我们走向辉煌；诚信是一根拐杖，当我们摔倒在利益面前时，对诚信的信仰可以助我们在荆棘丛中无畏前行；诚信是一盆清水，当我们为浮华所蒙蔽时，对诚信的信仰可以助我们洗净污垢，净化心灵。诚信是生命色彩中最基本的色彩，是生活中不可或缺的太阳。

感悟 2.

杜绝言而无信的坏习惯

孔子说："与朋友交而不信乎？"墨子说："志不强者智不达，言不信者行不果。"据著名社会学家郑也夫先生考证，《论语》中"信"字一共出现了 38 次，高于"善"、"义"、"勇"、"耻"、"诚"等字。在《弟子规》中更是多次提到"信"："话说多，不如少；惟其是，勿佞巧"等都是强调一个"信"字。可见，言而有信是人的立身之本，是所有道德的基础。一个言而无信的民族，是自甘堕落的民族，一个言而无信的人，是不堪为伍的。所以每个人都要养成言而有信的好习惯，杜绝言而无信的坏习惯。

宋庆龄是闻名中外的伟大女性，以守诺如金为人格的特征。童年时，母亲倪桂芝对她讲了"自食其言"的故事：

春秋战国时，鲁哀公的身边有一个重臣叫孟武伯，他有一个最大的毛病，就是说话不算数。因此，鲁哀公对他很不满。一天，哀公举行宴会招待群臣，孟武伯和哀公的宠臣郑重也参加这次宴会。孟武伯向来不喜欢郑重，在宴会上借机出郑重的洋相，便问道："郑先生怎么长得越来越胖了？"哀公听到后，便插嘴道："一个人常常吃掉自己的诺言，当然会长肥呀！"在座的大臣一听就知道哀公并不是批评郑重，而是在暗中指责孟武伯说话不算数。

妈妈的故事是教育她说话要算数，要信守诺言。小庆龄铭记心间。一个星期天，父亲宋耀如准备带着全家去朋友家做客，孩子们大都穿好了礼服就要出发了，只有宋庆龄仍在钢琴前弹奏着。

母亲喊道："孩子们快走吧，伯伯正等着我们呢！"听到妈妈的喊声，宋庆龄立即合上琴盖，跑出房间，拉着妈妈的手就走，刚迈出大门，突然又停住了脚步。

"怎么啦？"父亲看到庆龄停住了脚步，不解地问道。

"今天我不能去伯伯家了！"庆龄有些着急地说。

"为什么不能去，孩子？"母亲望着女儿问。

"妈妈，爸爸，我昨天答应小珍，今天她来咱家。我教她叠花。"庆龄说。

"我原以为有什么非常重要的事情呢？这好办，以后再教她吧！"父亲说完，便拉着庆龄的手就走。

"不行！不行！小珍来了会扑空的，那多不好呀！"庆龄边说边把手从父亲的大手里抽回来。

"那也不要紧呀！回来后你就到小珍家去解释一下，并表示歉意，明天再教她叠花不也可以吗？"妈妈说。

"不！妈妈，您常说要信守诺言，我答应了别人的事，怎么可以随意改变呢？"小庆龄不停地摇着头说。

"我明白了，我们的罗莎蒙黛（宋庆龄的英文名字——作者注）是一个守信用的孩子，不能自食其言是吗？"妈妈望着庆龄笑了笑，接着说："好吧，那就让我们的罗莎蒙黛留下吧！"

父母放心不下家中的小庆龄，在客人家吃过中午饭就提前回到家中。一进门，父亲高声喊道："亲爱的罗莎蒙黛，你的朋友小珍呢？"

小庆龄回答说："小珍没有来，可能是她临时有什么急事吧！"

"没有来。那我的小罗莎蒙黛一个人在家该多寂寞呀！"母亲心疼地对女儿说。

"不，小珍没有来，但是我仍然很快活，因为我信守了诺言。"小庆龄说。

听了小庆龄的话，父母满意地点了点头。

可见，言而有信对人的成长是非常重要的，尤其是作为一名员工，如果有了言而无信的坏习惯，那他的职场之路就很难顺畅。

曾有一位在英国读硕士的年轻学生，小伙子在实验室里成绩非凡，很受赏识。一天，导师说："明天我要外出开会，你能一个人在实验室工作吗？"小伙子连连点头。第二天，导师走了，小伙子拼命打公费的国际长途电话。月底结账时，导师发现电话费很高，一核对恰好是她外出那一天电话费最高。

她问学生："那一天是你一个人在实验室工作吗？"小伙子点头。导师又问："那么，你打国际电话了吗？""没有。"小伙子一口否认。导师什么话也没说，内心里却非常愤怒，第二天就辞退了这个学生。

也许有些人不把撒谎当回事，可在许多国家欺骗是难以容忍的，人们更不肯与撒谎者共事。

坦率地说，职场中诚实守信的传统正受到严重挑战，一些员工说谎的一个重要原因，就是对诚实做人缺乏正确的认识，以为偶尔几次言而无信无所谓。实际上，很多时候说话不负责任是灾难的导火索。

1946年7月4日，德国法西斯已经灭亡了一年零两个月。

这一天，离华沙市170公里远的凯尔采市的几百名群情激愤的市民冲向街头，见犹太人就打、就抓、就杀，有的犹太人被抓到帕兰蒂大街7号的一幢房子里被活活打死。这场肆无忌惮的屠杀从早上10点持续到下午4点，有42人被杀害，其中2人是被误认为是犹太人而被打死的。

说来令人难以置信，这次屠杀竟是由于小孩说谎而引起的。赫里安，是波兰一个鞋匠的孩子，当时他和父母从20公里外的乡村搬到凯尔采市，住了才几个星期，对城里的生活很不习惯。7月1日，他偷偷搭车回到乡村小朋友之中，玩了3天后他又溜回城里。见儿子回来，父亲不禁恼恨交加，拿起鞭子就揍他，并大声责问："你这顽皮鬼，这几天跑到哪儿去了？是不是给犹太人拐去了？"孩子见爸爸凶神恶煞害怕了，于是顺水推舟地"承认"了这几天是被犹太人拐了去，还谎称犹太人把他拐到帕兰蒂大街7号的一个地窖里虐待他。

第二天上午，愤怒的父亲到警察局去报案。在回家的路上，很多路人好奇地问父子俩发生了什么事，父子俩绘声绘色地说赫里安被犹太人拐去折磨了几天。当时，虽然二战已结束了，但德国法西斯的排犹思潮阴云未散。几个群众听信了谎言，异常愤怒，声言要对犹太人进行报复，而捏造的"事实"在几小时内一传十，十传百，越传越走样（甚至传说赫里安被犹太人杀害了）。于是酿成了这一天对犹太人的屠杀惨剧。

如今赫里安已进入老年，每当他回想起这段历史，就有一种负罪感。帕兰蒂大街7号这幢房子如今已重新修葺，改为纪念馆，让世人不忘过去，珍惜今天。

"信任犹如一根细丝，一旦折断了它，就很难再把它接上。"这是巴基斯坦前总统阿尤布·罕曾说过的一句话。

如果你有钱，就可以立即把资金汇入银行，可是信用就不会像钱这样来得容易，用得方便，取得信任是要长时间积累的，无法在一朝一夕形成。因此，培养言而有信的好习惯，杜绝言而无信的坏习惯，是每一个员工平时要勤做的功课。

感悟 3.

真诚待人，利益面前不失诚

“事非宜，勿轻诺；苟轻诺，进退错”，这是《弟子规》中教导我们真诚待人，如果做不到就不要轻易许诺他人的金玉良言。可以这样说，任何时候只要遵循这些处事准则，我们就不会在诱惑面前迷失方向，就不会在利益面前失去诚信。

比如，如果你答应别人要做某件事情，就必须办到；如果你办不到，觉得得不偿失或不愿意去办，就不要答应别人，你可以找任何借口来推辞，但绝不要说：“没问题！”如果你说试试看而又没有做到，那么你给对方留下的印象就是：你曾经试过，结果失败了。

要信守约定，看似很简单，做起来却相当困难，你只要稍有疏忽，就可能无法履约。有时候你认为别人可能不需要你的服务，如果这种自我安慰的想法让别人知道了，就会让别人觉得你是个不真诚之人，是个失信之人。

所以，你在对待别人时，一定要真诚相待，千万别轻易骗人，许了诺便一定要遵守，别人会为你的态度所打动，他们认为你是一个诚信者，从而会信赖、依靠于你，你在工作中便会战无不胜，攻无不克。一个人的信用度越好，人脉就越好，不论你在生活上或是工作上，你就愈能成功地打开局面，做好工作，你应对的客人愈多，你的事业就做得愈好。

中国古代先贤说："与国人交，止于信"，"与人之交，言而有信"，这是先辈们留下的至理名言。而职场中的我们与同事、上司、客户交往也是如此，真诚至上，诚信无欺。

"真诚"就好比是每个人心中的一座城池，城中的子民则是每人在不违背做人最基本原则的情况下所得来的利益。是人都有对利益的欲望，只不过欲望的大小因人而异，有些人为了眼前的利益违背了对别人的诚信，而有些人为了维护诚信，在面对巨大利益时毫不动摇自己的思想。

宋神宗熙宁四年（1071 年），司马光重新回到洛阳，时年 53 岁。他除了埋头书案潜心编撰《资治通鉴》外，有时也骑着自己家的那匹老马去洛阳郊区，察访民情，了解民意。

当时司马光在洛阳郊区买地 20 亩，置了一个园子，园内有田、有水，能种菜、植竹、养鱼、养花、栽药材，取名"独乐园"。一家人怡然自得，过着乐在其中的文人学士生活。当时他已不领国家俸金了，时间一久，日子便清苦起来。为了勉强度日，司马光决定卖掉自己最心爱的老马。

一听说他要卖掉家里唯一的坐骑，老仆人晋根柱心里十分辛酸。谁都知道，像司马光这样级别的朝廷大臣，当时十有八九是富贵荣华，出门八抬大轿，前边有人鸣锣开道，后边有人护卫，好不威风。只有司马光每次出门，两个书童一匹马，缓缓而行，让人见了就觉得心酸。就是这样一匹老马，如今还得卖掉。晋根柱在心里为主人抱不平：卖了它，以后你要出门怎么办？但他知道司马光的脾气，凡是他认准了的事，别人就休想劝转他。

晋根柱只好挪着沉重的步子向马厩走去。这时，他又忽然自我安慰地想到：这匹老马近来吃草不香，喝水不畅，耳根发凉，常冒冷汗，看来一定是有了病。卖了它，日后也可再买一匹好马。他走进马厩，解下缰绳，自嘲地拍了拍马脖子说："老伙计，咱俩要分手了。老爷养不起你了，去找个新主子吧！"说完抬头一看，司马光站在自己的面前。晋根柱一怔，觉得自己有些失言。司马光却没有说什么，他的心里比起晋根柱来更为难受。他从老仆人手里接过马缰，轻轻地摸着马背。这老马驯服地弯回头来，伸出舌头舔他的手，司马光忍不住心头一阵发酸，两眼滚出了热泪。晋根柱见他有些恋恋不舍，以为他改变了主意："老爷，这马不卖了吧？""卖是要卖的！"司马光深深地吸了一口气说："不过，你在卖的时候，一定要向买主讲明白，这匹老马有病。价钱低一点不要紧，可得告诉人家回去得抓紧治疗，精心调养。"

晋根柱听后，心里觉得自己的主人太老实，难怪平时有人说他迂腐。眼下你都穷到要靠卖马度日的地步了，还替别人操什么心呢？他就说："老爷，你想得太多了。只要价钱合适，有人要买，咱卖就是了。马在面前，任他察看，又不是纸包纸裹的，咱又何必给他讲那些话。再说，谁家卖瓜也不能先对人讲自己的瓜苦啊！"

司马光一听，生气了。他说："你这是什么话？凡来洛阳郊区买马的都是些小户百姓，我们怎么可以诓他们呢？你要是真的不愿意说瓜苦，那就让我自己去卖好了。"

晋根柱一见自己惹得司马光生了气，赶忙向他承认了错误，并保证一定要按照他的意思去卖马。

司马光这才允许他牵着老马出了门。

临出门时司马光又说："万一卖不了，就牵回来，咱家虽穷，也还养得起它。"

在集市上，一位老者欲买，但嫌价钱贵了。晋根柱说："实不相瞒，这是我家司马相公的坐骑，只因现在他忙着编书，用不着它了，才舍得让我来卖。不然的话，50 缗钱可不卖！"老者听后诚恳地说："有幸能买到司马相公的好马，那就货不二价吧，我明日如数带钱来牵马。"晋根柱回府后，兴奋地将情况报告了司马光。司马光自言自语地说："这马跟我 6 年了，真有点舍不得……哎,这马有毛病,你告诉买主没有?”晋根柱说;“我知这马有病,但它膘肥体壮毛色好,谁看得出有病,如说有病怎能卖50缗?”司马光认真地说:“不能这样!你明天一定对买主说清楚,并重新议价,我看30缗就行了。”第二天,晋根柱如实向买马人说明此马有病,并一再说司马相公特意关照不能让买主吃亏上当。集市上知道此事的人都称颂司马光为人真诚。

读到这里,大家不要以为司马光是愚笨的。其实,一个人不管多么富贵也买不到真诚。真诚是做人的根本,这种美德好比盛开的鲜花。真诚是诚信唯一的出发点,没有真诚哪有诚信,有了诚信就一定有真诚。我们职场中人更要养成真诚的品格,说老实话,做老实事,才有好人缘。

有一部片子叫《闻香识女人》,片中的男主人公查理是一位家境贫困、品学兼优的学生。有一天晚上,他看见几个伙伴捉弄了学校的校长,校长在盛怒之下找到了查理,以“保送查理上哈佛,学费由学校出”为条件,要他说出是谁捉弄自己。这对家境贫困的查理来说无疑是最大的利益诱惑,但是查理知道自己如果说了,那么他的伙伴就面临被退学的困境,他不想为了自己的利益而失信于人,出卖伙伴,他拒绝了校长,守住了自己的诚信。虽然捉弄校长是不对的行为,但撇开这个剧情不说,查理在利益面前不失诚信的精神是值得我们每一个员工学习的。

现代社会是一个崇尚物质利益的时代,在这个物质利益欲望不断增高的时代,人们为了自己的利益而不顾一切地去争取,但在这争取的过程中,人往往会失去一些对于人而言最珍贵的东西,比如真诚。

当面对利益时,人要坚守住真诚这座“城池”,这座“城池”的坚固与否取决于人在面对利益时内心对利益的贪婪欲望和人本身对这股欲望自制力的大小。不要因为面前的利益而让自己背信弃义,不要让利益去污染拥有真诚的美丽、圣洁的心灵,不要因为利益使自己的真诚被随意践踏,当真诚被利益攻破时，那么你就失去了一切，说出去的话没人相信，就算以前的朋友也不会再信任你，更不会有人和你坦诚相待，可以说，你如果为了利益失去了真诚，那么失去的将远比得到的多得多。即使你为了得到利益而失去真诚，那就算得到了再多的利益，到头来也是一场空。

某儿童用品有限公司总经理徐加华的商业理念就是真诚、拼搏、智慧，他创业13年来秉承这一理念，使公司从未发生一起消费者投诉事件，使消费者的利益得到了保障。用他自己的话来说："办企业最要讲真诚守信用，我宁可亏自己，也不能失去真诚。"

所以说，人在职场，产品上质量第一，为人处世上真诚第一。无论何时何地，让我们一起来坚守住真诚这座"城池"，不要因为利益而失去真诚，不要让利益攻破真诚这座"城池"。

感悟4.

言必信行必果，立信才能立威

企业要成功，就必须拥有一支"言必行，行必果"的队伍；个人要成功，就必须说到做到，立即执行，绝不拖延。

《弟子规》中讲："话说多，不如少。"为什么"不如少"？因为光嘴上守信还远远不行，最重要的还是要付诸行动，以行动来立信，以行动来立威。

所以，你必须重视你自己所说的每一句话，生活总是照顾那些讲话算数的人，食言则是最不好的习惯，你要用自己的行动说服别人的异议，让他们亲眼看到你所做的都是为了他们的利益。为了遵守诺言，你可以放弃一些别的，但一定要给人一个可信的印象。

历史上著名的改革家商鞅，为了尽快实施自己的变法主张，不惜设定计谋树立“守信誉”的形象。通过这个故事，看看我们的先辈是怎么立信并立威的，或许对我们的职场发展有所启迪。

公元前350年，秦孝公和魏惠王在彤地（今陕西省华县）相会修好。商鞅则在积极准备第二次变法。商鞅深知这次变法非同小可，因为这时秦国的主要矛盾全部归结在政治制度和经济制度上，如果不从根本上铲除奴隶制的政治和经济制度，秦国是没有出路的，初次进行的变法也将前功尽弃。因此，这次变法是非进行不可的。但是，奴隶主贵族们绝不会坐以待毙，他们手里不仅有大片的封地，还有数量可观的私人军队。他决定避实就虚，将国都迁离现在奴隶主贵族集中的雍州（今陕西省凤翔县），到二百里外的咸阳重新建都。

迁都时，随同王室一同搬迁的还有3000户安分守己的平民。

商鞅将准备推行的新法同秦孝公商定后，并没有急于公布。他知道，如果得不到人民的信任，法律是难以施行的。为了取信于民，商鞅采用了这样的办法。

这一天，正是咸阳城赶大集的日子，城区内外人声嘈杂，车水马龙。时近中午，一队侍卫军士鸣锣开道，护卫着一辆马车向城南走来。马车上除了一根三丈多长的木杆外，什么也没装。有些好奇的人便凑过来想看个究竟，结果引来了更多的人，人们都弄不清是怎么回事，但都想把它弄清楚。所以人越聚越多，跟在马车后面一直来到南城门外。

军士们将木杆抬到车下，竖立起来。一名带队的官吏高声对众人说：“大良造有令，谁能将此木搬到北门，赏给黄金10两。”

众人议论纷纷。城外来的人问城里人，青年人问老年人，小孩问父母……谁也说不清是怎么回事。因为谁都没听说过这样的事。有个青年人挽了挽袖子想去试一试，被身旁一位长者一把拉住了，说："别去，天底下哪有这么便宜的事，搬一根木杆给10两黄金，咱可不去出这个风头。"有人跟着说："是啊，我看这事弄不好是要掉脑袋的。""要不然就是开心取乐。我听老辈讲，纣王之时好像有过这样的事。"

人们就这样看着、议论着，没有人肯上前去试一试。官吏又重复了一遍商鞅的命令，仍然没有人站出来。

城门楼上，商鞅不动声色地注视着下面发生的这一切。过了一会儿，他转身对旁边的侍从吩咐了几句。侍从快步奔下楼去，跑到守在木杆旁的官吏面前，传达商鞅的命令。

官吏听完后，提高了声音向众人喊道："大良造有令，谁能将此木搬至北门，赏黄金50两！"

众人哗然，更加认为这不会是真的。但这时，有一个中年汉子走出人群对官吏一拱手，说："既然大良造发令，我就来搬，50两黄金不敢奢望，赏几个小钱就可以了。"

中年汉子扛起木杆向北门走去，围观的人群又跟着他来到北门。中年汉子放下木杆后被官吏带到商鞅面前。商鞅笑着对中年汉子说："你是条好汉！"商鞅拿出50两黄金，在手上掂了掂，说："拿去。"

消息迅速从咸阳传向四面八方，国人纷纷传颂商鞅言出必行的美名。商鞅见时机成熟，立即推出新法。第二次变法就这样取得了成功。

商鞅变法虽然已是古时的故事，但其对待信誉的态度和言必信、行必果的行事方法，仍然值得我们借鉴。

职场中人，如果做事拖泥带水，说话吞吞吐吐，行动犹豫不决，要想成功都很难，又怎么能去吸引人和影响人呢？

一位刚过30岁的人,写信给一位百岁老人摩西,诉说自己的苦衷。说自己从小就喜欢写作,可现在却当了一名医生,他对医生这个职业一点儿也不感兴趣,仍想改行从事写作,但又担心自己年纪太大,为时已晚。老人接到信后,立刻给这位医生回了一封信,信中说:"做你喜欢做的事,哪怕你现在已经80岁。"

这位医生接到信后,受到鼓舞,当机立断放弃了行医,拿起了笔杆,以后竟成了大名鼎鼎的作家,他就是日本的渡边淳一。而那位名叫摩西的百岁老人曾是美国弗吉尼亚州一位普通的农妇。这位农妇76岁时因患关节炎放弃了农活开始画画,80岁时在纽约举办了个人画展引起轰动;101岁辞世时留下了1600多幅作品。

只有做自己想做的事,才能像摩西和渡边淳一那样,找到真正属于自己的人生殿堂。也只要是自己认为对的事,决不可优柔寡断,立该马上付诸行动。不能做决定的人,固然没有做错事的机会,但也失去许多成功的机遇。这就是说,在行事上切忌拖泥带水,迅速行动与当机立断是成功的前提条件。

古人所谓"当断不断,反受其乱",就是要从模糊中找出正确的目标,及时做出抉择。因此,凡事要当机立断,尤其是人在职场,想清楚了就要有所作为,不仅要做到"言必信",而且要做到"行必果"。

感悟5.

出尔反尔,轻诺之人必寡信

"无心非,名为错;有心非,名为恶",《弟子规》中这句话的意思是说,不是有心故意做错的，称为过错；若是明知故犯的，便是罪恶。在职场上，我们看到许多出尔反尔的人，说话从来不算数，有的人当面一套背后一套，有的人今天一套明天又一套，这不就是明知故犯么？

下面有一个“说话算数”的故事，也有一个“说话不算数”的故事，对比之下，我们就能看出来一个道理：人，特别是职场中人，是不能出尔反尔的，轻诺之人必寡信。

有一个出版人琼斯，他是《敏拉波尼》杂志的出版人，曾用一种很好的技巧，树立起了他的声誉，结果由一个普通的职员升为一家报馆的主管。

琼斯在开始他的建树声誉计划时，首先向一家银行借了50元他并不急需要用的钱。他说：“我之所以借钱，是为了树立我的声誉。其实我根本就没有动过这笔借款，当借期一到，我便立即将这50元钱还给了银行。几次以后，我便得到了这家银行的信任，借给我的数目也渐渐大了起来。最后一次借款的数值是2000美元。这次我用它去发展我的业务。”

琼斯还说：“后来我计划出版一份商业方面的报纸，但办报需要一定的经济基础，我估计了一下，起码需要1.5万美元，而我手头上总共才不过5千美元。于是，我再次到那家银行，也再次去找每次借我钱的那个职员，当我将我的计划原原本本地告诉他以后，他愿意借给我1万美元。不过，他要我与银行的经理洽谈一下。最后，这位经理同意如数借给我1万元，还说：‘我虽然对琼斯先生不太熟悉，不过我注意到多少年以来琼斯先生一直向我们借款，并且每次都按时还清。’”琼斯就是这样获得了别人的信赖。

诚信的力量是强大的。遵守并实现你的承诺会使你在困难的时候得到真正的帮助，会使你孤独的时候得到友情的温暖，因为你信守诺言，你的诚实可靠的形象推销了你自己，你便拥有了更博大的人脉，便会在工作上、婚姻上、家庭上获得成功。这并不是空话，有许多事实可以证明这一点，国外国内知名度很高的企业无不是把信誉推到第一位，受人尊敬的人无不是守信用的楷模。

相反地，有些人随随便便地向别人开"空头支票"，临到头来又不兑现，这些人无论在哪一方面都不会顺利走向成功的。这就是轻诺，"三国"里就有这样一个人。

诸葛亮说："街亭虽然小可之地，干系有泰山之重。倘街亭有失，吾大军休矣。汝虽深通谋略，此地奈无城郭，又无险阻，所守极难。"诸葛亮很谨慎地思考：一是这个地方有关全局，二是这个地方很难守，虽然马谡确实深通谋略，但他能行吗？

马谡说："某自幼历学到今，岂不知兵法也？量一街亭，不能守之，要某何用也？"这里已经可以听出来，马谡看重了自己从小熟读兵书的一面，却看轻了街亭在全局中的定位。他根本没有把诸葛亮的话听进去，而是再一次"轻诺"。

诸葛亮又说："街亭正北，吾之咽喉，若咽喉断绝，吾岂能生也？街亭一失，蜀兵休矣！况司马懿非等闲之辈；更有先锋张郃之勇，智谋过人，乃魏之名将也，恐汝不能敌矣。"诸葛亮应当听出来马谡是在"轻诺"，所以他会接着往深里分析形势，一是深入讲街亭的重要性与战略上的地位，二是指出敌人的厉害。听得出来，诸葛亮已经在马谡的"轻诺"上，打了个问号。

但是，马谡说："休道司马懿、张郃，便是曹叡亲来，有何惧哉！若有差失乞斩全家！"此时听马谡的轻狂之言，已经认识到是一个轻狂之人，他的承诺当然是"轻诺必寡信"了。然而，诸葛亮没有马上否决，带着疑问追问马谡。

诸葛亮说："军中无戏言！"

马谡说："愿立军令状！"马谡这又是在"轻诺"，最后他的头颅就这么轻易地没有了。

历史的见证，血的事实，但是在我们的职场上，在人际交往中，还有一些人犯的错误跟马谡犯的错误是相同的。比如有一个员工，他换了许多工作，每一次在一个地方都没干多久，什么原因呢？不是他工作不努力，也不是他人缘太差，而是他喜欢夸夸其谈，随便轻诺。上班没几天就在上司面前夸下海口，说这个能做得很好，说那个绝对能完成，结果却都没做好，也没做完。当然大家再也不信任他了，特别是他的上司，找个借口就把他辞了。这不就是轻诺必寡信的深刻教训吗？

所以，我们自己不能轻诺，也不能太相信别人的许诺。如果明明知道对方是随口许下的不能实现的诺言，我们能识破即可，没必要去戳穿它，更没必要撕破脸皮，反目成仇。

值得注意的是，许诺是非常严肃的事情，对不应办的事情或办不到的事，千万不能轻率应允。一旦许诺，就要不遗余力地去兑现。否则，就会像老子所说的那样："轻诺必寡信，多易必多难。"一个人如果经常失信，一方面会破坏他本人的形象，另一方面还将影响他本人的人脉关系，甚至他的事业。

据《庄子·齐物论》记载，有个养猴子的人对猴子说："我早上给你们三个栗子，晚上给四个。"猴子听了一个个龇牙咧嘴，嗷嗷乱叫。养猴人转动脑筋，欺骗猴子们说："好了，别生气了。我早上给你们四个栗子，晚上给三个。"猴子就高兴起来了。

这些猴子的高兴大概只是暂时受蒙蔽所致。天长日久，聪明的猴子自然会领悟到养猴人的狡诈和卑鄙，从此不再相信他，而那时候，养猴人可就要自认倒霉了。

因为朝三暮四式的狡诈，最终必然失信于人。失信于人，不仅显露其人格卑贱、品行不端，而且是一种只顾眼前不顾将来、只顾短暂不顾长远的愚蠢行为，终将一事无成。

所以，每一名员工都不要信口开河，随意承诺，更别轻信别人的诺言。如果人们都不再轻诺，我相信我们的职场关系将更加和谐，社会将变得更加美好。

感悟 6.

诚实为人，老板信赖同事敬重

《弟子规》中讲：“闻誉恐，闻过欣；直谅士，渐相亲。”意思是说，如果听到别人称赞我先自我反省，生怕自己没有这些优点，只是徒有虚名；当听到别人批评我的过错时，心里却欣然接受，那么正直诚实的人就越喜欢和我们亲近。在职场中，你如果能做到这样，就是一名诚实的员工，这样的员工老板信赖，同事敬重。

诚实是一个人的立身之本，是诚信的基础，一个没有信用的人，不会有人相信他，而一个不被人相信的人，怎么能在社会上立足？怎么能干出大事呢？可以这样说，在职场上，你如果失去诚实，你的职业大厦就会摇摇欲坠。

唐朝元和年间，东都留守名叫吕元应。他酷爱下棋，养有一批下棋的食客。吕元应与食客下棋，谁如果赢了他一盘，出入可配备车马；如果赢两盘，可携儿带女来门下投宿就食。

有一日，吕元应在庭院的石桌旁与食客下棋。正在激战正酣之际，卫士送来一叠公文，要吕留守立即处理。吕元应便拿起笔准备批复。下棋的食客见他低头批文，认为他不会注意棋局，迅速地偷换了一子。哪知，食客的这个小动作，吕元应看得一清二楚。他批复完文件后，不动声色地继续与食客下棋，食客最后胜了这盘棋。食客回到住房后心里一阵欢喜，企望着吕留守提高自己的待遇。

第二天，吕元应携来许多礼品，请这位食客另投门第。其他食客不明其中缘由，很是诧异。十几年之后，吕留守处于弥留之际，他把儿子、侄子叫到身边谈起那次下棋的事，说："他偷换了一个棋子，我倒不介意，但由此可见他心迹卑下，不可深交。你们一定要记住这些，交朋友要慎重。"他积淀多年人生经验，深觉棋品与人品密不可分。

棋品即人品，我们在日常生活和工作中一些不守信用的行为，看似小事，却会为我们的品格印上很大的污点，成为我们发展的隐患。

欧洲一些国家的公共交通系统的售票处大部分是自助的，也就是说你想到哪个地方可根据目的地自行买票。因为没有检票员，所以，逃票成功的几率很大。

一位中国留学生发现了这个管理上的"漏洞"。他很喜欢不用买票而坐车到处游玩，也因此在他四年的留学期间，他因逃票被抓了两次。四年后，他大学毕业，试图在当地找份工作。他知道许多跨国大公司都在积极地开发亚太市场，就向这些公司投了自己的求职资料，可都被拒绝了。一次次的失败，使他愤怒地认为这些公司有种族歧视。终于有一天，他冲进了一家公司人力资源部经理的办公室："先生，我想问一下贵公司为何不录用我。据我所知，我有一位各方面能力都不如我的韩国同学已被你们录用。你们是不是歧视中国人？"

"先生，我们并没有歧视你，相反的，我们很重视你，因为我们公司一直在中国进行市场开发，我们需要一些优秀的本土人才来协助我们完成这个工作，所以你刚来求职的时候，我们对你的教育背景和能力很感兴趣。老实说，你就是我们所要找的人。"经理回答。

"那为什么不录用我呢？"

"因为我们查了你的信用记录，我们发现你有两次乘公车逃票的记录。”

“我承认。但为了这点小事，你们就放弃了一个能为你们带来更大利益的人才？”

“小事？不，不！先生，我们并不认为这是小事。我们注意到了，第一次逃票你说自己还不熟悉自动售票系统，这有可能。但那之后，你又逃了票。这如何解释呢？”

“那时刚好我口袋中没零钱。”

“不，不！先生，我不接受这种解释。我猜测你可能有数百次的逃票。对不起，我只是说可能。此事证明了几点：第一，你不仅不尊重规则，而且善于发现规则中的漏洞并恶意使用；第二，你不值得信任，而我们公司的许多工作的进行是必须依靠诚信来完成的，如果你负责了某个地区的市场开发，公司将赋予你许多职权，但为了节约成本，我们不会设置复杂的监督机构，正如我们的公共交通系统一样。因此我们没办法雇用你，而且我可以断定：在这个国家甚至在整个欧盟，可能没有公司会冒险来雇用你。”

诚实是一个人在社会上立足的前提，一个人无论是在工作中还是在生活中，都必须重诺守信，这样，别人才会相信他，愿意与他打交道，双方才可能建立稳定的、长期的联系。事实上，一个人在社会中生活和工作，总离不开同他人打交道，要想做成功一件事，更需要他人的支持、帮助，因此良好的人际关系十分重要。而诚实守信，则是维系人心、增进情谊的重要一环。

相反，有些人自以为聪明，专门使用狡诈欺蒙的手段来达到目的。其实，这种伎俩在一个健康社会是行不通的，或早或迟，总有骗局被揭穿、真相大白的一天，到时候骗人者轻则声名狼藉、众叛亲离；重则无法在社会立足，并受到法律的制裁。正如《红楼梦》中所说的“机关算尽太聪明，反误了卿卿性命”。

感悟 7

反躬自省，主动纠正错误

《弟子规》讲："见人恶，即内省"、"闻誉恐，闻过欣。"说的就是要学会自省，一个人如果不懂自省，他就看不见自己的问题，更不会有自救的愿望。自省是一种智慧，是一种力量，自省可以改变一个人的命运和机缘，使人达到更高的境界。所以说，与其低着头埋怨错误，不如昂起头来纠正错误。

《论语》云："见贤思齐焉，见不贤而内自省也。"这句话把它运用到职场上，就是说员工进入到职场，所见高人肯定很多，碰到比自己强的则"见贤思齐"，勇追猛赶；碰到不如自己的则"内自省"，引以为戒。如此一来，每一位员工就会越发努力，积极主动地缩短自己与优秀员工的差距，以先进人物为榜样，就没有时间去妄自菲薄了。

见贤思齐，反躬自省，如何才能齐，怎样自省，当然是通过学习。现代社会知识密集，人们总是在不知不觉当中不断地从交往的对象那里吸收其优点以反省自己而进步的。经常同贤人往来，即使不是特别有意识地嫁接别人的优点，也会在不知不觉中使自己提升到与他们相同的层次。如果能够不断学习他人的优点，反省自己的缺点，鞭策自己不断地向那些贤者靠近，那么慢慢地，你的思想修为也会提高。

德国诗人海涅说过："反省是一面镜子，它能将我们的错误清清楚楚地照出来，使我们有改正的机会。"

每一个员工除了要善于自律外，还要不停地自我反省，方能不迷失方向，方能提高自己的人生境界。人贵有自知之明，要经常反省自己在做人、行事、学习、人际上有哪些问题，哪些做错了，哪些做对了。错则改之，对则勉之。要经常解剖自己，发现自身的缺点和过失，并立刻改正。人如同一块天然矿石，需要不断地用刀去雕琢，铲去不必要的部分。虽然这个过程有些痛苦，但只有经过细心雕琢后的矿石才能更光彩照人、身价百倍。其实，自我反省就是自我提升。

著名的经济学家凯因斯，同时也是华尔街投资公司的高级顾问。他的一生非常成功，年纪轻轻就已经是百万富翁了。当记者问其成功之道时，凯因斯说："我有一个习惯，喜欢为自己制订计划。计划包括每一年的计划，也包括每个月的计划，甚至还落实到每一天。可以这样说，我之所以能够取得成功，这些计划起到了非常重要的作用。"

记者问："计划？怎么利用这些计划呢？"凯因斯说："只有计划是不行的，还要严格地执行计划，这就涉及自我反省。我每天都要反省，看一看今天有什么收获，有什么地方做得不好。凡是没有做好的地方，必须想办法弥补回来。同时，再想一想今天的成绩，用它们来鼓励自己继续努力。同样的方法，每一个月，每一年都要做这样的反省。"

法国牧师纳德·兰塞姆去世后，安葬在圣保罗大教堂，墓碑上工工整整地镌刻着他的手迹："假如时光可以倒流，世界上将有一半的人可以成为伟人。"一位智者在解读兰塞姆手迹时说："如果每个人都能把反省提前几十年，便有50%的人可能让自己成为一名了不起的人。"他们的这些言论，实质上阐述的都是反省之于人生的重要意义。

可见，反省是一种最优秀的品质，人只有经常反省，才能进步。每天进行心灵盘点，时刻进行自我检查与审视，及时知道自己近期的得与失，思考今后改进的策略，从而取得更出色的业绩，事业才能得到更长远地发展。

日本"保险行销之神"原一平每天晚上8点进行反省，并将之列入每天的计划，把反省当成每天的工作，最终摘取了日本保险史上"销售之王"的桂冠。

拿破仑被放逐到圣海伦岛时，曾说："我的失败完全是自己的责任，不能怪罪任何人，我最大的敌人其实是我自己，这也是造成我悲惨命运的主要原因。"

富兰克林每晚都自我反省。他发现过十三项严重的错误，其中三项是：浪费时间、关心琐事及与人争论。睿智的富兰克林知道，如果不改正这些缺点，是成不了大业的。所以，他一周订一个要改正的目标，并每天做记录。下一周，他再努力改正另一个坏习惯，他就是这样一直与自己的缺点奋战，整整持续了两年。后来，他成为了受人爱戴、极具影响力的人物。

夏朝时候，一个背叛的诸侯有扈氏率兵入侵，夏禹派他的儿子伯启抵抗，结果伯启被打败了。他的部下很不服气，要求继续进攻，但是伯启说："不必了，我的兵比他多，地也比他大，却被他打败了，这一定是我的德行不如他，带兵方法不如他的缘故。从今天起，我一定要努力改正过来才是。"

从此以后，伯启每天很早便起床工作，粗茶淡饭，照顾百姓，任用有才干的人，尊敬有品德的人。过了一年，有扈氏知道了，不但不敢再来侵犯，反而自动投降了。

伯启之所以不战而屈人之兵，是因为他自我反省，纠正错误，从而获得了百姓拥戴，增强了国力。由此可知，无论在什么岗位，唯有反省才能进步，一个人不管失去多少，只要还能够自我反省，就没有完全失败。不仅要在逆境中反省，还要在顺境时反省，只有这样，才能防患于未然，将危机消除于无形。

反省还要增加其广度和深度，从他人的经验教训中得到启示，从别人的经验教训中学习，并将反省的思考付诸实践。歌德曾说："知之尚需用之，思之犹应为之。"成本最低的财富是把别人的经验当成自己的经验，把别人的教训当做自己的教训。成功的经验大多相似，失败的原因却千差万别，从失败的教训中学到的东西，往往要比从成功的经验中学到的更多，而且更为深刻。

当然，自省是一次自我解剖的痛苦过程，需要巨大的勇气。认识到自己的错误或许不难，但要用一颗坦诚的心去面对它，却不是一件容易的事。懂得自省，是大智；敢于自省，则是大勇。

感悟 8.

抱怨的员工难以获得晋升

《弟子规》中讲："过能改，归于无；倘掩饰，增一辜。"意思是说，不小心犯了过错，能勇于改正就会越改越少，渐归于无过；如果故意掩盖过错，那反而又增加一项掩饰的罪过了。然而在职场中，一些员工不仅知错不改，反而抱怨连声，既阻滞了自己成长，也妨碍了别人工作。这样的员工又怎么能够得到晋升的机会呢？

在生活和工作中，抱怨不能解决任何问题，也不能让你成为受欢迎的人，反而还会阻碍你前进。后悔也不能让你重新再来，过去的已经过去了，未来还需要我们打拼。只有不抱怨，不后悔，才能够更快乐地工作，才能够创造更高的业绩，才能够让你自己更受益。同时，不抱怨不后悔，也是为自己的言行负责。

也许你的工作有不尽如人意的地方，但在这个世界上，又有哪一份工作堪称十全十美呢？要想拿高薪，就得承担超负荷的劳动量；要想出人头地，就得迎接周围挑剔的目光；就算你安分守己不惹是非，也会受到一些莫名其妙的指责……面对人生的不如意，一个人所要做的，就是尽量改变自己能够改变的部分，至于个人无能为力的部分，那就坦然接受吧。

如果说一个人抱怨之后，他的不满与郁闷能够随风而去，心境能够变得开朗明亮起来，那他的抱怨还算是有价值的。可问题在于，抱怨恰如一股阴冷潮湿的黑雾,足以遮蔽他的双眼、迷惑他的心智、阻碍他的成长,最终让他在怨天尤人的泥潭里越陷越深。

国学大师季羡林老先生对生活从来不抱怨,他曾说过:“每个人都争取一个完满的人生。然而,自古及今,海内海外,一个百分之百完满的人生是没有的,不完满才是人生。”

想想确实如此:除了苏东坡先生的“人有悲欢离合,月有阴晴圆缺,此事古难全”外,有“鱼与熊掌不可兼得”,还有“不如意事常八九,可与言人无二三”等等。由此可知,人自从一生下来,面对这个未知的世界,就注定了每个人的人生都是不完美的,你还有什么值得去抱怨呢?

我们来看这样一个故事:

有个人非常幸运地得到一颗硕大而美丽的珍珠,他却觉得遗憾,因为珍珠上面有个小小的斑点。他想,若除去这个斑点,它该是多么完美呀!于是,他刮去了珍珠的一部分表层,但斑点还在;他又狠心刮去一层,但斑点依旧存在。于是他不断地刮下去。最后,斑点没有了,而珍珠也不复存在了。此人于是一病不起,临终前,他无比怅悔地对家人说:“当时我若不去计较那个小斑点,现在我手里还会攥着一颗硕大美丽的珍珠啊!”

其实,我们每个人的脚边都有彩贝,手里都有珍珠,只是我们不懂得珍惜,不善于享用,终日抱怨,怨天尤人,因而错过了多少好运,辜负了多少美丽。

生活中,多少失落、痛苦和不幸正是源于抱怨。俗话所说,“金无足赤,人无完人”,现实就是这样的残酷。若怨气冲天,必然陷入完美主义的心理误区。欲除掉珍珠斑点的那个人一定是最痛苦的人。因为在他的眼中,看到的都是不完美,因而一次次与机遇擦肩而过,与成功遥遥相望,最终只落得两手空空。

常常听到有人抱怨说:“做这种工作有什么出息呢?我宁可在家里闲着,也不去受那份罪!”这样的人,小事不屑于做,大事做不了,无论走到哪里都会四处碰壁。

一个小区里有位电梯司乘员,40岁左右的年纪,工作特别礼貌认真。每当住户走进电梯时,她都要恭敬地说句:“您好,欢迎乘坐,请问您到几层?”走出电梯时又礼貌地说句:“请您慢走。”日复一日,从来没有差错。后来,她被升职做了物业部的基层管理人员。这样认真负责的人,相信无论在什么岗位,都会做得很出色!

任何时候都不要抱怨贫富不均、生不逢时、社会不公、机会不等、伯乐难求,要知道:每个人都平等地享有出人头地的机会。当老板安排你去扫地、扫厕所,甚至去做看起来更加卑微的工作时,你有两个选择:要么积极乐观地接受它,然后把它做到最好;要么消极对待它,喋喋不休地抱怨,或者跳槽。但是,如果你能够把最简单、最不起眼、最让普通人认为不值得做的事情做到最好,你就拥有了做大事的潜质。

曾任麦当劳执行总经理的查理·贝尔,负责着麦当劳在全球118个国家多达3万多个餐厅的运营。贝尔的人生履历,可谓光彩夺目。但是,让他铭记最深的是1976年他进入麦当劳做清洁工的经历。

那一年,家境极其贫寒的他迫于生计,前往麦当劳求职,年仅15岁。瘦骨嶙峋的小贝尔在麦当劳找到店长,请求给自己一份工作。看到他这副模样,店长便用“这里暂时不需要人手”的借口婉言拒绝了他。

生活没有着落的贝尔没过几天又来了,言辞更加恳切地请求店长给他份工作,声称就算没有报酬也可以。见店长没有吭声,贝尔感到了一点儿希望。他小声地说:“我看到您这里厕所的卫生状况似乎不是太好,这样会影响您的生意。要不,安排我扫厕所吧。只要给我解决吃住就行了。”店长没有办法,答应了贝尔扫厕所的请求。

扫厕所，在一般人眼中是最没有出息的工作，却成了贝尔人生事业的一块最坚实的基石。

贝尔对待扫厕所的态度，就像现在很多父母对待独生子女一样认真，甚至是“溺爱”。每天早上天还没亮他就会起床，把厕所彻底清扫一次，然后每隔一段时间就会去维持。不久，他摸索出了扫厕所的要诀：先把大的纸张扫净，然后在那些湿脏的地方洒上干灰把水吸干，这样清洁起来不仅轻松很多，而且效果也很棒。他对扫厕所是如此认真，以至于有一次半夜里有人上厕所时，还看到贝尔睁着惺忪的眼睛在查看厕所是否弄脏了。

为了能让顾客在麦当劳的厕所里也能够欣赏到美，贝尔在厕所里摆放了几盆花草；为了让这里更有文化气息，他将一些谚语、警句贴在厕所的墙上。贝尔把所有心思都放在了厕所上，由于他的到来，店里厕所的卫生状况大为改观。有客人说，这里的厕所比一些餐馆用餐的地方还要干净。

3 个月后，店长宣布正式录用贝尔，并让他接受了正规的职业培训。接着，店长又把贝尔放在店内的各个岗位进行全面锻炼。后来，贝尔被提升为麦当劳在澳大利亚最年轻的店面经理，那时他年仅 19 岁。1980 年，他被派驻欧洲，那里的业务很快扶摇直上。此后，他先后担任过麦当劳澳大利亚公司总经理，亚太、中东和非洲地区总裁，欧洲地区总裁以及麦当劳芝加哥总部的负责人，直至后来担任麦当劳的 CEO。

飞黄腾达的贝尔在接受媒体采访的时候，从来不避讳自己当年扫厕所的经历，反而引以为傲。他说扫厕所让他明白了人生的真谛：一件事，你可以不去做；如果你做了，就要全力以赴，并把它做到最完美。是啊，把厕所扫得比某些餐馆的用餐处还要干净的人，还有什么事情他会做不好呢？

查理·贝尔之所以拥有成功的人生，就在于他对工作的坚定信念：就算是扫厕所，我也要做到最出色。换言之，当你具备了勇气和信心，拥有了敬业精神和负责任的态度，就会在工作上积极主动，再也不会浪费时间去无聊地抱怨了，就能为自己收获希望和成功。

人的存在在于不完美，而人的追求理应是完美。所以我们才有追求，才有梦想。在追求梦想的过程中，我们要锁定目标，永不放弃，既不抱怨，也不后悔。因为，我们追求的人生境界，就是经过奋斗把不完满变得完满些。只豁达而不奋斗，就成了玩世不恭，那才是彻底的失败者。老子说要“无为而治”不是说“无为而掷”，更不等于无所作为睡大觉，所以不完美绝非自暴自弃，无所事事。

人生是一盘棋，子已落定就不能反悔。不管它或曲折，或坦荡，或久远，或短暂，或精彩，或平淡，我们都要无怨无悔地走下去。

第六章

泛爱众——善待他人，感恩促你成长

“泛爱众”，在《弟子规》中是这样解释的：“以广泛的爱心对待社会大众，每个人在为自己的同时能够兼顾到他人、家国、天下，用心去感受别人的需要，并且真情去感恩那些曾帮助过你的人，甚至要感恩那些曾激励过你的对手，感恩让你获得锤炼的所有的挫折和苦难。”然而，现实生活中，有很多人把别人的帮助看作理所应当，不懂感激和报恩；还有一些人把别人的拒绝或者生活中鸡毛蒜皮的小事放大一千倍，甚至升级为怨恨。与怨结伴生活，除了收获仇恨，又能得到什么呢？为什么不怀着一颗感恩的心去生活，去寻找生命中的阳光呢？

感悟 1.

关爱身边每一个人

“凡是人，皆须爱；天同覆，地同载”，读到《弟子规》这几句，颇令人感动。为什么说“凡是人，皆须爱”呢？因为对于大众有关怀爱护的心，如同苍天与大地，绝对没有私心，不论好人、坏人、聪明、愚笨、富贵、贫贱、种族、国界都一样给予保护和承载，纯是一片仁慈之心，不为名利，毫无虚假，这正是“天同覆，地同载”的大同境界。

宋庆龄和她的保姆的故事就是很感人的一个例子：

宋庆龄在新中国成立之前就被尊称为“国母”，新中国成立后，也一直担任着重要的国家领导职务，但这丝毫没有改变她仁爱朴素的个性和民主平实的作风。她一生完成了许多常人无法企及的功绩，但她把这些功绩只视作自己的职责所在，丝毫不居功自傲。也正因为如此，她才能关爱身边的每一个人，才能真正待保姆如姐妹。

李燕娥是广东中山人，16 岁就来到了宋庆龄身边，陪伴了宋庆龄整整 53 年。宋庆龄从来不把李燕娥当做“下人”，而视她为家中的一员。李燕娥比宋庆龄小了近 20 岁，但却一直被称为“李姐”。吃饭时宋庆龄与她同桌，并且让她坐主人的位置上，自己则坐侧座。李燕娥身体比较胖，宋庆龄又让人专门改制了一张矮床，方便她休息。

新中国成立后，宋庆龄在北京的时间居多，为了抚慰李燕娥的思念之情，宋庆龄把自己的照片和北京寓所主楼的照片寄给她。李燕娥把照片摆在自己的房间里，以便随时都能看到。有一次李燕娥受了伤，宋庆龄十分担心，专门指示上海的同志抓紧为李燕娥疗伤，还专程赶到上海看望。可见，宋庆龄为李燕娥想得非常周到、细致。她还经常送一些小礼品给上海寓所的工作人员，并专门准备一些火腿、广东腊肠等家乡食品，带给李燕娥。1971年11月8日，宋庆龄专门给上海寓所的管理员周和康写信说："现在委托你办一件事：旧历10月10日是李燕娥的生日。她在我处服务快40年了，我应该对她的忠心耿耿的工作有些表示。请你在9日那天代买一只熟的大油母鸡及8斤苹果、2斤香蕉送给她（连同这张卡片）。谢谢你！"

1979年，李燕娥患了子宫癌，宋庆龄万分焦急，亲自把她从上海接到北京，不仅请人照料她的生活，还嘱咐身边的工作人员要像对待她一样来照顾李燕娥。

她还请来最好的医生为李燕娥治病。当医生确定她的癌变已到晚期时，宋庆龄十分伤心。她压抑着悲痛之情，尽可能抽出时间来陪李燕娥聊天，以缓解她的痛苦。当时北京的青菜很少，她怕李燕娥不习惯，就请人想办法多买些新鲜蚕豆来补充。为了增加营养，宋庆龄特别吩咐每天要让李燕娥吃鸡肉、喝鸡汤。

看着病重的李燕娥，宋庆龄心情十分沉重。她曾给马海德写信说："我亲爱的管家患了可怕的疾病，使我十分心烦意乱，她跟随我50年了，她是那么的忠诚，也是我最可信任的朋友。我害怕她很快就会死去……她躺在床上全然不知真正折磨她的是什么疾病！我是如此的悲伤和六神无主……"

1981年2月，她在焦虑的煎熬中收到了李燕娥病逝的消息，宋庆龄顿时满脸泪水。当李燕娥的骨灰盒被送到宋庆龄住所时，她迎了上去，把脸紧紧贴在骨灰盒上，不住地抚摸着，亲吻着，泪水点点滴滴洒落……

在李燕娥骨灰移送上海那天，宋庆龄支撑着病体，亲自把骨灰盒从自己的卧室里抱出来，步履蹒跚地从楼上一直送到门口的汽车上，事后，她给一位友人写信说："我痛心地告诉你，我可怜的管家和同伴李燕娥……因患癌症逝世……我可怜的燕娥的骨灰在几天前由一些信得过的朋友陪同，在上海安葬了，埋在宋氏墓地。我死后，将长眠在我忠心的同伴旁边。"

为了李燕娥的后事，宋庆龄特意写信给秘书说："我一直答应让李姐的骨灰埋葬在我父母的坟旁，要立她的碑。我以后也要埋在那里。"并要求：墓碑"和李姐要做同样的"。为此，她还专门画了一张草图。

就在李燕娥去世100多天之后，宋庆龄亦不幸病逝。宋庆龄的骨灰被送到上海万国公墓宋氏墓地，就是今天的宋庆龄陵园。陵园中间，是宋庆龄父母——宋耀如和倪桂珍的合葬墓，东侧是宋庆龄墓，墓碑上刻着"中华人民共和国名誉主席宋庆龄同志之墓"。西侧对称位置，是形状相同的李燕娥墓。墓碑上刻着"李燕娥同志之墓——宋庆龄敬立"的字样。宋庆龄在这里表现出对身边人的关爱，把一个保姆和自己这个国家领导人放在同等的位置。宋庆龄和李姐的关系，只是她波澜壮阔的一生里许许多多动人故事中的一朵小小的浪花。

宋庆龄是20世纪世界上最伟大的女性之一，她一生地位尊重，却从来不搞特殊化，在她眼里从没有三六九等，她用心关爱身边每一个人，用自己的言行证明了她博爱的胸怀。

有一位作家写道：如果世界是一间小屋，关爱就是屋内的一盏橘灯；如果世界是一艘航船，那么关爱就是海上的一座灯塔。被人关爱是一种美好的享受，关爱他人也是一种高尚的品德。我们需要身边的人给予的温暖，身边的人更需要我们去真诚关爱。只有爱与爱相互交织，这世界才会美好与灿烂。

爱是一把钥匙，可以打开彼此之间的心灵之锁；爱更是一剂良药，可以治愈最冷漠的心灵；爱是一种呵护，把最温暖的真谛寄予身边的每一个人。请关爱身边的每一个人，用心谱写温暖人生。宋庆龄能做得到，生活中的我们亦可以播散出关爱的光芒，温暖身边的每一个人。

感悟 2

乐于助人是职场的美德

"己有能，勿自私"，《弟子规》中这句话很明白地告诉我们：帮助他人、乐于助人是人生快乐的源泉，是行走职场的美德，凡成大事者都懂得相互帮携，都以助人为乐。

很多人在人际交往中都是看到别人关爱自己时，才想起去关爱别人。其实，正是由于有这种心理，才造成了人际的冷漠，当看到别人有困难需要帮助时，我们为何不先去帮助他人呢？

曾有这样一对夫妻，他们婚后的生活很不如意。男人在一家大型超市做保安，在女人眼里，除了实在、厚道外，再找不到任何优点了。她总是嫌男人不懂浪漫，不会疼人，不能挣大钱……

一天，女人向一个贴心的朋友哭诉了自己的不幸。朋友听后，说："你想跟他离婚？""一定要离！"她朋友说："可是，就这样离了，真正受伤害的是你呀！离婚后，他会很容易又找到一个女人结婚的，这岂不是太便宜他了？"她朋友给她建议："要不这样吧，你现在假装很爱他，把他当成世界上最完美的男人，让他自我感觉不错，飘飘然地失去自我，然后你突然提出离婚，让他也受受打击，这样你就不吃亏了！"

她一想，也是。于是回家后，她仿佛变了一个人，每天做他最喜欢吃的红烧肉，然后穿上好看的衣服，优雅地走到超市送给他吃，使他在人前很风光。每晚他一回来，她就笑脸相迎，连忙给他换拖鞋、端饭、准备洗澡水……

一年后，当初给她建议的朋友打来电话问："你离婚了吗？"她一听，瞪大眼睛反问："我们好好的为什么要离婚？他每天下班回来都争着做饭，抢着刷碗。现在他不干保安了，在一家公司做销售经理，月薪五千多。他很顾家，很知道关心人，我觉得我是世界上最幸福的女人了！"

朋友在电话那端笑起来。女人恍然大悟，原来她朋友是用心良苦。女人终于明白了一个道理：要想得到他人的爱，就要先学会去爱他人；要想得到他人的帮助，就要先去帮助他人。

学会帮助他人，就是要有一颗关爱他人的心。一个对他人漠不关心的人，是很难得到别人的关心与帮助的，更无法获得好的人缘。

某书上曾刊载过这么一个故事：

一个在外打工几年才难得回家一次的男孩，当他深夜坐车回到家乡路口时，路见一陌生男子被车撞倒在地，肇事司机早已逃走。急于回家的愿望让他正想离开，忽转念一想，受伤男子的家人是不是也会像自己父母那样在等待他的归家？于是他把那人送到了医院，那人因此得救。后来，得知那人竟是他几年未曾见过一面的亲哥哥。幸亏他当时没有袖手旁观，否则，于他将会是一生一世的悔恨和内疚。

另外，一位打工朋友的故事，也同样令人感慨万端：

在他刚出来社会上跑业务时，经济能力有限，在外步行，也不舍得掏钱吃饭，只是在深夜回宿舍煮一点稀饭填肚子。有一次他很晚才回来，以为舍友都睡了，却见其中一好友煮好了一碗面条在那等着他……后来，经过自己的努力他终于出人头地，在社会上有了很高的身份和地位。许多年了，他依旧记得当初那位朋友给他煮的面条，在那个时候不仅仅是解决了温饱问题，更重要的是温暖了他的心扉，给了他从未有过的勇气、信心和力量。当然，他成功后没忘朋友曾经的支持和帮助。现在，他们在同一公司上班，同住一屋檐下，好得像兄弟一样，有福同享，有难同当。

可见，一个人生活在这个形形色色的社会上，养成乐于助人的习惯很重要，任何场合、任何时候都要乐于帮助他人，在职场更是如此。

很多职场人士都有一个疑惑：为什么刚来上班时，跟同事们关系那么好，而今彼此间的关系却淡薄如纸了呢？其实这一变化的根本原因都是缘于你自己。

试想想，你第一天上班时是那么热心肠，见面就微笑问候，别人一旦忙不过来时对方甚至没有向你求助，你都会很主动地上前帮忙，总之任何时候你都会全力以赴地伸出你的援助之手。例如同事电脑坏了，看着他着急的样子你会跑过去帮他维修；同事身体不适，你也会去衷心的问候；同事遭老板批评，你不忘上前安慰一下……如此一来，你有业务不会时，便有人热心教你；工作繁重时，便有人帮你；有事外出时，便有人替你；上司责备你时，便有人替你说话……如果能长期这样保持下去，那你的工作就很顺利了。但有些人第一天上班时，对人的热心往往只是一时的虚伪，而非真心帮助别人。他们工作一段时间后自私的缺点开始占据了上风：当你看到同事能力很强，成绩盖过你的时候，心理就抵触起来，嫉妒起来；当对方遇到麻烦时，你可能不仅不帮忙，反而落井下石；当同事没有什么利用价值的时候，例如你的职位比他高了，你就琢磨着如何疏远他，因为怕他拖累你，更不会去帮助他了……你自私的本性从此暴露无遗，别人才真的看清了你的面目，你的虚伪和不是也会随之宣扬开去。如此一来，你第一天树立起的乐于助人的美好形象就逐渐毁掉了，别人也开始提防着你、算计着你，开始毫不客气地与你针锋相对，这个时候你的人际关系自然就一团糟了，你又怎么能继续把工作做好呢？

所以说，人在职场，任何时候都要像第一天那样乐于助人。不可否认，人都有私心，但所谓的“人不为己，天诛地灭”其实是一种极其自私的表现，你要在职场中获得良好的人际关系和发展空间，就要学会帮助别人，通过帮助别人来换取未来别人的帮助，同时也能树立自己的良好形象，增强自己的亲和力。

如何让自己成为一个热心助人的人呢？

一、把大家看成一个整体

要融入你的工作群体中去，你就要把大家看成一个整体，遇事不能只顾自己，否则你可能会为了自己一时的利益而伤害到周围的人，成为众人排挤的对象。大家同在公司这条船上，谁都不能保证自己没有坎坷，当别人遇到麻烦时，如果你幸灾乐祸，等下次你马失前蹄的时候，别人也会看你的热闹。所以最好的办法是把大家看成一个整体，相互帮助，相互激励，共同战胜困难，共同提高。

二、调整好自己的心态

职场中，为什么很少有人能做到每天像第一天那样乐于助人？为什么都是在开始热情一段后，没过多长时间就冷漠下来了？这主要是私心在作怪。因此，要保证你每天像第一天那样乐于助人，你就要调整好自己的心态，不要去妒忌别人。同事能力强，升迁快，这是好事，你应该帮助他成功，并祝贺他。你帮助他了，将来你获得的回报会比你对他的付出大得多；如果你落井下石，虽然能给他带来一时的麻烦，但是你将来付出的代价也会大得多；更不要过河拆桥，虽然你职位升迁了，但千万别忘了曾经的好同事帮助过你。成功的人都会热心地帮助弱者，而使他们不断为自己做宣传，提升个人的魅力。不要因为你心情不好或工作繁忙而没好气地拒绝同事的求助。如果你实在无法帮他，也得善意地说明原因，并给他指出一些解决问题的途径，例如让他去找某某等。

三、替人着想

要搞好同事关系，就要学会从其他的角度来考虑问题，善于做出适当的自我牺牲。要处处替他人着想，切忌以自我为中心。我们在做一项工作时，经常要与人合作，在取得成绩之后，我们也要与大家共同分享功劳，切忌处处表现自己，将大家的成果占为己有。乐于提供给他人机会，帮助其实现人生目标，对于处理好人际关系是至关重要的。替他人着想，应表现在当他人遇到困难、挫折时，伸出援助之手，给予帮助。良好的人际关系往往是双向互利的，你给别人种种关心和帮助，当你自己遇到困难的时候也会得到相应的回报。

四、注意长期保持

乐于助人的形象就像一个品牌一样，需要你精心地维护，需要你每天都像第一天那样去热心地帮助别人，如果稍微有几次表现得不好，就可能严重损害你的个人形象。这就像一个商品的品牌一样，必须每天都去严格控制商品的质量，一旦哪天产品的质量出了问题，一传十、十传百，顾客的评价就会让你的品牌蒙尘。在职场中，你如果想树立良好的形象，赢得良好的口碑，让大家亲近你，就必须真诚地去对待别人的求助，千万不要由着自己的性子，一会儿冷一会儿热，对这个好，对那个差。一定要一视同仁，时刻用你的真诚去打动别人的心，这样才能收众人之心为己用。

感悟 3.

善待他人就是善待自己

《弟子规》中有许多教我们善待他人的警句，如“扬人恶，既是恶；疾之甚，祸且作；善相劝，德皆建；过不规，道两亏”，就是警示我们：任何时候都要善待他人，即便他人有缺或过错，仍需要我们每个人善待，因为在很多时候，善待他人就是善待自己。

人生在世，总得和别人打交道。与人打交道，实际上就是自己怎样对待别人和别人怎样对待自己。这件事每个人天天在做，但做的情况并不一样。有的人做得比较自觉，有的人则比较盲目，有的人做得比较好，有的人做得不太好甚至很差。人与人友好相待,给个人、家庭、社会带来了友谊、成功、进步和幸福;人与人不能很好相待,则造成了各种各样的个人悲剧、家庭悲剧和社会悲剧。这些经验与教训使得今天的人们有了一个共识,人与人之间应该相互好好对待,就是人们常说的“善待他人”。

在美国得克萨斯州的一个风雪交加的夜晚,一位名叫克雷斯的年轻人因为汽车“抛锚”被困在郊外。正当他万分焦急的时候,有一位骑马的男子正巧经过这里。见此情景,男子二话没说便用马帮助克雷斯把汽车拉到了小镇上。

事后,当感激不尽的克雷斯拿出不菲的美钞对他表示酬谢时,这位男子说:“这不需要回报,但我要你给我一个承诺,当别人有困难的时候,你也要尽力帮助他人。”于是,在后来的日子里,克雷斯主动帮助了许许多多的人,并且每次都没有忘记转述那句同样的话给所有被他帮助的人。

许多年后的一天,克雷斯被突然暴发的洪水困在了一个孤岛上,一位勇敢的少年冒着被洪水吞噬的危险救了他。当他感谢少年的时候,少年竟然也说出了那句克雷斯曾说过无数次的话:“这不需要回报,但我要你给我一个承诺……”

克雷斯的胸中顿时涌起了一股暖暖的激流:“原来,我穿起的这根关于爱的链条,周转了无数的人,最后经过少年还给了我。我首先善待他人,最终善待的还是自己啊!”

这个小故事还留给我们更多的启示:除了你善待别人生活也会善待你之外,你无意中做的一点点善事,有时往往可以让你得到意想不到的甚至是十倍百倍于你付出的收获,这也正验证了“滴水之恩,当涌泉相报”的道理。人与人之间的关系是相互的,你想别人怎么对你,你就怎么对别人;同样,你不想别人怎么对你,你也就不要怎么去对别人。“己所不欲,勿施于人,以责人之心责己,以待己之心待人。”如果我们每一个人都可以这么想这么做,人与人之间的相处就简单容易得多了。

“瞎子点灯——白费烛”这句谚语几乎是家喻户晓，很多人都是这样认为的。但另有一则哲理故事，却颠覆了这种肤浅和狭隘的观念。故事的大意是这样的：

一个漆黑的夜晚，一个苦行僧人走到了一个村子的黑巷子里，他看见一盏晕黄的灯正在巷子的深处缓缓前移。僧人走近才发现，原来是一位双目失明的盲人挑着灯在行走，他百思不得其解：盲人挑灯，岂不多此一举？于是僧人好奇地上前问道：“施主，既然你什么都看不见，为何还要挑着灯啊？”那位盲人说：“黑夜里如果没有灯光照映，那么全世界的人都会如我一样成为瞎子。所以我就点了一盏灯，既为别人照亮了路，自己也不会被别人撞到，岂不是两全其美。”“哦，施主是为了别人，同时也为了自己。”

“为了别人也是为了自己”，一个瞎子能有这样精妙的大彻大悟，真是让人钦佩不已！那位盲人是不幸的，他没有健全的身体，但他却拥有博大的胸怀，他能设身处地地为他人着想。人们常用“瞎子点灯——白费烛”来比喻劳而无功、徒劳无益的事，其实也不尽然，“瞎子点灯”的故事不正是针对这一说法的有力批驳吗？

据史载，南北朝时有个叫陆慧晓的人。他学识渊博，品德高尚，在当时地位显赫，重权在握。陆慧晓一向平易近人，从不摆大人物的架子。一次，他家乡的一个农夫来看望他。这个农夫衣着土气，说话笨拙。守门人想拒之门外，陆慧晓却热情地接待了他。陆慧晓善待他人的品德，值得我们每一个职场中人学习借鉴，尤其是取得了一定成就的职场管理者，更需要懂得“与人方便于己方便”这个道理。

春秋时期，有一个大家熟知的“帽带”故事，最能说明“善待他人就是善待自己”的深刻内涵。

有一次，楚王请了很多臣子们来喝酒吃饭，席间歌舞妙曼，美酒佳肴，烛光摇曳。同时，楚王还命令两位他最宠爱的美人许姬和麦姬轮流向各位敬酒。忽然一阵狂风刮来，吹灭了所有的蜡烛，漆黑一片，席上一位官员乘机揩油，摸了许姬的玉手。许姬一甩手，扯了他的帽带，匆匆回到座位上并在楚王耳边悄声说："刚才有人乘机调戏我，我扯断了他的帽带，你赶快叫人点起蜡烛来，看谁没有帽带，就知道是谁了。"楚王听了，却连忙命令手下先不要点燃蜡烛，大声向各位臣子说："我今天晚上，一定要与各位一醉方休，来，大家都把帽子脱了痛快饮一场。"众人都没有戴帽子，也就看不出是谁的帽带断了。

后来楚王攻打郑国，有一健将独自率领几百人为三军开路，斩将过关，直通郑国的首都，而此人就是当年揩许姬油的那一位。他因楚王施恩于他，而发誓毕生孝忠于楚王。

由此可知，善待他人不仅是一种好品德，而且在帮助别人时也成就了自己，为自己拓展了好人脉。

我们讲善待他人，并不只是要善待那些比你强的人，更要善待那些不如你的人。如果你自己成功了，要记得善待那些还没有成功的朋友，如果你有某方面的才能，也要善待那些缺乏这些才能的朋友，因为，他们虽然这些不如你，在其他方面很可能胜过你，今天不如你，说不定以后会超过你。

同时，我们也不能轻视那些曾犯过错误的人，因为人不是神，谁都难免犯错，知错能改即可。学会宽恕别人的过错，就是学会善待自己。仇恨只能永远让你的心灵生活在黑暗之中；而宽恕却能让你的心灵获得自由，获得解放。对于那些曾犯过错的人，我们要伸出真诚的援助之手，才能走进他们的心灵，劝慰或挽救他们。生命就像是一种回声，你送出什么它就送回什么，你播种什么就收获什么，你给予什么就得到什么。只要你付出了，就会有收获。

感悟 4.

与人为善，善是生命的黄金

《弟子规》对“善”十分重视，多次指出人要慈善为怀，像“凡取与，贵分晓；与宜多，取宜少；将加人，先问己；己不欲，即速已”，处处体现的是与人为善的思想。

与人为善是中华民族的传统美德，是为人处世的重要准则。与人为善，包含着丰富的内涵。《孟子·公孙丑上》中说：“取诸人以为善，是与人为善者也。故君子莫大乎与人为善。”其意思是，君子最高的德行就是同别人一道行善。后来，与人为善的语意有所拓展，多指以善意的态度对待他人，为他人着想，乐于助人。在当今的职场上，提倡与人为善，对于构建和谐职场具有重要意义。

首先，与人为善有利于促进和谐。实现职场和谐，是每一个员工的愿望。和谐职场包括员工与员工之间的和谐、员工与上司之间的和谐、员工与客户之间的和谐等。实现这些和谐，离不开大家的互相认同与接纳，而这种认同与接纳又主要依赖于每一个人能否用与人为善的态度来处理人际关系。人人都坚持与人为善，就能形成良好的人际关系，促进职场和谐。

其次，与人为善有利于推进事业发展。事业是人干出来的，如果人与人之间能够做到相互理解、相互尊重、相互支持、相互合作，心往一处想、劲往一处使，就能形成推进事业发展的强大力量。俗话说，家和万事兴，人和事业兴。事实证明，一个公司与人为善蔚然成风，同事之间、上下级之间关系融洽，大家都来干事创业，就一定会出现事业兴旺发达、职场和谐稳定的良好局面；反之，如果员工不是与人为善，而是损人利己、以邻为壑，那就必然会带来纷争不断、内耗严重、离心离德，进而导致工作难有起色、事业难以发展。

再次,与人为善有利于增进团结。与人为善,是人们处理人际关系、履行社会责任应当遵循的一条基本准则,也应当成为我们增进同事间的团结遵循的一条基本准则。现在,在一些公司因为不团结,形不成发展的合力,贻误了发展的时机;因为不团结,造成了一些工作难以推进、许多问题久拖不决,损害了员工的利益和公司的形象;因为不团结,出现了许多不正常的现象,影响了许多职员的成长进步。这其中的一个重要原因,就是有些人不能做到与人为善。因此,应当在职场大力提倡与人为善,使同事之间、上下级之间多一分尊重和信任,少一点轻蔑与猜忌;多一分支持和帮助,少一点排斥与拆台;多一分理解和宽容,少一点挑剔与苛求;多一分坦诚和关心,少一点掩饰与冷漠。当然,我们所说的与人为善,不是好人主义,不是事不关己高高挂起,而是建立在批评与自我批评的基础之上,真正对别人也对自己负责,有利于推进工作和事业的思想境界和精神追求。

一位在台湾经商的商人曾在博客里叙述过这样一件事:

多年前的一个夏天,她作为一名公司职员去美国芝加哥参加一个家用产品展览会。午餐就在快餐厅里自行解决,当时人很多,她刚坐下就有人用日语问:“我可以坐在这里吗?”抬头一看,是一位白发长者正端着饭站在面前。她忙指着对面的位子说:“请坐。”接着起身去拿刀、叉、纸巾这类的东西,担心老人家找不到,便帮他也拿了一份。一顿快餐很快就吃完了,老人临走时递来一张名片,说:“如果以后有需要,请与我联络。”她一看,哟,原来老人是日本一家大公司的社长呢。

一年以后,她自己注册了一家小公司。生意做了不到一年,客户突然不做了,而这时新一年的生产计划已经定了!怎么办?真的一起步就要破产吗?她突然想起那位日本老人,就抱着一线希望去了一封简单的信,说不知你是否还记得我,我现在自己开了一家小公司,希望你能来看一看。信发出后一个星期,就收到了回信,老人说即日启程来台湾。他真的来了,还拿出样品让她试加工,在肯定了产品的质量之后,当场下了足够她做一年的大订单。她惊喜地问:“您在台湾有很多大客户,而我这里只是个小公司,您真的信得过我吗?”老人从皮箱里拿出一本书来,名字叫做《人心的储存》,说:“当初你给我帮助时,你并没有想到会有这样的回报。就像我在书中所写的:‘人心就像一本存折,只有打开来才知道到底有多少收益。’每本心的存折正是用一点一滴的善去积累的。”

透过商人的故事,我们不难看到与人为善留给职场人的深刻启示:与人为善就是行善积德,是人心的珍贵储存,是生命中的黄金。

感悟 5.

宽容大量,凡事莫斤斤计较

宽容他人也是《弟子规》的一个核心思想,像“待婢仆,身贵端;虽贵端,慈而宽”等句子就闪耀着宽容的光辉。

宽容是一种美德,它可以略去许多不必要的事情,也可使许多不可能的事情发生。是母对子的宽仁,造就了伟大科学家爱迪生;是君对臣的宽仁,造就了一代名臣管仲;是自己对仇敌的宽仁,造就了强盛一时的唐朝盛世。如果没有“海纳百川”的气度,这些伟大的功绩从何谈起呢?

做员工,就要做宽容的员工,凡事莫斤斤计较,利己利人利职场。职场的天地如此广阔,我们没有必要在彼此摩擦中浪费时间,浪费生命。每一个人宽容一点,大度一点,我们的生活就会更为精彩、和谐、美好!

二十世纪五十年代,台湾的许多商人知道于右任是著名的书法家,纷纷在自己的公司、店铺、饭店门口挂起了署名于右任题写的招牌,以此招徕顾客。其中确为于右任所题的极少,赝品居多。

一天,一学生匆匆来见于右任,说:“老师,我今天中午去一家平时常去的小饭馆吃饭,想不到他们居然也挂起了以您的名义题写的招牌,明目张胆地欺世盗名,您老说可气不可气!”正在练习书法的于右任“哦”了一声,放下毛笔,然后缓缓地问:“他们这块招牌上的字写得好不好?”“要是好我也就不说了。”学生叫苦道:“也不知他们在哪儿找了个新手写的,字写得歪歪斜斜,难看死了。下面还签上老师您的大名,连我看着都觉得害臊!”

“这可不行!”于右任沉思道,“你说你平时经常去那家馆子吃饭,他们卖的东西有啥特点,铺子叫个啥名?”

“这是家面食馆,店面虽小,饭菜都还做得干净。尤其是羊肉泡馍做得特地道,铺名就叫‘羊肉泡馍馆’”。

“呃……”于右任沉默不语。

“我去把它摘下来。”学生说完,转身要走,却被于右任喊住了。

“慢着,你等等。”于右任顺手从书案旁拿过一张宣纸,拎起毛笔,刷刷在纸上写下了些什么,然后交给恭候在一旁的学生,说:“你去把这个东西交给店老板。”

学生接过宣纸一看,不由得呆住。只见纸上写着笔墨酣畅、龙飞凤舞的几个大字:“羊肉泡馍馆”,落款处则是“于右任题”几个小字,并盖了一方私章。整个书法,堪称漂亮之至。

“老师,您这……”此学生大惑不解。

“哈哈。”于右任抚着长髯笑道:“你刚才不是说,那块假招牌的字实在是惨不忍睹吗?这冒名顶替固然可恨,但毕竟说明他还是瞧得上我于某人的字,只是不知真假的人看见那假招牌,还以为我于大胡子写的字真的那样差,那我不是就亏了吗?我不能砸了自己的招牌,坏了自己的名!所以,帮忙帮到底,还是麻烦你跑一趟，把那块假的给换下来，如何？”

“啊，我明白了。学生遵命。”转怒为喜的学生拿着于右任的题字匆匆去了。就这样，这家羊肉泡馍馆的店主竟以一块假招牌换来了当代大书法家于右任的墨宝，喜出望外。

于右任的宽容留给后人深刻的启示：在人生的道路上，在职场中，总会遇到形形色色的人，或善解人意，知书达理；或心胸狭窄、蛮不讲理；或愤世嫉俗、感情用事；或宽容大度、冷静沉着……面对他们，我们宽容厚德。其实要做到宽容并不容易，需要有广阔的胸襟。当你的真诚被视作幼稚，你的勇敢被视作鲁莽，你的灵活被视作滑头，你的让步被视作软弱，你的慎重被视作保守，你的赞美被视作讽刺，你怎么办？是凄凄惨惨地躲起来哭？还是喋喋不休地为自己申辩或斤斤计较？这样只能成为人们茶余饭后的笑料；如果羞羞答答地按照别人的看法来改变自己，那更会使自己失去自信，失去自我。只有学会宽容，能够容纳不同的意见，让风和雨交织在一起，才能看到美丽的彩虹；让爱和恨缠绕在一起，才懂得真情的可贵；把赞美和批评留在心底，才能够塑造完整的自我，保持自己的良好品性。

在职场中，我们每天生活在人与人的交往中，要不断地与人打交道，我们每个人都有自己的个性、爱好和生活方式，教养不同，文化水平不一样，生活经历有别，不可能大家同一节拍，更不可能都随你的心愿。难道因为别人的挑剔，你就与他断绝一切往来？难道因为同行业间存有竞争，大家不露实底与你，你就拒绝与所有人联络？这当然不成。别说你完全这样做，就是稍稍做点，你的职业道路也会平添羁绊。

荀子曾经说：“君子贤而能容墨，知而能容愚，博而能容浅，粹而能容杂。”尊重别人就是尊重自己，宽容别人才会给自己带来广阔的天空。

后汉王朝开国皇帝、中国历史上著名的拨乱之主刘秀，身处新莽末年，海内分崩，天下大乱，身为一介布衣却有前朝血统的他在家乡乘势起兵。有一年，他率军进入邯郸后，看到城中有大量公文书信，许多都是各地官吏与王郎来往、毁谤自己的内容。刘秀不再看下去，当着将领们的面把它们付之一炬，说："那些睡不着觉的人，从此可以安心了。"

这一举措安定了人心，也让那些曾经与王郎联合的人对刘秀心悦诚服。后来的许多政治家遇到这类事件也都照此处理，收到了良好的效果，比如曹操在官渡的做法就是一个著名的例子。

后来，走在坦途上的刘秀依然遵循着宽容平和的处事原则。新投降的军队中有许多人忧心忡忡，担心刘秀总有一天会除掉自己。久经沙场的刘秀当然了解他们的心思，让降军各自回营，依然归他们原来的将官管辖，而自己轻骑简从，坦然地去各营看望他们。这让归降的将士们非常感动，他们纷纷说："萧王这样推心置腹地对待我们，倘若再不拼死效力，真是不应该了。"在确认了降兵们已经真心归顺后，刘秀把他们重新编组，分配到各部将领手下，集合起来组成了一支几十万人的军队。当地的人们只知道铜马的名声最响亮，看到刘秀成了他们的首领，就称呼刘秀为"铜马帝"。

从此之后，刘秀的事业进入了一个新的时期。虽然征战有胜有负，但毕竟是蒸蒸日上，跟随他的将领们开始有了更进一步的想法。他们或是旁敲侧击，或是明言相劝，请求刘秀早日登基做天子，承担起重建汉家天下的职责，也能更名正言顺地进行征伐大事。经过部将们的反复劝说，刘秀终于在赤眉军迫近长安时即位于鄗南，沿用汉国号，年号建武。这一年是公元 25 年的 6 月，刘秀 31 岁。不久之后，他定都洛阳，史称东汉。

刘秀的宽容为怀、厚德待人，对身在职场的我们有很深的启发。作为一名员工，如果你的慎重一再避免了失误，你的真情融化了别人心头的坚冰，你的灵活使我们化险为夷、转危为安，你的赞美得到了公众一致认可，人们便会更加理解你、信任你。

有人说，宽容是优秀员工的一种修养，是一种处变不惊的气度。工作中，经常会发生一些预料之外的情况，如果心胸狭窄，容不得一个“怒”字，那工作将很难做好。人在职场，做人做事要胸怀坦荡，豪爽大气，决不可斤斤计较；在人际交往中，也要多交豪爽侠气之友，少交那些小肚鸡肠之辈。

感悟 6

原谅他人比指责他人更有效

《弟子规》中讲：“人有短，切莫揭”、“扬人恶，即是恶。”说的就是不要轻易或随便地指责他人，要学会替他人着想，多原谅他人的过错。先圣孔子对爱的理解有多种，其中之一就是懂得原谅他人。

每个人是不同的，在同一件事情上，不是每个人都有同样的看法。面对同一个犯错的人和同一件错误的事情，有的人会指责别人的错误，在他眼里，这种方式可以帮助对方更快地改正自己的错误。当然，错误是改正了，但在他的心里，也已经因为这件事情而留下了不可磨灭的阴影，也许这个阴影会影响他今后的每一个决定。所以，不要总以为指责是最佳的教育方式，要尽量的学会包容他人，包容他犯的错误，包容他错误的言语，包容他可以原谅的一切，用你的原谅让他认识到自己的错误，真正做到从根本上改正自己的错误，这样的方式要比指责更容易让人接受，也更容易从根本上解决问题。

指责别人的错误也许很重要，但适时的原谅别人的错误，却是更高一层的人生功夫。

爱迪生为了制作灯泡花费了许许多多的心血和时间。有一次,他和他的助手们终于制作出了一个电灯泡,一天一夜的辛苦终于有了结果。

随后,爱迪生让一个比较年轻的学生将这个灯泡拿到楼上的实验室里进行试验。这个学生拿着从爱迪生手里接过来的灯泡,小心翼翼地走上楼梯,生怕这个新玩意儿一不小心从他的手里滑落,那样的话他就完了。可是,他越是这样想,他的心里就越是紧张,手也开始哆嗦起来,当走到楼梯的尽头时,灯泡最终还是掉了下来,摔成了碎片。

但爱迪生知道后并没有一点指责这个学生的意思,继续埋头工作。

几天后,爱迪生和自己的助手们又成功制作出了一个新的电灯泡。做完后,爱迪生还是让上次送灯泡的学生把这个灯泡送到楼上去做试验。爱迪生把这个灯泡交给这个学生时,他没有丝毫的犹豫。这一次,这个学生没有让他失望,顺利地把这个灯泡拿到了楼上的实验室里。

这时候,有人问爱迪生:你上次为什么没有指责他呢?爱迪生说,如果我指责他了,就不会有他第二次的成功。所以我原谅了他。

但那人继续问,原谅他就够了,为什么再把灯泡交给他呢?你就不怕他再掉到地上?

爱迪生说,原谅不是用嘴巴说的,而是要靠行动的。

从这个故事中,我们可以看出爱迪生不仅是一个大发明家,还是一个教育家。他知道怎样的教育方式更有效。面对一个犯了错的人,你的原谅要比你的指责更有教育的效果。不要以为指责可以让一个人或一件事彻底改变,有时候指责反而会让适得其反的事情发生。

埃及有一句哲语说得很好:"原谅是矛盾的终止,指责是争论的开始。"原谅别人的同时,你们之间的矛盾也就化解了,迎来的是一个新的开始;而指责别人的时候,则是"旧恨添新仇",你们之间的关系更是雪上加霜。

这句话对职场中的员工处理人际关系特别有益。原谅和指责收获的东西是截然不同的，前者收获理解和"一笑泯恩仇"，后者收获忌恨和争执。当你真心原谅了自己的敌人的时候，你会真正获得快乐和成功。

一位智者曾经说过："当别人犯错的时候，你去指责别人的同时，你也在犯错，暴戾之气充盈着胸膛会烧毁自己的生活。在生活中，最能化解暴戾之气的是'没关系'。"

比如，在拥挤的地铁上，有人踩了你一脚，被挤得头脑发胀的你要想说一句"没关系"实在不容易。本来就有说不出的窝火，再加上脚上的疼痛，肯定会火气上涌。但是，此时的争吵和指责能够给自己带来什么呢？它只能把你不痛快的、烦躁的情绪通过指责发泄出来，让事态朝着更坏的方向发展。如果这时候平心静气地说一句"没关系"，既能让自己的心平静下来，又可以赢得别人的尊重，这是一个双赢的举动，有效的原谅比撕破人心的指责更明智。

从前，有一位得道的禅师住在深山中。寺里的东西经常失窃，今天丢一支蜡烛，明天丢一袋米粮，一个月下来，寺里的东西几乎要被小偷给偷光了。看着空空如也的寺庙，禅师的徒弟决定替师傅抓住这位小偷。

入夜，小偷果然如期而至，众弟子将小偷合力擒住，人赃俱获。但是禅师却让徒弟们放了小偷，看到小偷衣服单薄，禅师将身上的棉袍送给小偷，捻着胡须，笑着对小偷说："我们已经没有什么东西可以偷了，将寺外这轮明月送给你吧。"小偷扑通跪倒在地，表示愿意接受禅师的处罚。后来小偷皈依佛门，成为一代高僧。

在职场中，我们在原谅别人的同时，也在为自己营造着良好的生存环境和有利的发展氛围。原谅能使敌对的、消极的、紧张的、不利的因素转化为友善的、积极的、和谐的、有利的因素，让我们的天地更加广阔，道路更加平坦，前景更加美好。因此，当别人对不起自己的时候，送一轮原谅的明月给他吧。

从前有一个小男孩，他救了一只熊，并精心地照料着它。日复一日、年复一年，小男孩和熊都长大了，彼此成了很好的朋友。

有一次小熊和男孩玩耍，不小心抓伤了男孩的脸，男孩很生气，顺手抓过身边的一个小石头朝熊的头上扔去，顺口道："笨熊。"石头打破了熊的头，但那只熊并没有被激怒，只是默默地走开了。后来又发生过很多类似的事情，男孩总会忍不住骂熊是笨熊。终于有一天，熊走了，回到了属于它的大自然。

很多年过去了，男孩长成了大人了，他跟着探险队到大森林里面探险，途中遇到一只野狼的袭击，在生死关头，出现了一只熊，救了他的命。他认出这是自己曾经救过的那只熊，于是抱着熊痛哭起来，责怪自己当初不该拿石头打它，摸着熊头上的伤疤，懊悔不已。

他终于明白，熊根本就不在意男孩打了它多少次，而是男孩那句一气之下说出来的"笨熊"深深地伤害了它。

"恶语伤人六月寒"，男孩终于明白，每个人都会经历很多事，有时可能会无意伤害到别人，别人也许会无意伤害到我们。产生冲突的机缘是很多的，但如果我们能原谅别人，许多引起冲突的事就有可能会被避免、被化解。把有事化成无事，自然会感到快乐。

生活和工作中有很多事情，本来也都可大可小、可有可无，每个人的身上也总有几处污点，疾恶如仇的人猛盯着那些地方看，心中充满了憎恶；有容乃大的人却假装看不到那些脏污的地方，设法往好处想，只要瑕不掩瑜就好，心中自然充满了喜乐。

1961年初春正值困难时期，刘少奇主席回故乡湖南花明楼视察。没想到，少奇同志亲眼目睹电线杆上贴着张纸条，上书："我们饿肚皮，只怪刘少奇，打倒刘少奇！"在狠抓阶级斗争的年代，这张“反动标语”着实让省市政府紧张万分。不到半天，案子侦破：是花明楼某小学10岁学生肖伏良书写。根据领导指示，学校决定开除肖的学籍，追究其班主任的政治责任，对全校学生摸底排查以防后患。

然而，一直关心此事的少奇同志得知真相后，断然否决上述决定，并把肖伏良请来面谈，当听说肖一家吃不饱饭，妈妈得了水肿病后，少奇同志说：“小孩子天真无邪，把广大群众不敢说的话和盘托出，宝贵得很呀！”还说：“人家总是有牢骚才发，二部该骂才骂嘛。动不动就批斗、判刑，哪个还敢讲真话?！少一点惩罚，多一点体恤，才会有人人心情舒畅、生动活泼的政治局面！”肖伏良没想到，他的“反动标语”受到表扬，还换来王光美领他去吃了一顿饱饭。

我们不禁为少奇同志的雅量而动容……

我们身在职场，难免有误会或者一些小过失，我们要在任何事情面前多动动脑子，别横加指责，因为不会包容别人就不会得到别人的包容，总是指责别人也只能遭到别人的指责。

同时要学会适时原谅别人，原谅是一种相互理解的润滑剂，是放弃所有的伤痛，让一切都成为过去，它像一把伞，帮助我们在雨季里行路。不要以为别人的错误不可原谅，关键要看你愿不愿意去原谅。

感悟7 感谢老板的知遇之恩

“恩欲报，怨欲忘；报怨短，报恩长”，《弟子规》里这几句诤诤良言，说的就是要少记怨恨，多行感恩。

是的，人生于世都要学会感恩，感谢父母的养育之恩，感谢老师的教育之恩，总之，要感谢那些对我们有恩的人。可是，在职场上却有一些人，不懂得感谢老板的知遇之恩，他们认为老板给工作机会是应当的，老板发工资更是应当的。他们一点也没有意识到，在感恩许许多多有恩于我们的人的同时，同样不要忘了感恩老板。要感谢老板给我们提供了工作机会，要感谢老板给我们一个施展自己才能的舞台，甚至要感谢老板让我们有了“生存的能力”。

在一个大市场的一角，一台蒙满了尘土、发朽的钢琴同众多的东西一样被随意地扔在那里，没有人留意它，人们经过时都绕着它走，怕蹭上灰尘——这个庞然大物很碍事，小贩总是用脚把它踹向墙边，这样的日子一天天重复着。它经历了风吹、雨淋、日晒，变得更加肮脏，更没有人注意到它的存在。

“这个东西没用了，它最适合的去处是乡下的灶膛！”

“把它劈了烧火算了！”

听着别人的议论，它只能蜷缩得更紧。

一天，市场里来了一位老人。他慢慢走到那个庞然大物旁，仔细地前后看了几遍，然后，用袖子拭去尘土，并掏出工具，把它上上下下检修了一番。不一会儿，一台锃亮的钢琴呈现在了大家面前，老人搬来一把椅子，坐在那里屏息了一阵，然后双手在琴键上灵活地“飞舞”起来，骤然间，悠扬、铿锵的琴声从老人的指缝间飞迸而出……围观的人们越聚越多，大家赞叹老人的琴艺，但更感兴趣的是那架钢琴——一台多好的琴啊！

“它可真漂亮，是什么牌子的？”

“真是一台好琴啊！”

这时，那些曾经漠视它的人们对它充满了好感，都认为它是一个价值连城的好东西，人们叹息着，并向老人详细的询问那台琴的来历——那个昔日里风吹雨淋的“脏”东西，顿时身价倍增。

人在职场，我们随时都可能成为那台钢琴，但若没有识琴的那个老人，我们注定要遭遇更多的困难和坎坷，那个老人，就是我们的老板！

如果我们能够在职业生涯的路途上刚刚迈出脚步的时候，遇到一位知己的老板，真是一件十分幸运的事情。老板的知人识己，会使我们受益终身。同样，面对老板的知遇之恩我们更应感恩终身。

历史的经验告诉我们，伯乐的知遇之恩更值得珍惜。因为先有伯乐，后有千里马。而在现实的工作中，我们的老板很大程度上扮演着伯乐的角色。所以，我们应该对老板的知遇之恩抱有感激之情。

“海归”何云鹏是海信数字芯片研发团队的成员之一。当年，他在互联网上给海信公司发去一份自己的应聘材料。没想到海信公司很快派考核的人来到他的老家——四川成都，并且告诉他，海信的发展过程中急需像他这样的人才。

于是，何云鹏来到了海信集团研发大本营，承担起海信数字芯片的研发重任。多少个不眠之夜，多少次面红耳赤的争吵。在项目组最困难的时候，他的团队想到了散伙，他也想到了再到国外去工作。公司很多人开始怀疑，有一些人甚至开始在指指点点。就在这关键时刻，海信总裁周厚健站了出来。他说：“作为我来讲，从来没有因为存在问题而失去信心。我们做的是填补空白的事，那个时候我们都敢下决心投入做这个东西 过程中出现一些问题，哪能轻易放弃呢？”

周总的一席话，温暖了团队成员的心，他们感受到了公司管理层高度的信任和支持；老总的一席话，等于给他们注射了一支强心剂，使得团队的士气倍增。何云鹏立下军令状，用了三周的时间找到了问题解决方案，最终获得了成功。

何云鹏在接受记者采访时明确感谢周总：“如果没有周总裁鲜明的态度，力压群议并鼎力支持，我们都会在一片非议声中，像霜打的茄子一样彻底萎靡下去，成功也许永远和我们无缘。”

由此可见，老板的重用能使我们的成长如虎添翼。许多成功人士的经历证明，有才能使你有机会受雇，但有机会得以重用才可以使我们驰骋的舞台更加宽广。遇到一位敢于和善于有效授权的老板，可以使我们在工作的实践中得到更多的锻炼和提高。

1997年，延俊华从清华大学毕业后，来到深圳华为公司。刚从学校毕业的他，初生牛犊不怕虎，经过收集资料和实际的市场调研，给华为老总任正非写了一封题为“千里奔华为”的信，提出了华为存在的问题和发展的建议。任正非读完后称其为“一个会思考并热爱华为的人”，当即决定提升他。正如任正非所言，延俊华是一个热爱公司的人，更重要的是他将这种热爱转化为了一种行动。这样的年轻人当然会得到老板的重用。作为延俊华个人，在他被领导委以重任的时候，他能不从心底里感恩老板不重资历看能力的这样一种选才的眼光吗？他能不比别人成长得更快吗？华为老总任正非大胆授权并重用延俊华，最终成就了延俊华。

也许，我们现在还只是一名普通的员工，可总有一天，我们也有可能成为老板，不管是大老板，还是小老板，我们在成长过程中都离不开老板的帮助和提携，而那些懂得感恩的人总会脱颖而出。在没有成绩的时候，感激老板的知遇之恩可以对工作充满激情；在取得成就之后，感激老板的知遇之恩可以让我们更谦虚谨慎。

如果你还在抱怨不得志，不如好好反省如何才能让别人看到你的优点；也不要因为以往的成绩沾沾自喜，偏执地以为成绩是自己一个人的，如果离开了老板你很可能是另外一副样子。因此，老板的知遇之恩我们应该铭记在心。

感悟 8. 感谢同事的无私帮助

感恩其实是一种生活的态度，一种善于发现美并欣赏美的道德情操，它来自对生活的爱与希望，只有心怀感恩，生活才会更加美好。作为一名职场员工，领悟《弟子规》里的感恩非常重要，我们不仅要感恩老板，也要感恩同事。

有人说，世界上最好的东西是一个好同事，比一个好同事更好的东西是一群好同事。每天 24 小时，除去睡眠时间，我们生命中的大多数时间都是和同事一起度过的，因此我们要心怀感恩，用一颗包容的心去对待每天朝夕相处的同事。因为只有拥有了同事的友谊，我们才会快乐地工作。与同事们一起共事，是一生中的缘分，应该惜缘。

优秀的同事就像撑杆，能让你跃过徒手不可能跃过的高度，让你事业的画卷更加生动流畅。很难想象一个在同事中间孤立无援的人，能够把工作做得出色。得人心者得天下，得同事者得事业，所以你一定懂得感恩同事。你对同事感恩，与他们友好相处，他们自然也会同样喜欢你，你们会组成一个强大的团队，共同获取成功。

感谢身边的同事，是大家教会了你很多东西，让你不断地成长着，你们一起成长一起进步，这就是团队的力量。在团队里大家可以交流信息，共享经验，相互帮助。在这样的一个集体当中，你也有信心让自己变得更优秀，有信心做好自己的工作。

试想想，在你的错误发生之前，那些对你说过很多话，给你很多分析和建议的同事，你不应该感谢他们吗？在犯错误后，对你从没有抱怨、指责的同事，你不该感谢他们吗？那些总是对任何事都怀着一颗理解之心的同事，对于他们来说，团队里快乐的气氛才是最重要的，而不是个人利益。对于这些同事，你不该感谢他们给了你一个良好的工作氛围吗？周围的同事在与你共事时，一直理解你、支持你。你只需要大声说出你的感谢，让他们知道你感激他们的信任和帮助。

确实如此，在工作中，我们总会遇到一些棘手的问题。当我们被这些问题深深困扰时，同事的帮助和支持会像一滴甘露洒入我们的心间，让我们振奋起精神，勇敢迎接困难的挑战。因此，我们应心怀感恩，感谢同事们的支持和帮助。没有他们，我们的工作就不能顺利开展，也不会在职场上走得更远。

感恩同事，有一点需要特别注意：在工作中，很多人都会感恩对自己有帮助的同事，其实仅这样做是远远不够的。我们不仅要感恩那些对自己有帮助的同事，更要感恩那些给自己提意见的同事。能真诚地给你提出意见的人是真正希望你进步的人。我们要能倾听别人的意见，努力改正自己的不足，学习别人的优点。世界，因为爱，而多了感动；世界，因为感动，而多了感恩；世界，因为感恩，而多了包容。

很多时候，感恩同事要求我们要以大局为重，要多"补台"不"拆台"。单位就是一个大家庭，我们每一位成员都是家庭的一分子，我们相互之间要多联系、多沟通、多协调，少猜疑、少指责、少说怪话，要相互"补台"，而不"拆台"，切实做到不利于团结的话不说，不利于团结的事不做，精诚团结，与同事之间团结协作、共同进取。特别是在与外单位人接触时，要形成"团队形象"的观念，不要为自身小利而害集体大利，最好"家丑不外扬"。

总之，一个心怀感恩的人，对同事一点一滴的帮助都会铭记在心，而在同事遇到困难时，也总愿意帮忙，愿意付出更多。他们用一种感恩和快乐的心态去对待工作，用充满善意的心灵去对待周围的人。他们在工作中有着更高的积极性和主动性，当遇到困难时，也会有更多的人愿意帮助他们。

尽管当今社会，人情味缺乏，似乎有些人变得冷漠、无情，似乎人与人之间产生了隔阂。正因为如此，我们不能在自己的面前竖起一面墙，而应该敞开心扉去真诚对待我们身边的每一位同事。大家都知道"力的作用是相互的"，只要你敞开心扉，那么大家都愿意帮助你、接纳你。

感恩同事,是因为个人的成长进步固然有自身努力的原因,更离不开同事们的帮助和支持。感恩是对他人社会价值的尊重,是一种心胸豁达、境界高远的良好体现,体现了个人修养,更体现了一种人生品格。只要怀着一颗感恩之心对待同事,我们工作的心情、态度和效果会大不一样,工作环境会更融洽,合作会更愉快,个人的成长进步会更迅速。

感悟 9.

感谢对手激励你成长

对手,对于我们每个人来说,永远都是与我们相对立的,似乎它就是我们眼前的障碍,学习和工作中的竞争对手,希望和目标的争夺者,有时甚至还给我们的人生道路带来诸多不便与坎坷。总之,对手往往是强大的。《弟子规》中的"行高者,名自高;人所重,非貌高;才大者,非自大;人所服,非言大",说的是一个人受敬重,凭的是高尚品格和真才实学,而不是外貌或夸夸其谈。然而,如果我们从另一个角度来解读,也可以这样理解:它教会我们正确、客观地认识强大的对手。很多时候,正是因为对手的强大,才促进了我们更快速地成长,因此不要总是用敌意的目光来看待对手,相反,我们要感谢对手激励我们成长。

不是吗?正因为有了对手,我们的生活才不会像白开水一样平淡乏味,而变得美丽、变得七彩斑斓;正因为有了对手,我们才不会像人工养殖的鲜花一样弱质纤纤,而变得越来越坚强;正因为有了对手,我们才能享受到真正的快乐。那么为何不道声"感谢对手"呢?

为什么说感恩对手,你才能快速成长呢?

首先,对手往往能照出你自己。在如今复杂多变、竞争激烈的社会中,涌现出一批又一批发展全面素质强劲的对手。所谓"狭路相逢勇者胜”，正是由于它们，才使你认识到自己的不足，才使你认识到要发展自我，才使你认识到社会乃至整个世界都时时刻刻在进步，在前行。对手就犹如一面铜镜，能照出你自己的特征，也能激励你去不断学习，不断发展。

一个人、一个团体、一个组织，如果没有了对手，一定会走向没落。而作为职场的员工，正是由于对手，才使我们认识到自己的不足，才使我们认识到要发展自我，才使我们认识到自己骄傲就会落后。

其次，对手是我们实现目标的竞争者，但是有时也是我们实现目标的合作者。我们不妨先看这样一则小小的寓言故事：

一只黑猫和一只白猫互相挑逗，比赛抓一只狡猾的老鼠，可是最终谁也没有抓到老鼠，反而都弄得伤痕累累。后来，它们在电视上看到了一个关于两家工厂一起奋斗的节目，从此开始醒悟：对手也可以合作。于是它们商议共同抓老鼠的对策。

故事中的两只猫为了捉一只老鼠而拼得你死我活、伤痕累累却毫无所获，而那只老鼠竟因此怡然自得。通过这则小故事，使我们认识到，在我们的人生道路上，总有些对手是我们难以战胜的，既然双方的目标是一致的，那么与其拼得你死我活，不如精诚合作，实现双赢。当双方你死我活地拼斗时，原本容易实现的目标竟会变得越来越遥远；当对手变成友好的合作伙伴后，原本遥远的目标竟会近在咫尺。

刘翔在2012年国际田联钻石联赛上海站上，曾力压美国五大高手首个冲线，以12秒97的佳绩成功卫冕冠军，打破了赛会纪录，创赛季世界最好成绩，时隔5年再次闯进13秒大关。

“感谢对手的激励！……”赛后接受媒体采访时，春风得意的刘翔说出这样的话。

这句话可是大实话。有压力就有动力，有动力就能激发潜能，扭转劣势，夺取成功。项羽破釜沉舟，巨鹿之战大败秦军；韩信背水一战，井陉口大破赵军……历史上许多事例足以证明，对手是我们成长之路上的一种助推器。

有些人常常抱怨对手太强劲，其实这是一种缺乏自信的表现。一个充满自信的人，总是喜欢挑战，对手越强，他(她)就越兴奋，越能使出自己的高招，最终击败对手。

因此，有人说对手是特殊的朋友，这句话说得很中肯。对手不会像真正的朋友那样，在你失败或沮丧的时候来热心地帮你，或是在你成功而欣喜的时候来向你祝贺。他带给你的更多的是压力、竞争。有了他的存在你才能更加勤奋，更加优异。当你面临危险的时候，朋友会把你从险境中拉出来，让你能够脱离危险。而“特殊的朋友”——对手只会把你推下山崖，让你多一次领悟人生感受生活的机会。如果这是事实，那么你会选择随行的是朋友还是对手？相信你一定会选择对手。因为他可以让你多一次心灵的成长。这时你应该感谢的不是帮你脱险而又仗义的朋友，而是让你变得更加成熟的对手。

由于对手的存在，我们会在人生的道路上拥有更多的激情，会领略到更多美丽的风景，我们的生命也会因此闪耀出更加动人的光辉。我们和对手因为各自的理想和憧憬而相互了解，又因为各自的目标和追求而彼此竞争。对手让我们的人生价值得到极大的提升和飞跃。对手与我们一起被放在人生天平的两端，互相验证着对方生命的价值。一旦失去了对手，天平就会失去平衡，而我们自身生命的重量也失去了凭据和依靠。对手和我们共同构成了一个人生的磁场，让所有的生命力和人生价值都在这个磁场中尽情展现和释放。而作为磁场的两极，尽管我们和对手互相对立，互相竞争，但却绝对不可以分裂！

一个人，倘若始终处在一个和平、稳定、缺乏竞争和压力的环境中，他会因此失去动力。即使微小的挫折，都会让他手足无措，让他失去前进的信心和勇气。因此有人说，没有对手的人生是苍白无力的。

也许你觉得，没有对手的存在，你已然是一个胜利者。事实上，正是因为对手的存在，才让你变得越来越强。为了超过他们，你付出了更多的努力与汗水。也许你还不曾成功，但在和对手的对决中，你已经获得了成功所必不可少的因素，你在与对手的竞争中磨砺出坚强的意志，在对手的鞭策中不断实现自我的提升和超越。

感谢对手吧，是对手让你可以在人生的道路上加速前进；是对手让你更加努力地为理想而奋斗。少了对手，就是少了前进的马达，像汽车一样，少了马达还能走多远？即使走得离理想接近了，还会和有对手一样不懈向前吗？不，只会松懈地前进。所以，对手是生活中不可或缺的一类人，我们要学会感恩对手。

感悟 10.

感谢失败与不幸的磨砺

《弟子规》里的“闻过欣”思想，字面上的解释是：听到他人指出自己的过错，要欣然接受，不能听而不闻甚至打击报复。如果把这种思想深化开来，我们可以得出更深的体会：对自己曾经的失败与不幸的经历，要学会心存感激。也就是说，要懂得感谢失败与不幸的磨砺，因为成功是从挫折和失败中建立起来的。

人生在世，尤其是身在竞争激烈的职场，难免要承受各种苦难和折磨。其实换一种眼光看待，这些折磨对人生并非是消极的，反而是一种促进人成长的积极因素。生命是一次次的蜕变过程，唯有经历各种各样的磨难，才能拓展生命的厚度。如果我们有朝一日功成名就，第一要感谢的应该是曾经的失败和不幸，因为正是它们使我们变得更加勇敢、坚强和自信。甚至可以说，磨难是指引你走向成功的恩赐。

成功是一位贫乏的教师，它能教给我们的东西很少；但我们在失败的时候，学到的东西很多。因此，不要害怕失败，没有失败，我们就不可能成功。那些不成功的人是永远没有失败过的人。若每次失败之后都能有所

“领悟”，把每一次失败都当做成功的前奏，那么就能化消极为积极，变自卑为自信。作为一个现代职场人，应具有迎接失败的心理准备。世界充满了成功的机遇，也充满了失败的风险，所以要树立持久心，不断提高应对挫折与干扰的能力，调整自己，提高社会适应力，坚信“失败乃成功之母”。

一个人若缺乏勇气，很容易就会倒下。而一个充满勇气的人，则无所不至、无坚不摧。世间没有死胡同，就看你如何去寻找出路。正视困境，不在困难面前退缩，才不会让心灵荒芜，才不会无路可走。

你还在遭受磨难吗？…… 如果你现在还在遭受这样那样的磨难，你就该庆幸，因为命运给了你一次战胜自我、升华自我的机会。换一种眼光来看待这些磨难吧，感谢那些在工作和生活中折磨你的人，你就会获得幸福，你就会感到人生像诗人说的那样“生如蚁而美如神”。

所以，我们要以积极的心态面对那些在工作、事业、生活、生命中遇到的失败与不幸，将各种磨难看成是促使自己成长、激发自我潜能的机会，在磨难中不断汲取力量，增强自信，最终实现人生的幸福和事业的成功。当你面临挑战、遭遇挫折或感到无助之时，磨难会给你以力量；当你迷茫、痛苦和失落之时，磨难也会给你以慰藉。

法拉第 9 岁丧父，13 岁就到书店当学徒装订图书，童工的生活很苦，但他却因此养成了读书的习惯。在他 20 岁的时候，偶然听到科学家汉弗利·戴维先生讲课。他异想天开地给戴维写了一封求职信，结果创造了一个为戴维当助手的机会。几年之内，他就做出了重大发现，成为一名无与伦比的实验物理学家。爱因斯坦评价法拉第说，他在电学中的地位，相当于伽利略在力学中的地位。

如果法拉第没遇到丧父的挫折，他不会有当童工的机会；如果他没有给戴维写信，也不会获得当助手的机会。挫折像一个幕后推手，把他推向了物理学家的宝座。所以，生活中出现挫折并不可怕，每个事物都有两面性，而挫折的背面就站着机会。

在工作中，当机会来到时，我们常常不认识它，因为它表面用挫折作伪装。对于像法拉第这样积极努力的人来说，他会透过挫折看到机会在不停地敲他的门。在他们眼里，挫折不过是用苦难面料包装的机会而已。

每个人的生命都是独一无二的，每个人的生活都不是一帆风顺的，在大千世界中行走，我们会遇到各种各样的事。然而也正是因为有了这些经历，我们的人生旅途才不会过于单调，无论他们曾带给我们怎样的伤害和折磨，我们都应该真诚地感谢他们。就像一首诗中所说：感谢伤害你的人，因为他磨炼了你的性格；感谢绊倒你的人，因为他强壮了你的双腿；感谢欺骗你的人，因为他增进了你的智慧；感谢嘲笑你的人，因为他激发了你的自尊……

是的，我们应该学会看到事情美好的一面，学会看到别人带给我们的积极影响。有人说："光明使我们看见许多东西，也使我们看不见许多东西，假如没有黑夜，我们便看不到天上闪亮的星辰。"那些曾经带给我们痛苦和折磨的人，在让我们看到黑夜的同时，也让我们知晓了星空的魅力。因此，我们没有理由去怨恨，痛苦和折磨让我们意志更加坚定，思想更加成熟，心态更加沉稳，目光更加长远，也让我们不停地激励自己，去奋斗，去学习，去成长。我们就像一棵棵刚刚把根植入土中的树苗，需要风雨的折磨来使我们茁壮成长。我们要感谢痛苦磨砺了我们的心智，感谢失败坚定了我们的信心，感谢所有的折磨，使我们终有一天成为参天大树。

有句话说：当我们拿花送给别人时，首先闻到花香的是我们自己；当我们抓起泥巴抛向别人时，首先弄脏的是我们自己的手。同样，如果始终以怨恨的心态去面对带给我们折磨和痛苦的人，首先被伤害的不正是自己的心灵吗？

感恩是一种处世哲学，是生活中的大智能。你感恩生活，生活将赐予你灿烂的阳光；你不感恩，只知一味地怨天尤人，最终可能一无所有！成功时，感恩的理由固然能找到许多；失败时，不感恩的借口却只需一个。殊不知，失败或不幸时更应该感恩生活。

因为有爱，所以感动；因为感动，懂得了感恩。黯淡的生活，不堪回首的过去，生活中所遭遇的各种挫折，这些往往被人们视为"黑点"的不幸，却是最值得去感激的。“宝剑锋从磨砺出，梅花香自苦寒来”，不经历一番寒彻骨，怎得梅香扑鼻来，一帆风顺的人生能给你带来无限风光，但苦难的人生却能给你异样的充实与完整。

彩虹，在大雨后出现；腊梅，在风雪中吐蕊；雄鹰，在险峰上空盘旋；人，在困境中弥坚。失败，是成功蝉蜕下的虚壳；成功，是失败破裂后的彩蝶。如果我们怀着一颗感恩的心去面对失败，面对困难，它会使你的职场变得更加多姿多彩。

第七章

亲仁——拒绝平庸，努力走向卓越

只有仁德的人，才会得到别人的敬畏；反之，没有仁德的人，大家就会对这个人鄙视。《弟子规》讲：“能亲仁，无限好，德日进，过日少；不亲仁，无限害，小人进，百事坏。”它告诉我们：能亲近仁德的人，并向他学习，是再好不过了，因为他会使我们的德行一天比一天进步，过错也会减少；如果不肯亲近仁德的人，就会有无穷的祸害，因为德行不好的人会乘虚而入，跑来亲近我们，日积月累，我们的言行举止都会受到很大影响，导致整个人生的失败。的确，在职场，我们要远离没有仁德的人，结交志同道合的朋友，才能与卓越“结盟”，与平庸说“拜拜”。

感悟 1.

爱人者人恒爱之，敬人者人恒敬之

“果仁者，人多畏；言不讳，色不媚”，这是《弟子规》对仁爱者的高度评价。所谓仁爱，就是要学会去爱人，去敬人。一个人只有真诚地关爱别人，才能得到别人永恒的爱；一个人只有真诚地尊敬别人，才能得到别人永恒的尊敬。相反，如果一个人不爱别人，那么也不会得到别人的爱；如果一个人不尊敬别人，那么也不会得到别人的尊敬。

从这里可以看出，爱与敬是双向的，没有播种就不会有收获。这句话启迪我们，做人要有仁爱之心，正像一首歌词所唱的那样：“只要人人都献出一点爱，这世界将变成美好的人间。”

仁爱是和谐社会的重要思想基础。仁爱讲究奉献，不求索取；仁爱提倡扶危济困，尊老爱幼。仁爱作为一种做人的美德，成为古今中外各界人士所崇尚的对象：

孟子曰：“老吾老及人之老，幼吾幼及人之幼。”

佛祖释迦牟尼说：“恨不止恨，唯爱止恨。”

证严法师说：“这个世界上没有不可以爱的人。”

李嘉诚说：“慈善不是我的责任，也不是我的义务，而是我的生活方式。”

元代皇帝元成宗说过：“盖闻先孔子而圣者，非孔子无以明；后孔子而圣者，非孔子无以法。”意思是说，孔子以前的圣人，如尧、舜、夏禹、商汤、周文王、周武王、周公等等，如果没有孔子，他们的真精神就流传不下来；孔子以后的圣人，如汉代的董仲舒、南宋的朱熹、明代的王守仁等，如果没有孔子，就没有了效法的榜样。数千年来，孔子作为不朽的文化人被传颂、被崇拜，地位基本上未发生根本性的动摇。孔子最伟大的地方，就在于他为中国人的为人处世，也就是做人，树立了最高的榜样，确立了基本的原则：仁爱。

“仁”是孔子最重视的道德范畴，是儒家的核心价值，也是以儒做人的根本原则，因此儒学又被称为“孔门仁学”。“仁”字在《论语》中出现了109次，孔子每次对“仁”的解释都不一样，更准确地说，孔子每次都是针对不同的情况来解释“仁”。就事论事，因材施教，具体问题具体分析，是孔子教学的特点，他从来不抽象地讨论问题，对“仁”的解释也是这样，始终紧紧地围绕着人们的日常表现，灵活机动，随事点拨，针对性非常强。但是它也有一个不可动摇的核心，那就是“爱”。

《论语》里说：“樊迟问仁。子曰：爱人。”(《论语·颜渊》)。这个答案十分朴素，但它却是孔子对“仁”的最高概括。做人的第一个要求，就是要有一颗爱心。尽管十分朴素，其中却蕴涵着丰富深刻的意义。

“仁”从对父母的“孝”开始，从对亲人的“爱”开始，又推演扩充为对大众的爱，这就是儒家经常强调的推己及人，也就是老百姓常说的将心比心。中国有句经典的老话，叫做“大人不记小人过”，这里的“大人”可以说是厚道博爱之人，而“不记小人过”则可说是厚道人“大肚能容”，摒弃前嫌。“大人不记小人过”，是指包容对方，不对其进行仇恨的报复，而是对其报以微笑。此做法的意义是，可在气度上战胜对方，让他感觉到自己不是个斤斤计较的小人，这样他在心理上便失去了招架之力，同时也可使其意识到自己所犯的过错，有时我们的大度甚至会帮助别人改过自新，他们就会向我们报恩。

有一天，子路身着戎装，全副武装地来拜见孔子，见到孔子后，拔起剑就舞了起来，问：“夫子，古时的君子，也是用剑来自卫的吧？”孔子答道：“古时的君子，以忠义为人生追求的目标，用仁爱作为自己的护卫，虽然不出窄小的屋子，却知道千里之外的大事。有不善的人，就用忠信来感化他；有暴乱侵扰的人，则用仁义来使他们安定。这样,又何须持剑使用武力呢?"子路听了非常的敬佩。

这个故事告诉我们,仁爱能治天下。现代人相信以暴制暴,而且各种传媒(影视、网络等)甚至小朋友看的动画片也是这样宣扬的。学习了传统文化我们才明白,要宣扬德化,要以仁化暴,教育本身的力量就在于榜样。为师者的榜样,在他的言、行,更在那颗心。因为诚于中,形于外。我们有多少老师、家长,甚至领导都是采取严厉的处罚,严格的管制,去对待学生、孩子、下属。甚至有的家庭、夫妇之间也用暴力。朋友之间因一点点的经济问题就上了法庭,当今社会还有杀父弑母这样的乱象。所有这些都是以暴制暴或者以暴制暴的延伸。读到这个故事,我们难道不能有所感悟吗?

感悟 2.

心存仁念,方能远离恶行

"能亲仁,无限好","不亲仁,无限害",《弟子规》里这几句警语,用比较通俗的话来说,就是一个人如果心存仁念,才能远离恶行;一个人如果心无仁念,则会陷入泥沼,祸害无穷。

传说孔子的学生子路一次路过集市,见买卖双方为一事发生争执,卖者说一尺布3钱,8尺共24钱,少一个子儿不卖。买的人则狡辩:"明明3乘8等于23,你为什么多要我1钱?"

子路笑着上前,对买者说:"你算错了,24钱才对。"

那人正争得冒火,见子路帮货主说话,便要打赌。子路赌新买的头盔，那人没什么赌注，便押上了脑袋。两人商定后结伴来找孔子评判。听完原委，孔子对子路说："你输了，把头盔给他吧。"

子路气愤莫辩。过了良久，问老师："那人错了，您为什么判我输呢？"

孔子反问道："你输了头盔可以再买，若是那人输了，你要砍他脑袋吗？"

子路顿时领悟，为人处世应当心存仁念，不与他人做无谓的意气之争。

心存"仁"念，不仅是为人处世之道，也是企业经营之道。韩国电视剧《商道》里的主人公林尚沃认为，做生意即是做人，经商不是赚取金钱，而是赚取人心。心存"仁"念，才能赚取人心。信奉这样的准则，他历尽苦难而初衷不改，最终成为当时最成功的商人，不仅收获了巨额利润，而且还凭借自己的卓越商才泽惠众生。

赚取人心，其实一点也不玄妙，说白了就是聚人气，人气旺，生意才好。但要赚取人心，也非易事，不是背几句言辞恳切的口号就能做到的，必须要有为他人着想的真心和诚意。有人说，会背诵爱因斯坦原著成不了物理学家，因为真正的学问不在字句上，而在于思想。职场的经营管理也如此，会背诵先进的理念，不等于就能成为成功的经营者和管理者，而必须融会贯通，使先进的理念为我所用。

仁念是仁爱的初萌，而"仁爱"是儒家伦理的核心，同时也是职场上构建和谐工作环境的重要砝码。

孔子曰"仁者爱人"，孟子云"仁者天下无敌"，无不精辟地道出了仁的无形力量。因此，身在职场，想成为一名优秀员工，应当尊敬上司，关心同事，在做好本职工作的同时多帮助别人，多为企业做贡献。

仁不仅是为消费者服务的出发点，也是员工自身的立足点，要做到尊重每一位顾客，以人为本，以和为贵。在处理人与人之间的关系上，要拿自己作个比较，将心比心，希望自己得到什么，就应该相应的给别人什么；

自己要想得到极大的发展，同样需要极大地促进公司的发展。

某年，南方一个餐馆的员工在从蛇笼里捉蛇的时候，被一条毒蛇咬了，伤口蔓延地很快，生命危在旦夕，而当时医治这种蛇毒的特效药只有北京的某个大医院才有，但赶到当地机场却没有航班，在这紧要的关头，餐馆老板为了挽救员工的生命，毫不犹豫地花十万元包了一架飞机，火速赶到北京，由于治疗及时，员工终于得救了。

虽然有人对他经营的餐馆里有野生动物一事保留看法，但对他的爱心还是充满了敬佩。这件事在当时被传为一段佳话。

每个生活在世间的人们，谁敢说自己一生都会顺利、不遇到一点困境？常言道：天有不测风云，人有旦夕祸福。不管是生活上还是事业上，每个人都可能遇到磕磕碰碰，遇到各种各样、大大小小的困难，需要得到帮助，也许身边人的一臂之力就可能使他渡过难关。

小时候总听大人训斥孩子："笑话人，不如人！"就是说对别人遇到的灾难千万不能抱着旁观甚至幸灾乐祸的态度，如果你对别人在遇到麻烦时抱着这种不友善的态度，将来你遇到的困难和不幸可能比他还要大。孟子更是放出狠话："无恻隐之心，非人也！"讲一个人如果连同情心都没有，简直就不是人。

印度现代民族解放的著名领袖、非暴力主义倡导者、印度圣雄甘地，从小在家庭中受到了印度教的影响，并将此教中的核心——"爱"的思想作为基础，吸收、融会了《圣经》和《可兰经》中所包含的仁爱精神，以印度教三大主神之一的毗湿奴保护神的这种以仁爱为核心的思想，作为处世的哲学："逢恶报善，以德报怨。"并将这种根深蒂固的非暴力主义精神，贯穿在他一生的斗争和实践之中。

1904 年，甘地阅读了托尔斯泰的《天国就在你心里》和英国作家鲁斯金的《等到这最后》之后，大彻大悟，认为人与人的关系，均应以爱为宗旨。从此，直到去世他一直过着苦行僧式的生活，将自己的整个身心都投入到民族解放斗争中，即使是非暴力抵抗斗争，也先后受到南非殖民当局和英国殖民当局的迫害，被数次投入监狱。当他为了让印度教徒和穆斯林停止冲突而不断用非暴力的绝食来感化他们时，一个印度教青年却企图刺杀他，当他幸免于难后，仍以德报怨，以仁爱的精神和宽容的胸怀，请前来的警察不要对这个青年施以暴刑，劝导他改恶从善。然而十天后，1948 年 1 月 30 日，他却被另一名印度教徒枪杀。可以说他为印度民族解放事业流尽了最后一滴血。人民给了他极大的赞誉，称他为印度的"国父"，连担任过总督的英国将军蒙巴顿都称："圣雄甘地的英名将如同释迦牟尼和基督那样千古永垂。"

甘地就是一位永远心存仁爱的人，他的一生留给我们深刻的启示：仁爱，就像一汪清泉，能让荒原变成绿洲；仁爱，就像一缕朝阳，能让人间变得温暖。

仁爱把宽容、温暖和幸福带给了亲人、朋友、家庭乃至全社会和全人类。人在职场，当我们为别人付出一点仁爱的时候，自己也会得到仁爱的满足，能感受到真正的快乐，这种满足和快乐不会随着时间的潮流而波动，反而会在时间的酝酿中越来越甜蜜，越来越醇厚。这就是用仁爱构建的和谐的工作环境，只有在这种和谐的环境中，才适宜于员工学习、成长，乃至做出非凡的成就。

在 15 世纪，探险已经成为一种潮流。荷兰的几个水手为了寻找一条通往中国和东印度群岛的航线，组织了一次探险航行。探险队起航前，荷兰的商人把一些准备和中国进行贸易交换的商品装上船。水手们肩负着重任，出发了。水手们返回时，夏季已结束。抵达北冰洋后，探险船被冻结在冰水中，全体水手被迫登陆。他们在新地岛上修建了木屋，等待着春天的来临。在饥寒交迫的恶劣环境中，有些水手因饥饿而患病，不幸死去。而其他水手，没有一个去动那批货物，那批货物全是舒适的服装、好吃的食物。

在剩下的日子里，水手们继续忍受饥寒，但是仍没有人去动船上的货物。

一年多过去了，历尽艰险的水手终于回到了荷兰。水手们早已一无所有，但货物却完璧归赵。荷兰商人们看到这些完好无损的货物，都纷纷称赞水手。

这些水手身上所体现的不仅是使命感，更是仁义的光辉，他们把仁看得比生命还重要，在生命受到威胁的时候，他们仍然不以丧失仁义来挽救生命。因此，对于职场人来说，心存仁念，是清洁灵魂、通向成功的林荫大道，是远离恶行、斩妖除魔的尚方宝剑。

感悟 3.

向优秀看齐，拒绝平庸

总结《弟子规》“亲仁”篇的中心思想，可以概括为这样六个字：亲君子，远小人。用在职场上，就是要向优秀的员工看齐，不做平庸的员工。

优秀与平庸，是生活的两种状态，两种心境。在事业的舞台上，我们是以精彩的表演博得众人的喝彩和掌声，还是因蹩脚的表现而被迫退场，决定权在我们自己的手中。如果我们抱着做好做坏对我们意义不大的心态，又怎么会努力地工作，又怎么能将自己的水平发挥得淋漓尽致？如果我们不认真工作，反映出来的就是——对工作应付敷衍，业绩平平，毫无建树，甚至被淘汰。只有全情投入工作，视工作为终生的事业，充分焕发热情，你才能告别平庸的生活，实现自我价值。

巴菲特说："当你具备了优秀员工的职业素养，你就走上了职场的阳关大道，再也不用担心自己的表现不被重视，再也无须自责碌碌无为，迎接你的必是卓绝优秀的美好人生。"

巴菲特的话告诉我们，要做就做一个优秀的员工，而不要做平庸的员工。

在很多公司大家会常常发出这样的感慨：同在一个单位、同样的学历，为什么有的人总是业绩更好、工资更高、待遇更优、进步更快、更能够获得领导的信任？为什么总有一部分人比别人优秀？优秀有什么特质？如何使自己成为一名优秀员工？这是许多公司员工都在思考的问题。

曾有个故事，也许对我们有所启发：

约翰和戴维是新到速递公司的两名员工。他们俩是工作搭档，工作一直都很认真，也很卖力。上司对这两名新员工也都很满意，然而一件事却改变了两个人的命运。

一次，约翰和戴维负责把一件大宗邮件送到码头。这个邮件很贵重，是一个古董，上司反复叮嘱他们要小心。

没想到，送货车开到半路却坏了。

戴维说："怎么办，你出门之前怎么不把车检查一下，如果不按规定时间送到，我们要被扣奖金的。"

约翰说："我的力气大，我来背吧，距离码头也没有多远了。而且这条路上的车特别少，等车修好，船就开走了。"

"那好，你背吧，你比我强壮。"戴维说。

约翰背起邮件，一路小跑，终于按照规定的时间赶到了码头。这时，戴维说："我来背吧，你去叫货主。"他心里暗想，如果客户能把这件事告诉老板，说不定还会给我加薪呢。他只顾想，当约翰把邮件递给他的时候，他却没接住，邮包掉在了地上，"哗啦"一声，古董碎了。

"你怎么搞的，我没接你就放手。"戴维大喊。

“你明明伸出手了，我递给你，是你没接住。”约翰辩解道。

约翰和戴维都知道，古董打碎了意味着什么。没了工作不说，可能还要背负沉重的债务。果然，老板对他俩进行了严厉的批评。

“老板，不是我的错，是约翰不小心弄坏的。”戴维趁着约翰不注意，偷偷来到老板的办公室，对老板说。老板平静地说：“谢谢你，戴维，我知道了。”

随后，老板把约翰叫到了办公室：“约翰，到底怎么回事？”约翰就把事情的原委告诉了老板，最后约翰说：“这件事情是我们的失职，我愿意承担责任。另外，戴维的家境不太好，如果可能的话，他的责任我也来承担。我一定会弥补上我们的损失的。”

约翰和戴维一直等待处理的结果，这天老板把约翰和戴维叫到了办公室。老板对他俩说：“公司一直对你俩很器重，想从你们俩当中选择一个人担任客户部经理，没想到却出了这样一件事情，不过也好，这会让我们更清楚哪一个人是合适的人选。”

戴维暗喜：“一定是我了。”

“我们决定请约翰担任公司的客户部经理，因为，一个能够勇于承担责任的人是值得信任的。约翰，用你赚的钱来偿还客户。戴维，你自己想办法偿还给客户，对了，你明天不用来上班了。”

“老板，为什么？”戴维问。

“其实，古董的主人已经看见了你俩在递接古董时的动作，他跟我说了他看见的事实。还有，我也看到了问题出现后你们两个人的反应。”老板回答说。

这个故事给人的最大启示是勇于承担责任，这是优秀员工和平庸员工的主要差别。无疑，约翰是一名优秀员工，而戴维只能算一名平庸的员工。

从这个故事可以看出，做一名优秀员工最重要的要勇于承担责任，这是人的一种优秀品质，也是身在职场生存的基本条件。无论职位高低、能力大小，还是身在何种性质的企业，不管岗位职责管理幅度宽窄，必须立足本职，独当一面，肩负起应有的责任，对得起那份薪水和良知。

每个人都会犯错误，犯错误不可怕，可怕的是找各种借口理由推卸，不敢承认，并养成习惯，成为一种习惯性思维定式、行为定式，更为可怕。不知不觉，身在其中没有意识到更麻烦。犯错后关键要找到问题根源所在，解决问题，使同样的错误不再重复地犯，“人不能两次踏进同一条河里”，是最为重要的。

公司最后选择了约翰做客户经理是明智正确的，因为约翰勇于担当，并能为他人着想。而戴维则不敢担当，害怕承担责任，所以被扫地出门、清退回家。希望戴维能“吃一堑长一智”，明白其中道理，这个“跟头”摔的才有价值、有意义，否则，换一家企业照样如此，“重蹈覆辙”就麻烦了。

做一名优秀的员工，除了要勇于承担责任外，在工作中还有几个显著的特征：

一、要热爱工作，追求卓越。一名优秀的员工，随时随地都具备热忱而且精神饱满，因为人的热情是成就一切的前提，事情的成功与否，往往是由做这事情的决心和热情的强弱而决定的。碰到问题如果有非成功不可的决心和热情，困难就会得到解决或者变小。这就要用一种不完成任务不放弃的心态对待工作，就是追求卓越，以最好的标准来要求自己。你要站在领导的角度换位思考一下，你月底领薪水就得给人家一个交待，这是做人最起码的职业道德和职业素质，也是良心与道德的问题。再从自己的角度想一想，如果你想做一番事业，那就应该把眼下的工作当做自己的事业，应该有非做不可的使命感。所以说一个人的工作态度折射出他的人生态度，而人生的态度决定一个人一生的成就。

二、要用心对待，用心做事。用心做事，就是指用负责务实的精神，去做每一天中的每一件事；用心做事，就是指不放过工作中每一个细节，并能主动地看透细节背后潜在的问题。所以，任何时候，只有用心，才能见微知著。不论做任何事情都要追求卓越。一个人的能力有大小之分，天分有高低之分，悟性有好坏之分，但它决定不了一个人的命运。最重要的是勤能补拙，一分耕耘一份收获。反之，再好的资质，不去磨炼也难成大器，即是小有成就也不会长久。因此，优秀员工一定要热爱工作，追求卓越，以积极的心态对待工作，对待学习，对待生活。

三、要把敬业当成一种习惯。敬业，就是要敬重自己的工作，就是要在任何环境下，把敬业当成一种习惯。敬业与你从事的工作无关，不管你做什么工作，只要有敬业精神，你就更容易成功。现在，大家能得到一份满意的工作或岗位，都不容易，所以必须要时刻保持高度的敬业精神。

感悟 4.

努力工作，力求做到最好

《弟子规》教导我们要亲仁，也就是要向优秀的人学习，那么，什么人才是优秀的人呢？只有那些功成名就的名人或伟人才是优秀的人吗？其实并非如此，任何领域都一样，三人行必有我师。在职场中，那些敢于拼搏，把工作做到最好的人，用自己的智慧和汗水奋发图强的人，就是现代职场里“仁德的人”，我们要多亲近他们，多向他们学习。

“打工皇后”吴士宏是职场上的传奇人物，也是许多职场人士心中的偶像。她的名字传遍了职场的每个角落，成为了年轻白领的奋斗目标。

吴士宏年轻的时候当过护士、勤杂工，后来，一次偶然的机会，她进入了IBM公司。在IBM公司，吴士宏凭借自己对工作的热情和顽强的拼搏、辛苦的付出，做出了突出的业绩，从一名最底层的员工晋升为IBM中国华南分公司总经理。

1997年，吴士宏又被任命为IBM中国区销售总经理。1998年，她离开了IBM，加盟了微软，被任命为微软中国区总经理。

1999年，又去了TCL任集团常务理事、副总裁。吴士宏已经由“丑小鸭”变成了“白天鹅”。她之所以会有这样的成就，靠的不仅仅是运气，更多的是出色的个人能力和对工作的高度热情与责任心。正是这些才博得了各大集团老板的欣赏，给了她很高的位置，很广阔的舞台去发挥。

当年，吴士宏刚刚踏入IBM的时候，她所做的工作基本上就是扫地、擦桌子、接电话等杂工。面对这些没有技术含量的工作，大多数人会就此沉沦，得过且过，而吴士宏却将桌子擦得最干净，将地打扫得一尘不染，凭着这股认真、热情、执著的精神，她很快引起了部门领导的注意，并开始受到重用，她的职位也一升再升。

吴士宏做任何事情，都会努力做到最好，将自己的能力充分地展现出来。功夫不负有心人，经过不断努力和细心钻研，她的个人能力突飞猛进，得到了公司上下的一致认可。

后来，吴士宏总结自己成功的经验时说：“我其实是个很普通的人，之所以会有今天，是我在工作中不断努力的结果。我做任何一份工作，都会努力将它吃透摸清，让自己的能力得到全面的发挥，然后，自然而然地就会得到重用。”

正是凭借自己的勤奋和努力，吴士宏才从一个勤杂工成长为一家跨国企业的经理，她的职场之路看似曲折，却也一帆风顺。吴士宏并没有受过正规的教育，也没有任何深厚的背景，但她能够在IBM和微软两家企业成为区域负责人，全靠自己废寝忘食的工作态度和勤奋踏实的工作精神。她在成功之路上所走的每一步都与她的胆识与智慧分不开，更与她认真对待工作的心态息息相关。

一个人对待工作的心态，是积极的还是消极的，是上进的还是无所谓的，直接影响工作的好坏。工作，是一个人施展自己才能的舞台，无论做什么工作只要脚踏实地沉下心来做、用心去做，总会有收获，这是不变的真理。书中古罗马哲学家们早已给人类提供了最伟大的见解：没有卑微的工作,只有卑微的工作态度。具体来说,也就是我们的工作态度完全取决于我们自己,我们能否取得成功则取决于我们的工作态度!它有助于我们解除困惑,调整心态,重燃工作激情,使人生从平庸走向杰出。

第一个态度是将你手边的工作努力做到最好。这是所有成功者总结他们之所以成功的原因中占首位的因素。人生很漫长,幸福与否,成功与否,不在于最近这三五年。因为你这样做,可贵的并不是你所做工作的结果,而是你所形成和表现出的一种态度,一种品格。如果上帝要我刷马桶,我也要做一个刷马桶刷的最好的人。不想当元帅的士兵不是一个好士兵,也不是每一个士兵都可以成为元帅或将军,但是,你可以确保自己做一个最优秀的士兵。

第二个对待工作的态度是绝不拖延。世界上最不费力的事就是拖延时间。大多数失败者犯的致命性错误就在于此,也没有什么比拖延更能耗费宝贵的生命了。有人统计过,失败的数十种因素中,拖延位居前三名。在工作中拖延的代价你是无法承受的,记住,拖延和懒惰是兄弟,两者总是同时出现。有句古话:“业精于勤,荒于嬉。”拖延和懒惰只会带你坠入贫穷的深渊。拖延的反面是什么?就是马上行动。所以,如果你有拖延的恶习,克服的方法只有一个,马上行动。

第三个态度是努力苦干。所有的工作没有捷径,只有苦干,书山有路勤为径,学海无涯苦作舟。学习是这样,工作同样是这样。99%的汗水加1%的灵感等于成功。今天,在工作中很少有人会告诉你要努力,只有自己不断提醒自己,要努力干,才能得到自己所想要的。所以不断提醒自己努力的人最终都成功了。即使不是百万富翁、千万富翁,他们的生活也都是富足的。吃得苦中苦,方为人上人。

每一个人生下来都有千里马的潜质,但是需要在成长过程中慢慢地磨炼、培养、挖掘,才能成长为一匹真正的千里马。而另一些不愿意吃苦、没有毅力、不愿超越自我的,就成了扼杀自己潜质的“驽马”。不要怨自己的工作平淡无味,不要怨你的上司不赏识你,不要怨你的同事不认可你,因为你还没有足够的业绩和能力,因为你的努力还不够。那些还没有做多少工作就开始抱怨工作的人,永远不可能实现他们的理想,因为他们不想努力。

只要努力了，就能把工作做得更好。但我们需要的是做到最好，所以要更加努力。

有人没做好工作，就总是抱怨客观条件，有些人还将别人的成功归咎于“有特殊或超人的能力”，自己没有成功是因为不具备特殊能力。这个观念是十分错误的。其实，能力是努力的积累，长期不懈的努力才能换来很强的工作能力，谁都可以为实现自己的目标而拼命工作。未做任何努力就断定自己做不到，找出各种借口为自己推脱责任，就不会有成功的人生。

成功不需要“为什么做不到”的理由，需要“如何才能做到”的积极想法和实事求是的态度。有“强烈追求”的心就一定会成功，朝着自己的理想去脚踏实地的力争吧，不久，努力的结果将成为你的自信和骄人的成绩，成为增强你挑战欲望的引擎。

在企业里，一个人的能力有限，但努力无限。能力普通的人，若能清楚自己的缺点，并极力弥补，表现一定会比资质过人却不特别努力的人好。人是不同的，能力有大有小，但只要努力、用心去工作，那能力的差距就会缩小，甚至超过那些所谓有能力的人。不管在哪个岗位，只要认真工作，就一定能做好。有能力的人也许只要花一个小时处理好的事情，可能你要花两个小时的时间，这些都不可怕，积极去做，花时间用心去做，不耻下问，废寝忘食，踏踏实实，兢兢业业，在实践中不断积累经验，一样可以收到事半功倍的效果。

如果你是员工，就必须努力使自己成为一名优秀的员工，就必须脚踏实地，努力工作。最好的员工是把全部精力投入到自己的工作中，而最差的员工却是每天忙于找工作。工作只是分工不同，而没有高低之别，只要在平凡的岗位上做出不平凡的成绩，你就是最优秀的，你就会做到最好。

感悟 5.

主动挤进成功人士的圈子

《弟子规》讲到亲仁的效果，是“德日进，过日少”，就是说你的思想觉悟越来越高，而你的过错越来越少，你离成功就越来越近。那么，你是否想过，为什么要亲仁？要怎样去亲仁？

著名的人际关系学家罗伯特·T·清崎曾经说过这样一句话：“你想要创造多少财富，就接近那些拥有这么多财富的人。”简单理解的话，就是说：只有去和成功人士交往，你才有可能获得成功。这句话意义深刻，对我们领会为什么要亲仁和怎样去亲仁，极有帮助。

也许你现在还处于事业发展的阶段，你可能觉得自己不够资格和那些已经获得成功的人说话，因此，你不自觉让自己远离了他们的圈子，如果你是这么做的话，那你就大错特错了。俗话说得好：“物以类聚，人以群分。”如果你总是和那些比你差的人相处，那么你很难从他们身上获得力量和经验来让自己更好地走下去。

成功一定有方法，失败一定有原因。你如果能主动挤进成功人士的圈子，那么你不仅可以学到他们成功的方式方法，也可以借鉴他们的经验，找出你为何不成功的原因。比尔·盖茨连续十几年成为世界首富，你认为他是运气好还是掌握了经营企业的方法？迈克尔·乔丹得过六次NBA总冠军，你认为他是运气好还是掌握了篮球的方法？为什么我们还没有成功，没有到达自己设定的理想境界，有一个原因就是我们非常缺乏方法。有没有人生出来就会经营企业的？没有。有没有人生出来就会演讲？有没有人生出来就会打篮球？没有成功者是天生的，所以说世界上最成功的人都是靠学习而来的。

而这些人身上共有的特征是什么呢？为什么他们更容易获得成功？因为他们有人相助，而且帮他们的都是有能力促其成功的大富大贵之人！

一个人想有所成就,就不能受困于自己的小圈子,要跳出来,并且勇于和比自己强的人结交,当自己和已经成功的人接触后,才会知道成功是一件多么美好的事情。就像同是河里的鲤鱼,但是知道跳龙门之后能变成金龙的鲤鱼,就总能奋力拼搏地去跳跃,而那些不知道跳出龙门有什么好处的鲤鱼还天天在那嬉戏玩耍,它们虽然乐得清闲,但却永远都只是一条鱼,而那些敢于拼搏的鲤鱼却变成了能飞上天的龙。做人也是这个道理,如果你不主动去结交那些成功人士,你永远都不会知道成功的好处,如果你只是一条道走到黑,你可能要很久才能走到路的终点,而如果能有贵人的帮衬,你就可能找到一条通向成功的捷径。

我们先看这样一个例子:

A大学毕业的时候打算自己创业,他想开一家中介公司。当然,在一开始时办手续很麻烦,幸而国家对创业的大学生有优惠政策,最终公司开起来了。但是,由于A刚踏入社会,难免要遇到很多困难,办公司更不是那么简单。有一段时间,A很苦恼,不知道自己的公司应该如何经营。因此他决定出门散散心,于是登上了去北京的火车。

在火车上,A遇见了一位可以说是影响他一生的人B先生。B先生当时手机丢了,正在火车上借手机找人来接站,好心肠的A就把手机借给了他,当然结局是好心有好报。这位B先生是广州一家中介公司的老总,并且在全国各地都有他的分公司。在火车上,A和这位B先生一路聊到北京,B先生给了A很多建议,并告诉他,这次他到北京就是来开分公司的,问他有没有兴趣来北京帮他管理,这次来做考察希望能有A的陪同。A想了一下,同意和B先生一起考察。在经过了一个星期的考察加业务联系以及选址等工作后,就差一些手续,分公司就能开起来,B先生再次邀请A来北京合作,A也在这几天感觉到自己的小公司想要发展到这一步还需要很久,不如来大城市里多增加点经验见识,于是欣然同意。

自此，A就成了这家大型中介公司的分公司经理。A正是结交了这位“贵人”，挤进了成功人士的圈子，自己才有了更好的发展前途，如果他不主动去结交这位“贵人”，他可能依然面对着自己公司的困境，走不出来。在很多时候，机会就摆在我们面前，就看我们能不能够把握住。

当一个人贫穷的时候，他会想方设法摆脱贫穷，然而摆脱贫穷有很多方法。要么靠自己努力，当然这是最基本的一条方法；要么就寻求别人的帮助，这是一条更快成功的方法。贫穷的人都想变得富有，这种希望自己变得富有的人生理想是每个人都曾想过的。如果每个人都安于贫困，那么就没有人愿意奋斗，我们的社会也就不能进步了。

有些人只看到了富人的成功，他们以为那只是因为这些人运气好，而自己时运不济。这些人的想法太简单了，有哪一个人有着与生俱来的好运气呢？你回想自己走过的路，难道真的没有过什么机遇出现吗？是没有出现还是你自己没有把握住呢？当我们面前出现许多选择的时候，我们是选择了勇往直前，还是选择了逃避呢？其实，想成为什么样的人都是自己说了算的，就算你达不到那个高度，你也可以让自己有那个深度。

一个人想要成功，机会肯定是必不可少的，但是你要有能够抓住机会的能力；当然智慧也必不可少，但你也要有能够运用智慧的能力；“贵人”更是必不可少，但你要有让“贵人”青睐的本事。我们结交成功人士，虽然并不一定要让他们帮助自己什么，也不一定依葫芦画瓢照着他们的成功之路再走一遍，但是他们的成功经验却是凭着我们自身的经历难以悟出来的。这些经验可以帮助我们更深刻地理解社会，也可以帮助我们更顺利地走向成功。

我们想要和成功人士交往，就要付出一定的精力，可能还要付出一定的财力。当然，选择权在自己手中，可以选择不去花这个时间，但是就得花更多的时间来做好自己的事，如果能寻求到一些好的经验或方法，就可以节省更多的时间来发展自我，然后以更快的速度走向成功。如果你渴望成功，就不要害怕和那些成功人士交往，不要以为他们都高不可攀，反而越身处高层的人物，越渴求与别人的交往，而你自己放弃了和成功人士交往的机会，也就相当于放弃了成为成功人士的机会。

欧洲首席致富教练谢菲尔曾说过：“要想成功，就要经常和那些已经成功的人打交道，少和一些不思进取的人在一起，尽管这些人为人都还不错，但是他们对你的成功毫无益处，只会让你也懈怠下来。”即便现在才开始创业，我们也要挤进成功人士的圈子里，不是去阿谀奉承，更不是去讨残羹冷炙，而是去寻找能够开启命运之门的“金钥匙”，从而取得和他们一样的成就。

第八章

余力学文——勤于充电，让幸运常来敲门

《弟子规》中“余力学文”篇教导我们，学习文化知识要用心，要努力，要刻苦，要实践，要理论联系实际，只有这样，我们才能学习到真正的学问，我们才能够真正起到“学为人师，行为世范”的作用，才能成为一个真正有用的人。如果只重力行，对学问不肯研究，就容易执著于自己的看法，而无法契合真理。总之，细读《弟子规》，不仅让我们明白了做人要有良好的品行，做学问则要注重书籍的选择，而且做学问和做人一样，要勤于充电才不至于落后，要每天刷新自己才能突破新的高度。

感悟 1

职场提倡“空杯心态”

《弟子规》是由古代圣贤所编著，那时候还没有“空杯心态”这个名词，但书中“房室清，墙壁净；几案洁，笔砚正”这些句子的背后，或多或少地表达了一个人要善于清理心灵和学识方面的垃圾，才能更好地呵护心灵，更快地吸收新知识。

对于现代员工，“空杯心态”不是一个新词，很多人都熟知这个耐人寻味的禅宗故事：

> 南隐是日本的一位禅师。一天，一位当地的名人特地来向他问禅，名人喋喋不休，南隐则默默无语，只是以茶相待。他将茶水注入这位来宾的杯子，满了也不停下来，而是继续往里面倒。眼睁睁看着茶水不停地溢出杯外，名人着急地说：“已经溢出来了，不要再倒了！”南隐说：“你就像这只杯子一样，里面装满了自己的看法和想法。如果你不先把杯子空掉，叫我如何对你说禅呢？”
>
> 名人恍然大悟。

这个颇有禅意的故事让众多企业人感触颇深，奉为案头圭臬，视其所阐释的“空杯心态”为个人修身、员工教育与企业发展的精神导向。

平心而论，除了刚刚呱呱坠地的婴孩儿，任何一个人都不能是白纸一张或纯粹彻底的“空杯”，都有过去的积累和所谓的经验，我们所说的“空杯心态”，是一种心态意识，并不是要一味否定过去，而是要怀着否定或者说放空过去的一种态度，去融入新的环境，对待新的工作、新的职场、新的事物。

海尔公司的张瑞敏告诫员工：我们的产品应该零库存，成功也应该“零库存”。话不多却掷地有声，不仅道出了张瑞敏这个在中国企业界已经堪称是“成功满杯”的优秀企业家所具有的个人“清空归零”心态，也道出了他所领导的企业的“空杯精神”和“空杯理念”。

一个已经成功的人，如果不敢或不能“空杯归零”，都极有可能陷入失败的境地。如果将自己放小，那么世界就会变大。当心中装满了自己，就不会有别人的地方，世界当然就会很小。而将自己放小，所有的人和事都能容下，世界自然就会变大。要做到这一点，就需要“倒空”自我，只有这样，才能实现更好的自我。

林语堂先生有过这样精辟的高论：“人生在世——幼时认为什么都不懂，大学时以为什么都懂，毕业后才知道什么都不懂，中年又以为什么都懂，到晚年才觉悟一切都不懂。”此乃“空杯心态”的最完美体现。

我们身在职场，往往最容易得意之时忘形，却又最不该忘形。永远不要把过去当回事，永远要从现在开始，进行全面的超越！我们最容易犯的错误之一，就是抓住了什么就不愿意松手。这样导致的结果，往往就是无法继续成长、超越，导致因小失大、后退乃至更严重的错误产生。

外在的“松手”，来自内在的“空杯心态”。只有倒出你“杯子”中的水，才可以装进新的水，更不至于让原来“杯子”中的水发臭。我们来看这样一个管理寓言：

一天，一位女士正在厨房里做饭，忽然听见从客厅里传来4岁的儿子非常恐慌的声音：“妈妈！妈妈快来呀！”

她一听，不知道出了什么事，赶快跑到了客厅。这才发现原来儿子的手卡在一个花瓶中出不来了，因此痛得哇哇直叫。她想帮儿子将手从花瓶中拉出来，可试来试去就是不行。看着儿子脸上挂满了泪水，她急坏了，于是找来一个锤子，小心翼翼地把花瓶敲破了。

费了很大的劲,儿子的手终于出来了。这时她看到儿子的小手紧紧攥成了一个拳头,怎么也不松开。她吓坏了,想难道是孩子的手在花瓶里卡得太久变了形?等她将儿子的拳头小心地掰开了,这才彻底松了口气:孩子的手没事,他的小手心里紧紧攥着的,是一枚5分钱硬币。

这让她哭笑不得,因为刚刚被她敲碎的,是一个价值3万元的古董花瓶。

原来,淘气的儿子不小心将几枚硬币扔进了花瓶,他想把硬币取出来,可由于紧紧攥住硬币的拳头大过了瓶口,于是就怎么也出不来了。

她不由问儿子:"你怎么不把手松开放下硬币呢?那样的话你的手就可以出来了,妈妈也就不必打烂这个花瓶啦!"

儿子的回答却是:"妈妈,花瓶那么深,我怕一放手,它就跑掉了啊!"

为一枚5分钱的硬币,砸烂了一个价值3万元钱的花瓶,这个故事听上去似乎太可笑了。但笑过之后,我们却不难悟出:虽然这个故事发生在一个4岁孩子身上,但其实这种现象在成人身上也普遍存在——很多人,尤其是一些职场中的人,正是因为将手中的东西抓得太紧,最后导致了因小失大,甚至导致了悲剧的产生。当然,他们手中紧抓的"硬币",并不是5分钱,而是其他很多在他们看来十分重要的东西,如:成就、权力、利益、面子、学识……

他们之所以紧抓这些"硬币"不愿松手,有两大原因:

第一,已经拥有了,就认为是自己的东西,就要死死抓住;

第二,生怕松开手,这些东西就再也没有了,所以恐惧。

我们觉得孩子紧抓5分钱不放,最后导致3万元的花瓶被打碎很好笑,也觉得很惋惜,但我们是否也想过:此时此刻,自己是否也抓着一枚或者几枚硬币舍不得丢弃,结果丧失了更大的机会与发展,甚至可能造成不应该的悲剧呢？

由此可见，每一个人要想应对时代和环境的变化，必须随机应变。而以变应变，就要求我们具有“空杯心态”。做事的前提是先要有好心态，如果想学到更多学问，想提升职业能力，先要把自己想象成“一个空着的杯子”，而不是骄傲自满，故步自封。

1. 空杯心态是一种挑战自我的永不满足

空杯心态就是随时对自己拥有的知识和能力进行重整，清空过时的，为新知识、新能力的进入留出空间，保证自己的知识与能力总是最新；就是永远不自满，永远在学习，永远在进步，永远保持身心的活力。

2. 空杯心态是对自我的不断扬弃和否定

事物的发展是经过否定实现的。事物的运动变化和发展是“外在否定”和“内在否定”协同促成的结果，是事物自我完善、自我发展的运动过程。客观事物的复杂性，人们认识能力的有限性，决定了人类实践只能是接近真理的过程。昨天正确的东西，今天不见得正确；上一次成功的路径和方法，可能会成为这一次失败的原因。不论组织还是个人，不犯错误都是美好的愿望，犯错误才是客观的现实。

人类认识自己就已经很困难，而不断地否定自己则难上加难。否定自我需要胸襟、需要坦诚、需要胆魄，需要真正的空杯心态。

感悟 2.

工欲善其事，必先利其器

《弟子规》说：“不力行，但学文；长浮华，成何人。”其意是教导我们做人不能太浮华，要有真才实学，有解决问题的真本事。一个人要想干一番大事业，自身强大是不可或缺的。面对事业上的挑战，只有自身强大的人，才会义无反顾，勇往直前，才会有魄力去赢取胜利。

“打铁先得本身硬”，虽是民间的俗语，但它形象而生动地说明了提高自身素质的重要性，品味此话，令人引发许多联想。既而思之，若能照此自觉修炼，做什么都可以得心应手，如愿以偿。

比如，教师乃崇高而神圣的职业，要胜任该职业也并非易事，作为教师，首先必须为人师表，一言一行，一举一动，都会成为学生学习的表率。否则，师道不存。其次是传道授业解惑，给学生一滴水的滋润，自己得有一桶水的能量。若自己昏昏然，必误人子弟。古人云：“栽培剪伐需勤力，花易凋落草易生。”德才不备者，又如何能把阳光撒播到学生的心中？“打铁尚需自身硬”，当教师这样，其他的工作亦如此。

毕业于哈尔滨师范大学管理学院的小周，从小喜欢摆弄电脑，一入学就经常帮助同学解决一些电脑病毒等问题，被同学称为“网管”。大二下学期，他发现因学校在松花江北岸离市区较远，交通不方便，同学电脑出了问题苦于找不到修理的地方。于是，小周萌生了成立电脑维修队的想法。不久，“师大小周电脑服务中心”就挂牌成立了。

创业之初，因学校附近就小周一家维修公司，生意很好。时间不长，学校内就出现了一大批电脑维修个人和团队，竞争激烈，彼此压低价格招揽客户，有的价格低得离谱。对此，小周审时度势选择了价格适中，以质量取胜的策略。他们扩大广告宣传，从简单的公寓宿舍发传单，到学校校车、江北公交车上拉条幅，学校周围的饭店、街道到处都是“小周”的广告。

“打铁还需自身硬”，这是小周在实践中深深体会到的真理，要想在市场中站稳脚跟，必须有过硬的技术。他课余时间刻苦钻研电脑维修技术，迅速使自己的维修技术技压群芳。有一天上午，小周接到了师大管理学院吉老师的紧急求助电话，“我的电脑出问题了，十一点半之前必须把电脑里的资料报到省劳动厅。这是全校学生报名参加各种资格证书考试的资料。如果报不上名，上千名学生将无法参加考试，后果不堪设想。我已经找了学校计算机系的老师和机房的技术人员来修，谁都不知道电脑的问题出在哪里。你能不能帮我修好？”小周看看手表当时九点三十分，扣除从江北赶到江南吉老师家的时间，只剩不到一个小时的修理时间，小周心里也没了底。但他不想放弃，决定试一试。

迈进吉老师的家门，小周的心又提到了嗓子眼，院长、书记、主任那焦灼、期盼的目光不约而同投向了他。两个被请来的技术人员无计可施在旁观望。小周出口长气，稳稳神，先仔细检查了电脑，没有问题。可是数据库就是打不开，时间在一分一秒地流逝着。老师和领导的眉头越锁越紧，小周头脑在飞速地转动着，突然联想到玩魔兽争霸游戏时，已储存的数据无法打开，更新软件就解决了问题。于是，小周试着更新了管理软件。果然，数据库打开了，学生的资料在最后一刻传到了省劳动厅，院长和书记紧紧地握住了小周的双手，激动地连连致谢。从此，小周的名字传得更响亮了。

当今社会的竞争是全方位的竞争，是各方面综合实力的较量，而不是任何单一的个人可以摆平的事情。而现实中，人们却经常忘记这一点。面对竞争对手的猛烈攻势，与其将大量的精力花在研究竞争对手上，还不如理性地审视自身存在的问题。如果不从自身出发，不注重提高自身各方面的能力，而仅凭经验去做决策，那么不管你内心多么自信，终究也会在“阴沟里翻船”。更何况在如今的信息社会中，自身强大才占有不可或缺的地位。故事中的小周正是因为自身过强的本领，才会让学校领导对其赞赏有加，才会使自己的事业蒸蒸日上。因此职场中的我们，不妨努力打造自身过硬本领，做一个强大的人吧，只有这样你才会真正在竞争中立于不败之地，才会在人生的竞争长河中激流勇进！

当代社会，成功者既要具备一流的个人能力，更要具备一流的人际合作能力。只有一个有能力的人，才能在繁多的机遇与挑战中，披荆斩棘，才能赢得最终的胜利。任何时候，能力都是成事之本。真正有能力的人，面对工作时会大胆争取，用自己的魅力与坚持实现突破。

感悟 3

天道酬勤，付出必有回报

《弟子规》讲到读书要勤奋时说："读书法，有三到；心眼口，信皆要。"其实，不仅读书要勤奋，工作也要勤奋，任何事业要想取得成就都离不开勤奋。

韩愈有一句名言："业精于勤，荒于嬉。"也就是说学业的精深在于勤奋，而荒废在于贪玩。也如一句谚语所言"学到老，活到老"，人生只有为自己勤加充电，才会不断得到提升，才能使自己成为一个有真本事的人。

伟大的成绩和勤奋努力是成正比的，有一分劳动和努力就有一分知识和收获，日积月累，从无到有，从少到多，奇迹就会创造出来。而"勤"便是丰富自己的关键因素。

古今中外，凡是有成就的人都是一分的聪明加上九十九分的汗水，在"勤"字上下工夫，才能成功。

东晋著名的书法家王羲之刻苦练字，每天写完字总到一口池塘中洗砚台，天长日久，池塘里的水也因此变成墨黑的了。由此可见，"勤"字是如何的重要，如果没有王羲之的勤奋努力，也不会有著名书法家的出现。可见"勤"字是丰富自身的锦囊，更是成功的奠基石。"勤"就像一把钥匙，它可以打开知识的宝库，可以促进学业的发展，促进美好愿望的实现。所以要取得卓越的成就，光靠天资聪明是不可行的，最重要的是勤奋。

师旷是春秋时期晋国的乐师，他虽然是个双目失明的人，却依旧热爱学习，在音乐方面的造诣很深。

有一天，晋平公问师旷："我70岁了，很想学习，恐怕已经太晚了吧?"师旷反问道："既然晚了，为什么不点起蜡烛呢?"晋平公听后，认为他答非所问，很气愤。

师旷解释说："我这个瞎了眼的臣子哪里敢跟君王开玩笑呢?我听人说过：'少年时代热爱学习，好像旭日东升，光芒万丈；壮年时代热爱学习，好像烈日当空，光焰夺目；到了老年，才下决心学习，那就好像晚上点起蜡烛，蜡烛光亮虽然微弱，但总比在黑暗中摸索强得多。'"晋平公听了，点头称赞道："你说得真好!"

古人尚且活到老学到老，今人更应"老骥伏枥，志在千里"。勤奋学习，不仅是一种丰富自己的武器，更是让自己变得强大的关键。

人们都说宋朝著名文学家苏轼天赋好，能"过目成诵"。其实并不如此，而是另有其奥秘的：

一天，有位朋友去看他，等了好久，苏轼才出来会见。客人很不高兴。苏轼解释道："我正在抄《汉书》。"客人听了反而很不理解。凭苏轼的天赋和"过目成诵"的才能，还用得着抄书吗?苏轼说："我读《汉书》到现在已经抄上3遍了。第一遍每段抄3个字，第二遍每段抄两个字，现在只要抄一个字了。"客人疑信参半地挑了几个字一试，苏轼果然应声能背出有关段落，一字不差。苏轼的"过目成诵"原来是勤学苦练的结果啊。

苏轼不仅三抄《汉书》，其他如《史记》等几部数十万字的巨著，他也都是这样一遍又一遍地抄写的。苏轼称它为"迂钝之法'。

那么他的学问就来自"迂钝之法"吗？不，他还辅之以别的方法的。

他认为，读书、做学问，必须接触社会，大胆分析，研究问题，提出见解，切不能闭门造车，人云亦云。即使阅读、抄写，也应每一遍都有一个明确的目标。比如：他第一遍先研究军事，第二遍再注意各朝典章，第三遍又专看经济等等。如此几遍看过、抄过，所有内容便都“烂熟于胸”了。

苏轼“过目成诵”的奥秘启发我们：学习不仅要勤奋、刻苦，还应讲究方法。每个人都要找到适合自己的方法，勤奋刻苦地学好科学文化知识，才能让自己强上加强。

人生就是如此，职场也可以用同样的道理验证。扎扎实实一步一个脚印，靠自己的双脚走过荆棘，踏过坎坷，走出的路才是真正的路，才是属于自己的路，才是永久的路，才是光明的路，才是通往彼岸的路！

在我们现实的生活中，突然大红大紫的明星会突然间的销声匿迹，而那些渐渐靠自己的努力、拼搏获得的实力派则会永驻歌坛、影坛。对于职场中的我们自己而言，不要渴望什么飞来的收获，不要渴望天上突然掉下什么美味的馅饼，没有付出哪里会有回报，哪里会有收获？即使有时偶尔的幸运，那也必将是短暂的！

在我们的工作中，向来就没有一劳永逸的宝座等待你稳坐，也没有百日香艳的花朵可供你赏心悦目，更没有堆积如山的金银财宝遗留给你铺张浪费。唯有你脚踏实地地干好每一天的每一件事情，才能取得自己所要的东西；也唯有你专心致志地博学好问，才能采集自己想要的喜悦。当然，只要你肯付出就一定有收获，不管收获的是成功还是失败，都是一种收获。收获成功是一种滋润心田的喜事，而收获失败也是一种温馨提醒的好事。

感悟 4.

不断充电，让自己一点一点强大

“宽为限，紧用功；工夫到，滞塞通”，《弟子规》在“余力学文”一篇里始终强调,一个人要想让自己强大,就要不断地给自己充电,不断地为自己加油。

一位拳击高手参加拳击比赛,自以为稳操胜券,谁知在决赛时遇到了一个实力相当的对手。紧要关头,拳击高手竟找不出对方招式中的破绽,而对方的攻击却直取自己防守中的漏洞,最终被对方击败。

赛后,拳击高手找到自己的师父,请师父帮他找出对方招式中的破绽。师父没说什么,只是在地上画了一道线,要他在不涂擦这条线的情况下,设法让线变短。拳击高手百思不得其解,最后只能向师父请教。师父在原先那条线的旁边,又画了一道更长的线,两者相比较,原来的那道线短了许多。师父说:"取胜之道不在于如何攻击对方的弱点,而在于让自己强大起来。正如地上的线一样,只有使你自己变长,对方相比之下才能变短。"

生活中蕴含这个哲理的现象比比皆是。在竞争中要想胜出,通常有两条路径可走,一条是侧重攻击对手的薄弱环节,另一条则是全面增强自身实力,让自己强大起来。找对方的弱点固然是一种方法,但远没有让自己强大起来更为稳妥和长远,因为对方也在不断地固强补弱,弱点甚至可能转化成优势。当今时代,要想在充满竞争的社会中赢得成功,最可靠的方法就是让自己强大起来。竞争法则,体现的就是优胜劣汰。只有让自己强大起来,才能尽最大可能让自己立于不败之地。

生活中,有的人常抱怨自己没有关系、缺少机遇,或是外部环境不公平,但恰恰忘了从自身能力素质方面找原因。其实,机遇从来都是留给有准备的人的,是金子终究不会被掩盖住光芒,关键是我们够不够强大。如果你善于学习,勤于总结,能够努力打牢根基,能够取长补短完善自我……或者,拥有这些素质中的一项或几项,相信你一定会得到命运之神的眷顾。我们最需要做的就是从现在起,勇于接受生活的磨炼,让学识丰富起来,让技能精湛起来,让体魄强健起来,让品质优秀起来,让心态积极起来,让心灵阳光起来,让胸怀宽广起来,让头颅高昂起来,让腰板挺直起来,让步履稳健起来……总之,让自己强大起来。

当然在让自己强大起来的路途中,可能要吃很多苦,付出很多代价,但要相信,唯有如此,你的心智才会日益健全,你的学识才会日益渊博,你的视野才会日益开阔,你的能力才会日益提高,你的前途才会日益光明,你的生活才会日益美好。

王冕是诸暨县人。七八岁时,父亲叫他在田埂上放牛,他偷偷地跑进学堂,去听学生读书。听完以后,总是默默地记住。傍晚回家,他把放牧的牛都忘记了。

有人牵着王冕家的牛,来王冕家,责怪无人看管的牛践踏了他家的田地,王冕的父亲大怒,用鞭子打了王冕一顿。过后,他仍是这样。他的母亲说:“这孩子对读书如此入迷,何不由着他呢?”

王冕从此以后离开家,寄住在寺庙里。一到夜里,他就偷偷地走出来,坐在佛像的膝盖上,手里拿着书依靠佛像前长明灯的灯光诵读,书声琅琅一直读到天亮。佛像多是泥塑的,一个个面目狰狞凶恶,令人害怕。王冕虽是小孩,却神色安然,好像没有看见似的。

安阳的韩性听说,觉得他与众不同,将他收作学生,王冕因而学成了博学多通的儒生。韩性死了以后,韩性的门人对待王冕像对待韩性一样敬重。当时王冕的父亲已经去世了,于是王冕把自己的母亲迎接到越城抚养。时间长了,母亲想要归还老家,王冕就买牛来架母亲的车,自己亲自跟在车后。

后来,有人推荐王冕做官,但他不愿为残暴的统治者服务,便拒绝了。他仍然白天劳动,晚上勤奋学习,为自己充电。他还善于画画,以画《墨梅》最为著名。

王冕儿时便懂得勤奋学习,终得到恩师的认可;成名后,仍不忘为自己充电，丰富与积累知识与经验，不得不说他是真正的强者。

为自己充电，一定要坚持到底，不可半途而废。众所周知，疯狂英语的创始人李阳老师，就是通过他不懈的努力学习才有今天的李阳疯狂英语，据说李阳开始念书时，英语课上是无药可救的差生，老师都对他失去信心了。然而，他就凭着一个"勤"字把英语这门功课给突破了。

有人说得好：不充电难免中途熄火，不加油又怎么能保证到达终点？又怎么登上事业的顶峰？在职场上，没有真功夫是站不住脚的，要想成功，你就要把"勤"字牢记心头，不断给自己充电，为自己加油，让自己成为一个敢担当、负责任、有真本事的人。

其实，职场人就和钻石一样，多一门本事，就多一个切面。当一个人只有一个切面的时候，钻石看起来和玻璃无异；而当切面多起来，到了八心八箭的状态，那才是钻石应该有的闪耀光辉。你看不出对于钻石来说一个切面到底有多重要，只有在它的光辉里，你才能体会得到每一个切面的重要。

当然了，多少个切面的问题是在钻石的前提下提出的，真本事说的都是那些真钻，对于水钻来说，多少个切面也划不破玻璃。

感悟 5

取长补短，学习别人提高自己

《弟子规》里"虽有急，卷束齐；有缺坏，就补之"一段，说的是读书人要爱惜书籍。如果我们把它放大到人生的角度，是否可以这样理解：一个人如果发现自己有缺点，就要努力改正，多学习别人的长处，弥补自己的不足。

记得一位数学教授说过一句话：圆形规范、稳定、周长短、面积大；多边形新颖、多变、周长长、面积小……它们确实各有所长，但殊不知，它们各自的优点也正是缺点之所在。面对某些情况，它们都将无的放矢，而二者互补长短后，却恰能适合，这就是所谓的“以他之长，补己之短”。

纵观古今，人类亦是如此，只看到自我而忽略他人，刚愎自用，最终在缺点面前败下阵来。一代霸王项羽，力拔山兮气盖世，不可不谓之勇，但最终却难逃失败。何也？项羽虽勇，但智谋不足，却又不能容忍智谋远胜于他的人，看不到自身缺点，自认为十全十美根本不用辅助。“闻道有先后，术业有专攻。”用来指导项王大概是最合适的了，教他天外有天，人外有人的道理，不把他人优点借为己用，必然失败。

有一句诗说的好：梅须逊雪三分白，雪却输梅一段香。讲的就是这个道理！

弥勒佛与韦陀原来分别掌管不同的庙。弥勒佛热情好客，所以来的人很多，但他不善管理账务，入不敷出。而韦陀管账是一把好手，但成天阴着脸，人越来越少，最后香火断绝。佛祖就将他们俩放在同一个庙里，取长补短，在两人的分工合作下，庙里出现了一派欣欣向荣的景象。

这个故事启发我们：要学会取长补短，才能更好地发展。不要只看别人的缺点，要学会先看到别人身上的优点，才能学到更多，完善自己。

当年汉高祖谈论多年争战经验，说道：“打仗我比不上韩信，治国我比不上萧何，行军布阵我比不上张良。”此虽刘邦谦虚之说法，但也证明刘邦已意识到自身有缺点，要想成就大事，就须克服缺点，自身完美无缺何其难也，于是这就需要另辟蹊径。刘邦是明智的，他集各人长处于一处，以他之长，补己之短，从而形成了一个完美的坚固的集团组合——汉室。否则，凭他刘邦一介布衣，才能泯然众人，仅以一人之力，建立汉朝，怕是不太可能了。

我们再看世界历史，每个国家的崛起和发展历程都不尽相同。但是他们发家的方式无非两种：一是依靠自己的力量，二就是以人之长补己之短。

毫无疑问，第二种方式是聪明的。因为用这种方式，我们仅需睁大眼睛，竖起耳朵，转动脑子，就可以将其他人或国家用了几十甚至上百年才总结出的经验教训学回家。美国就是一个很好的例证。

美国，众所周知是一个世界性的超级大国，可就是这样一个大国，它的历史只有200多年！他去学习英国的工业，然后抓住第二次工业革命的机会，大力发展经济；他去学习法国的《民法典》，然后颁布《独立宣言》。不得不说，鲁迅的“拿来主义”在美国人的手中发挥了重要的作用。

对于国家而言，以人之长补己之短，其实很简单。最重要的就是放开胸怀，把眼光投向更远的地方，接纳来自他国的先进策略。

而对个人来说，道理也莫不如此。古人言：“它山之石可以攻玉。”要善于发现别人的优点，善于总结自己的缺点，然后“取人之长，补己之短”。于人于己都是一种互惠互利，对于自身而言，使我们成长、完善，走好我们的人生；对于事业而言，博采众长，更好地、更完美地完成工作；对于领导而言，发挥团队优势，发挥集体智慧，一定会取得企业的辉煌。

一根链条，最脆弱的一环决定其强度；一个职场人，能力最差的一面会影响其前程。所以，我们一定善于取长补短，学习别人提高自己。

美国总统罗斯福就是一个有着致命缺点的人。他小时候是一个胆小、脆弱的学生，在课堂上总是心慌意乱、胆小如鼠，有时候他甚至连正常呼吸都好像喘大气一样。一旦被喊起来背诵，就会立即双腿发抖，嘴唇也颤动不已；回答问题时候更是含含糊糊，吞吞吐吐，前言不搭后语。

然而，他没有因为同伴对他的嘲笑而自卑。没有一个人能比罗斯福更了解自己，他清楚自己身体上的种种短处。他勇敢地用行动来克服先天的致命缺点，甚至凡是他能克服的缺点他都克服！

后来，他竟然能够当众演讲。虽然他的演讲没有什么惊人之处，也没有洪亮的声音或是威重的姿态，也不像有些人那样具有惊人的辞令，然而在当时，他确实是重要的演说家之一。

职场命运与你的短处有关，这不仅反映在名人身上，在普通人身上同样如此。下面这个故事值得我们每一个人反思：

琼斯留学美国，获得了物理学博士学位，眼睛深度近视，有严重的鼻炎，性格内向，给人的第一印象不佳。他的英文相当好，但是当众演说能力差。公司雇用他，是因为他数学很好，可以帮银行搞信用风险模型。

银行在两轮面试后就给了他正式的职务。虽然当时有面试官对于其交流能力略有顾虑，但是他有一流的建模能力，属于当时银行急需的人才。

走上工作岗位后，琼斯的建模能力果然没有让公司失望。可是，他蹩脚的沟通能力却使他没有在往上晋升，而是原地踏步不前。

在一次项目运作的过程中，操劳过度的琼斯病倒了，一次关键的公司汇报，他也没法参加。出成果后的工作汇报，琼斯本来可以弥补上次的缺席，可是这次的陈述，使几个大老板很失望，他说话吞吞吐吐，很简单的事情让他说得混乱不堪。老板们听不懂运作方案好在哪里，统计结果又如何解释。最后，还是一个同事帮他解围，用简明扼要的通俗语言解释了一遍方案的核心内容。

几年过去了，琼斯一直没有得到晋升，而一些年轻人反倒成了他的上司。他逐渐失去了工作的热情，后来被迫辞职。

不过，琼斯并没有灰心丧气。他外出独自旅行了一段时间。认真反思了自己几年的工作经历，认识到自己忽视了能力上的缺点，这对于职业发展已经是一个生死攸关的问题。

旅行结束后，他做的第一件事情是为自己请了一位演说教练。经过三年不懈的努力，琼斯的交流与演说能力有了很大提高。他的工作进入了一个新的状态。

琼斯在自己的致命缺点面前没有退缩和消沉，而是充分、全面地认识自己，在意识到自我缺憾的同时，能正确地评价自己，在困境之中顽强抗争，不因缺憾而气馁，甚至将它加以利用，变为资本，变为扶梯，从而改变自己的命运。职场中的我们更应该以琼斯为榜样，改正缺点提升自己，让自己的职场之路越发平坦与通畅。

那么，职场中的你，看清楚自己的缺点了吗？知道如何取长补短了吗？

感悟 6.

幸运不敲无准备者之门

《弟子规》讲到："圣与贤，可驯致。"意思就是说，只要努力，圣贤都可以造就。我们身在职场，只要踏踏实实把工作做好，做到极致，有什么理由不成功呢？不过，反过来说，如果我们没有一步一个脚印地勤奋工作，即便看见了大开的成功之门，也是无缘迈进去的，因为我们没有准备好。放眼古今中外的所有成功人士，他们的成功正是因为早就有了准备，并把握住了时机。

这就是说，机遇是留给准备好的人的。劳伦斯·J·彼得早就说过，不要有怀才不遇、生不逢时的想法。只要你是锥子，哪怕是放在口袋里，年长日久，也会冒出尖来。

2008年中国奥运会，人们一定还记忆犹新，如果不是埃蒙斯最后一枪——那令人不可思议的4.4环，邱健完全没机会拿到这块金牌；但如果邱健不一枪一枪地坚持，埃蒙斯也根本没机会把唾手可得的金牌抛给这位33岁的中国老将。当时，谁都不会想到，北京奥运会射击比赛会有如此充满戏剧意味的结局。一切就是这样不可思议却真真切切地发生了——8月17日，北京射击馆步枪三姿决赛场，上演了与四年前的雅典如出一辙的一幕。于是，人们也开始像四年前称呼老贾那样把"捡漏"的邱健唤做"幸运儿"。

"今天这块金牌，幸运占了大部分，但我的努力也能占一小部分吧。"邱健如是说。被邱健轻描淡写的那"一小部分"努力，其实是他射击场上18年不懈的坚守，是在国家队8年默默无闻的苦涩，是改练三姿3年无人能知的艰辛。

有准备就是要让自己有实力，幸运和实力既不矛盾也不对立，二者相辅相成，缺一不可。邱健的幸运正是因为有了多年的准备，有具备了夺金的实力，所以说，幸运是实力通向成功的捷径，实力是幸运的坚强后盾。幸运总是留给有准备的人，准备好了才有抓住幸运实现理想的实力，才有可能接近成功。

鞭公司有一个老员工，他在公司很多年职位一直没变动过。经常有人听到这个老员工抱怨，说这个突然有问题，那个突然不能用，这个资源没到位，那个人员有变动。似乎世间的一切都在和他作对，似乎责任都在别人。

然而，为什么困难不找其他人呢？当公司经理的朋友问老员工一些项目相关问题的时候，找到了答案。

问：如果下面产生这个问题你怎么办？回答说：没那么巧吧？

问：如果产生那个问题你怎么办？回答说：到时候再说吧。

问：那部分要是没到位我们怎么应付？回答说：应该能到位吧。

最后，一个1个月就可以完成的项目，这位老员工却搞了4个月还没搞出来。因为什么？因为他没有提前做好准备工作。

如这位老员工一样，没有准备的人一般都抱有侥幸心理，总是认为什么事都有可能侥幸过去，而事情往往不以人的意志为转移，所以抱侥幸心态的人总是与失败为邻。侥幸心理是一种信念的迷失，缺少坚持，是对事件把握控制力上的懒散，若形成习惯，则会成为很严重的问题。千百年来的历史经验告诉我们，幸运不敲无准备者之门，更不会敲侥幸者之门。

北京有一句俗话叫“没有金刚钻别揽瓷器活”，一是告诫人们要正确评估自己的实力，要有自知之明；二是告诫我们平时要准备好“金刚钻”，一旦有了“瓷器活”的机会，就不会白白地错过。

人在职场中，面对危机，表现出勇于担当的态度是非常好的，但如果勇于担当却没有解决问题的能力，就不太妙了，也太可惜了。能力足够，机会来了一定要勇于抓住；能力不够，就只能眼看着机会错失。

某公司技术部有个小伙子，招进公司时间不长，是个高材生，据说是招进来做干部储备的。他刚进来的时候非常积极，大家对他印象也都很好，名牌大学到底是不一样啊。

他进公司时，公司正在计划开发一套软件，他主动揽下来了，结果眼看着一年就过去了，他好像还没有研究出什么方案来，似乎他根本做不出来。开会时老总问起他软件开发得如何了，他很尴尬地支支吾吾了半天，说还在开发呢。老总当时不满地说：“都一年了，还没个准头啊？”没过几天，老板就把那个小伙子开除了。

故事中的小伙子没有准备，才造成最终的结局。因此任何时候都要记住，幸运是不会敲无准备者之门的。

临危受命，力挽狂澜——大凡有点追求的人，都有过这样的职场期待。一般说来，遇到紧急情况或是困难问题，临危受命是表现超出本身职位能力的宝贵机会,很可能在不久的将来获得升职。即使没有这种职位上的升迁,它也是一种心理奖赏和精神享受。但是有收益,必定也有风险,并不是所有的临危受命都会达到预期结果。力挽狂澜、成功升职固然是最圆满的结局,但也有可能玉石俱焚,因失败而自毁形象。所以,真正的准备并不是临时抱佛脚,而是靠平时的努力积累。

李时珍为了积累药效知识不惜效仿神农试百草,最终写成了《本草纲目》,为后人留下了无价的文化遗产!爱迪生为了发明电灯,竟积累了一千多次失败的经验;越王夫差为了打败吴国,为积累力量不惜卧薪尝胆!李嘉诚为引进技术,不惜屈身去外企做塑胶工人以积累经验和技术!

只有积累才会为成功铺就阶梯,才会为幸运做好准备,才会让我们脚踏实地地走向更远的路途。

有两个和尚,他们分别住在相邻的两座山上的庙里。这两座山之间有一条溪,于是这两个和尚每天都会在同一时间下山去溪边挑水,久而久之他们便成为了好朋友。

就这样,时间在每天挑水中不知不觉地过了五年。突然有一天左边这座山的和尚没有下山挑水,右边那座山的和尚心想:"他大概睡过头了。"便不以为意。

哪知道第二天左边这座山的和尚还是没有下山挑水,第三天也一样。过了一个星期还是一样,直到过了一个月,右边那座山的和尚终于受不了了,他心想:"我的朋友可能生病了,我要过去拜访他,看看能帮上什么忙。"

于是他便爬上了左边这座山,去探望他的老朋友。

等他到了左边这座山的庙,看到他的老友之后大吃一惊,因为他的老友正在庙前打太极拳,一点也不像一个月没喝水的人。他很好奇地问:"你已经一个月没有下山挑水了,难道你可以不用喝水吗?"

左边这座山的和尚说:"来来来,我带你去看。"于是他带着右边那座山的和尚走到庙的后院,指着一口井说:"这五年来,我每天做完功课后都会抽空挖这口井，即使有时很忙，能挖多少就算多少。如今终于让我挖出井水，我就不用再下山挑水，我可以有更多时间练我喜欢的太极拳。”

挑水不如挖井存水，每天挖一点，挖出的是节省时间，挖出的也是一种幸运的降临。职场中的我们，每天都向往着成功，可我们像这位老和尚一样，做好准备了吗？

世上任何成功，都需要不断地拼搏，不断地积累，就像摘苹果一样，摘到一个就满足了，那你的手里永远就只有一个，如果你不断的努力，并采取了各种措施不停地去摘，苹果就会越积攒越多，而你也会有机会取得更大的成功。

有些人经常会羡慕那些取得成功的人，却忘记了这些成功者背后吃了多少苦，受了多少累，做了多少年的准备，就像那句俗话所说：台上一分钟，台下十年功！

因此，职场中的朋友，加紧准备吧，幸运不会光顾没有准备的人，因为准备才是真正的幸运之母，为了成功的到来，请时刻准备着……

附　录

《弟子规》全文及解读

【总叙】

弟子规　圣人训　首孝悌　次谨信　泛爱众　而亲仁　有余力　则学文

【总叙】解读：

弟子规这本书，是依据至圣先师孔子的教诲而编成的生活规范。首先在日常生活中，要做到孝顺父母，友爱兄弟姊妹。其次在一切日常生活言语行为中要小心谨慎，要讲信用。和大众相处时要平等博爱，并且亲近有仁德的人，向他们学习，这些都是很重要的非做不可的事，如果做了之后，还有多余的时间精力，就应该好好地学习六艺等其他有益的学问。

【入则孝】

父母呼　应勿缓　父母命　行勿懒　父母教　须敬听　父母责　须顺承
冬则温　夏则清　晨则省　昏则定　出必告　反必面　居有常　业无变
事虽小　勿擅为　苟擅为　子道亏　物虽小　勿私藏　苟私藏　亲心伤
亲所好　力为具　亲所恶　谨为去　身有伤　贻亲忧　德有伤　贻亲羞
亲爱我　孝何难　亲憎我　孝方贤　亲有过　谏使更　怡吾色　柔吾声
谏不入　悦复谏　号泣随　挞无怨　亲有疾　药先尝　昼夜侍　不离床
丧三年　常悲咽　居处变　酒肉绝　丧尽礼　祭尽诚　事死者　如事生

【入则孝】解读：

父母呼唤，应及时回答，不要慢吞吞地很久才应答，父母有事交代，要立刻动身去做，不可拖延或推辞偷懒。父母教导我们做人处事的道理，是为了我们好，应该恭敬的聆听。做错了事，父母责备教诫时，应当虚心接受，不可强词夺理，使父母亲生气、伤心。侍奉父母要用心体贴，二十四孝的黄香（九岁），为了让父亲安心睡眠，夏天睡前会帮父亲把床铺扇凉，冬天寒冷时会为父亲温暖被窝，实在值得我们学习。早晨起床之后，应该先探望父母，并向父母请安问好。下午回家之后，要将今天在外的情形告诉父母，向父母报平安，使老人家放心。外出离家时，须告诉父母要到哪里去，回家后还要当面禀报父母回来了，让父母安心。平时起居作息，要保持正常有规律，做事有常规，不要任意改变，以免父母忧虑。纵然是小事，也不要任性，擅自做主，而不向父母禀告。如果任性而为，容易出错，就有损为人子女的本分，因此让父母担心是不孝的行为。公物虽小，也不可以私自收藏，占为己有。如果私藏，品德就有缺失，父母亲知道了一定很伤心。父母亲所喜好的东西，应该尽力去准备，父母所厌恶的事物，要小心谨慎地去除（包含自己的坏习惯）。要爱护自己的身体，不要使身体轻易受到伤害，让父母亲忧虑。（曾子曰："身体发肤受之父母，不敢毁伤"）。要注重自己的品德修养，不可以做出伤风败德的事，使父母亲蒙受耻辱。当父母亲喜爱我们的时候，孝顺是很容易的事；当父母亲不喜欢我们或者管教过于严厉的时候，我们一样孝顺，而且还能够自己反省检点，体会父母的心意，努力改过并且做得更好，这种孝顺的行为最是难能可贵。父母亲有过错的时候，应小心劝导改过向善，劝导时态度要诚恳，声音必须柔和，并且和颜悦色，如果父母不听规劝，要耐心等待，一有适当时机，例如父母情绪好转或是高兴的时候，再继续劝导；如果父母仍然不接受，甚至生气，此时我们虽难过得痛哭流涕，也要恳求父母改过，纵然遭遇到责打，也无怨无悔，以免陷父母于不义，使父母一错再错，铸成大错。父母有了病痛，侍奉汤药冷热苦甘要亲自尝过；早晚照顾，不离父母身边。父母去世守丧三年，心存哀苦，居家作息有所改变，酒肉美食暂时不去享用。守丧完毕，逢年过节祭祀要竭尽诚意；对死去的父母亲，要如生前一样的尽孝。

【出则悌】

兄道友 弟道恭 兄弟睦 孝在中 财物轻 怨何生 言语忍 忿自泯
或饮食 或坐走 长者先 幼者后 长呼人 即代叫 人不在 己即到
称尊长 勿呼名 对尊长 勿见能 路遇长 疾趋揖 长无言 退恭立
骑下马 乘下车 过犹待 百步余 长者立 幼勿坐 长者坐 命乃坐
尊长前 声要低 低不闻 却非宜 进必趋 退必迟 问起对 视勿移
事诸父 如事父 事诸兄 如事兄

【出则悌】解读：

出则悌，说的是家中兄弟相处之道，以及如何和长辈在一起的规矩。这些规范训练人们谦恭有礼，懂得尊重别人，自然容易融入团体，为大家所接纳。当哥哥姐姐的要能友爱弟弟妹妹，做弟弟妹妹的应做到恭敬兄姐，这样兄弟姐妹就能和睦而减少冲突，父母心中就快乐。在这和睦当中就存在孝道。把身外所用的钱财物品看轻点，少计较，兄弟之间就不会产生怨恨；讲话时不要太冲动，伤感情的话要能忍住不说，那么不必要的冲突与怨恨就会消失无踪。日常饮食起居中，有人认为孩子还小，和长辈相处在一起，不要太过要求他们，长大自然就适应了，甚至对孩子宠爱有加，把好吃好用的先给小孩享用，以致小孩认为这样是理所当然的，不知道要礼让长辈，因而误导孩子养成坏的习惯。而《弟子规》却指导我们，不要因为大人的宠爱而忽略了应从小培养礼让的美德，不管是吃东西或喝饮料，要请长辈先用；如果和长辈坐在一起，要请长辈先坐；如果和长辈走在一起，应让长辈先走。长辈呼叫人时，自己听见了，要替长辈去传唤，如果所叫的人不在时，自己应当回来报告长辈，更能进一步请问长辈有没有需要帮忙的事情。称呼长辈时，不可以直呼长辈的名字，那是不礼貌的行为；在长辈面前，不要表现自己很有才能，藐视长辈。走路时遇见长辈，要赶紧走上前去行礼问候，如果长辈没和我们说话时，就先退在一旁恭恭敬敬地站着，让长辈先走过去。如果自己是骑马的，遇到长辈就应该下马，如果乘坐车辆就应该下车，让长辈先过去，等待大约离我们百步的距离以后，自己才上马或上车。如果长辈还站着，年幼的我们不应先坐下来，如果长辈坐着，允许我们坐下时才可以坐下。在长辈面前讲话，声音要低，但是回答的声音低到听不清楚，那也不适当，要和颜悦色，声音要柔和并清楚才好。进见长辈时走路要快点，动作表现得很有礼节，等到告退时，要慢慢退出。长辈问话时，要站起回答，眼神注视长辈，不要左右移动。对待叔叔伯伯，要像对待自己的父亲一样恭敬，对待同族兄长，要像对待自己的胞兄一样友爱。

【谨】

朝起早 夜眠迟 老易至 惜此时 晨必盥 兼漱口 便溺回 辄净手
冠必正 纽必结 袜与履 俱紧切 置冠服 有定位 勿乱顿 致污秽
衣贵洁 不贵华 上循分 下称家 对饮食 勿拣择 食适可 勿过则
年方少 勿饮酒 饮酒醉 最为丑 步从容 立端正 揖深圆 拜恭敬
勿践阈 勿跛倚 勿箕踞 勿摇髀 缓揭帘 勿有声 宽转弯 勿触棱
执虚器 如执盈 入虚室 如有人 事勿忙 忙多错 勿畏难 勿轻略
斗闹场 绝勿近 邪僻事 绝勿问 将入门 问孰存 将上堂 声必扬
人问谁 对以名 吾与我 不分明 用人物 须明求 倘不问 即为偷
借人物 及时还 后有急 借不难

【谨】解读：

为人子，早上要尽量早起，晚上要晚点睡觉，因为人生的岁月很有限，光阴容易消逝，少年人一转眼就是老年人了，所以我们要珍惜现在宝贵的时光。每天早上起床必须先洗脸，然后刷牙漱口，解完大小便以后把手洗干净，这样才是讲究卫生的好习惯。出门帽子要戴端正，穿衣服要把纽扣扣好；袜子和鞋子都要穿得贴切，鞋带要系紧，这样全身仪容才整齐。脱下来的帽子和衣服应当放置在固定的位置，不要随手乱丢乱放以免弄皱弄脏。穿衣服注重的是整齐清洁，不在于衣服的昂贵华丽，而且要依照自己的身份穿着，也要配合家庭的经济状况。对于食物不要挑剔偏食，而且要吃适当的分量，不要吃过量。我们年纪还小尚未成年时，不该尝试喝酒，因为喝醉了丑态百出，最容易表现出不当的言行。走路时脚步要从容不迫，站立的姿势要端正。注意行礼时要把身子深深地躬下，跪拜时要恭敬尊重。进门时不要踩到门槛，站立时要避免身子歪曲斜倚，坐着时不要双脚展开像簸箕，或者是虎踞的样子，也不要抖脚或摇臀，这样才能表现出优雅怡人的姿态。进门的时候慢慢地揭开帘子，尽量不发出声响，走路转弯时与棱角要远一点，保持较宽的距离，才不会碰到棱角伤了身体；拿空的器具要像拿盛满的一样小心，进到没人的屋子里，要像进到有人的屋子里一样。做事不要匆匆忙忙，匆忙就容易出错，遇到该办的事情不要怕困难，而犹豫退缩，也不要轻率地敷衍了事。容易发生打斗的场所，我们不要靠近逗留；对于邪恶怪僻的事情不必好奇地去追问。将要入门之前先问一下："有人在吗？"将要走进厅堂时，先提高嗓音要让厅堂里的人知道；假使有人问："你是谁？"回答时要说出自己的名字，如果只说"吾"或是"我"，对方就听不清楚到底是谁。我们要使用别人的物品，必须事前对人讲清楚，如果没有得到允许就拿来用，那就相当于偷窃的行为。借用他人的物品用完了要立刻归还，以后遇到急用再向人借时，就不会有太多的困难。这些平常语言行为的要则，让我们即知即行，掌握自己，使处事更有效率，待人更为和谐，创造一个身心调和的环境。如果我们一时做不到也不必气馁，只要能清楚地辨别方向，认同圣贤的教化，肯用功夫慢慢地琢磨，就会像璞石也能慢慢地呈现出美玉来。

【信】

凡出言 信为先 诈与妄 奚可焉 话说多 不如少 惟其是 勿佞巧
奸巧语 秽污词 市井气 切戒之 见未真 勿轻言 知未的 勿轻传
事非宜 勿轻诺 苟轻诺 进退错 凡道字 重且舒 勿急疾 勿模糊
彼说长 此说短 不关己 莫闲管 见人善 即思齐 纵去远 以渐跻
见人恶 即内省 有则改 无加警 唯德学 唯才艺 不如人 当自砺
若衣服 若饮食 不如人 勿生戚 闻过怒 闻誉乐 损友来 益友却
闻誉恐 闻过欣 直谅士 渐相亲 无心非 名为错 有心非 名为恶

过能改 归于无 倘掩饰 增一辜

【信】解读：

凡是开口说话，首先要讲究信用，欺诈不实的言语在社会上可以永远行得通吗？话说得多不如说得少，凡事实实在在，不要讲些不合实际的花言巧语，另外，奸邪巧辩的言语、肮脏不雅的词句及无赖之徒通俗的口气，都要切实戒除掉。还未看到事情的真相前，不轻易发表意见；对于事情了解得不够清楚，不轻易传播出去；觉得事情不恰当，不要轻易答应，如果轻易答应就会使自己进退两难。谈吐说话要稳重而且舒畅，不要说得太快太急，或者说得字句模糊不清，让人听得不清楚或会错意。遇到别人谈论他人的是非好坏时，如果与己无关就不要多管闲事。

看见他人的优点行为，心中就升起向他看齐的好念头，虽然目前还差得很远，只要肯努力就能渐渐赶上。不论大善或小善，都要有思齐的信心和励行的勇气，小善切忌轻视不做，而行大善的机会来了也要及时把握，尽心尽力为之。看见他人犯了罪恶的时候，心里先反省自己，如果也犯同样的过错，就立刻改掉，如果没有就更加警觉不犯同样的过错。当道德学问和才艺不如他人时，应该自我督促努力赶上，至于穿的衣服和吃的饮食不如他人时，可以不用担心、郁闷。听见别人说我的过错就生气，称赞我就高兴，这样不好的朋友就会越来越多，真诚有益的朋友就不敢和我们在一起。如果听到别人称赞我先自我反省，生怕自己没有这些优点，只是徒有虚名；当听到别人批评我的过错时，心里却欣然接受，那么正直诚实的人就喜欢和我们亲近。

不是有心故意做错的，称为过错；若是明知故犯的，便是罪恶。不小心犯了过错，能勇于改正就会越改越少，渐归于无过；如果故意掩盖过错，那反而又增加一项掩饰的罪过了。

【泛爱众】

凡是人 皆须爱 天同覆 地同载 行高者 名自高 人所重 非貌高

才大者 望自大 人所服 非言大 己有能 勿自私 人所能 勿轻訾

勿谄富 勿骄贫 勿厌故 勿喜新 人不闲 勿事搅 人不安 勿话扰
人有短 切莫揭 人有私 切莫说 道人善 即是善 人知之 愈思勉
扬人恶 即是恶 疾之甚 祸且作 善相劝 德皆建 过不规 道两亏
凡取与 贵分晓 与宜多 取宜少 将加人 先问己 己不欲 即速已
恩欲报 怨欲忘 报怨短 报恩长 待婢仆 身贵端 虽贵端 慈而宽
势服人 心不然 理服人 方无言

【泛爱众】解读：

对于大众有关怀爱护的心，如同苍天与大地，绝对没有私心，不论好人、坏人、聪明、愚笨、宝贵、贫贱、种族、国界都一样给予保护和承载，纯是一片仁慈之心，不为名利，毫无虚假。正是“天同覆，地同载”的大同境界。泛爱众的人，他心中有人我一体的观念，所以肯放下滔滔私心，关怀大众，我们若处处学着仁厚待人，在德行上改过修养，守住人的品格，并深入学习各项才艺，相信也能做出一番造福大众的事业。品行高尚的人，名声自然高，人们所敬重的是德行，并不论外貌是否出众；才能大的人声望自然大，人们所信服的是真才，并不是只会发表言论。

自己有能力做的事情，不要自私保守；看到别人有才华，应该多加赞美肯定，不要因为嫉妒而贬低别人。对富有的人态度不谄媚求荣；对贫穷的人不表现出骄傲自大的样子。不厌恶不嫌弃亲戚老友，也不一味喜爱新人新朋友。至圣先师孔子教导我们，贫穷的人除了不谄媚迎合外，能够在道德上自得其乐更好；富有的人不但要不以骄傲的心态妨碍他人，更要爱好礼节，恭敬大众。贫和富只是生活方式不同而已，都要学习礼节，充实各项才能，发挥人我一体的仁心，才能营造一个“贫而乐，富而好礼”的幸福社会。

他人有事，忙得没有空暇，就不要找事搅乱他；对方身心很不安定，我们就不要用闲言碎语干扰他。别人的短处绝对不要揭露出来，别人有秘密不想让人知道，我们就不要说出来。赞美别人的善行，就等于是自己行善，因为对方知道了就会更加勉励行善；宣扬别人的过恶，就等于自己作恶，如果过分的憎恶就会招来灾祸。行善能相互劝勉，彼此都能建立良好的德行;有了过错而不相互规劝,双方都会在品行上留下缺陷。

和人有财物上的往来,应当分辨清楚不可含糊。或者,财物与他人应该慷慨多布施;取用别人的财物就应少取一些;有事要托人做或有话要和人说,先问一问自己是不是喜欢,如果自己不喜欢就应立刻停止。

他人对我有恩惠,应时时想着回报他;不小心和人结了怨仇,应恳求他人谅解,及早忘掉仇恨,报怨之心停留的时间越短越好,但是报答恩情的心意却要长存不忘,对待家中的侍婢和仆人,本身行为要注重端正庄重,不可轻浮随便,若能进一步做到仁慈、宽厚,那就更完美了。权势可以使人服从,但他们虽然表面上不敢反抗,心中却不以为然。唯有以道理感化对方,才能让人心悦诚服而没有怨言。虽然现在也很少有人用婢仆,但是上下尊卑的关系仍然处处可见,让我们一起来学习仁德君子的泛爱众,多为大众着想,共同营造一个相互关怀、相互体谅的温馨社会。

【亲仁】

同是人 类不齐 流俗众 仁者希 果仁者 人多畏 言不讳 色不媚
能亲仁 无限好 德日进 过日少 不亲仁 无限害 小人进 百事坏

【亲仁】解读:

大家都是人,但是人和人之间差距太大了。随大流的人很多,而真正的仁爱之人却很稀少。如果真正是仁者,那么大家都会对他有敬畏之心。他说话的时候非常地正直,不会花言巧语、口蜜腹剑,只会实事求是、非常直率地说话。因为你接近的都是仁者,那么你参照他,就会每天都意识到自己哪个地方做得还不够好,知道哪个地方要改正,所以你的过错就会越来越少,而你的品德修养会一天比一天高,过错会一天比一天少。如果你在和别人交往的时候,接触的不是仁者,而是小人,那么小人就会乘虚而入,进到你的社交圈子里。这样的话,小人就会影响你。你就会被小人的种种不良的言行和行为给污染,你一百样事情都会坏掉。

【余力学文】

不力行 但学文 长浮华 成何人 但力行 不学文 任己见 昧理真

读书法 有三到 心眼口 信皆要 方读此 勿慕彼 此未终 彼勿起

宽为限 紧用功 工夫到 滞塞通 心有疑 随札记 就人问 求确义

房室清 墙壁净 几案洁 笔砚正 墨磨偏 心不端 字不敬 心先病

列典籍 有定处 读看毕 还原处 虽有急 卷束齐 有缺坏 就补之

非圣书 屏勿视 蔽聪明 坏心志 勿自暴 勿自弃 圣与贤 可驯致

【余力学文】解读：

对于孝、悌、谨、信、泛爱众、亲仁这些应该努力实行的本分，却不肯力行，只在学问上研究探索，这样最容易养成虚幻浮华的习性，怎能成为一个真正有用的人呢？相对的，如果只重力行，对于学问却不肯研究，就容易执著自己的看法，而无法契合真理，这也不是我们所应有的态度。

今日普遍流行诋毁圣贤的风气，怀疑古人，藐视伦常大道。尤其是基本的孝道，近几年来，更被视为古板落伍，大家虽有心改革社会乱象，也动用大批的人力物力倡导，终因伦常观念被大家忘失太久了，使得社会秩序无法整顿起来。孔子曾指出："立志、自立、立仁的君子要广博的研究各种学问，然后用礼节来约束言行，这样一个具有知识和礼节的君子，他的言行就不至于太离谱了。"《弟子规》把礼的内容具体化，只要循着《弟子规》来实践，兼学各种经典和生活知识，就能拥有高远的智慧和实践的勇气，智勇双全的人，必然不会偏离正道，正道就是直路，很快便能到达目标。

读书的方法要注重三到，就是心到、眼到、口到。这三到都要实实在在的做到。读书时正在读这一段，就不要想到别段，这段还未读完读通，不要因为没有兴趣，失去了好奇心，就跳到另一段，而东翻西阅，不肯定下心来按部就班的读完。读书时要有规范，读一本书或一门功课要有比较宽裕的期限，但是不能因为时间有多余就等期限快到了才开始读，一急之下反而耽误事情，所以一规划好就要赶紧用功。

遇到滞塞难通的地方，更要专心研究，只要工夫到了，自然就能通达了解，这正是所谓"书读千遍，其意自见"。有疑问的地方，经反复思考还不能了解的话，就用笔把问题记下来，向有关的师长请教，一定要得到正确的答案才可放过。

书房要整理得简单清洁，四周墙壁保持干净，书桌清洁干净，所用的笔和砚台要摆放端正，在砚台上磨墨，如果墨条磨扁了，就是存心不端正，写字若随便不公正，就是心里先有了病，排列经典图书，要安放在固定的地方，读完以后立刻归还原处，即使发生紧急的事也要先收拾整齐以后才能离开。遇到书本有残缺损坏时，应立刻补好保持完整，你爱书，书爱你，自有一分恭敬在其中，一分恭敬就有一分收获，十分恭敬就有十分收获。

如果不是传输圣贤道理的书籍，一概摒弃一旁不要理它，因为书里面不正当的事理会蒙蔽我们的聪明智慧，会败坏我们纯正的志向。

不要自以为是而狂妄自大，也不要自甘堕落而放弃自己，圣贤的境界虽高，但只要按部就班，循序渐进，人人都可到达。处在蒙昧年幼之时，若采用正正当当的教材，配合优良的环境来培养学习，就能造就圣贤。

《弟子规》所讲的道理，正是圣人的训诲，从入则孝、出则弟、谨而信、泛爱众，亲仁及余力学文着手，从日常生活中的伦常做起，经家庭扩及学校、社会，最能孕育出正人君子的品行。所以这本书应该认真的反复读诵，深入内心，当成个人反省的镜子、行为的指针。